祖先光谱

中古士族的谱系与谱牒

范兆飞 著

上海古籍出版社

图书在版编目(CIP)数据

祖先光谱：中古士族的谱系与谱牒／范兆飞著. 上海：上海古籍出版社，2024.9. -- ISBN 978-7-5732-1336-5

Ⅰ.K820.9

中国国家版本馆 CIP 数据核字第 2024WP9576 号

祖先光谱

中古士族的谱系与谱牒

范兆飞　著

上海古籍出版社出版发行

（上海市闵行区号景路 159 弄 1-5 号 A 座 5F　邮政编码 201101）

（1）网址：www.guji.com.cn
（2）E-mail：guji1@guji.com.cn
（3）易文网网址：www.ewen.co

上海展强印刷有限公司印刷

开本 890×1240　1/32　印张 12.5　插页 5　字数 303,000
2024 年 9 月第 1 版　2024 年 9 月第 1 次印刷
ISBN 978-7-5732-1336-5
K·3703　定价：98.00 元

如有质量问题，请与承印公司联系
电话：021-66366565

自序：重绘祖先记忆的光谱

在某种意义上，每个世人在追溯祖先之时，都会面临两种情境：一是客观的无限性。即人们的祖先原本可以追溯父祖曾高，以至十世祖、二十世祖、三十世祖，甚至可以向上无限追溯至遥远的先秦，乃至传说时代。二是主观的有限性。是指人们在实际操作过程中（如编修家谱、祭祀祖先之类），绝无可能将祖先无限向上追溯，大概都会选定某个时代某个关键人物作为"始祖"，不会再向前迈进一步，尽管这个"始祖"必然还有祖先。[1] 追问随之产生：为什么选定这个时代，而非其他时代，为什么选定这个人物，而非其他人物？这个"始祖"前后的祖先信息有何差异？如此选择的动机何在，又会产生怎样的影响？可以想见，不同时代、不同地区、不同族群的人们，对于这些问题的回答一定有所不同。那么，具体到中古时期的门阀大族，这些情况又如何呢？

我们不妨从北魏外戚冯熙与十二代孙冯元德的故事开始谈起。冯熙是北魏文明太后之兄长，生前酷信佛法，史书记载他在各个州镇建造佛图精舍，累计七十二处。其中一处位于洛阳北邙寺，由贾元寿制文，孝文帝"频登北邙寺，亲读碑文，称为佳作"。[2]

---

[1] 当然也有极少数例外，如哈尼族《窝果策尼果》追溯至始祖"俄玛"，是最高最大的天神，甚至追溯至金鱼娘。参见王鹤鸣：《中国少数民族原始形态家谱研究》，上海：上海古籍出版社，2024年，第60—61页。
[2] 《魏书》卷八三上《外戚·冯熙传》，北京：中华书局，1974年，第1819页。

冯熙死于太和十九年(495)。时过境迁,唐代大中年间,一个叫冯元德的人,居住在洛阳温谷川,目睹远近里社的士庶经常祭祀临近的一座庙宇,便询问所祭人物的名位爵邑,皆不知晓。于是他前往拜谒,惊喜地发现竟然是十二代祖冯熙之庙,故专立庙碑云:

> 问王之名位爵邑,皆失其传,乃乘暇谒拜,碑版堙灭,莫识何从。退寻家谍,考于魏史,是知即愚之十二代祖也。伏念甘棠勿翦,邵德实思,若非绩化深洽民心,即何能五百年之后而血祀不绝乎。恐盛烈沉懿,无复彰明,不敢多文,遂斫石重纪。[1]

由此看到,冯元德确定冯熙为十二代祖的根据是"退寻家谍,考于魏史",家谍,就是家族谱牒。不过稍加浏览冯元德所撰冯熙新庙碑文,就会发现大多数文字与《魏书·冯熙传》基本相同,可信后者正是冯元德刻碑记事的史源之一。另一方面,尽管碑文没有显示他与"十二代祖冯熙"的血脉关系,似乎也不宜断然否定他"退寻家谍"的声称。新庙碑重立于大中六年(852),前距冯熙之死,近三百六十年。以一世三十年计,正好十二代。即便存在世代的合理性,但依然不能消除某些疑虑。据现在存世的姓氏书,《元和姓纂》《新唐书·宰相世系表》《古今姓氏书辩证》,以及现存的中古石刻文献,均无法建立冯熙和冯元德之间完整可靠的世系勾连。前引碑文"五百年之后"云云,有所夸饰。这自然让人联系到两个同姓人在攀关系或者客套时经常会说"五百年前是一家"。在某种意义上,五百年已经是人们逆向追祖的主观极限,更加遥远的祖先虽然存在,但已经被人们有意无意地选择了"遗忘"。即便中古中国最有影响的世家

---

[1] 《全唐文》卷八〇四《冯元德·后魏洛州刺史侍中兼太师昌黎冯王新庙碑》,北京:中华书局,1983年,第8460页。按,征引此书碑志,笔者另行标点,不再说明。

大族,也很难找到五百年内连续不断,没有偏差、没有讹误的完整世系,前举中古姓氏书都存在不同程度的讹误和断裂,就是明证。在这个意义上,"五百年前是一家",与其说表达的是确定性,倒不如说是不确定性;与其说是历史事实,不如说是历史记忆。这自然不能妨碍冯元德或类似冯元德的人追溯数百年内的祖先,"魏史"之类的正史列传通常仅追溯近世祖先,故只能提供极为有限的祖先资源和相关证据,谱牒成为他们追认祖先的主要来源。

正如南朝精英所云"士庶之际,实自天隔""士庶虽殊""区别士庶,于义为美""士庶缅绝,不相参知",[1]身份制是中古社会的基本特征。门第的尊卑、身份的高下,对于活跃在中古时期的精英人物而言,主要关涉他们的婚姻和仕宦。通婚对象是社会地位之表征,仕宦高低为政治地位之风向,两者相辅相成,可谓中古门阀大族长盛不衰的奥秘。在实际操作中,如何确定某人属于或者不是门阀成员,抑或根据什么标准判定某人是不是合理的通婚对象,是否具备合理的任官资格? 史称:"又载《诸氏族谱》一卷,云梁天监七年中丞王僧孺所撰,俾士流案此谱乃通昏姻。"[2]"于时有司选举,必稽谱籍,而考其真伪。"[3]可见谱牒正是区分和界定士庶身份的重要标准。遗憾的是,在唐末五代长期的兵燹祸乱中,谱牒废绝,"自五代迄今,家家亡之",[4]各种综合性谱牒和私家谱牒纷纷亡佚。迄今存世的中古谱牒,仅有数件敦煌氏族谱残卷,以及

---

[1]《宋书》卷四二《王弘传》,北京:中华书局,1974年,第1318—1320页。
[2]《玉海》卷五〇《艺文·谱牒》"唐编古命氏"条,南京:江苏古籍出版社,1987年,第953页。
[3]《新唐书》卷一九九《儒学·柳冲附柳芳传》,北京:中华书局,1975年,第5677页。
[4]《欧阳修全集》卷七〇《与王深甫论世谱贴》,北京:中华书局,2001年,第1017页。并参姜士彬:《一个大族的末年——唐末宋初的赵郡李氏》,范兆飞编译:《西方学者中国中古贵族制论集》,北京:生活·读书·新知三联书店,2018年,第255—263页。

散见于中古传世文献中的残篇断句。中古谱牒举足轻重,而又大规模亡佚殆尽,成为中古士族研究中的一个谜团。

那么,通过辑佚和拼凑传世文献中的谱牒残句,集腋成裘,或许会让我们窥见中古谱牒的"冰山一角",还有无其他方法重现中古谱牒的面貌或内容?这将是本书上编"贞石证谱"尝试解答的主要问题。就此而言,近年贡献较大的成果,首推陈爽关于中古谱牒的研究。如所周知,一方标准的北朝墓志,常规内容通常包括志盖、志题、铭序和铭文等相关部分,但南北朝时期的部分墓志,约六分之一,往往又"衍生"出其他部分,如志首、志尾、志侧、志阴等部分,甚或包括志盖及盖阴、盖侧,这些通常并不记载文字的部分也刻写文字,且几乎全部是谱系内容。这些资料并非不宣之秘,任何中古史学者均可唾手可得。陈先生通过对读录文和图版,发现相当一部分内容都以"特殊格式"进行书写:分段提行、前后留白、间有空格,并以吐鲁番出土文书中的《高昌某氏残谱》和《某氏族谱》,以及传世文献中的氏族谱残句为佐证,大胆推断墓志特殊位置(志首、志尾、志侧等)记载的谱系内容,就是官私谱牒的直接抄录或简单改写。陈氏据此标准,从出土墓志中辑考二百一十一份魏晋北朝的谱牒。[1]这无异表明,"久已亡佚"的中古谱牒正是以墓志等石刻文献作为载体,经常"出现"在研究者面前。此项研究可谓见微知著,于平常中发现不平常,对于中古士族乃至石刻文献研究皆有突破性贡献。

但是,墓志特殊位置记载的谱系,能否完全等同于谱牒,尚未定谳,故暂将陈氏的发现称作"假说"。本书上编"贞石证谱",收入五篇论文,其中两篇对此假说进行深入讨论。出现在墓志特殊位置的谱系,通常以极为简洁的文字,记载墓主近世祖先的婚娶职状。这些内容能否直接等同于谱牒?谱系内容既已清楚,那就需

---

[1] 陈爽:《出土墓志所见中古谱牒研究》,上海:学林出版社,2015年。

要考察中古谱牒应该包括哪些内容？上编《中古早期谱系、谱牒与墓志关系辨证》一文,从传世文献所记六朝隋唐谱学家的专业特征、谱牒残句、后世谱牒中保存的中古谱牒,以及敦煌氏族谱残谱等几个维度,大致"拼凑"出一份中古谱牒的"全貌":大概包括近世祖先的婚娶职状,主要分布于墓志的志首、志尾或志阴等特殊位置;还包括姓氏起源、房支分化等内容,主要分布于墓志的铭序和志铭等正文部分,近世祖先的名爵也经常出现在墓志正文。由此可见,南北朝墓志特殊位置记载的谱系内容,仅仅是中古谱牒的子集,其他内容分布于墓志的铭序和铭文等位置。换言之,墓志不同

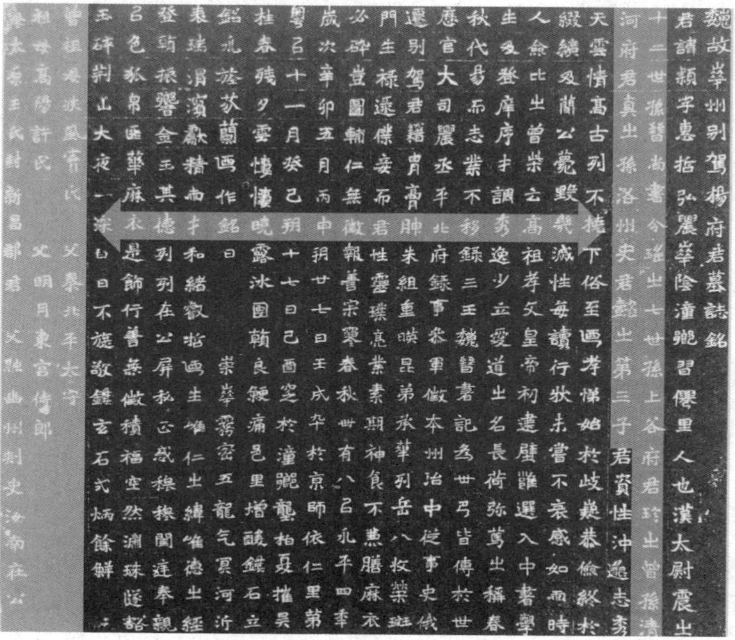

图1　北魏杨颖墓志[1]

[1] 墓志图版据中国文物研究所、陕西省古籍整理办公室编:《新中国出土墓志·陕西壹》,北京:文物出版社,2000年,第14页。

位置记载的谱系内容,可以互相补充,而非互相排斥。例如,北魏杨颖墓志志尾记载曾祖母、祖母和母亲的姓氏和家族背景,[1]难以想象弘农杨氏谱牒仅仅记载女性情况,而不记载父系成员。杨颖曾祖、祖父和父亲的情况,相应出现在墓志正文。此志正文和志尾所载谱系构成有力的横向补充。杨颖墓志并非孤例。

与此同时,此文又对谱牒内容的史源进行追溯,发现来源驳杂:他们往往继承、钞撮和整合战国秦汉各种文献——前朝姓氏书(如《世本》《风俗通》等)、汉代碑刻,抑或先秦两汉典籍(如《大戴礼记》《左传》《史记》等)——的姓氏知识。通过对史源的追溯,我们可以清楚地发现,中古谱牒的内容包括公私两个属性:碑志正文所载的姓氏源流与房支分化,具有"大众文化"的意味,知识阶层均可轻易获得这些知识,公共性、流通性和延续性是其特点;墓志特殊位置记载近世祖先的婚宦,具有"精英文化"的意义,机密性、垄断性和封闭性是显著特点。中古门阀选择通婚对象,有司部门选拔各级官吏,稽考谱籍的重点就是属于不宣之秘的后者。在这个意义上,近世祖先和遥远祖先虽然都已成冢中枯骨,但近世祖先的名爵婚娶对后裔子孙能否成为当朝冠冕,在中古时代具有重要作用。

陈爽"假说"还有一个重要结论,就是引谱入志,墓志特殊位置抄录家族谱牒的方式,是中古墓志撰写的特殊体例。前文已对"特殊内容"进行辨析,上编另一篇《士族谱牒的构造及其与碑志关系拾遗——从〈出土墓志所见中古谱牒研究〉谈起》,原本是一篇书评论文,首先肯定陈爽《出土墓志所见中古谱牒研究》的学术贡献,以及给中古史学界带来的诸多启示,同时还着眼于碑志与谱系的共生关系,通过披览汉唐时期大量的石刻文献,发现汉代谱系

---

[1] 赵超:《汉魏南北朝墓志汇编》,天津:天津古籍出版社,2008年,第61页。

入碑,唐代碑志录谱,宋元以降谱碑定型,由此推断谱系进入碑志,并非魏晋南北朝时期的时代特色,而是秦汉以降石刻流行以后或隐或现的一贯传统。只不过在不同历史时期,这种石刻化传统有不同的呈现方式,与前文所考谱牒内容中的姓氏起源、房支分化等构成谱牒内容中"不变"的部分,正好呼应,成为谱系与碑志共生关系中不变的因素。南北朝墓志出现特殊位置(志首、志尾、志侧等),进而记载特殊内容(近世祖先的婚宦等谱系内容),这种特殊现象的出现,正是在继承基础上的变化。

上编还包括三篇论文:《行动指南——谫论中古谱牒的基本功能及实践》《胙土命氏:汉魏士族形成史论》《南北朝门阀士族谱系的异同及意义》。第一篇从沈约《奏弹王源》出发,尝试讨论六朝士人使用谱牒的过程和方式。第二篇提倡从长时段的视野,观察精英阶层的变动,特别提示两汉大族与先秦贵族之间的有机关联,两汉大族贵族意识的生长及其祖先记忆的模式,成为魏晋大族编织家族谱系的来源。尤为重要的是,《新唐书·宰相世系表》中的谱系构建,部分史料与汉代碑志或史传同源,亦可视作两汉士人祖先记忆观念在唐宋时期的层累和投影。中国古代的社会精英和统治阶层,呈现出一脉相承、波动发展和代际更新的复杂面相。不仅如此,如要解决中国古史研究中的重大问题,或许都有跨断代的必要。第三篇对南北朝墓志记载谱系的异同及意义进行初步讨论。

如前所云,南北朝墓志特殊位置记载的谱系内容,通常是高曾以内近世祖先的婚宦。陈爽将这种因素归因于"详近略远"。[1] 诚然,任何一个高门大族,持续时间愈长,时间跨度愈大,世系断裂的可能性也就愈大,但脱落的环节往往是比较遥远的祖先。不仅

---

[1] 陈爽:《出土墓志所见中古谱牒研究》,第111页。

中古时期如此,宋元以降,宗族的谱系构造也有"笃近举远"之法。[1] 吕思勉称宗法仅贵族有之,对于谱系追溯,"其位愈尊,所追愈远,即可见平民于统系不甚了了"。[2] 宋儒朱熹主张在祠堂祭祀高祖以内祖先,正所谓"五世则迁者,是谓小宗",高祖以前的神主都葬于墓中;但程颐、夏言则主张家庙常祭高祖以下祖先,冬至、立春则祭祀始祖以及高祖以上的先祖,[3] 似乎暗示中古谱系不止是远近问题,还涉及宗法中的大宗和小宗问题。此外,中古碑志文献与正史列传记载人物的谱系,有所不同,如果说墓志的特殊位置记载的是近世祖先,那么碑志的正常位置(正文)所记内容,经常"溢出"近世祖先的范围,往往会继续向前,有时坚决越过高祖曾祖,追溯更加遥远的祖先。其意义何在呢?

本书下编"个案研究"征引的核心资料,主要集矢于学者广泛忽视的中古碑志中介于虚实之间的祖先描述。中古碑志关于人物遥远祖先的记载,此前经常被视作不可凭信的材料而搁置起来。不过,史学研究一味辨伪是不够的。即便"号称精密"的《欧阳氏族谱》,也被周密抓住极大的谬误:"以是考之,询在唐初,至黄巢时,几三百年,仅得五世。琮在唐末,至宋仁宗才百四十五年,乃为十六世,恐无是理。"[4] 正如马克·布洛克(Marc Bloch)所云,证明作伪只是完成任务的一半,还要"抓住在幕后策划骗局的骗子"。[5]

---

[1] 林济:《宋元宗族谱系的构造——以徽州程氏为例》,《安徽史学》2014年第3期,第116—127页。

[2] 吕思勉:《中国宗族制度小史》,北京:知识产权出版社,2018年,第23页。

[3] 井上彻:《中国的宗族与国家礼制——从宗法主义角度所作的分析》,钱杭译,上海:上海书店出版社,2008年,第103—117页。

[4] 周密:《齐东野语》卷一一《谱牒难考》,北京:中华书局,1983年,第191—192页。

[5] 马克·布洛克:《历史学家的技艺》,张和声译,北京:北京师范大学出版社,2014年,第89页。

士族谱系的研究不应该停留在"去伪存真"的层面,士族谱系中的"舛误"和"虚像"可能也包含着丰富的历史信息。下编追踪三个士族的谱系建构,他们是太原王氏、太原郭氏和太原白氏,分别对应门阀士族的不同层级。迄今所见三个士族碑志文献的数量多少,与其门第高低成正比关系。太原王氏一文,资料基础是四百余通碑志文献,通过对这些文献的整理分析,可见北朝隋唐太原王氏的追祖情况,分为三类:一类是祖先不可靠者,包括将祖先追溯至琅琊王氏、秦汉将相、上古先王等;一类是祖先相对可靠者,包括六朝时期的名流贤达;一类是祖先可靠者,通常是高曾以内的近世祖先。即同一份王氏碑志所追溯的祖先,往往含有"真实"的嫡系祖先,通常是高曾以内的名流;以及"虚构"的想象祖先,通常是汉魏以前的祖先。如果说近世祖先是血脉相连的话,想象祖先则有拟制血缘的味道。[1] 这种拟制血缘,类似生物演化中的拟态现象:亲缘关系较远的昆虫物种在形态上有相似性,多为可食用的物种模拟不可食用物种的形态,欺骗和躲避天敌的捕食。王氏成员攀附想象祖先,正是借此英雄祖先作为"保护色"。仇鹿鸣援引顾颉刚先生的"层累说"理论,极富创意地指出渤海高氏的谱系具有"层累构成"的特征:纵向的"攀附先世"和横向的"伪冒士籍",构成高氏世系特征的一体两面。[2] 这个发现对十几年来的士族谱系研究,影响甚大。中古太原王氏的谱系建构,发生着相似的故事。《新唐书·宰相世系表》"王氏条"是唐人谱系知识整合利用、层累构成的产物。所谓"层累"是指,一通太原王氏的碑志,往往包含着真实的近世祖先,同时纵向叠加着虚假的想象祖先,以及横

---

[1] 冯尔康:《拟制血亲与宗族》,收于氏著《中国宗族制度与谱牒编纂》,天津:天津古籍出版社,2011年,第91—130页。
[2] 仇鹿鸣:《"攀附先世"与"伪冒士籍"——以渤海高氏为中心的研究》,《历史研究》2008年第2期,第60—74页。

向追认同姓名流。例如,东汉初叶的隐士王霸,被塑造成太原王氏的伟大祖先,作为勾连魏晋王氏与先秦王氏的重要纽带,但王霸显然不是太原王氏的可靠祖先。可见,中古各类姓氏书、碑志史传所载层次清晰、言之凿凿的士族谱系,还有模糊化的另一面。[1]

太原郭氏一文的资料基础是一百四十余通碑志文献。传世文献和碑志资料关于士族谱系的记载模式也截然不同:中古时期的正史列传经常溯及高祖以内具有血缘关系的真实祖先,而碑志则攀附人为构造、乱中有序的虚拟祖先。魏晋史籍关于太原郭氏的祖先记忆,通常仅追溯两三代人。北朝郭氏墓志开始将谱系向前延伸,司徒郭丹、名士郭泰等名流成为祖先记忆的对象,隋唐时期郭氏追祖的触角不仅纵向延伸,而且横向扩充,郭巨、郭汲、郭隗等与太原郭氏无涉的同姓人物,都被纳入追祖对象,魏晋太原郭氏的主轴人物郭淮、郭配兄弟反而"门庭冷落",后世追认祖先者仅有两例。饶为有趣的是,唐代郭子仪家族塑造的远祖汉冯翊太守郭孟儒,子虚乌有,但郭氏家族将之视作排他性资源进行垄断。若说太原王氏建构谱系的特征主要是"层累",郭氏建构谱系的特征就是"虚实相杂"。冯翊太守郭孟儒虽然出自虚构,但也颇有"始迁祖"的意味,反映了太原郭氏部分房支迁往关中并定居下来的历史事实。

整体观察中古士族的谱系建构,其祖先记忆的书写画卷犹如滚滚江河,近祖和远祖等列祖列宗,正如江河的不同流域:祖先下游以父祖曾高等近世祖先为主,比较真实;祖先上游以远祖乃至始祖为主,倾向虚构和想象;中间则是内容丰富的祖先中游,各个阶段的祖先之间有很大的不同,但又非简单对立,泾渭分明,这些异

---

[1] 欧洲贵族也有谱系模糊的特征,参见朱孝远:《中世纪欧洲贵族的结构变化》,《北大史学》第2辑,1994年,第168—173页;《中世纪欧洲贵族》,广州:广东人民出版社,1996年,第7—12页。

质的祖先记忆有所区别,却又环环相扣。这种连绵不断的"矛盾统一体",呈现出祖先形象的千姿百态,自然会让人联系到弗里德曼(Maurice Freedman)所论宗族模型 A 和 Z 系列的所谓"光谱"。[1]小书主标题"祖先光谱"即来源于此。当然,具体指涉有所不同:一是形容宗族规模的大小,另一个是指称祖先记忆的特征。"祖先光谱"不仅包括士族祖先记忆和书写中远近、亲疏、虚实等简单的对立和紧张,还要加上这些关系的层层嵌套,乃至重叠、过渡和打破,这些信息和关系的总和,整体构成中古士族祖先记忆的历史事实。我们不能奢望像庖丁解牛一样,揭秘每个不同的祖先流域之间光谱的明暗变化,深描不同祖先光谱褶皱之间的肌理纹路,毕竟"历史是历史学家的暴君,它自觉或不自觉地严禁史学家了解任何它没有透露的东西"。[2] 更不用说,士族祖先记忆的界限变化,经常是不落痕迹、变化多端的。

上古时期	战国秦汉	魏晋六朝	南北朝隋唐
上古帝王/传说人物/圣贤人物/先秦贵族	名臣将相/名流良吏	六朝名流	高曾祖父
祖先上游	祖先中上游	祖先中下游	祖先下游

类似的故事,同样发生在其他时代其他地域的家族身上。宋怡明发现,入闽以后的华北移民,建构出一种关于祖先移民的说辞,即虚构祖先世系至华北祖先,从而将自身与福州本地族群(即

---

[1] 莫里斯·弗里德曼:《中国东南的宗族组织》,刘晓春译,上海:上海人民出版社,2000 年,第 167—170 页。
[2] 马克·布洛克:《历史学家的技艺》,第 64 页。

船居的疍民和山居的畲民)区分开来,这套说辞同样具有排他性。[1] 又如,珠江三角洲不少宗族的族谱,均将祖先追溯至宋代南雄珠玑巷的某个人物,[2] 抑或在华北传布更广、更加脍炙人口的山西洪洞大槐树移民传说,[3] 这些祖先追溯的内容和叙事方式皆有同构性,都具备区分自我与他者的社会功能。中古士族的谱系建构,体现出系谱性血缘群体与功能性团体的冲突与调和。这原本是历史人类学家面对近世宗族所产生的基本问题。[4] 王明珂对羌人的调查也发现,所谓家族成员不必有生物性血缘关系,却有密切的居住空间关系。这是一种强调地缘的"亲属关系"。[5]

让我们回到中古士族谱系的话题。与王郭两大一流高门相似,太原白氏的祖先追溯同样包括上古圣王、秦汉英雄、六朝名士和近世祖先等部分。这些谱系知识多数来自战国秦汉及其以前的历史文献和传说故事,经过剪裁加工,从而嫁接于近世祖先的真实谱系之前,构成一份相对完整的士族谱系。不同的是,出自龟兹族的白氏曾以南方祝融等为先祖,后来由夷入夏,变芈姓为姬姓,摇身一变,成为黄帝子孙,从而实现家族的华夏化。汉人高门常以华夏化的黄帝为祖先。通过对太原王氏、太原郭氏、太原白氏三个层级士族谱系的考察,我们发现中古士族谱系表现出具有"二元对

---

[1] 宋怡明:《实践中的宗族》,王果译,北京:北京师范大学出版社,2022年,第59—67页。
[2] 陈乐素:《珠玑巷史事》,《学术研究》1982年第6期,第71—77页。刘志伟:《历史叙述与社会事实——珠江三角洲族谱的历史解读》,《东吴历史学报》第14期,2005年,第77—105页。
[3] 赵世瑜:《祖先记忆、家园象征与族群历史——山西洪洞大槐树传说解析》,《历史研究》2006年第1期,第49—64页。
[4] 刘志伟:《宗族研究的人类学取径:从弗里德曼对林耀华先生家族研究的评说谈起》,收于氏著《溪畔灯微:社会经济史研究杂谈》,北京:北京师范大学出版社,2020年,第109—127页。
[5] 王明珂:《反思史学与史学反思:文本与表征分析》,上海:上海人民出版社,2016年,第61页。

立"色彩的若干特征：虚与实、远与近、详与略、南与北、夷与夏、神话与世俗、连续与断裂、沿袭与损益、真实祖先与虚拟祖先、传说故事与历史事实并存的"双轨制"特征，犹如逆向却具有同等标准的公路系统，相互对冲和纠缠，却又啮合与共存于中古士族的谱系文献。正如王明珂和伊恩·霍德所论，需要以鲜明的文化特征强调身份的人群，往往是有认同危机或族群身份在日常生活中非常重要的人群。[1] 中古士族和近世宗族的祖先记忆，当然属于鲜明的文化特征。太原白氏祖先记忆的矛盾特征，尤其是夷夏之变，集中体现他们在华夏化进程中的认同危机。

由此可见，下编三篇个案关注士族谱系的层累、虚实和变奏，以及对谱系中祖先记忆的类型划分，与学者对士人祖先真伪的考证相比，旨趣稍有不同。此前学者多数通过碑志文献，考证胡汉士族的世系，辨析真伪，订正讹误，实际上受到金石学证史补史传统的影响，可归为"实证研究"。[2] 如果说上编侧重于碑志证谱，以实证研究为主，而下编三篇个案则以历史阐释为主，考证为辅，重点不是辨析祖先的真伪，[3] 而是探讨和解释祖先世系何以如此，特别是讨论和重绘那些"虚构"的祖先和世系是如何形成的，又有怎样的意义。考证与阐释两种理路各有侧重，对于认识中古士族谱系的构成与意义，皆有力焉。

外编"揽镜自照"两篇是关于士族研究理论与方法论的思考。

---

[1] 王明珂：《华夏边缘：历史记忆与族群认同》第九章《边缘人群华夏化进程：吴太伯的故事》，上海：上海人民出版社，2020年，第301页。
[2] 最具代表性的著作是林宝撰，岑仲勉校记：《元和姓纂（附四校记）》，北京：中华书局，1994年。
[3] 因为中古士族谱系的建构，与明清族谱的叙述一样，都是真伪并存。刘志伟甚至说，宋明时代始修族谱中构成世系群体的祖先，一般以高祖为始祖，故后来大多数族谱中始祖之上的世系，并不可能有真实的记录为凭。参见刘志伟：《明清族谱中的远代世系》，《学术研究》2012年第1期，第90—97页。

《北美士族研究传统的演变——以姜士彬和伊沛霞的研究为线索》一文,基于笔者翻译姜士彬《中古中国的寡头政治》、伊沛霞《早期中华帝国的贵族家庭——博陵崔氏个案研究》的学术前提,广泛阅读和深入体会英文世界的学人关于中古贵族制的研究成果,进行归纳、总结和思考,旨在揽镜自照,冀望推动中外学术交流和中古士族研究的深入开展。《范式的形成与分合——以守屋美都雄〈六朝门阀:太原王氏家系考〉为中心》一文,则以守屋美都雄关于太原王氏个案研究中译本的出版为契机,从作为方法论的个案研究(case study)入手,整体回顾海内外学界关于士族个案研究的方法使用和问题关怀。大体来说,田余庆、陈爽的士族研究是政治史取径的,守屋氏的士族研究则是社会史取径的。"士"的色彩更加强烈。而姜士彬、伊沛霞的个案研究则是人类学和社会学取径的,可见姜、伊二氏的研究取径,相对接近守屋氏,而缺乏政治史的考量。姜伊二氏的研究虽然也以中古为主要时段,但其对话和交锋对象显然以明清宗族为主要参照,"族"的色彩更加强烈。若说域外研究中译本的介绍和出版,为学人提供了系统全面的新理论、新观念、新方法,那么,近三十年来出土碑志的整理与刊布,无疑提供了丰富的新数据、新文献、新资料。

需要说明的是,小书下编"个案研究"三篇论文所使用的六百余通碑志文献,特别是太原王氏和太原郭氏追祖信息简表,限于篇幅,无法呈现。小书收录的十篇论文,陆续成文和发表于十年之间,不少表达和叙述似断而连,似连而断,在收入小书时予以适当的补充和必要的修订,主要观点没有大的改动,行文或许还有少许重复之处,敬请读者诸君见谅。其中部分论文获得笔者近年主持国家社科基金一般项目"汉魏南北朝墓志笺证"、国家社科基金重点项目"中古氏族谱的整理与综合研究"的资助,在申报评审和鉴定结项过程中,诸多评审专家提出宝贵意见。这些论文撰成之初,在不少场合进行报告和演讲,有幸获得前辈学者和中青年同仁的教益,又在修改过程中,充分吸收责任编辑和外审专家的卓见,随后发表于《中国史研究》《中华文史论丛》《唐研究》《复旦学报》《文史哲》《史学月刊》《厦门大学学报》《中外论坛》《学术研究》《读书》等学术刊物。上海古籍出版社胡文波先生、陈丽娟女史慨允出版小书;陈老师细致认真的编辑工作,让人敬佩。白炳权、陈莎莎、苏潇龙等同学对小书初稿进行校对,纠正不少谬误。我愿借此机会,谨对上述师友的批评、鼓励和鞭策,表达深深的谢意。

士族研究是中古史的传统话题,恐怕也是研究中古史其他问题无法完全绕开的一个话题。笔者近十年的研究旨趣已经移步石刻文献,希望摆脱这个话题的"纠缠",也希望果断走出这个话题带来的"研究舒适区",但又经常不期而遇。这个阶层人物的身影,化身万千,摇曳于绝大多数重要的碑志之上。这种情况让笔者坚信:士族群体是中古中国政治社会的基石。这本小书虽然不能令人满意,但作为阶段性的思考,权且向诸位师友和读者诸君汇报,诚挚希望得到有益的批评。

范兆飞

二〇二三年中秋于永芳堂

目录

自序：重绘祖先记忆的光谱 …………………………………… 1

上编　贞 石 证 谱

胙土命氏：汉魏士族形成史论 …………………………………… 3
　一、先秦氏族的后裔及命运 …………………………………… 4
　二、两汉贵族意识的生长 ……………………………………… 17
　三、《新表》所反映的祖先观念 ……………………………… 25
　四、胙土的变相 ………………………………………………… 32

士族谱牒的构造及其与碑志关系拾遗
　——从《出土墓志所见中古谱牒研究》谈起 ……………… 37
　一、文献资料的开拓 …………………………………………… 39
　二、士族谱牒的构造 …………………………………………… 44
　三、引谱入志的源头：汉碑中的谱系 ………………………… 54
　四、引谱入志的走向：谱系与唐代碑志 ……………………… 66
　五、谱系的石刻化传统 ………………………………………… 77

中古早期谱系、谱牒与墓志关系辨证 …… 82
  一、中古谱牒内容考实 …… 84
  二、墓志中的谱系分布 …… 99
  三、墓志所载谱系的史源 …… 110
  四、中古谱牒的变化与不变 …… 121

行动指南
  ——谫论中古谱牒的基本功能及实践 …… 128
  一、清与浊：门第秩序的摇摆 …… 130
  二、内与外：婚姻集团的限度 …… 140
  三、远与近：祖先记忆的张力 …… 149
  四、谱的时代 …… 155

南北朝门阀士族谱系的异同及意义 …… 159
  一、载体与构成 …… 160
  二、单线与复线 …… 166

下编 个案研究

中古郡望的成立与崩溃
  ——以太原王氏的谱系塑造为中心 …… 177
  一、六朝太原王氏的祖先记忆 …… 179
  二、唐代太原王氏的谱系塑造 …… 189
  三、郡望的虚化 …… 201

中古士族谱系的虚实
——以太原郭氏的祖先记忆为例 ………… 205
一、有限的客观：汉魏六朝郭氏的谱系 ………… 207
二、多元的书写模式：唐代郭氏的祖先建构 ………… 215
三、虚实相杂与乱中有序 ………… 229

中古士族谱系的变奏
——基于中古太原白氏的个案考察 ………… 234
一、白氏谱系的文本系谱 ………… 236
二、远祖系统的比较：白氏、郭氏与王氏 ………… 249
三、谱系构造的双轨制 ………… 259

外编　揽镜自照

范式的形成与分合
——以守屋美都雄《六朝门阀：太原王氏家系考》为中心
………… 267
一、方法论：个案研究的系谱 ………… 268
二、内在理路：微观与宏观的平衡 ………… 279
三、问题意识：启示与可能的空间 ………… 302

北美士族研究传统的演变
——以姜士彬和伊沛霞的研究为线索 ………… 318
一、引言 ………… 320

二、大族的称谓、范围和基础 ·················· 330
三、贵族制的终结:社会流动? ················ 343
四、余论:士族研究的源流与推移 ·············· 361

参考文献 ·· 368

上编

贞石证谱

胙土命氏：汉魏士族形成史论

士大夫是传统中国的社会精英，但士大夫从来不是帝制中国统治阶层的唯一来源。中国统治阶层的来源充满多样性和复杂性。因此，士大夫的重要使命之一就是担任国家政权和地方社会之间的"调解器"。士大夫高居庙堂，担任高官显宦，是其国家性的一面；退居乡里，充当地方领袖，是其社会性的一面。士大夫欲冠冕相袭，必须掌握基本的文化技能；欲啸傲山林，则需整合乡里宗族的重要资源。前者以学术文化见长，后者以血缘纽带为基，两者结合最充分的体现莫过于中古时期的士族阶层。学界关于中古时期的士族研究，成果极为宏富。中外学界的士族研究，在经历百余年的积累之后，21世纪以来逐渐呈现出后劲乏力的迹象。不过，近几十年来中古石刻资料尤其是墓志的大量发现及整理出版，成为诱发中古士族研究的驱动力。学人近年的研究主要围绕以下内容重点展开：具有问题意识的个案研究、地域社会背景下的士族群体、新出墓志的疏证和整理等。从更大的学术视野来看，中古士族突破重围的有效路径，还应适当转移和跨出士族研究集中于中古时代（魏晋南北朝隋唐时期）的主战场，达到"瞻前顾后"的效果。所谓"瞻前"，就是充分关注战国至秦汉精英阶层的连续性，侧重于考察先秦氏族与秦汉大族的内在关系。所谓"顾后",就是追踪隋唐士族与宋元士绅的异同及其影响。[1]有关魏晋士族和两汉士族的关系,也是学人曾经热心关注的话题。前贤主要集中于探讨西汉社会势力与国家政权的互动、东汉政权的建国基础、魏晋门阀制的建立以及两汉士族发展的不平衡性等话题,成就斐然。[2]稍嫌不足者,他们极少关注汉魏士族成立的历史渊源以及成长壮大的内在逻辑,本文立足长时段的观察视角,以两汉传世文献和碑志中的祖先追溯为切入点,旁涉《新唐书·宰相世系表》(以下简称"新表")等姓氏书的祖先书写,考察汉魏士族形成的历史脉络以及中古贵族意识的生长过程。

一、先秦氏族的后裔及命运

秦汉王朝立足关中,面临的首要难题都是如何处理关东六国

---

[1] 邢义田:《从战国至西汉的族居、族葬、世业论中国古代宗族社会的延续》,原载《新史学》第6卷第2期,1995年,后收入氏著《天下一家:皇帝、官僚与社会》,北京:中华书局,2011年,第396—435页。甘怀真:《再思考士族研究的下一步:从统治阶级观点出发》,《身分、文化与权力:士族研究新探》,台北:台湾大学出版中心,2012年,第1—26页。仇鹿鸣:《士族研究中的问题与主义——以〈早期中华帝国的贵族家庭——博陵崔氏个案研究〉为中心》,《中华文史论丛》2013年第4期,第287—317页。
[2] 唐长孺:《士族的形成和升降》,收入氏著《魏晋南北朝史论拾遗》,北京:中华书局,1983年,第53—63页。杨联陞:《东汉的豪族》,原载《清华学报》第11卷4期,1936年,后收入氏著《东汉的豪族》,北京:商务印书馆,2011年,第1—58页。余英时:《汉代循吏与文化传播》《东汉政权之建立与士族大姓之关系》,收入氏著《士与中国文化》,上海:上海人民出版社,1987年,第129—286页。许倬云:《西汉政权与社会势力的交互作用》,原载《"中研院"历史语言研究所集刊》第35本,1964年,后收入氏著《求古编》,北京:新星出版社,2006年,第336—358页。卢云:《汉晋文化地理》,西安:陕西人民教育出版社,1991年,第1—55页。赵沛:《两汉宗族研究》,济南:山东大学出版社,2002年。崔向东:《汉代豪族地域性研究》,北京:中华书局,2012年;《汉代豪族研究》,武汉:崇文书局,2004年。马彪:《秦汉豪族社会研究》,北京:中国书店,2002年。

仍然存在的贵族势力。秦汉帝王挟权力之威号令关东,强制迁徙豪门大族于关中,是秦汉王朝解决历史问题的必要选择。实际上,在传统中国的帝制时代,凡是采用"汤武革命"的手段攫取政权者,几乎无一例外强迁前朝贵胄,集中到新朝畿内地区,以便就近控制。秦始皇统一宇内,立即着手解决六国贵族问题,"徙天下豪富于咸阳十二万户"。[1] 刘邦建国以后的处理方法如出一辙,"徙豪杰诸侯强族于京师",[2]西汉帝王迁徙贵族豪杰的主要对象和名目是:

> 汉兴,立都长安,徙齐诸田,楚昭、屈、景及诸功臣家于长陵。后世世徙吏二千石、高訾富人及豪杰并兼之家于诸陵。盖亦以强干弱支,非独为奉山园也。是故五方杂厝,风俗不纯。其世家则好礼文,富人则商贾为利,豪杰则游侠通奸。[3]

嬴秦立国短促,通过强制迁徙而消灭六国贵族的政治意图远未完成,秦末六国贵族此起彼伏的复国运动就是证明。汉王朝继承"秦制",将关东豪族强迁至关中作为汉王朝的战略之一,在百余年间加以持续而有力的执行,如"徙郡国豪杰任侠及有耐罪以上""徙郡国豪杰及訾三百万以上于茂陵""徙郡国吏民豪杰于茂陵、云陵",等等。[4] 与之匹配的是,西汉曾经实行强迫分散大族的措施。如郑弘家族被强行解散,"其曾祖父本齐国临淄人,官至蜀郡

---

[1]《史记》卷六《秦始皇本纪》(点校本二十四史修订本),北京:中华书局,2014年,第308页。
[2]《史记》卷一二九《货殖列传》,第3958页。
[3]《汉书》卷二八下《地理志》,北京:中华书局,1962年,第1642页。
[4]《史记》卷一一八《淮南衡山列传》,第3755页;《汉书》卷六《武帝纪》,第170、205页。

属国都尉，武帝时徙强宗大姓，不得族居，将三子移居山阴，因遂家焉"。[1] 在这种空前的政治压力下，形形色色的豪族大姓和社会精英源源不断地迁徙至中央架构之内。[2] 反之，游离于国家秩序之外的地方精英，必然成为西汉王朝各级政府疑惧和打击的对象。在这场持续的抗争过程中，最显著的正是豪杰和郡国的有机结合，有关"郡国豪杰"的记载频见西汉史籍。汉王朝实行郡国并行制，郡国正是豪杰势力形成乃至壮大的依托所在，诸侯王欲尾大不掉，必得援引郡国豪杰方能颉颃中央。汉武帝时期，江充诣阙告状，太子丹的罪名正是"与同产姊及王后宫奸乱，交通郡国豪猾，攻剽为奸，吏不能禁"。[3] 昭帝时期，齐孝王孙刘泽发动叛乱，"交结郡国豪杰谋反，欲先杀青州刺史"。[4] 上官桀等人发动宫廷政变，企图拥立燕王刘旦，凭借力量正是"许立桀为王，外连郡国豪杰以千数"。[5] 可见，郡国豪杰是西汉政治舞台极为活跃的社会力量。"郡国+豪杰"的构成也极为有趣，"诸县豪杰"的描述虽偶有出现，但是以"郡国"置于"豪杰"之前是比较常见的情况。[6] 中古士族以郡为望的理念，或许正是渊源于这种结合。

汉王朝打击郡国豪杰的另一种手段，就是任命秉承圣意的酷吏，对地方豪杰的力量进行无条件的肆意弹压。班马《酷吏传》集

---

[1] 《后汉书》卷三三《郑弘传》，北京：中华书局，1965年，第1155页；《谢承后汉书》卷二《郑弘传》，周天游：《八家后汉书辑注》，上海：上海古籍出版社，1986年，第37页。
[2] 黎明钊：《辐辏与秩序——汉帝国地方社会研究》，香港：香港中文大学出版社，2013年。
[3] 《汉书》卷四五《江充传》，第2175页。
[4] 《汉书》卷七一《隽疏于薛平彭传》，第3036页。
[5] 《汉书》卷六三《武五子传》，第2756页。
[6] 当然，郡和国的概念完全不同，正如胡宝国所云，郡之代县，州之代国，正是汉代区域观念变动的实质。参见胡宝国：《〈史记〉〈汉书〉籍贯书法与区域观念变动》，收入氏著《将无同：中古史研究论文集》，北京：中华书局，2020年，第1—11页。

中反映了中央与地方豪强之间的冲突及解决方式。西汉颍川地区是豪族麇集之所。地方上的社会势力羽翼已成,汉王朝采用迁徙的单一手段已经不能完全奏效,遂对滞留本土的豪族采取软硬两手:赵广汉采用的是让其内部互相揭发检举,进而诛杀首领,打击朋党的酷吏之法;而韩延寿则是教以礼让,羁縻长老,论定古礼的循吏之法。[1] 两种手段软硬兼施,相辅相成,见证汉王朝与颍川地域社会之间张弛关系的动态变迁。赵广汉和韩延寿风格不同,但都是国家意志坚定不移的执行者,两人皆为昭宣时期的人物。昭宣以前的酷吏,《史记·酷吏传》记载十人。这些酷吏至少有七人并非世家大族,而是出自刀笔吏。这些出身寒微的"近臣",正是执行武帝个人专制权力的最佳工具。[2] 这些酷吏对付地方豪强的手段,和赵广汉对付颍川原、褚诸豪的强硬手段别无二致。韩延寿以礼相待的怀柔之策,固然意味着汉朝国策的转型。但是,必须承认,赵广汉对待地方豪强的粗暴做法,是汉魏以降国家控制地方势力的常态。《酷吏传》记载的人物多数为武帝时的郡守,或在霍光掌权时,这说明武帝及其继承者鼓励或放任各地郡守以非常手段铲除豪强。与酷吏并行的似乎正是刺史制度。汉代皇权干预地方社会,既见之于皇权人格化的"酷吏",又见之于制度化的部刺史制。[3] 班马《酷吏传》所载酷吏的地域出身,五人出自关中,五人出自河东,四人出自河洛,四人出自齐鲁,他们的出身大多数并不高贵,甚至卑微。关中和齐鲁地区分别是西汉的政治中心和文化中心,这两个地区自然也是西汉士族最为集中的地带。[4] 由

---

[1] 《汉书》卷七六《赵尹韩张两王传》,第3199、3200、3210页。
[2] 增渊龙夫:《中國古代の社會と國家:秦漢帝國成立過程の社會史の研究》,东京:弘文堂,1960年,第235页。
[3] 许倬云:《西汉政权与社会势力的交互作用》,《求古编》,第344页。
[4] 卢云:《汉晋文化地理》,第1—55页。

于《酷吏传》所载仅是汉景帝至宣帝年间,尤其集中于武帝时期对地方豪强采取强硬手段的记载,因此仅在这个时段具有抽样学的意义。酷吏的地域分布,反向印证了学者关于西汉文化核心区的判断,但三河地区同样也是值得关注的区域。另外,西汉酷吏弹压郡国豪杰的地理分布主要是:关中地区七例,河南八例,河东三例,河内二例,齐鲁四例,江夏一例。我们发现,关中和河南地区是地方豪强最为活跃的地区,齐鲁地区豪杰的活跃度紧随其后,河东、河内地区的豪杰力量不遑多让,其他地方豪杰的活跃程度并不高。

表1 西汉酷吏简表

姓 名	籍 贯	时期	主要任职地	镇压对象	被镇压者	资料来源
郅 都	河东洪洞	景帝	济南	瞯氏	豪族	史记122
宁 成	南阳穰	景帝	长安	刘氏	宗室	史记122
周阳由	绛州闻喜	武帝	河东	不明	诸豪	史记122
赵 禹	扶风斄	武帝	长安	不明	诸豪	史记122
张 汤	杜陵	武帝	长安	不明	豪强	史记122
义 纵	河东	武帝	长安/河内	穰氏	豪族	史记122
王温舒	冯翊阳陵	武帝	广平/河内	不明	群豪	史记122
尹 齐	东郡茌平	武帝	长安	不明	群豪	史记122
杨 仆	宜阳	武帝	长安/淮阳	不明	豪恶	史记122
杜 周	南阳杜衍	武帝	两河	不明	诸豪	史记122
咸 宣	杨	武帝	南阳/楚/齐/燕赵	梅/段/杜/徐/范	群盗	汉书90

续　表

姓　名	籍　贯	时期	主要任职地	镇压对象	被镇压者	资料来源
田广明	郑	昭宣	淮阳	不明	郡国盗贼	汉书90
田延年	阳陵	宣帝	河东	不明	豪强	汉书90
严延年	东海下邳	宣帝	涿郡/河南	高氏	豪大家	汉书90
尹　赏	巨鹿杨氏	成帝	三辅/江夏	不明	奸猾	汉书90
尹翁归	河东平阳	宣帝	东海	许仲孙	大豪	汉书76
赵广汉	涿郡蠡吾	宣/昭	颍川	原氏/褚氏	豪杰大姓	汉书76
韩延寿	燕	宣帝	颍川	不明	长老	汉书76

那么,汉帝国与六国贵胄后嗣等地方势力之间的拉锯战,结果如何?杨联陞先生论曰:"武帝时六国遗族多已零落,这迁徙的办法就用来打击新豪族了。"[1]情况是否的确如此呢?在此,我们暂以汲黯的表现为线索稍作分析。《史记·酷吏传》记载周阳由"与汲黯俱为忮,司马安之文恶,俱在二千石列"。[2] 汲黯当然不能归入酷吏之属,不过太史公的评价显示,汲黯身上具有酷吏的若干特征。值得注意的是汲黯之出身,《史记》记载,"汲黯字长孺,濮阳人也。其先有宠于古之卫君。至黯七世,世为卿大夫。黯以父任,孝景时为太子洗马,以庄见惮"。《汉书》记载略有不同:"汲黯字长孺,濮阳人也。其先有宠于古之卫君也。至黯十世,世为卿大夫。以父任,孝景时为太子洗马,以严见惮。"[3]战国时期,卫国是

―――――――――

〔1〕　杨联陞:《东汉的豪族》,第3页。
〔2〕　《史记》卷一二二《酷吏传》,第3808页。
〔3〕　《史记》卷一二〇《汲黯传》,第3773页。《汉书》卷五〇《汲黯传》,第2316页。

魏国的卫星国,在卫嗣君时期降侯为君,统治地域仅为濮阳一城。两书所谓的"卫君"始于卫嗣君,统治时期大致为公元前334年至前293年,汲黯生卒年不详,景帝统治时间为公元前188年至前141年,取其最大时间段,两者时间悬隔为两百年左右,以每世三十年计,则为七世,以每世二十年计,则为十世,应该说,《史记》和《汉书》所载世系虽有抵牾,但都有合理性,是非难断。

实际上,太史公在记载西汉王侯将相之时,除却六国世家之外,几乎很少采用"世为著姓"之类的术语描述西汉人物,这一点正好契合史家关于西汉社会是"布衣将相之局""平民社会"之说。极为少见的例证是关于汉的政敌项羽之记载,"其季父项梁,梁父即楚将项燕,为秦将王翦所戮者也。项氏世世为楚将,封于项,故姓项氏"。[1] 太史公还在评论东越人物的时候,采用这种记载方式。只是,余善等人也是西汉政府的悍敌,"然余善至大逆,灭国迁众,其先苗裔繇王居股等犹尚封为万户侯,由此知越世世为公侯矣"。[2] 实际上,太史公关于某个家族世代显赫的记载寥寥可数,项羽家族"世世为楚将",累世尚武;第二条"世世为公侯",强调爵位所代表的政治地位及阶层属性。在这种情况下,关于汲黯家族的记述就显得突兀而有趣,其"世为卿大夫"的政治身份透露,汲黯家族从先秦时代一直到汉代,持续保持着贵族的高贵特征。需要明确的是,这种贵族主义的身份特征,是充满先秦时代特色——如卿大夫——的贵族主义,和中古时期的贵族制可能存在着鲜明而本质的区别。

如果继续跟踪秦汉国家致力打击的"徙陵豪杰",就会发现他们在两汉社会中仍然隐晦不明地持续发展。实际上,这些贵胄豪

---

[1] 《史记》卷七《项羽本纪》,第379页。
[2] 《史记》卷一一四《东越传》,第3614页。

杰并没有因为远离六国故土而凋零败落,也没有因为国家酷吏的强横治理而灰飞烟灭。邢义田先生强调先秦至唐代宗族社会的连续性,"西汉政府虽曾力图打压大姓豪族,实际上效果有限"。[1] 先秦贵族在两汉的政治舞台中,以另一种面貌和姿态,继续发挥着地方精英乃至社会领袖的重要角色。汉武帝的一系列决策,正是积极应对各地风起云涌的地方势力。武帝对地方豪杰的连环打击措施,破坏了地方秩序的平衡,乡里社会因失去领袖而趋于混乱。元帝以后,世家大族羽翼渐丰,盘根错节,在地方政治舞台上已经不容小觑,所以元帝在公元前40年发布诏令,废除"徙郡国民以奉园陵,令百姓远弃先祖坟墓"的规定。[2] 赵翼对此称:"成帝作初陵,继又改新丰戏乡为昌陵,又徙郡国豪杰赀五百万以上者,哀帝作义陵,始又诏勿徙。"[3]西汉政府不能再随意迁徙郡国豪杰,无疑是中央与地方势力消长的分水岭。[4] 只是,这样的事件是偶然发生的,还是豪宗大姓成长壮大的现实影响?这些大族的前世因缘如何?甘怀真先生提示,"许多史料可以证明西汉前期的地域社会中,从先秦延续而来的豪族大量存在。《史记》的《循吏》与《酷吏》两列传是最好的证据"。[5] 甘氏之说,前半句朴实中蕴含卓见,较之前文所引杨联陞所云"武帝时期六国遗族多已零落"的旧说,更为可信。但是,后半句所举的证据却是不能成立的。前文所言班马《酷吏传》主要针对关中及河东地区的豪族,自然有可能是

---

[1] 关于西汉世家与先秦贵族之间的关系,邢义田先生将之区分为从先秦延续而来的十二个家族以及西汉政权建立后新兴的二十六个家族。笔者所考家族与之多有重合,但角度及旨趣不同,参见邢义田:《从战国至西汉的族居、族葬、世业论中国古代宗族社会的延续》,《天下一家:皇帝、官僚与社会》,第396—435页。
[2] 《汉书》卷九《元帝纪》,第292页。
[3] 《陔余丛考》卷一六《汉时陵寝徙民之令》,北京:中华书局,2006年,第301页。
[4] 许倬云:《西汉政权与社会势力的交互作用》,《求古编》,第358页。
[5] 甘怀真:《再思考士族研究的下一步:从统治阶级观点出发》,《身分、文化与权力:士族研究新探》,第23—24页。

先秦贵族的遗嗣，但并无充分的证据予以支持；而《循吏传》所言，几乎很少涉及朝廷和地方豪族的关系，更谈不上这些地方领袖是先秦贵族之后裔。《循吏传》侧重于地方官僚对国家法令的柔性执行，尤其在礼法冲突时所面临的艰难抉择。[1] 那么，需要追问的是，濮阳汲黯家族所保留的先秦贵族特征是一个孤立的个案呢，还是具有相当的代表性？

汉王朝在百余年间持续执行的"徙陵"政策，说明关东地区的大姓世族或郡国豪杰为代表的地方势力在不断发展，成为西汉中央政权想象中的心腹大患。许倬云指出，"整个两汉由汉初政治权力结构与社会秩序，各不相涉的局面，演变为武帝时两方面激烈的直接冲突，又发展为昭宣以后的逐渐将社会秩序领袖采入政治权力结构，而最后归定为元成以后帝室与士大夫共天下的情势"。[2] 许氏关于"帝室与士大夫共天下"之论高屋建瓴，对于理解两汉政权与社会势力的相互作用极有助益。换句话说，关东地区的郡国豪杰具有持续发展的特征。有些六国贵族由于各种各样的原因抛弃固有姓氏，改头换面，姓氏因地制宜地发生变化。如齐国田氏贵族分化出车氏、第五氏和法氏家族。史载法雄家族改易田姓的原因云："齐襄王法章之后。秦灭齐，子孙不敢称田姓，故以法为氏。宣帝时，徙三辅，世为二千石。"[3] 又如车千秋，"本姓田氏，其先齐诸田徙长陵。千秋为高寝郎"。[4] 再如第五伦家族：

> 第五伦字伯鱼，京兆长陵人也。其先齐诸田，诸田徙园陵

---

[1] 关于汉代循吏的研究，参见余英时：《汉代循吏与文化传播》，《士与中国文化》，第129—216页。
[2] 许倬云：《西汉政权与社会势力的交互作用》，《求古编》，第358页。
[3] 《后汉书》卷三八《法雄传》，第1276页。
[4] 《汉书》卷六六《车千秋传》，第2883页。

者多,故以次第为氏。伦少介然有义行。王莽末,盗贼起,宗族间里争往附之。伦乃依险固筑营壁,有贼,辄奋厉其众,引强持满以拒之,铜马、赤眉之属前后数十辈,皆不能下。[1]

第五伦原本为齐国田氏后裔,田氏家族在汉王朝打击郡国豪杰的过程中,遭到极大的削弱,"诸田徙园陵者多",后来居然要以次第排行为姓氏。但是,远离故土的第五伦家族在京兆郡仍然拥有相当的活动能量。第五伦所构建的"营壁",正是魏晋南北朝极为流行的坞壁之前身。坞壁是战乱时期大姓豪族赖以生存、纠集宗人、抵抗叛军的军事堡垒和组织依托。魏晋士族的一系列行为,在两汉之际极为活跃的豪族大姓身上,已经有比较初步的展现。类似第五伦构建坞壁的例证尚多,兹不赘举。在西汉末年,一度如日中天的王莽也要以田氏为祖先:

> 莽自谓黄帝之后,其《自本》曰:黄帝姓姚氏,八世生虞舜。舜起妫汭,以妫为姓。至周武王封舜后妫满于陈,是为胡公,十三世生完。完字敬仲,奔齐,齐桓公以为卿,姓田氏。十一世,田和有齐国,二世称王,至王建为秦所灭。项羽起,封建孙安为济北王。至汉兴,安失国,齐人谓之"王家",因以为氏。[2]

诸如此类的改易姓氏者,有的出于应对严酷的政治环境,有的出于美化自身的文化需求。有的大姓继续沿用原来的姓氏,如诸田后裔没有改姓者,如田叔为鲁相,其先世"齐田氏苗裔也"。[3] 又如

---

[1]《后汉书》卷四一《第五伦传》,第1395页。
[2]《汉书》卷九八《元后传》,第4013页。
[3]《史记》卷一〇四《田叔列传》,第3359页。

田横、田荣、田儋等人，是故齐王田氏之后，"皆豪，宗强，能得人"。[1] 另外，长陵诸田的后裔田蚡、田胜俱上升为列侯。略具反讽意味的是，曾经一度作为汉代国家徙陵政策的"受害者"，田延年的祖先"先齐诸田也，徙阳陵"，[2] 阳陵是昭帝陵寝，诸田子孙后代摇身一变，居然充当起宣帝时期的酷吏。

齐国田氏之外，众多先秦氏族及其后裔通过各种各样的方式，试图在西汉的政治舞台上展现自己的能量。有人指出，"大量的齐鲁移民及移民后裔登上高位"，[3] 但并没有充分考察先秦列国贵胄和汉魏士族形成之间的关联。兹聊举数例。晋国贵族之后，有梁统，"安定乌氏人，晋大夫梁益耳，即其先也。统高祖父子都，自河东迁居北地，子都子桥，以赀千万徙茂陵，至哀、平之末，归安定"。[4] 梁统在西汉末年，居然重新回归故土。韩国贵族之后张良辅助刘邦世所习知，还有上党冯奉世：

> 上党潞人也，徙杜陵。其先冯亭，为韩上党守。秦攻上党，绝太行道，韩不能守，冯亭乃入上党城守于赵。赵封冯亭为华阳君，与赵将括距秦，战死于长平。宗族繇是分散，或留潞，或在赵。在赵者为官帅将，官帅将子为代相。及秦灭六国，而冯亭之后冯毋择、冯去疾、冯劫皆为秦将相焉。汉兴，文帝时冯唐显名，即代相子也。至武帝末，奉世以良家子选为郎。[5]

---

[1]《史记》卷九四《田儋传》，第 3207 页。
[2]《汉书》卷九〇《酷吏·田延年传》，第 3665 页。
[3] 贾俊侠：《秦汉时期齐鲁贵族迁徙关中考述》，《陕西师范大学学报》2012 年第 1 期，第 42 页。
[4]《后汉书》卷三四《梁统传》，第 1165 页。
[5]《汉书》卷七九《冯奉世传》，第 3293 页。

赵国贵族之后,有冯唐,"其大父赵人。父徙代。汉兴徙安陵。唐以孝著,为中郎署长"。[1] 冯氏之外,还有扶风马氏:

> 马援字文渊,扶风茂陵人也。其先赵奢为赵将,号曰马服君,子孙因为氏。武帝时,以吏二千石自邯郸徙焉。曾祖父通,以功封重合侯,坐兄何罗反,被诛,故援再世不显。援三兄况、余、员,并有才能,王莽时皆为二千石。[2]

《新表》"马氏"条对此有所继承,也有所发挥:

> 马氏出自嬴姓,伯益之后。赵王子赵奢为惠文王将,封马服君,生牧,亦为赵将,子孙因以为氏,世居邯郸。[3]

魏国贵族后裔,有颍川贾山,"祖父(袪)〔祛〕,故魏王时博士弟子也"。[4] 还有南阳冯氏:

> 冯鲂字孝孙,南阳湖阳人也。其先魏之支别,食菜冯城,因以氏焉。秦灭魏,迁于湖阳,为郡族姓。王莽末,四方溃畔,鲂乃聚宾客,招豪桀,作营堑,以待所归。[5]

鲁国贵族之后,有鼎鼎大名的孔子后裔孔光家族,还有陈国袁氏:

---

[1]《史记》卷一〇二《冯唐传》,第3335页。
[2]《后汉书》卷二四《马援传》,第827页。
[3]《新唐书》卷七二下《宰相世系表》"马氏"条,第2722页。
[4]《汉书》卷五一《贾山传》,第2327页。
[5]《后汉书》卷三三《冯鲂传》,第1147页。

君讳良,字厚卿,陈国扶(乐人)也。厥先舜苗,世为封君。周之兴,虞阏父典陶正,嗣满为陈侯。至玄孙涛涂,初氏父字,立姓曰袁,鲁僖公四年为大夫,哀十一年,颇作司徒。其末或适齐楚,而袁生(缺)独留陈。当秦之乱,隐居河洛。高祖破项,寔从其册,天下既定,还宅扶乐。[1]

鲁国贵族之后,还有扶风鲁氏:

鲁恭字仲康,扶风平陵人也。其先出于鲁顷公,为楚所灭,迁于下邑,因氏焉。世吏二千石,哀平间,自鲁而徙。[2]

诸如此类,六国贵族后裔子孙经过一段时间的沉寂隐忍之后,再度活跃于政治舞台。[3]《后汉书·鲁恭传》中的"世吏二千石"是需要注意的记述方式。只是这个说法毕竟出自南朝沈约之手,我们无法排除其中可能含有六朝人贵族意识的影响。不过,《史记》已有"万石"之说,如石奋,系赵人之后,居然因为"其父及四子皆二千石",号为"万石君",而《史记》此卷篇名居然是《万石张叔列传》。这种概念的出现,正是家族成员频繁担任二千石官

---

[1]《隶释》卷六《国三老袁良碑》,北京:中华书局,2012年,第70页。按,征引此书石刻,笔者另行标点。不再说明。
[2]《后汉书》卷二五《鲁恭传》,第873页。
[3] 当然,还有些家族的祖先不能确定是否来自六国贵族,如弘农杨氏。《后汉书》卷五四《杨震传》记载:"杨震字伯起,弘农华阴人也。八世祖喜,高祖时有功,封赤泉侯。"杨震本传反映弘农杨氏的起家是因为其八世祖杨喜在刘邦建国过程中建有赫赫军功,封赤泉侯,杨喜似乎只是在楚汉战争中涌现出来的政治新贵。但是,《杨震碑》给出更多的历史内容。《杨震碑》记载,"(缺三字)字伯起。(缺二十二字)氏焉。圣汉龙兴。杨熹佐命"。《杨震碑》较之《杨震传》在杨震和八世祖杨喜之间多出二十四个字,只是前二十二个字残剥脱落,仅余"氏焉"二字。根据碑志的书写惯例,我们有理由相信,前面一定是将祖先追踪到某位上古帝王、传说人物,抑或是先秦贵族。参见《隶释》卷一二《太尉杨震碑》,第136页。

职的反映,也是西汉士人官僚化的政治追求,更是时人对某个家族多名成员担任高官的钦羡。大族成员通过"世吏二千石"展现自己的政治能量和社会声望。同样地,扶风秦氏亦有此称号,"自汉兴之后,世位相承。六世祖袭,为颍川太守,与群从同时为二千石者五人,故三辅号曰'万石秦氏'"。[1] 楚国贵族之后,鲁国韦氏的情况大致相同,"其先韦孟,家本彭城,为楚元王傅,傅子夷王及孙王戊。……自孟至贤五世。……宗族至吏二千石者十余人"。[2] 或许正是身处这种以"世吏二千石"为荣的时代氛围,汉碑也出现相似的措辞,西汉《武斑碑》记载"汉兴以来,爵位相踵"。[3] 这些概念的累积以及内外环境的激发,逐渐产生诸如鲁国史氏这样冠冕相袭的家族,"史氏凡四人侯,至卿大夫二千石者十余人"。[4] 元始初,王太后颁布《益封孔光等四辅诏》,诏书中的用词已经具有鲜明的贵族化倾向,"宿卫四世""积累仁孝""三世为三公"等世代担任高官显宦的观念,蔚然成为朝野上下尊崇的对象。

二、两汉贵族意识的生长

两汉之际,王莽改制诱发一系列的社会问题,政局动荡不安。西汉末年的八十八个起兵集团中,五十六人来自世族或大姓,[5] 大族在王莽末年的起兵集团中所占的比例高达 63.6%。由此可

---

[1]《后汉书》卷七六《循吏·秦彭传》,第 2467 页。
[2]《汉书》卷七三《韦贤传》,第 3101、3107、3115 页。
[3]《隶释》卷六《敦煌长史武斑碑》,第 73 页。
[4]《汉书》卷八二《史丹传》,第 3379 页。
[5] 余英时:《东汉政权之建立与士族大姓之关系》,《士与中国文化》,第 217—286 页。

见,大姓豪宗已经坐大地方,成为地方社会上最为活跃的政治力量。该时期的郡国起兵,多以世族大姓为核心,大则进攻州郡,小则据守堡寨,"时赤眉、延岑暴乱三辅,郡县大姓各拥兵众"。[1] 从逆推的角度而言,两汉之际极为活跃的社会势力,自然不可能是王莽时期突然出现的产物,其渊源应更早,学人甚至指出,"从新石器时代开始,以血缘关系为主的群体,不论称之为氏族、宗族或家族,即维持着聚族而居、族墓相连、生业相承的生活"。[2]

光武中兴,地方豪右的活动仍未止歇,"时赵、魏豪右往往屯聚,清河大姓赵纲遂于县界起坞壁,缮甲兵,为在所害"。[3] 所谓赵魏豪右,往往屯聚,似指赵魏故地涌现的新豪族,抑或战国时期赵魏贵族的孑遗。班马史书中屡屡出现"赵魏""燕赵"之类表示先秦时代的词汇,固然不少出自两汉封国的意义,但这些词汇的频繁出现,多少可视作两个时代的连续性。正如胡宝国所云:"政治上结束战国是在秦代,而观念上结束战国却是在汉代。"[4]这些概念透露,东汉士族和西汉士族,乃至与先秦贵胄之间具有相当的连续性。京兆廉氏就是其中的一例:

> 廉范字叔度,京兆杜陵人也,赵将廉颇之后也。汉兴,以廉氏豪宗,自苦陉徙焉。世为边郡守,或葬陇西襄武,故因仕焉。曾祖父褒,成哀间为右将军,祖父丹,王莽时为大司马庸部牧,皆有名前世。[5]

---

[1]《后汉书》卷一七《冯异传》,第645页。
[2] 邢义田:《从战国至西汉的族居、族葬、世业论中国古代宗族社会的延续》,《天下一家:皇帝、官僚与社会》,第432页。
[3]《后汉书》卷七七《酷吏·李章传》,第2492页。
[4] 胡宝国:《〈史记〉〈汉书〉籍贯书法与区域观念变动》,《将无同:中古史研究论文集》,第11页。
[5]《后汉书》卷三一《廉范传》,第1101页。

廉范活跃于东汉明帝时期,上距廉颇活动的战国近三百年。范晔信誓旦旦地将廉范归于"赵将廉颇之后",而非"自云",或有所本。又如北海郑玄,"北海高密人也。八世祖崇,哀帝时尚书仆射"。[1] 郑氏家族在西汉也是郡县大姓,"郑崇字子游,本高密大族,世与王家相嫁娶。祖父以訾徙平陵"。[2] 又如南阳樊氏,《后汉书》记载其先祖云:"樊宏字靡卿,南阳湖阳人也,世祖之舅。其先周仲山甫,封于樊,因而氏焉,为乡里著姓。父重,字君云,世善农稼,好货殖。"[3] 司马彪《续汉书》载:"仲山甫封于樊,因氏国焉。爰自宅阳,徙居湖阳。"[4] 汉碑的记载大同小异:"君讳安,字子仲,南阳湖阳人也。厥祖曰仲山父,翼佐周宣,出纳王命,为之喉舌,以致中兴,食采于樊,子孙氏焉。亦世载德,守业不惫。在汉中叶,笃生哲媛,作合南顿,实产世祖,征讨逆畔,复汉郊庙。"[5] 樊宏、樊安为兄弟,史传和碑志对他们祖先记述的相似性,显示东汉士族欲把祖先追溯至先秦的意愿和努力。另外,耿氏的行为在东汉很具代表性。耿氏经过数百年的发展,与东汉帝国的兴衰共始终,不啻为西汉鲁国史丹家族的升级版,史传云:

> 耿氏自中兴已后迄建安之末,大将军二人,将军九人,卿十三人,尚公主三人,列侯十九人,中郎将、护羌校尉及刺史、二千石数十百人,遂与汉兴衰云。[6]

---

[1]《后汉书》卷三五《郑玄传》,第1207页。
[2]《汉书》卷七八《郑崇传》,第3254页。
[3]《后汉书》卷三二《樊宏传》,第1119页。
[4]《司马彪续汉书》卷三《樊宏传》,《八家后汉书辑注》,第384页。
[5]《隶释》卷六《中常侍樊安碑》,第78页。
[6]《后汉书》卷一九《耿弇传》,第724页。东汉时期如耿氏一样显赫的家族,外戚大族比比皆是,我们需要注意的是,史家对他们的撰写方式大致雷同,如梁冀家族,"冀一门,三皇后,六贵人,二大将军,夫人、女侯邑称君七人,尚公主三人,其余卿、将、尹、校五十七人。梁氏在位二十余年,穷极满盛,威行内外,百僚侧目,莫敢违命"。参见《谢承后汉书》卷二《梁竦传》,《八家后汉书辑注》,第40—41页。

正如本传所云,耿氏家族早在西汉时期已经名重一时,"其先武帝时以吏二千石自巨鹿徙焉"。据《耿勋碑》记载,耿氏家族原居住于巨鹿,"其先本自巨鹿,世有令名,为汉建功俾侯三国,卿守将帅爵位相承以迄于君"。[1] 洪适跋云:"碑云其先本自巨鹿,世有令名,为汉建功俾侯三国卿守将帅爵位相承。按,汉史云台功臣牟平侯耿纯者,巨鹿人,其三弟亦同时封侯,好畤侯。耿弇者,茂陵人,传云其先武帝时以吏二千石自巨鹿徙。中兴初,其父况封隃麋侯,弟舒封牟平侯。所谓'俾侯三国'者,谓隃麋父子也。"洪适之考证看似符合情理,实际上未必符合历史事实。最关键者,就是无法将耿勋和耿况、耿弇等人的世系依次排列下来。中古时代士族的谱系构造,充满了典故传说和人为塑造的痕迹。如果后来者根据谱系中的典故传说按图索骥,将传说故事和历史名流一一对应,看似精当缜密,实则谬以千里。两汉之际耿氏的活动引人注意,《东观汉记·耿嵩传》记载:

> 履清高之节,髫童介然特立,不随于俗,乡党大人莫不敬异之。王莽败,盗贼起,宗族在兵中,谷食饥贵,人民相食,宗家数百人,升合分粮。时嵩年十二三,宗人长少咸共推令主廪给,莫不称平。[2]

耿嵩赈济宗族的作为,与南北朝士族救济乡里的"豪族共同体"举动极为相似。宗人之间无论在政治动荡还是经济危机时的互相援助客观存在,但是这种互助共进的"共同体"特征也不应过于夸大。毕竟,同族相争、兄弟相残的例证也比比皆是。宗人之间的互

---

[1] 《隶续》卷一一《武都太守耿勋碑》,第392—393页。
[2] 刘珍等撰,吴树平校注:《东观汉记校注》卷一〇《耿嵩传》,北京:中华书局,2008年,第386—387页。

助乃至强大的内聚性,仅仅是士族形成的必要条件而非充分条件。汉代士族势力的成长壮大,除却在政治上的兴风作浪之外,还体现在积极从事公共事业方面。同一族人集资立碑成为东汉经常发生的事件。如永寿二年(156)鲁相勑敬造孔庙礼器,碑阴胪列六十二人,其中"孔族凡十四人,有谱可考者曜及郎中宙、御史翊、侍郎彪,皆孔子十九世孙也"。[1] 光和五年(182)《孔耽碑》记载"厥先出自殷烈,殷家者质,故君字伯本。初鲁遭亡新之际,苗胄析离,始定兹者,从叔阳以来"。洪适按云:"孔氏谱皆不著,以圣人之后,见之碑刻尚如此,况它人乎?"[2] 永兴二年(154)《孔谦碣》载:"孔谦字德让者,宣尼公廿世孙,都尉君之子也。"洪适跋云:"所谓都尉君者,太山都尉宙也。《孔融别传》云:宙有七子,融之次第六,载于谱录者,惟有谦、褒、融三人,褒之名见史晨碑。"[3] 孔氏集体活动之外,建宁五年(172),名不见经传的仲氏宗人也出资修建灵台碑,"凡诸仲三十一人,异姓者四人"。[4] 延熹七年(164),都乡孝子《严举碑阴》所列的十二名掾吏中,杨氏人物四人,居三分之一;弟子二十三人中,杨氏十一人,占近二分之一。[5] 近年新出的《长沙东牌楼东汉简牍》显示,东汉长沙郡的大姓除了传世文献记载的桓氏之外,大量吏名资料几乎全部集中于蛮汉相杂的三十余个大姓家族。[6] 更加有趣的是,这些姓氏大部分重现于此后的走马楼吴简。[7]

---

[1] 《隶释》卷一《韩勑碑阴》,第21页。
[2] 《隶释》卷五《梁相孔耽神祠碑》,第59—60页。
[3] 《隶释》卷六《孔谦碣》,第76页。
[4] 《隶释》卷一《灵台碑阴》,第17页。
[5] 《隶续》卷一一《都乡孝子严举碑》《严举碑阴》,第393—395页。
[6] 王万隽:《汉末三国长沙族群关系与大姓研究之一——汉末部分》,《早期中国史研究》第2卷第1期,2010年,第43—86页。
[7] 魏斌:《吴简释姓——早期长沙编户与族群问题》,《魏晋南北朝隋唐史资料》第24辑,2008年,第23—40页。

表2　东汉贵族性词汇举例简表[1]

姓　名	籍　贯	描绘性语辞	资料来源
李　通	南阳宛	世以货殖著姓	后汉15
邓晨/禹	南阳新野	世吏二千石/累世宠贵	后汉15/后汉16
寇　恂	上谷昌平	世为著姓	后汉16
魏　霸	济阴句阳	世有礼仪	后汉25
冯　勤	魏郡繁阳	赵魏间荣之，号曰"万石君"	后汉26
羊　续	泰山平阳	七世二千石卿校	后汉31
法　雄	扶风郿	世为二千石	后汉38
何　敞	扶风平陵	代为名族/累祖蒙恩，至臣八世	后汉43
朱　晖	南阳宛人	家世衣冠	后汉43
韩　棱	颍川舞阳	世为乡里著姓	后汉45
郭　躬	颍川阳翟	家世衣冠	后汉46
陈　龟	上党泫氏	家世边将	后汉51
姜　肱	彭城广戚	家世名族	后汉53
陈　球	下邳淮浦	历世著名	后汉56
公孙瓒	辽西令支	家世二千石	后汉56
王　龚	山阳高平	世为豪族	后汉56

---

[1]　笔者按，姓名一栏是该族的代表性人物，多数为传主；资料来源部分，"后汉"指《后汉书》，"华后"指"华峤《汉后书》"，"司马续"指"司马彪《续汉书》"，"谢后"指"谢承《后汉书》"，数字表示卷次。

续 表

姓 名	籍 贯	描绘性语辞	资料来源
盖 勋	敦煌广至	家世二千石	后汉 57
张 衡	南阳西鄂	世为著姓	后汉 58
钟 皓	颍川长社	为郡著姓,世善刑律	后汉 62
王 允	太原祁	世仕州郡为冠盖	后汉 66
贾 淑	太原祁	世有冠冕	后汉 68
孟 尝	会稽上虞	三世为郡吏	后汉 76
李 章	河内怀	五世二千石	后汉 77
阳 球	渔阳泉州	家世大姓冠盖	后汉 77
陆 续	会稽吴	世为族姓	后汉 81
杨 震	弘农华阴	累世宰相/累世为公	华后 3/司马续 4
袁 绍	汝南汝阳	累世宰相/五世公族	华后 3/司马续 5
薛 君	不明	作汉卿尹,七世相承	隶续 1
郭 君	不明	历秦迄汉,将相不辍	隶续 19
王元宾	不明	历秦及汉,有国有家,宰相牧守,踵武相袭	隶续 19
张 堪	南阳宛	为郡族姓	司马续 3
杜 乔	河内林虑	累祖吏二千石	司马续 4
韦 彪	扶风平陵	三辅冠族	谢后 2
皋 弘	吴郡	家代为冠族	谢后 3

续表

姓　名	籍　贯	描绘性语辞	资料来源
宗　资	南阳安众	家代为汉将相名臣	谢后4
王　况	京兆杜陵	代为三辅名族	谢后6

东汉士人贵族意识的成长壮大,史传碑志中的措辞和记述方式也引人注意。"世为著姓""著姓""世吏二千石""家世衣冠""世为族姓""家代为冠族"诸如此类的书写模式,开始频繁出现于记载东汉人物的正史列传中,表2所举不过东汉资料的沧海一粟。"世为著姓"等描述士族世代居官、世代显赫的贵族性语辞,在《史记》《汉书》中极为罕见,而在《后汉书》以及八家《后汉书》中频繁出现。《后汉书》等史籍中贵族性词汇的涌现,无疑是士族阶层发展到一定程度的集中体现。《汉书》中有关贵族性的词汇描述,多以"世吏二千石"的形式加以呈现,"万石君"为显著例证。两汉之际,魏郡冯勤的曾祖冯扬在汉宣帝时任弘农太守,其八子均为二千石,赵魏间荣之,人称"万石君"。《史记》极少出现类似含有贵族性的词汇。汉碑如《王元宾碑》《郭君碑》中的撰写方式"历秦迄汉,将相不辍""历秦及汉,有国有家,宰相牧守,踵武相袭"等,可以说是"世吏二千石""世仕州郡为著姓"等书写方式的夸大化、虚拟化和文学化。这些术语,明显传达出门阀即将形成的趋势。[1]这也演化为北朝隋唐碑志描述贵族家庭"冠冕相袭"等表示成员

---

[1] 刘增贵先生早已注意到汉碑中"世为显姓""牧守相继"等表示官阀世表的书写方式,并称汉碑所见谱系的追溯、宗族的结合、族门世官的众多等现象,反映东汉贵族意识的生长。请参刘增贵:《从碑刻史料论汉末士族》,傅乐成教授纪念论文集编辑委员会编:《中国史新论——傅乐成教授纪念论文集》,台北:学生书局,1985年,第321—370页。

世代高居显宦的固定套话。就东汉贵族意识的表征而言,文化的世袭性即家学的积累和形成,也是关键因素。《后汉书》大多数列传在介绍完传主的出生地域之后,着重介绍的就是其学术专长,而这种文化特征又经常具有世袭性。文献中"世习尚书""世习韩诗"之类的记载,频繁出现。东汉文化世家的涌现,促使魏晋时期的学术从国家走向家族。在官品和学术之外,汉晋时期贵族意识的形成,还有时人对先贤人物持续的关注和书写,孕育出带有贵族色彩的家传,即实现从先贤个人到先贤之家、从个人记忆到整体记忆的转变。[1] 汉晋诸郡的大族人物,兼具血缘的"族"、文化的"士"以及出生的"郡"等因素,三位一体,有机融合,终于催生出各种各样、根深族厚的郡县大姓。

三、《新表》所反映的祖先观念

中国古代亲属集团的生成和壮大,源于宗族和姓氏的分化、演变和重组。学人关于中古士族形成的认识,无论是主张官品重要者,还是主张文化重要者,都是在硬性的血缘关系之外,再增加一些弹性的非亲属的政治文化因素。官品或文化都是非亲属的因素,官职等级森严,科层分明,是国家机器运行的硬部件,文化则是社会的润滑剂。汉魏士族壮大之后,其血缘关系犹如一体,高官显秩和学术文化则如两翼,都不可或缺。因此,士族编修以血缘传承和标榜郡望为核心的谱牒,"氏族之书,其所由来远矣。……其中国士人,则第其门阀。有四海大姓、郡姓、州姓、县姓。及周太祖入

---

[1] 永田拓治:《汉晋时期的人物叙述与贵族:贤的记忆与叙述》,收于柿沼阳平、饭山知保编著:《贵族与士大夫——青年学者眼中的中国史》,王博等译,上海:上海古籍出版社,2022年,第119—143页。

关,诸姓子孙有功者,并令为其宗长,仍撰谱录,纪其所承"。[1] 编修谱牒,排列房次尤为重要。房支和宗族有本质的区别,瞿同祖论云:

> 房断不可与宗混为一谈。而且严格言之,宗道兄道也,宗法的中心组织在于以兄统弟,后世根本没有这种意识,也没有这种组织。兄长断没有统弟的权力,每一房的统治者是父而不是兄。[2]

瞿先生的论断至为精当,对于我们了解中古大族尤其是汉代士族的房分,颇有助益。中古大族的房分,在汉代已经开始进行,兹以崔氏为例:

> 崔氏出自姜姓。齐丁公伋嫡子季子让国叔乙,食采于崔,遂为崔氏。……(杼)生子成、子明、子强,皆为庆封所杀。子明奔鲁,生良,十五世孙意如,为秦大夫,封东莱侯。二子:业、仲牟。业字伯基,汉东莱侯,居清河东武城……(殷)七子:双、邯、寓、金、虎、藩、固。双为东祖,邯为西祖,寓为南祖,亦号中祖。寓四世孙林,字德儒,魏司空、安阳孝侯。曾孙悦,前赵司徒、左长史、关内侯。三子:浑、潜、湛。湛生觊,后魏平东府咨议参军。生蔚,自宋奔后魏,居荥阳,号郑州崔氏。[3]

清河崔氏的几个著房如东祖、西祖、南祖、中祖之名号,固然产生于

---

[1]《隋书》卷三三《经籍志二》,北京:中华书局,1973年,第990页。
[2] 瞿同祖:《中国法律与中国社会》,北京:中华书局,1981年,第22页。
[3]《新唐书》卷七二下《宰相世系表》"崔氏"条,第2729—2730页。

唐宋之世,但其实际的分化大致始于东汉。清河崔氏是汉魏六朝的著姓,家族成员显然不会轻易放弃这个金字招牌。清河崔氏还有清河大房、清河小房、青州房等分支。由此看到,清河崔氏的房支在汉魏之际呈现遍地开花的样态。有些所谓的"大房"仅是按照兄弟昭穆次序而定,并非最显赫的房支,如北魏名臣崔玄伯、崔浩父子是南祖崔寓之后,并不出自清河大房。崔觊子崔蔚,出仕刘宋,后居荥阳,号郑州崔氏,或与其出仕敌国政权有关?在家国同构的逻辑之下,如何认识不同历史时段家族的不同房支所发生的天翻地覆的剧变,抑或细雨润物的推移。在这里,我们看到政治因素和官僚属性在士族分房和房支兴衰上无与伦比的影响力。实际上,《新表》所列各族有哪些著房的标准,极可能就是根据该房的家族成员是否在唐代出任过宰相,没有出现宰相的房支则被删减。这从每个世系表后介绍宰相的情况即可明知。

崔氏的另一个重要分支是博陵崔氏。博陵崔氏的始祖是崔仲牟,与清河崔氏始祖崔伯基俱为秦大夫崔意如之子,一居清河,一居博陵,因为居地的差异,遂分化为清河崔氏与博陵崔氏。值得注意的是,博陵崔氏分化为所谓的大房、二房和三房崔氏,并未因后嗣分居各地,而各有名号。博陵崔氏之诸房划分完全依兄弟名分,前五房当是嫡出兄弟,自长兄至五弟依次分房,第六房所含三兄弟当庶出。[1] 伊沛霞将博陵崔氏的可靠始祖归于西汉的崔朝,并将崔朝之前的祖先记载视为传说故事。但正如伊氏所指出的那样:关于崔氏始祖的传说几乎没有争议。[2] 谱牒家经常把贵族人物的祖先追溯到上古经典所记载的人物,显而易见,有些是不可靠

---

[1] 马新、齐涛:《试论汉唐时代的宗姓与房分》,《中国史研究》2013年第1期,第77页。
[2] 杨联陞:《东汉的豪族》,第15—16页。伊沛霞:《早期中华帝国的贵族家庭——博陵崔氏个案研究》,范兆飞译,上海:上海古籍出版社,2011年,第46—49页。

甚至荒诞不经的。另一方面，民间传说或神话故事中蕴含着真实的历史内容。如谱牒家将博陵崔氏的祖先追溯至姜太公之孙季子食采于齐国崔邑，因地命氏，取为崔姓。经过十一世后，齐国崔杼父子的情况得以记载。崔杼之子子明和崔意如之间出现十五世的断裂。《新表》和《元和姓纂》都将崔杼记载为博陵崔氏的祖先，自有根据，这至少显示中古崔氏两大房支的姓氏认同。唐人的碑志及其意识对这种记载必有影响。同时需要强调的是，《后汉书》中的《崔骃列传》和《崔琦传》并没有将博陵崔氏的祖先攀附至上古时代。这多少反映六朝人在追溯祖先方面，具有"实用理性"的特征。在所谓的可靠始祖之前，那些虚实之间、半隐半现的祖先追忆，不排除有人为构造的痕迹，但这些虚幻缥缈的祖先记忆至少反映时人的两种意识：一是贵族身份的世代相传，二是家族血缘的连续不断。

《新表》中的祖先记忆虽然介于亦真亦幻之间，[1]但就其所列的世系情况而言，其祖先大致可分为两种：具有血缘关系的真实祖先和没有血缘纽带的想象祖先。若对唐代三百六十九位宰相所涉及的九十八个姓族的祖先记忆进行分类，大致可划为三个时段：一是上古人物，包括天地神祇、传说英雄、上古帝王、先秦贵族等；二是秦汉人物，包括猛将贤相、名士良吏等；三是六朝人物，主要是名侍俊良、高官显宦等。就上古时段的祖先记忆而言，几乎没有什么证据能够说明那些上古人物和秦汉以降的人物存在真实的血缘关系，同样也很难证伪，因为有些士族谱系至少看起来比较完

---

[1] 参见沈炳震：《唐书宰相世系表订讹》，《二十五史补编》第6册，北京：中华书局，1995年，第7576页。周一良：《〈新唐书宰相世系表引得〉序》，《周一良集》第5卷，沈阳：辽宁教育出版社，1998年，第4页。伊沛霞：《论〈新唐书·宰相世系表〉的可靠性》，《早期中华帝国的贵族家庭——博陵崔氏个案研究》，第157—177页。

整。秦汉时代的祖先塑造,介于半真半假之间,不排除有些家族的祖先可以明确上溯到秦汉时期,但是《新表》所列世系,并非完全可靠。守屋美都雄曾经一针见血地指出,汉代的王霸不能视作太原王氏的可靠始祖,主要理由是:《新表》记载王霸为王氏第二十八代孙,而王泽为第四十九代孙,相隔二十代,以一代三十年计,则有近六百年的差距,而王霸和王泽生活的时代仅仅相隔一百六十余年,显然极不合理。[1]《新表》中还存在着一些类似荒唐的祖先塑造。如《新表》"宋氏"条记载,"楚有上将军义,义生昌,汉中尉,始居西河介休。十二世孙晃,晃三子:恭、畿、洽"。[2] 其中宋恭为前燕河南太守。从宋义至宋恭,相隔十四代,其间应有三百年的时间差,实际却有近六百年,一代人竟有四十三年之多,不合情理。《新表》"敬氏"条记云:"裔孙韶,汉末为扬州刺史,生昌,封猗氏侯。昌生归。"[3] 而敬归任南凉枹罕太守。敬归不过敬韶之孙,却相隔二百年之久,敬氏族人难道是一百年一代?不过,需要指出,单纯从世系年代的排比情况而言,《新表》所记九十八族的大多数世系,类似上述荒唐的错误并不多见,毕竟《新表》作者欧阳修和吕夏卿都是谱牒名家。只是,世系编排的时代错乱之外,其他显而易见的盲目攀附也是客观存在的。如,《新表》"昌乐郭氏"条将汉末名士郭泰追溯为祖先,"范氏"条将汉末名士范滂追溯为祖先,但从汉至唐近七百年的时间,世系断裂,空无一人。这应该是唐代宰相家族人为塑造的结果。很难想象,在六朝贵族制时代,如果郭泰、范滂真是郭氏和范氏祖先的话,六朝郭范两家成员竟然会对这种稀缺而珍贵的祖先资源熟视无睹。

---

[1] 守屋美都雄:《六朝門閥の一研究:太原王氏系譜考》第二章《始祖傳説の批判》,东京:日本出版协同株式会社,1951年,第20—22页。
[2] 《新唐书》卷七五上《宰相世系表》"宋氏"条,第3356页。
[3] 《新唐书》卷七五上《宰相世系表》"敬氏"条,第3249页。

不仅如此，《新表》所载家族世系的可靠性只是问题的一个面相，我们同时需要注意《新表》记载世系所反映的宋人乃至唐人的观念，以及中古士人家族的连续性和持久性。以《新表》所涉九十八族而言，只有宇文氏和刘氏两个胡人家族在祖先认同上模棱两可，其余九十六族基本上线索分明，世系清晰。依照上文对《新表》世系的时代解析，九十六族的世系构建大致可分为四种情况：其一，在上古、秦汉、六朝三个时代的祖先塑造浑然一体，没有明显断裂的有七十三族，占《新表》所列家族的76%。其二，没有将祖先追溯至上古时代的家族，共有七族，仅占《新表》所列家族的7.3%，其中独孤氏、长孙氏、源氏、豆卢氏、浑氏都是胡人贵胄，仅有关氏和乔氏家族可计入汉人家族，而根据关氏人物追溯的祖先为关羽——姑且不论真伪——判断该家族并不能算作严格意义上的士族。其三，努力将祖先攀附至先秦时期，却在上古至隋唐之间的汉魏六朝存在将近八百年的巨大缺环，这类家族有十二例，占《新表》所列家族的12.5%。其四，努力将祖先攀附至先秦时期，却在秦汉或六朝时期存在近四百年的世系缺环，这类家族共四例，占《新表》所列家族的4.2%。就反映中古时期的氏族文献而言，《新表》无疑最具样本学的意义。从统计数据来看，《新表》反映唐人具有鲜明的祖先意识，正是将祖先记忆的"触角"尽量向前延伸，迈过汉魏六朝，抵达遥远的上古时期，在攀附两千年间甚或更为久远的精英名流、猛将贤相、上古帝王甚或传说神祇的同时，也在彰显中古家族连绵不断的追求和认同。

另外，还要注意《新表》中沉淀和层累着汉人的祖先意识。兹以《隶释》所记汉碑与《新表》姓氏重复者进行复核比对。《陈球碑》记载其祖先云："有虞氏之裔也。当周盛德，有虞遏父。为陶（下缺）公生公子完，适齐。为桓公公正，其后强大，遂有齐土。楚汉之(下缺)官生屯,有令名,广汉太守。"[1]《新表》"陈氏"条载:"虞帝舜之后。夏禹封舜子商均于虞城,三十二世孙遏父为周陶正,武王妻以元女大姬,生满,封之于陈,赐姓妫,以奉舜祀,是为胡公。九世孙厉公他生敬仲完,奔齐,以国为姓。"[2]可见《新表》"陈氏"条的内容虽然详细,但其基本线索来自《陈球碑》。又如,《张纳碑》载其先世云:"其先□□之胄,立姓定氏。应天文像,炎汉龙兴。留侯维干,枝裔滋布,并极爵秩,君之曾祖。"《张寿碑》记载其先世云:"其先盖晋大夫张老盛德之裔。"《张表碑》记载其祖先云:"系帝高辛,爰暨后稷。张仲孝友,雅艺攸载,天挺留侯,应期佐治。与汉龙兴,诞发神谋,君其胤也。"[3]而《张良传》记载其先世非常简略,"其先韩人也。大父开地,相韩昭侯、宣惠王、襄哀王。父平,相釐王、悼惠王"。[4]《新表》"张氏"条记载:"黄帝子少昊青阳氏第五子挥为弓正,始制弓矢,子孙赐姓张氏。……其后裔事晋为大夫。张侯生老,……至三卿分晋,张氏仕韩。韩相张开地,生平,凡相五君。平生良,字子房,汉留文成侯。"[5]由此可见,除却张良被塑造为张氏共同的祖先之外,《张寿碑》关于"晋大夫张老盛德之裔"的记忆资源,为《新表》所接收。实际上,西晋《张朗碑》就已经接受了这种记载方式:"其先张老,为晋大夫,……自春秋爰迄周末,弈世相韩,显名战国。逮于子房,黄父授书。"而北魏《张宁墓志》记载其祖先"帝喾之元胄,张衡之后焉"。北魏《张玉怜墓志》记载:"深源峻远,胄自炎皇。子房处汉,秩穷衮命。"[6]可见北魏张氏

---

[1]《隶释》卷一〇《太尉陈球碑》,第110页。
[2]《新唐书》卷七一下《宰相世系表》"陈氏"条,第2333页。
[3]《隶释》卷五《巴郡太守张纳碑》,第61页;《隶释》卷七《竹邑侯相张寿碑》,第88页;《隶释》卷八《冀州从事张表碑》,第91页。
[4]《史记》卷五五《留侯世家》,第2471页。
[5]《新唐书》卷七二下《宰相世系表》"张氏"条,第2675页。
[6]赵超:《汉魏南北朝墓志汇编》,第11、305、319页。

墓志关于祖先的记载,和汉晋碑石并非同源,而《新表》吸收了汉晋碑志的成分。[1] 再如,汉代《唐扶碑》记载其先世云:"其先出自庆都,感赤龙生尧,王有天下。……苗胄枝分,相土视居,因氏唐焉。"[2]《新表》"唐氏"条记载其祖先系"帝尧初封唐侯"云云。

与此相反,也有的条目和汉碑中的记载迥然不同。如《高颐碑》记载其祖先,"其先出自帝颛顼之苗胄裔乎"。[3] 而《新表》"高氏"条则云:"齐太公六世孙文公赤。"[4] 又如《祝睦碑》载其先世云:"伊余祝君,兆自黎辛,祝融苗胄,承获祯庆。光裔炽藐,分仕六国,张雄诸夏,郑有祝聃者,君其胤也。"[5]《新表》"祝氏"条云:"周武王克商,封黄帝之后于祝,后为齐所并,其封域至齐之间祝阿、祝丘是也。"[6]《国语·郑语》载昆吾及苏、顾、温、董为己姓,是较早的姓号之一,据说己姓源出传说中的祝融部。如此,两者的祖先记忆截然不同。《新表》诸族的世系来源,呈现不平衡性的层累特征:有些条目的构成极为简略,甚至粗制滥造,如关氏条,有些条目的构成极为详备,有些条目根据北朝墓志所反映的家谱所作,有些条目根据唐人的碑文或家状所纂,有些条目可在汉碑里找到一鳞半爪。

四、胙土的变相

研究中古政治社会史,必须辨析史传碑志中的重要概念,尤其

---

[1] 刘增贵亦注意到汉碑同一姓氏推源各别,异说甚多,参见刘增贵:《从碑刻史料论汉末士族》,第 329 页。
[2] 《隶释》卷五《汉成阳令唐扶颂》,第 60 页。
[3] 《隶释》卷一一《益州太守高颐碑》,第 129 页。
[4] 《新唐书》卷七一下《宰相世系表》"高氏"条,第 2387 页。
[5] 《隶释》卷七《山阳太守祝睦后碑》,第 83 页。
[6] 《新唐书》卷七五上《宰相世系表》"祝氏"条,第 3256 页。

是同一词汇在不同语境不同时代的区别。"姓族""氏族"一类的词汇,在上古和中古的意义迥然不同。关于先秦时期的姓氏制度,学人经常引用《左传》"隐公八年"的一条资料:

> 无骇卒。羽父请谥与族。公问族于众仲。众仲对曰:"天子建德,因生以赐姓,胙之土而命之氏。诸侯以字为谥,因以为族。官有世功,则有官族,邑亦如之。"公命以字为展氏。[1]

历代贤哲就这条资料若干歧异之处议论纷纭。最终形成的基本共识是:这段史料所记述的基本事实应该是可靠的,不会出于后人的编造。只是文中两个"谥"字,按上下文意,皆当读作"氏",而不应理解为谥号。汉代以降,姓、氏族名不分,从而姓、氏二词之义也不区分而同指家族名称。所谓"赐姓、胙土、命氏",杨希枚理解为:"分赐族属人民及土地而封建其国,而分民、裂土、建国则是先秦分封制度的三项重要措施","著者曾先后撰文考订姓、氏二词古意,并指出二词古意之一系分别指称先秦社会的姓族(clan or gens)和氏族(political-local group)组织;前者系具血缘世系关系的亲族集团(kinship group),后者则系邦国或采邑之类的政治区域性集团。正是如此,姓族、氏族也就说明先秦社会姓与氏之所以别。……一般所谓氏族(clan or gens)实为先秦姓族的误用,而非先秦氏族之义。"[2]《新表》所载九十八族的命氏方式,存在多种类型,分布情况大致是:"因地为氏"四十四例,"以国为氏"十六例,"以字为氏"十一例,"帝王赐氏"六例,"因号为氏"五例,"以

---

[1] 阮元校刻:《春秋左传正义》卷四"隐公八年",《十三经注疏(清嘉庆刊本)》,北京:中华书局,2009年,第3764页。

[2] 杨希枚:《论先秦姓族和氏族》,收入氏著《先秦文化史论集》,北京:中国社会科学出版社,1995年,第104、197—198页。

谥为氏"三例,"次第为氏"三例,"以纹命氏"两例,"以姓为氏"两例,"去邑为氏""以部为氏""以官为氏""以名为氏""以族为氏",以及不明者各一例。其中,"因地为氏"和"以国为氏"表达的本质就是"胙土命氏",两者共六十例,占《新表》命氏方式的61.2%。其次,"以字为氏"占《新表》命氏方式的11.2%。在某种程度上印证学人关于"以字为谥",就是生称尊号,死后用作谥号。"以字为氏"可谓意蕴相通。盎格鲁-诺曼时代的英国贵族显示家族名分和亲缘关系的重要特征是姓氏,包括母系姓氏、父系姓氏和地名官名代之的姓氏。[1]《新表》的构成呈现不平衡性特征,其命氏方式的构成也不言而喻,其中渗透着汉魏六朝人的姓氏意识。唐宋士大夫关于命氏思想的形成,直接来自汉魏六朝乃至先秦"胙土命氏"的理念,显示从上古到唐宋贵族意识的一以贯之。当然,应该注意的是,《新表》某氏条后依照惯例紧跟"出自某姓"云云,这在汉碑中极为罕见,应是汉魏以降姓氏思想的叠加和层累。

不仅如此,我们还需要注意不同性质的史料所具有的异质性和同质性。正史列传的作者在处理史料之时,尤其在处理两汉人物与先秦祖先的关系时,具有人为增删的痕迹。先秦时期的胙土命氏,在汉魏时期通过郡望的显达得以复活。《后汉书》《三国志》等中古文献屡屡将郡名和人名相结合,名流以名郡而益贵,名郡因名士而益显。以《隶释》《隶续》等记载的汉碑及碑阴为例,如《韩勑孔庙后碑阴》《刘宽碑阴门生名》《王纯碑阴》等所胪列的人物名称,通常也是郡名和人名的组合。两相印证,说明郡和士的结合,赋予汉晋大族和地方社会以焕然一新的政治社会意义。不仅如此,现存汉碑碑阴所胪列的人物,以同郡乡族居多,正所谓"乡人姻

---

[1] 阎照祥:《英国贵族史》,北京:人民出版社,2000年,第66页。

族,乃相与刊石树碑"。[1] 从这个方面来看,名郡和大族(地缘+血缘)的结合,促成中古士族的最终形成,而这不啻先秦时期"胙土命氏"的另一种延续。如此,士族通过冠于其前的郡名,得以和其他地域的同姓士族区别开来,强化家族在"胙土"内外所具有的亲族认同。先秦氏族的势力范围在"胙土"之内,而中古士族的势力范围远逾"胙土"之外,跨州连郡,进而染指中央政权。汉魏士族的成长壮大,并未因史家在记述其先世时的"实用理性"而减缓步伐,也未因碑志作者在追溯其祖先时的"漫天想象"而抬高身价。阶层发展的内在逻辑决定着一切。甚至可以说,先秦时期的贵族世家并未彻底消亡,无论肉体上还是精神上。在这个意义上,从先秦至秦汉不存在翻天覆地的阶层革命。

申言之,在研究中国古代社会阶层的流动以及政治社会的巨大变动时,长时段的考量亟须重视。所谓的长时段,即研究者需要自觉打破断代史的藩篱和朝代为限的人为分割。中国古史本是滔滔不绝的江河,这条历史江河的不同流域自然风景殊异。不过,我们也要清醒地认识到,历史时段的形成,多数情况只是简单的王朝更迭,而后来的史家多少有些"人为"地把它们分割成独立而断裂、甚或"老死不相往来"的研究领域,精英家族在这种情况之下的变化和不变,都有可能被赋予本身不曾具有的被夸大或被无视的印象。姑且不论中外学人关于中国古代史的历史分期问题,仅就中国早期历史被划分为先秦、秦汉、魏晋南北朝、隋唐等研究时段而言,固然有助于各个时段的深入研究。但是,这种"拦腰斩断"式的断代史研究,很可能对某些本身具有连贯性和内在逻辑的重要问题,如精英阶层的"前生"和"来世",则因人为断代而缺乏连贯性的认知,陷入"瞎子摸象"的境地。赵翼有感于两汉开国气

---

[1]《隶释》卷一七《吉成侯州辅碑》,第178页。

象的不同,洞见西汉开国是布衣将相之局,而东汉功臣则是儒者气象。[1] 后世学人基本认同这样的结论。我们同样需要注意,西汉所谓"平民社会"的朴实表相之下,蕴藏着先秦氏族不懈发展乃至持续成长的暗流。六朝时期的范晔已经意识到汉代与战国地方势力的连续性:"汉承战国余烈,多豪猾之民。其并兼者则陵横邦邑,桀健者则雄张闾里。"[2] 毋庸置疑,不少先秦贵族已成落花流水,但也有的先秦贵族改头换面,继续生活在秦汉时期,先秦贵族和汉魏士族的重叠和连续应该充分关注。构成中古精英阶层"波动发展"的驱动力,正是一波旧族的沦落和另一波新贵的崛起,但并非此起彼伏,旧族新贵有不少重叠。如此往复的社会流动源源不断。

(原载《复旦学报》2016 年第 3 期)

---

[1] 赵翼撰,王树民校证:《廿二史札记校证》卷二"汉初布衣将相之局"、卷四"东汉功臣多近儒"条,北京:中华书局,1984 年,第 36、90 页。
[2] 《后汉书》卷七七《酷吏传》,第 2487 页。

士族谱牒的构造及其与碑志关系拾遗

——从《出土墓志所见中古谱牒研究》谈起

近三十余年来,中古史研究的基本面貌似乎在发生根本性的变化:传统领域如退潮一般,渐次衰落,而新兴领域如环境史、医疗史、社会史、新文化史等从边缘一隅,日益兴盛,"蚕食鲸吞"至中古史研究的腹心地带。值中古史传统领域"节节败退"之际,陈爽所著《出土墓志所见中古谱牒研究》(以下简称"陈著")一书的出版,[1]对于日益偏离和抛弃中古史传统领域的研究者而言,多少能够扭转乃至纠正他们认为传统史学枯燥、乏味的惯性偏见,自然也展现出传统领域和新史学一样,可以是别有洞天、活力四射的。陈氏在多年整理和浸淫魏晋南北朝墓志的基础上,厚积薄发:全书分为两大部分:"史论篇"和"史料篇"。"史论篇"共有六章:第一章介绍中古谱牒研究的史料及学术史;第二章介绍中古时代的官谱与私谱,着重讨论谱牒由私入官的制度运作,以及谱牒的社会功能;第三章从出土墓志探寻久已亡佚的中古谱牒,核心内容曾发表于《中国史研究》2013年第4期,这是陈著在学术上的爆破

---

[1] 陈爽:《出土墓志所见中古谱牒研究》,上海:学林出版社,2015年。

点,也是对中古史学界的重要贡献;第四章接着讨论中古谱牒的形式与内容,力图复原《陈国阳夏谢氏谱》的原貌;第五章从谱牒入手,考察中古时期的婚姻、人口和嫡庶问题;第六章讨论中古谱牒在唐代以后的历史变化。"史料篇"为中古谱牒文献的辑录和汇编,在篇幅上占全书一半以上,共为两章:第一章从传世文献中辑录中古谱牒;第二章从出土墓志中辑录中古谱牒。

总体而论,陈著秉持鲜明的传统史学风格,大胆假设,仔细求证,从而见微知著,新见迭出。尤其是第三章《出土墓志所见中古谱牒探迹》,注意到墓志特定的刻写格套,特别关注中古墓志的首叙、尾记和志阴等特定位置所载的内容,发现它们几乎都是家族的谱系内容,进而阐幽发微,大胆推断这些谱系内容即为中古士族谱牒,并给出令人信服的论证。不仅如此,陈著在此基础上,力图复原中古谱牒原貌,尝试解答学人不能予以考实的种种难题,诸如谱牒、家族、人口、婚姻等,陈著所考所论无不让人豁然开朗。可以说,陈著以墓志中的谱系记载,作为探照灯,为我们展现了一幅中古家族与社会发展演变的清晰画卷。

实际上,在新资料的持续刺激和学人的积极推动下,中古史传统领域的研究,近来已经呈现出回暖之象;其中,一度被学人批评为"跑马圈地"和"内卷化"的士族研究,[1]渐有"重整旗鼓"之势。而陈著在资料运用、文献整理、研究话题和精密考证等方面,具有中古史研究"预流"之意蕴,堪称朴学典范。关于谱牒在中古时代的重要作用,宋人郑樵曾经一针见血地指出,"自隋唐而上,官有簿状,家有谱系,官之选举必由于簿状,家之婚姻必由于谱系。历代并有图谱

---

[1] 陈爽:《近二十年中国大陆地区六朝士族研究概观》,《中国史学》第11卷,2001年,第15—26页;仇鹿鸣:《士族研究中的问题与主义——以〈早期中华帝国的贵族家庭——博陵崔氏个案研究〉为中心》,《中华文史论丛》2013年第4期,第287—317页。

局,置郎、令史以掌之,仍用博通古今之儒知撰谱事。凡百官族姓之有家状者则上之,官为考定详实,藏于秘阁,副在左户。……所以人尚谱系之学,家藏谱系之书"。[1] 在笔者看来,包括士族研究在内的中古史研究,欲再度振兴,必须带着新资料、新问题和新视角,重新回到最基本、最原始和最重要的话题,而谱系正是这样的"学术燃点"。围绕士族谱系相关问题的再探讨,尤其是谱系中蕴含的政治意义和社会价值,再度成为学人较为关注的学术话题。故本文拟从陈著对于士族谱牒研究的贡献和启示入手,谨就中古士族谱牒的构造、内容及其与碑志关系的源流,略陈管见。

一、文献资料的开拓

中国历史和华夏文明的连续性举世无双,以二十四史为代表的中国历史文献记载的连续性,同样罕有匹敌,但是,各个重要断代的文献资料差异极大,甚至各个重要断代的史料都有其特殊的时代性。中古时期的史料情况,不论数量还是质量,和先秦史料不同,和宋代史料也迥然相异。因此,不同断代的史料性质和数量,决定不同时段的研究者对于资料的处理方法均有不同,甚或学人研读资料的深浅和粗细程度亦有相当大的差异,即便魏晋南北朝史和唐史学者对于资料的态度和解读都是不尽相同的。中古前期的史料以正史为骨干,碑志、简牍等出土文献为重要辅助,史料总量相对有限的客观现实,决定魏晋史研究者务必反复精研、辨析和对读资料,最大限度地挖掘史料的有效信息。中古史研究尤其是魏晋南北朝史继续推进的最大瓶颈,就是旧史料的极为有限和新史料的相对匮乏。鉴于中古文献

---

[1] 郑樵:《通志》卷二五《氏族略》"氏族序",北京:中华书局,1987年,第439页。

尤其是中古前期资料的匮乏,即便近年有若干南北朝的新墓志得以刊布,但从总量而言,远远不能与唐代及其以后的资料相提并论。故此,中古文献资料内部价值的"开拓"和"再发现",就显得极为重要。

换言之,考古发现的新资料固然激动人心,但是,魏晋史研究的一个优良传统却是,学者基于大胆假设的原则和小心求证的方法,发皇古义,从旧史料中发现"新资料"和"新问题"。陈著在此方面有极好的展示:正如陈氏在后记中阐述撰述缘由云:"通过逐一对照墓志录文与图录,豁然发现了墓志图版中格式清晰分明的谱系记述,自以为就此找到了打开探究中古谱牒的一扇窗户。"(陈著第570页)陈著结论中的最大贡献和创见,无疑是在习以为常的中古墓志中,竟然发现了士族谱牒的线索;这一发现本身构成陈氏复原若干中古士族谱牒的起点和理据,进而使湮没无闻的中古谱牒,"再现人间",借此进入具体的实证研究层面。除此之外,陈著对于墓志的使用方法也值得赞赏。关于墓志资料的研究方法,不足之处正如陈著所言,"仍停留在文字考释和史事考辨的基础工作阶段,以墓志证史、补史为出发点,大都为单个墓志的家族个案分析,鲜见综合性的类比研究"。(陈著第157页)笔者深以为然,中古墓志的综合使用,确实有待加强。陆扬曾经倡导,中古墓志的研究需要从"墓志的史料分析"过渡到"墓志的史学分析"。[1] 尤其近十年来,陆续刊布的唐代墓志多达一万余方,[2] 如何突破单个墓志考释的碎片型研究,整合利用大规模的墓志资料,显然是学者共同面临的难题。陈

---

[1] 陆扬:《从墓志的史料分析走向墓志的史学分析——以〈新出魏晋南北朝墓志疏证〉为中心》,《中华文史论丛》2006年第4辑,第95—127页。

[2] 气贺泽保规所编唐代目录,收集12 523条墓志刊布信息,参见《新编唐代墓誌所在総合目録》,明治大学東アジア石刻文物研究所、汲古书院,2017年。其信息截止2015年,若结合近年出版唐代墓志图录,唐代墓志数量更加可观。又如中华书局组织创建的"历代石刻总目数据库",其中"唐五代墓志专目"由仇鹿鸣教授负责,收录12 304条,详参籍合网相关信息。

著第五章《谱牒所见中古婚姻、家庭与社会》从墓志和谱牒入手，注重其"隐性史料"，编排和分析中古时期的历史人口，考察中古婚姻与家庭的情况，可谓综合利用墓志资料的有益尝试。无论如何，新资料的发现毕竟构成新的学术增长点，例如，学人对吴简的研究可谓如日中天，对新出墓志的研究也趋之若鹜，等等。但与此同时，其他石刻资料的使用，尚有继续深入挖掘的空间，例如，马长寿先生曾经利用关中地区造像记的题名研究关中部族的演进，可谓典范之作。[1] 可惜，后来者仅有侯旭东、仓本尚德等少数学者利用造像记继续跟进研究，[2]成果相对缺乏。因此，在热衷追求新资料的同时，也要回过头来，注意对旧资料的"新发现"，以及其中可能蕴含的"新问题"。譬如，形形色色的中古石刻存在着大量题名，正是学人尚未广泛开发的"宝藏"。陈寅恪先生在给姚薇元《北朝胡姓考》一书撰写的序言中提倡，"吾国史乘不止胡姓须考，胡名亦急待研讨是也"。[3] 晚近也有学人利用吴简等资料对六朝时期的单名和双名问题进行探讨。[4] 有理由相信，以北朝造像记碑阴包含的大量题名为代表，无疑是研究中古时期家庭结构、胡汉问题和地域社会的资料源泉。[5]

---

[1] 马长寿：《碑铭所见前秦至隋初的关中部族》，桂林：广西师范大学出版社，2006年。
[2] 其中较具代表性者，如侯旭东：《五六世纪北方民众佛教信仰——以造像记为中心的考察》（增订本），北京：社会科学文献出版社，2015年；仓本尚德：《北朝佛教造像铭研究》，京都：法藏馆，2016年。
[3] 陈寅恪：《北朝胡姓考序》，收于姚薇元《北朝胡姓考》（修订本），北京：中华书局，2007年，第1页。
[4] 魏斌：《单名与双名：汉晋南方人名的变迁及其意义》，《历史研究》2012年第1期，第36—53页。
[5] 近年研究成果，参见王丁：《中古碑志、写本中的汉胡语文札记》（一）（二）（三），分别收于罗丰主编：《丝绸之路上的考古、宗教与历史》，北京：文物出版社，2011年，第235—243页；《西域历史语言研究集刊》第5辑，2012年，第75—86页；新疆吐鲁番研究院编：《语言背后的历史——西域古典语言学高峰论坛论文集》，上海：上海古籍出版社，2012年，第183—187页。

与此同时，中古文献资料内部价值的发掘和开拓，就显得尤为重要。中古文献的数量和性质，决定中古史研究者对于资料的阅读要求，与宋代以降的研究者或有明显的差异。对于任何一个史学研究者而言，不同资料的对读都是一项最基本的前提和技能；而陈著将资料对读的方法，扩展至文本资料和墓志图版对读的层面。这正是陈著重要发现的起点。与此同时，陈著这种对读的方法，契合近年来中古史学人所倡导的"图文互证"，尤其是近来以画像石等图像资料作为中心资料所展开的一系列学术活动，并由此催生一大批学术成果。各种各样的图像资料应该成为、也必须成为中古文献开拓的方向和领域。具体言之，陈著观察到墓志图版的首叙部分具有一定的格式和体例，其谱系书写具有"平阙之制"的特征，进而阐发其中蕴含的文书价值和社会意义。陈著的一系列发现，提示研究者在阅读和研究墓志时如果仅阅读录文，而不复核图版，那就不会发现此类重要问题。关于墓志录文忽视平阙转行的问题，学人已经有所提示，"仅收释文的图书，一般只标识转行，不标识平阙；……而图版、释文兼收的图书，则干脆平阙转行均不标识"。[1] 实际上，现在出版的大型墓志录文书籍，几乎都存在着类似的问题。这就提醒研究者在阅读录文时，必须要认真对读图版等资料，从而掌握立体丰富的学术信息。考古发现中为数众多的"无图之图"，如墓葬形制、器物组合、石刻位置、墓葬环境等非文字信息所具有的政治文化意义，同样应该纳入研究者的视野。举例言之，魏斌通过考察庐山、衡山、茅山等一系列具有多重宗教色彩的"信仰景观"，揭示同一地区不同宗教的接触和影响，借此呈现不同的

---

[1] 王素、任昉：《墓志整理三题》，《故宫博物院院刊》2013年第6期，第37页。

"信仰景观"或"宗教景观"。[1] 与此呼应的是,仇鹿鸣发现,作为庞然大物的德政碑等丰碑巨石,首先是政治话语的展示和政治理念的传布,其"政治景观"的宣示功能,在某种程度上超越了其碑文的"可读性"。[2] 此类研究强调石刻景观背后蕴含的政治过程及其社会影响,一方面是对碑文内容的重新解读,另一方面也不吝于对文献史料的纵深开拓。更不用说,近年由中青年学人倡导的"史料批判",已经形成气候。[3] 陈著第五章强调墓志中"隐性史料"的价值,自然也是开拓文献资料的有益尝试。其实,学者强调巨型碑石的"政治景观"、不同宗教的"信仰景观",以及"史料批判""历史书写"等,殊途而同归,究其本质,最大的优点都是将中古文献形成的政治环境、宗教氛围以及史家态度等各种未被史料明确记载的"隐性史料"和"历史过程",视作可供研究的对象,这正是与传统研究强调考订文献和辨析史实真伪的最大差异,其方法论固然受到西方史学理论的影响,但显然有利于对文献史料的纵深开拓,也显示出有限的中古史文献中蕴藏着巨大的潜力和空间。

如果说陈著的图文对读是对文献资料横向开拓的话,那么,陈著从宋元以降的宗谱和县志中挖掘各个家族呈报谱牒的原始表奏,则是致力于纵向开拓中古文献资料的努力和积极尝试。陈著从元代汪松寿《汪氏渊源录》中辑得《旧谱晋汪旭上谱表》,又从民国版

---

[1] 魏斌:《宫亭庙传说:中古早期庐山的信仰空间》,《历史研究》2010年第2期,第46—64页;《句容茅山的兴起与南朝社会》,《历史研究》2014年第3期,第22—41页;《书写"南岳"——中古早期衡山的文献与景观》,《魏晋南北朝隋唐史资料》第31辑,2015年,第138—162页。

[2] 仇鹿鸣:《从〈罗让碑〉看唐末魏博的政治与社会》,《历史研究》2012年第2期,第27—44页;《权力与观众——德政碑所见唐代的中央与地方》,《唐研究》第19卷,北京大学出版社,2013年,第79—112页;《读者还是观众:石刻景观与中国中古政治》,《文汇报》2016年5月27日,W06版。

[3] 孙正军:《魏晋南北朝史研究中的史料批判研究》,《文史哲》2016年第1期,第21—37页。

《龙游县志》中辑得刘宋徐琪的《应诏上谱状表》,同书亦载王僧孺《奉诏改定徐氏谱》,陈著第二章《中古时代的官谱与私谱》正是依赖这些资料,结合中古传世文献,还原出六朝谱牒从私谱转入官牒的具体过程。陈著第六章从中国第一历史档案馆发现所藏清代谱牒档案,与中古时期的谱牒进行比较和分析,也是纵向开拓文献的有益尝试。不仅如此,陈著还在第六章中援引朝鲜族谱的实例,开辟域外资料与国内文献比较、互证的蹊径,例如陈著指出,朝鲜古谱《庆州李氏世乘》和《光州金氏世系》,"与六朝古谱在形式与内容上确有某些近似之处"(陈著第 229 页),一方面固然强化了本书第三章的核心观点,另一方面则在更大的范围内提示族谱的价值和意义。

二、士族谱牒的构造

如前所述,陈著的最大贡献就是,通过对读图文资料,揭橥墓志首叙、尾记和碑阴等处所载谱系资料即为"消失"的士族谱牒。其研究方法和结论是基本准确的。需要指出的是,陈氏在其潜意识中也认识到,墓志所记的谱牒极可能出自"抄录或节录""谱牒残章"(陈著第 142、157 页),但由于陈氏对于中古墓志特殊位置所载的"谱牒"深信不疑,因此,在大多数情况下,陈氏都直接将墓志中的谱牒,视作可资信赖的谱牒,加以整体研究。例如,陈著第五章涉及的中古历史人口问题,作者直接认为《荀岳墓志》《崔猷墓志》之类中的谱牒,构成墓主完整的家庭人口档案,并据此认为可以复原墓主极为完整的人口数量、性别比例、婚姻生育等家族问题。那么,我们自然产生这样的疑问,陈著根据中古墓志复原的所谓"谱牒",如果真来自士族谱牒,是抄录完整的谱牒吗?换言之,一份完整的中古谱牒,应该包括哪些内容呢?

众所周知,中古时期的谱牒几乎全部亡佚,唯有几件氏族谱残件得以存世。陈著多次引用吐鲁番出土文书中的《高昌某氏残谱》和《某氏族谱》,尤其重点引用李裕民先生的研究成果,[1]以为根据。中国古代的谱牒,从形式上看,大致分为文章谱牒、表格谱牒和线图谱牒三种。[2]吐鲁番出土的两件北朝残片谱牒,显然属于线图谱牒,又称"谱图",此类谱系记载形式完全不见于其他中古传世文献和石刻资料。不仅如此,文书整理者的题记也应引起注意,"本件原剪为纸鞋,现存八片,不相连属。其中书写人名的方框,有的上边画紫、红、或黄色;有的左边画绿色;有的方框涂红地、黄地或白地"。[3]当然,文书摹本没有注明涂色的方框,李裕民认为无从考索其具体含义。关于其中的黄色和白色,有没有可能是标明"籍"的含义呢?梁武帝时期,南徐、江、郢遹连续两年不上黄籍,尚书沈约上言曰:"晋咸和初,苏峻作乱,版籍焚烧。此后起咸和三年以至乎宋,并皆详实,朱笔隐注,纸连悉缝。"[4]黄籍还包含户主的父亲和祖父的姓名,以及他们的官职和头衔,甚至可能还包含叔伯、伯祖父和叔祖父的名爵信息。[5]另外,我们对比大概出自同地的几件户籍账册,如极为有名的《西凉建初籍》《北凉承阳籍》和《前秦建元籍》,[6]其行文和这些籍账的录文,多有相

---

[1] 李裕民:《北朝家谱研究》,《谱牒学研究》第 3 辑,北京:书目文献出版社,1992 年,第 66 页。
[2] 钱杭:《论"结绳家谱"——中国谱牒史研究之一》,《江西师范大学学报》2013 年第 3 期,第 81—86 页。
[3] 国家文物局古文献研究室、新疆维吾尔自治区博物馆、武汉大学历史系编:《吐鲁番出土文书》第 3 册《某氏族谱》,北京:文物出版社,1981 年,第 179 页。
[4] 杜佑:《通典》卷三《食货三》"乡党·土断版籍并附",王文锦、王永兴等点校,北京:中华书局,1988 年,第 59 页。
[5] 《通典》卷三《食货三》"乡党·土断版籍并附",第 59—60 页。
[6] 张荣强:《〈前秦建元籍〉与汉唐间籍账制度的变化》,《历史研究》2009 年第 3 期,第 16—38 页。

似之处。据此,我们可以推测,吐鲁番出土的"某氏谱"很可能具有"籍"的性质,其中不同的颜色(尤其是黄色和白色),或许表示人们拥有不同的籍。[1] 当时,谱、籍和状性质虽然不同,但也多有重叠之处,如史籍谓谱学家贾弼"好簿状,大披群族",[2]又如前举郑樵所谓"官之选举,必由于簿状",等等。因此,陈著援引其文字资料,和墓志首叙、尾记等部位所载的谱系资料进行比较,证实首叙或尾记关于谱系的资料属于士族谱牒,基本精当。不过,这两件被学者命名的《某氏残谱》或《某氏族谱》,其文字并未标明是"谱",多少含有"谱籍"的性质,不见得是纯粹意义上的"谱牒"。不仅如此,两者书写形式的不同也应引起注意:吐鲁番出土的文

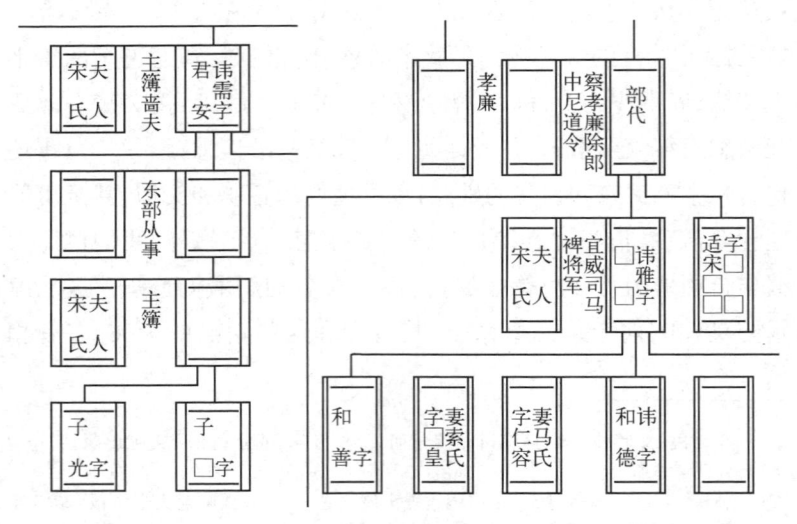

图1　66TAM50号墓所出某氏谱残件(部分)[3]

---

[1] 增村宏:《黄白籍の新研究》,《東洋史研究》第2卷第4号,1937年,第332—346页。

[2] 《通典》卷三《食货三》"乡党·土断版籍并附",第61页。

[3] 原件入墓时剪作鞋样,文字漫漶不清,经马雍拼缀,参见《略谈有关高昌史的几件新出土文书》,《考古》1972年第4期,第49—51页。

书残谱是线图形式,是迄今为止六朝乃至中古谱牒中唯一特殊的例证;而陈著所证实的"谱牒",却无一例外都是文章谱牒。因此,至少就形式而言,它们截然不同,各自具有鲜明的时代特征。

作为陈著证据的另一旁证,即传世文献中的家谱残句。陈著较多援引《世说新语》注引的"某氏谱",证明墓志首叙和尾记所存的谱系行文,符合胡宝国先生关于魏晋家谱"无具体事迹,主要记述人物的婚宦和血脉"的观点(如陈著第 80 页)。陈著引用的绝大多数例证(如陈著第 79—80 页),确实符合这种情况。但是,类似《王氏家谱》《桓氏谱》这样的谱牒记载,含有溢出陈著所言标准之外的记载内容,显然也需要加以考虑,如《王氏家谱》:"初王导渡淮,使郭璞筮之,卦成,璞曰:吉,无不利。淮水绝,王氏灭。"[1]又如《桓氏谱》:"道恭字祖猷,彝同堂弟也。父赤之,太学博士。道恭历淮南太守、伪楚江夏相。义熙初,伏诛。"[2]这些谱牒多少保存着"家传"或"杂传"的特征。在中古文献中,史家屡屡将"国史"和"谱牒"相连,例如,任彦升叙述琅琊王俭祖先云:"其先自秦至宋,国史家谍详焉。"[3]

如此这般,作为支持本书主要观点的两个旁证,即吐鲁番出土的残谱,实际上含有"籍"的性质,而传世文献注引的《某氏谱》,无疑是中古谱牒的节录本,那么,这两个旁证存在着或多或少的问题,在某种程度上就会削弱其证明的效力和可信度。当然,笔者基本赞同陈著的主要观点,只是认为陈著复原的"士族谱牒",几乎都是抄自墓主家族谱牒的节录本;而抄录的原则,则是实用理性原

---

[1] 萧统编:《文选》卷四六《序下·任彦升王文宪集序》注引《王氏家谱》,李善注,上海:上海古籍出版社,1986 年,第 2072 页。

[2] 余嘉锡:《世说新语笺疏》卷中下《规箴篇》注引《桓氏谱》,上海:上海古籍出版社,1993 年,第 574 页。

[3] 《文选》卷四六《任彦升·王文宪集序》,第 2071 页。

则：大多数墓志谱牒中，都追叙高曾以内担任重要官职的祖先。在谱牒或谱系的追祖过程中，所删减的部分，正是那些仕宦不显、地位不高、声望较低的家族成员。换言之，中古谱牒强调所录成员的仕宦、地位和婚姻等方面，衣冠人物、高官显宦才是谱学家青睐的记载对象。《宋史·刘烨传》所载情形相似，"唐末五代乱，衣冠旧族多离去乡里，或爵命中绝而世系无所考。惟刘氏自十二代祖北齐中书侍郎环隽以下，仕者相继，而世牒具存焉"。[1] 我们看到，正是由于"仕者相继"，"世牒"才得以保存。比较而言，宋元以降的族谱，则以"敬宗收族"为特征，不以职位较低而失录。[2] 在这个程度上，中古谱牒具有"官僚化"的实用主义特征。也正因此，墓志所载的"谱牒"由于碑志面积所限，更不可能抄录完整的谱牒，只能是基于彰显家族显赫的宗旨，抄录那些担任高官的家族成员。

征诸文献，史家称赞谱学家姚察云："至于姓氏所起，枝叶所分，官职姻娶，兴衰高下，举而论之，无所遗失。"[3] 梁代谱学家傅昭，擅长记述谱系人物，史称"官宦簿伐，姻通内外，举而论之，无所遗失"。[4] 这种风气一度影响至唐代，谱学家路敬淳在探求谱牒的根源枝派方面，"近代已来，无及之者"。[5] 又如，于邵撰于天宝九年至大历十年（750—775）的《河南于氏家谱后序》，开篇叙述家谱的最初版本，由唐初著名政治家于志宁主持修集："其受姓封邑，衣冠婚嫁，著之谱序，亦既备矣。"[6] 又如，陈著援引元人汪松

---

[1] 《宋史》卷二六二《刘烨传》，北京：中华书局，1977年，第9075页。
[2] 罗香林：《中国族谱研究》，香港：中国学社，1971年，第76页。
[3] 《陈书》卷二七《姚察传》，北京：中华书局，1972年，第351页。
[4] 《梁书》卷二六《傅昭传》，北京：中华书局，1973年，第394页。
[5] 《旧唐书》卷一八九下《儒学下·路敬淳传》，北京：中华书局，1975年，第4962页。
[6] 董诰：《全唐文》卷四二八《于邵·河南于氏家谱后序》，第4366页。

寿《汪氏渊源录》所载东晋汪旭《上谱表》，追溯其姓氏源流："臣承黄帝之后，玄嚣之苗裔。周武王弟周公旦、鲁伯禽之后。……谨治旧谱婚宦职状，诣阙拜表以闻。"（陈著第37页）证明姓氏源流和婚宦职状一样，同为中古谱牒的重要构成部分。显而易见，中古谱牒所记至少应该包括以下内容：姓氏源流、房支分化、成员官职和婚姻嫁娶等。据此看来，中古墓志首叙和尾记所载的谱系内容，即便确为中古士族谱牒，但是，若与谱牒原貌相比，肯定是经过大幅删减或刻意选择的版本。

以此作为参照，我们发现，陈著根据墓志所复原的二百一十一份谱牒（陈著第265—537页），几乎没有一例完全满足上述谱牒内容。必须指出，陈著的"史料编"，是根据传统文献和墓志记载辑录和复原的"中古谱牒"，所占篇幅逾全书二分之一。可以想象，这些资料将是学人继续研究士族谱牒和相关问题的重要基础，其遴选和复原的标准，"只辑录以某氏谱、某氏家谱为名的谱牒"（陈著第232页）。[1] 陈著复原的二百余份中古"谱牒"，所载内容基本只有婚宦职状，而无姓氏源流和枝叶分化等情况。实际上，陈氏根据《人名谱》和墓志资料所复原的《陈国阳夏谢氏谱》（陈著第143—152页），已经极为详赡，但也没有谢氏源流和房支分化的记载。实际上，关于中古氏族谱（包括《人名谱》）的内容问题，曾经引起海外学者的广泛注意。例如，矢野主税和姜士彬曾经指出，中古"某氏谱"最常见的条目显然包括："某个人物的族名，郡望，曾祖名讳及最高官职，父亲名讳及最高官职，他本人的最高官职，有时包括他的生卒年龄，其他任官经历，妻子的姓名；有时也会记载其他资料，如母亲的氏族，姊妹的名字，其他亲戚，以及形形色色的

---

[1] 这种严谨审慎的态度当然值得肯定。只是如此处理，带有谱系性质的姓氏书类及其他相关文献，就成为遗珠。如前文引述的《琅邪王氏录》显然也是谱牒类书籍，但未被收录。

私人信息,等等。"[1]核以陈著从传世文献辑录的中古谱牒,大致符合这些特征。但是,这些内容只是中古士族谱牒的"子集",姓氏源流和房支情况同样是谱学家关心和记载的内容。

另外,我们再以后世的姓氏书为佐证加以说明。例如,以《元和姓纂》和《新唐书·宰相世系表》为代表的姓氏书,在进行祖先世系的叙述时,大致可划分为上古祖先、秦汉祖先、六朝祖先和高曾祖父等四个阶段。前引《王氏家谱》中的王翦、王离、王吉和王骏在中古时期,尤其在唐代墓志中,经常是琅琊王氏和太原王氏共同塑造的祖先。如《琅邪王氏录》曰:"王氏之先出自周王子晋。秦有王翦、王离,世为名将。"[2]又如,隋末唐初,王世充割据政权郑国处士王仲的墓志,明确将王翦等人视作祖先追叙的对象,"翦三世名将,位重秦朝;朗一代伟人,望高魏室"。[3] 这些祖先建构,尤其关于六朝以前的祖先记忆多数是不可靠的,甚或荒诞不经的,这类祖先可以称作"虚拟"的想象祖先。当然,这种祖先记忆的方式是基于大宗原则的构建,"在奉行最典型的父系世系原则的中国古代,对虚拟祖先的追叙、对父系世系的拟制以及对本姓的改变或封赐,无论在理论上还是实践上都是被允许及习以为常的"。[4]

基于这些标准,我们浏览陈著复原的谱牒资料,发现其中几乎没有"虚拟"的想象祖先,也几乎看不到六朝之前的祖先记忆(仅有《杨胤墓志》等少数墓志所载的谱系例外)。陈氏复原的士族谱牒,绝大多数都有一个共同的特点,就是墓志首叙和尾记所载的士

---

[1] 姜士彬:《中古中国的寡头政治》,范兆飞等译,上海:中西书局,2016年,第135页。另外,参见矢野主税:《世説叙録の価値について》,《史学雑志》第66编第9号,1957年,第71—85页。

[2] 《文选》卷四六《任彦升·王文宪集序》引《琅邪王氏录》,第2071页。

[3] 周绍良主编,赵超副主编:《唐代墓志汇编》开明004《郑故处士王君墓志》,上海:上海古籍出版社,1992年,第7页。

[4] 钱杭:《宗族的世系学研究》,上海:复旦大学出版社,2011年,第84页。

族谱牒,其祖先都是高曾以内的近世祖先,多数墓志仅追叙其曾祖或祖父。陈著也注意到这个现象,只是简单地归结为"详近略远"的原则。笔者认为这些祖先攀附伪冒的可能性极小,即高曾以内的祖先,多数是具有血缘关系的真实祖先。实际上,传世文献中的"某氏谱",所载祖先虽然多数是高曾以内,但也不乏追溯姓氏起源者,如《嵇氏谱》云:"谯有嵇山,家于其侧,遂以为氏。"[1]又如《百家谱》所云,"宋恭公子石食采于褚,其德可师,因而氏焉。……晋初有褚䂮,平东将军"[2]。更为典型的是,陈著亦曾引用的王僧孺《奉诏改定徐氏谱》所载徐氏祖先信息,从颛顼之苗裔,到大廉次子若木,封徐国君,因地赐姓曰徐氏。迤逦四十余世,止于汉魏之际。由此可见,《灵山徐氏谱》世系的构造,包括姓氏起源等内容。换言之,一个完整的"某氏谱",尤其是文章谱牒,在祖先追叙方面,应该包括"虚拟"的想象祖先(其中,包括昭穆有序的世系传承,而不论真伪)、血缘清晰的高曾在内的真实祖先,以及年齿清楚的子嗣后裔等相关内容。故此,笔者认为,陈著复原的所谓"士族谱牒",更准确地应该称作"节录本"。再进一步,关于墓主姓氏源流的记载,其实经常出现在墓志的正文和铭序之中,不独中古墓志如此,汉代碑志也是如此。因此,从这个角度看,墓志的首叙、尾记、碑阴和正文中的谱系资料,应该是相互补充,而非彼此对立的,它们极有可能拥有共同的史源,即谱牒、家状等谱系资料。

陈著根据《人名谱》的书写体例,复原平原明氏的谱牒格式为:"[一世]:褎,晋徐州刺史。[五世]:俨,州别驾。……[六世]……[七世]……"(陈著第126页),以及陈国谢氏的谱牒为

---

[1] 陈桥驿:《水经注校释》卷三〇《淮水》注引《嵇氏谱》,杭州:杭州大学出版社,1999年,第535页。
[2] 佚名编选:《唐钞文选集注汇存》第3册,上海:上海古籍出版社,2000年,第809—810页。

"［一世］……［二世］……［三世］……"云云（陈著第143—152页）。陈氏勾稽谱牒内容和形式至为详尽，颇具参考价值。只是，陈著关于谱牒复原的样式，笔者稍有怀疑。姑且不论《人名谱》的材料来源极可能是正史列传，而非士族谱牒；[1]如此，《人名谱》就不能作为复原的文本参照。退一步讲，即便《人名谱》确系汪藻根据家谱所撰，其谱牒撰写的格式必然受到宋人的影响。从《人名谱》的文本形式来看，它基本符合欧苏谱式的表文特征，即首先以谱表的格式栏列举世系，横线制表，其后则按世代行辈具列谱文。这种做法虽然符合汉代《史记》以来谱系叙述的"古法"，即章学诚所言的"谱外有牒，表之注也"。[2] 但是，在谱表和牒注中，以"一世""二世"等明确划分世代次序的书写方式，大概形成于何时呢？《新唐书·宰相世系表》每个姓氏表序的记载方式，是以"某世孙"的方式，但多是跳跃式的，而非蝉联相属。结合世系表和表文，我们可以推断，《人名谱》表文结合的书写体例，应该受到旧谱、欧阳修《新表》以及欧苏谱式的多重影响。而且，我们发现现存的中古士族谱牒，包括陈著搜集复原的谱牒，以及存世的敦煌氏族谱残卷和吐鲁番氏族谱残卷，基本上都是文章谱牒，间或有一两例线图谱牒，我们完全看不到"某世：某某"的记载方式。也就是说，明确标明"某世"体例的大规模出现，大概是在宋元以降的线图谱牒和表格谱牒中。可以肯定，宋元以前世系的图表原则，并不规范，王鹤鸣先生判断，"有的以六世为一图，有的以七世为一图，有的以五世为一图"，但又云"有的是十世一图，有的九世一图"。[3] 王氏的

---

[1] 矢野主税：《世説叙録の価値について》，第71—85页。
[2] 陈直：《南北朝谱牒形式的发现和索隐》，原载《西北大学学报》1980年第3期，后收于氏著《文史考古论丛》，天津：天津古籍出版社，1988年，第218—230页；周一良：《〈新唐书宰相世系表引得〉序》，收于《周一良集》第5卷《杂论与杂议》，沈阳：辽宁教育出版社，1998年，第8—9页。
[3] 王鹤鸣：《中国家谱通论》，上海：上海古籍出版社，2011年，第118、308页。

观点前后矛盾,应无切实根据。中古时期的谱牒几乎都是文章谱牒,线图谱牒和表格谱牒极为罕见。陈著关于《平原明氏谱》和《陈国阳夏谢氏谱》的复原,目的是从内容和形式上探究中古士族谱牒的原始风貌。为稳妥起见,陈著似应删去"一世""二世""三世"等表示人物世代,而原谱应该没有的说明性术语为宜。

另外,陈著在研究过程中充分尊重前辈学者的研究成果,广泛搜集相关研究论著,基本没有遗漏海内外学人的重要成果。略有遗憾的是,陈著对《人名谱》研究的学术史,未能充分留意。陈著对《人名谱》研究情况的忽略,使得文中的若干论断性表述出现问题。例如,陈著认为,"国内六朝史学界对于《世说人名谱》的重视和利用远不够充分,号称世家大族个案研究的论著虽汗牛充栋,征引和利用《世说人名谱》者屈指可数。……首开《世说人名谱》资料研究利用的是田余庆先生"(陈著第125页)。前半句的观察是准确的;但是,后一句的判断略嫌率意,田先生充分利用《世说人名谱》的价值,自然令人赞叹,但首次提示《世说人名谱》重要性者,则是周一良先生在青年时期为哈佛燕京学社撰写的《〈新唐书宰相世系表引得〉序》,其中已经有所谈及。周先生认为,汪藻《世说人名谱》系搜辑旧谱而成,保存了宋代以前家谱的格式体例。[1] 不仅如此,正是在周先生少作的启发下,一批海外学者如仁井田陞、牧野巽、多贺秋五郎、矢野主税和姜士彬等学人先后对《世说人名谱》进行了较为详细的研究。仁井田陞、牧野巽认为,《世说人名谱》虽非六朝谱牒的原貌,但多少保存了旧谱的体例和痕迹。[2] 多贺秋五郎更进一步,指出《世说人名谱》固然是六朝旧谱的反映,但经过刻意挑选,用以展示家族的显赫声望。[3] 与此相

---

[1] 周一良:《〈新唐书宰相世系表引得〉序》,第1—28页。
[2] 仁井田陞:《支那身分法史》,东京:东方文化学院,1942年,第147页。牧野巽:《近世中国宗族研究》,东京:日光书院,1949年,第53页。
[3] 多贺秋五郎:《古谱の研究》,《東洋史学論集》第4卷,1955年,第45—110页。

反,矢野主税认为《世说人名谱》是汪藻研究的产物,其条目遗漏了六朝谱牒中至关重要的婚姻元素,故无史料价值。[1] 姜士彬赞同矢野氏的观点,他认为,《世说人名谱》不是中古谱牒的真实样本,并断言汪藻的史料来源是正史而非谱牒,其根据是《人名谱》中的人物在正史中几乎都有传记。[2] 陈著屡屡提示中古谱牒的四个特征:世系、官爵、婚姻和特定格式,那么,《世说人名谱》何以缺少极为重要的婚姻内容,陈著似乎也没有给出令人信服的理由。

三、引谱入志的源头:汉碑中的谱系

谱牒对于中古士族发展的重要性不言而喻,柳芳的《氏族论》、郑樵的《氏族略》都对中古谱系发展的线索进行了比较清晰的勾勒。目前已知中古谱牒保存的载体,几乎都是纸张,除却几件敦煌和吐鲁番出土的残片之外,绝大多数氏族谱已经亡佚。陈爽在前辈学人如陈直等先生的启发下,致力揭橥中古时期特殊的"引谱入志"现象,让人有拨云见日之感。如果陈著所言准确无误,我们必然要追问,谱系刻于碑石的情况,是魏晋时期凭空出现的"独特志例",还是渊源有自呢?在汉代史传中最早出现的"官谱",即《邓氏官谱》。清人姚振宗曾据《后汉书·邓禹传》胪列邓氏家族"累世宠贵"的表现,推论云:

此传云云,似即据《邓氏官谱》。……按范书列传所载,如耿氏弇、窦氏融、马氏援、樊氏宏、阴氏识、梁氏统、张氏纯、

---

[1] 矢野主税:《世説叙録の価值について》,第85页。
[2] 姜士彬:《中古中国的寡头政治》,第140—143页。

张氏霸、桓氏荣、班氏彪、袁氏安、崔氏骃、杨氏震、荀氏淑、李氏郃，诸家与此邓氏禹，并东京世宙，当时皆各有其谱牒，以次注续至晋宋时。[1]

姚氏的推论能否成立呢？或者说，如果当时确曾存在这些谱牒，是依托于碑志而存在吗？

东汉建武二十八年（52）的《三老碑》（又名《三老讳字忌日碑》），出土于清咸丰二年（1852）。陈著对此碑进行引用，仅指出其谱系记载并不重视官爵的情况（陈著第 28 页）。兹查核

图 2 《三老讳字忌日记》
（《校注》，第 33 页）

图 3 《许卒史安国祠堂碑》（《校注》，第 205 页）

---

[1] 姚振宗：《后汉艺文志》，收于《二十五史补编》第 2 册，北京：中华书局，1955 年，第 2378 页。按，其中"东京世宙"，疑作"东京世胄"。

其碑阴所载文字都在"田"形表格之内，左栏是史实叙述，右栏横线划分为四格，俱为家族谱系记载。右栏首格记载祖父、祖母名讳和忌日；次格记载父母名讳和忌日；三格和四格记载兄弟姐妹名字。其中人物关系各依行辈，上下为父子，左右为兄弟。王鹤鸣提示，这种谱系表现方式与后世家谱存在明显的渊源关系，是当时比较流行的表列式谱表。[1] 王先生还将这种"石质化的谱牒"，称作"谱碑"，但没有明言与后世家谱存在什么样的渊源。我们似乎可以推断，这种"刻谱于石"之法，正是六朝以降"引谱入志"的渊源。又如，刻于延熹三年（160）的《孙叔敖碑》，由孙氏子孙所在地的县令段光等人所刻。洪适跋云："又以其云来长幼之序，仕学生产之实，刻于碑之阴，虽自谱其家者，亦不如是之详也。"[2] 常建华先生根据文末"谱纪也"判定，这是"刻于石碑的谱牒"。[3] 当然也有学者根据文中的龃龉和矛盾，推断该碑并非东汉原作，而是南北朝后期至隋唐期间的续刻或拟托。[4] 原碑不存，就录文记载形式而言，碑阴分为两个部分，前一部分是史实追叙；后半部分则是谱牒记载，凡二百八十余字，俱为孙氏家族谱系。那么，《孙叔敖碑》的谱系记载方式，究竟是汉代样式的，还是六朝样式的呢？

陈直、王鹤鸣和陈爽等先生在讨论汉代谱牒问题的时候，几乎都是简单引用《三老碑》《孙叔敖碑》等墓碑中的谱系记载，证明汉代存在"刻谱于碑"的风气和传统。实际上，汉代其他的三老碑并无谱系记载，如《阳三老石堂画像题字》，残留文字虽然在长方形界框内，[5] 其中画像缺失，并无谱系记载，抑

---

[1] 王鹤鸣：《中国家谱通论》，第66—67页。
[2] 洪适：《隶释》卷三《孙叔敖碑阴》，北京：中华书局，1985年，第40页。
[3] 常建华：《宗族志》，上海：上海人民出版社，1998年，第239页。
[4] 徐少华：《孙叔敖故里封地考述——兼论〈楚相孙叔敖碑〉的真伪与文本时代》，《江汉考古》2008年第2期，第80—86页。
[5] 毛远明：《汉魏六朝碑刻校注》第1册，北京：线装书局，2008年，第78—79页。

或相关文字和画像同样缺失？我们自然产生这样的疑问：学人经常征引的两份汉代墓碑所载谱系之情形，具有足够的代表性吗？其他墓碑中的谱系记载情况如何？兹以毛远明校注的《汉魏六朝碑刻校注》为主要对象，检核"东汉碑刻"部分，其中明确为人物碑志、且文字相对丰富者，整理其谱系记载情况，列表如下：

表1 《校注》碑志所见汉人谱系表[1]

年代	墓主	首叙	尾记	碑阴/侧	年代	墓主	首叙	尾记	碑阴/侧
52	□ 通	○	×	×	128	王孝渊	×	×	×
74	杨德安	×	×	×	141	冯 君	×	×	×
91	任 尚	×	×	×	143	景 君	×	×	△
92	袁 安	×	×	×	147	武 斑	×	△	×
96	孟 琼	×	△	×	147	李 固	×	×	×
105	秦 君	×	×	×	151	缪 宇	×	×	×
106	马 姜	×	×	×	153	乙 瑛	×	×	×
115	子 游	×	×	×	154	向 寿	×	×	×
117	袁 敞	×	×	×	154	孔 谦	×	×	×
118	李 昭	×	×	×	155	孔 君	×	×	×

---

[1] 关于该表资料出处，俱出自毛远明：《汉魏六朝碑刻校注》，北京：线装书局，2008年。至于碑文各个部分的名称，采用陈著关于墓志的分类，以便明其源流和比较分析。其中，"○"表示有谱系记载；"×"表示没有谱系记载；"△"表示门生或故吏。

续 表

年代	墓主	首叙	尾记	碑阴/侧	年代	墓主	首叙	尾记	碑阴/侧
157	安国[1]	×	○	×	171	孔褒	×	×	×
158	郑固	×	×	×	168-172	武荣	×	×	×
161	渡君	×	×	×	173	景云	×	×	
164	孔宙	×	×	△	173	鲁峻	×	×	△
165	缪纡	×	×	×	173	杨震	×	×	△
165	鲜于璜	×	×	○	174	娄寿	×	×	△
167	冯绲	×	×	×	174	耿勋	×	×	×
147-167	刘熊	×	×	×	175	韩仁	×	×	×
168	杨统	×	×	×	175	孙仲隐	×	×	×
168	张寿	×	×	×	177	尹宙	×	×	×
168	衡方	×	×	×	180	赵宽	×	×	×
168	杨著	×	×	×	181	潘干	×	△	×
169	肥致	×	×	×	181	魏元丕	×	△	×
169	柳敏	×	×	×	183	王舍人	×	×	×
170	夏承	×	×	×	183	白石神	×	△	△
171	孔彪	×	×	△	185	曹全	×	×	△

---

[1] 有的学人认为"安国"是人名,姓氏缺失,参见赵超:《山东嘉祥出土东汉永寿三年画像石题记补考》,《文物》1990年第9期,第89页。

续 表

年代	墓主	首叙	尾记	碑阴/侧	年代	墓主	首叙	尾记	碑阴/侧
186	张 迁	×	×	△	190	赵 君	×	×	×
186	郑季宣	×	×	△	205	樊 敏	×	×	×
187	谯 敏	×	×	×	219	司马芳	×	○	△+○

当然,我们无暇考察所有汉碑中谱系记载的相关情况,也无意考证每一份碑志中谱系记载的真伪和书写方式。笔者感兴趣的话题是,陈著所言六朝"引谱入志"说如能成立,其历史源头在汉代吗?如此来看,《校注》所收汉碑,就具有相当可靠的代表性和典型性。通览上表,我们发现,碑志正文之前的首叙,只有一例记载谱系情况,即学者经常引用的《三老碑》。上表其他碑志,正式碑文之前都不存在类似"首叙"的文体,当然也就没有相关谱系的记载。前文引述姚振宗曾云,东汉存在"累世宠贵"的大族谱牒,一直延续至晋宋时期。这些家族的谱牒存在于碑志吗?检核碑刻,我们发现,当时名震一时的"东京世宙",绝大多数在其碑志中完全没有"刻谱于碑"的习惯。我们以弘农杨氏为例加以说明。汝南袁氏和弘农杨氏累世公卿,洵为东京名族,贵震天下,史称"然袁氏车马衣服极为奢僭;能守家风,为世所贵,不及杨氏也"。[1] 现存汉代杨氏碑文,有称为"四杨碑"的《沛相杨统碑》《太尉杨震碑》《高阳令杨著碑》和《繁阳令杨君碑》。其中,《繁阳令杨君碑》不见于《校注》,而载于《隶释》,碑文开始载

---

[1]《后汉书》卷五四《杨震传》注引《华峤书》,第 1790 页。

"(上缺二十九字)弟富波君之少子也",[1]前缺二十九字当为杨氏谱系,但也属墓碑正文,应该不是碑文之外的"首叙"部分;尾记部分亦无关于谱系的片言记载;其碑阴一百三十四人,俱为故吏、处士、故民等。[2] 其他三份杨氏墓碑的碑阳,没有出现谱系记载的痕迹,《杨著碑》碑阴皆为门生,《杨统碑》碑阴悉为故吏,[3]《杨震碑》碑阴俱为其孙之门生。汉代"四杨碑"的记载内容和方式,具有相当的代表性,即绝大多数汉碑不存在六朝墓志首叙之类的内容;它们也没有尾记,极少记载墓主的谱系;碑阴皆是墓主或其家族人物的门生或故吏。不少碑阴题名为墓主的门生或故吏,反映汉代"二重君主关系"的身份秩序和社会情境。[4] 结合上表,我们发现,大多数汉碑在碑文以外的地方,如碑阴,都是将门生故吏作为记载的主要对象,而非家族谱系。其中,《武斑碑》《景君碑》《潘干碑》和《魏元丕碑》等碑中的门生故吏,还出现在类似"尾记"的部分。

形成对照的是,关于墓主谱系的记载,逐渐有溢出碑文、侵蚀汉碑其他空间——如尾记和碑阴——的苗头和倾向。1980年,山东嘉祥出土一批画像石,其中一块刻有长篇铭记,图版清晰,称作《许卒史安国祠堂碑》,朱锡禄等整理者对其铭文加以释读和录文,赵超亦对录文情况进行分析和讨论,《校注》据相关成果加以标点和校注。应该说,《校注》录文和点校基本准确无误。但是,其中

---

[1] 《隶释》卷九《繁阳令杨君碑》,第104页。
[2] 关于该碑碑阴题名的研究,参见徐冲:《东汉后期的"处士"与"故吏"再论——以〈隶释·繁阳令杨君碑〉所载"处士功曹"题名为线索》,《中国中古史研究》第2卷,北京:中华书局,2011年,第48—72页。
[3] 《隶释》卷一一《杨著碑阴》,第133—134页。
[4] 关于这种关系的讨论,参见川勝義雄:《魏晋南朝の門生故吏》,《東方学報》第28号,1958年,第175—218页;Patricia Ebrey, Patron-Client Relations in the later Han, *Journal of the American Oriental Society*, Vol.103(3), 1983, pp.533–542。

士族谱牒的构造及其与碑志关系拾遗 / 61

"国子男,字伯孝,年适六岁,在东道边。孝有小弟,字闰得。夭年俱去,皆随国"一句,存在明显的问题。这句话显然就是安国(或"□安国")子嗣的简单谱系。毛远明将之录于文末,未加任何说明文字;赵超在这句话前面按语"右边一行为"云云;朱锡禄则在前面明

图 4 《鲜于璜碑》碑阳(《校注》第 254 页)

图 5 《鲜于璜碑》碑阴(《校注》第 255 页)

言"画像右方也有题字一行,共二十八字"。[1] 对照画像石,我们可以清晰看见,朱氏所云是准确的,但他却将这句话置于录文之末,不太妥当,因为这样就会误导读者,赵超和毛远明的录文就是因袭其误。因此,这句带有谱系性质的语句,原本位于画像石的右侧,并且和铭文之间的浮雕上刻有密折纹、人首蛇身和鱼等画像。结合《三老碑》的情形,这种表示墓主谱系的词句,并非在碑文之末,而在类似"首叙"的位置。由此看到,谱系出现在《三老碑》中类似首叙的部分,并非孤例。

谱系不仅出现在汉碑碑文之前的首叙位置,还出现在碑阴中,《鲜于璜碑》鲜为学人关注,其碑阴云:

君三子,大子讳宽,字颜公,举有道,辟大尉府掾。中子讳黼,字景公,郡五官掾,功曹,守令,幽州别驾。小子讳晏,字鲁公,举孝廉,谒者,雁门长史,九原令。

胶东君讳弘,字元誉。中子讳操,字仲经,郡孝,灌谒者。子讳琦,字玮公,举孝廉。子讳式,字子仪,故督邮,早卒。督邮子讳雄,字文山,州从事。子,即君是也。[2]

碑阴由两部分文字构成,"讳文"和"世系"。[3] 碑文亦载其世系云:"汉胶东相之醇曜,而谒者君之曾,孝廉君之孙,从事君

---

[1] 济宁地区文物组、嘉祥县文管所:《山东嘉祥宋山1980年出土的汉画像石》,《文物》1982年第5期,第60—70页;赵超:《山东嘉祥出土东汉永寿三年画像石题记补考》,《文物》1990年第9期,第88页。

[2] 毛远明:《汉魏六朝碑刻校注》第1册,第256—257页。高文:《汉碑集释》,开封:河南大学出版社,1997年,第286—287页。

[3] 张传玺:《东汉雁门太守鲜于璜碑铭考释》,《北京大学学报》1984年第2期,第47—60页。

之元嗣也。"[1]与之相较,碑阴更为详细。不仅如此,碑阴所载世系,和碑文世系龃龉不符,学人据此判断碑文可能不是由一人所撰。[2] 笔者同意这种意见,碑阴文字必为补刻,从书体走势观察,碑阳和碑阴书体也不尽相同;而且,碑阴"诔文"和"世系"两部分,也有所差异。这段文字,除却没有婚姻资料的记载之外,和陈著复原的六朝"谱牒"相差无几。不过,我们可以清晰地看到,汉人对于墓主家族人物的官爵阀阅,已经表现出足够的关注。

更有趣的一通"汉碑"是《司马芳残碑》,碑阴分为上下两部分,上半部分为故吏名称,居于碑阴上半部的中心位置,下半部分文字残缺,《校注》释读其文字云:

> 太祖(下阙)」上世故(下阙)」烋永叶(下阙)」为雍州(下阙)」德不遵(下阙)」莹十二(下阙)」马天德(下阙)」马长驱[至](下阙)」孙雍州司(下阙)」瑜司马(下阙)」[轨](下阙)」六年(下阙)阙申(下阙)」恩判(下阙)」月申(下阙)」先零(下阙)」令(下阙)」皇(下阙)。

但其碑阳最末一行文字云:"晋故扶风王六世孙宁远将军乐陵侯追",这行与碑文字体不同的文字,让学人对于该碑的建立时间产生分歧:东晋说、北魏说以及东汉说。[3] 仇鹿鸣结合前人旧说,提出

---

[1] 毛远明:《汉魏六朝碑刻校注》第 1 册,第 256 页。
[2] 天津市文物管理处考古队:《武清东汉鲜于璜墓》,《考古学报》1982 年第 3 期,第 351—366 页。
[3] 相关学说史,参见仇鹿鸣:《〈司马芳残碑〉考释——以中正成立的年代为中心》,收于氏著《魏晋之际的政治权力与家族网络》,上海:上海古籍出版社,2012 年,第 299—311 页。

图6 《司马芳残碑》碑阳
（《校注》第92页）

图7 《司马芳残碑》碑阴
（《校注》第93页）

新见，认为"司马芳碑最初是由其故吏旧属在其死后追念其功德而立，至北魏时，司马准在碑阴题名下补刻一段关于其家世的文字，并在碑阳刻下'晋故扶风王六世孙宁远将军乐陵侯 追 '一行"。[1] 应该讲，仇鹿鸣的推断很有道理，从该碑建立和补刻的角度，对于纷纭旧说赋予比较合理的解释。但是，阅览该碑还是疑窦丛生，故吏名称雄踞碑阴中心位置，而非顶格，也非从左至右，这与汉碑惯例明显不符；另外，既然北魏司马准补刻世系，自矜门阀，不该如此潦草从事：即，碑阳末行为整行书写，从上纵贯而下，而碑阴却仅占下部一半的篇幅；尤其考虑碑阴世系最末一行仅有"皇"字，余行和左侧没有文字内容，尚有广大留白空间可资利用。如果说司马准如此编造世系，便能以假乱真，迷惑世人，令人难以想象。如此这般，笔者认为碑阴下半部分的"世系"记载亦为原刻，仅有

---

[1] 仇鹿鸣：《魏晋之际的政治权力与家族网络》，第303页。

碑阳末行文字为北魏司马准补刻。除此之外,关于仇说中的两个疑问:"太祖"和"雍州"问题,笔者以为"太祖"不是指晋太祖司马昭;而是指"大祖",始祖之义,"大"和"太"古语经常通用,"太祖"本身即有始祖之义;其次,从文脉查看,如果碑阳末行和碑阴世系俱为一体,于理不合:碑阳已经说明"晋故扶风王六世孙",结果到碑阴再次回到"晋太祖司马昭",司马昭是司马亮之兄,又贵为太祖,司马准的祖先追溯岂能如此昭穆颠倒、轻重失序?至于雍州,从前文看,司马氏有两位先祖出镇雍州,而非一人。自《禹贡》《周礼》以下,已有雍州。光武时期已经"复置雍州",后来罢废;献帝时期,只是"又置雍州",[1]并非初置。因此,笔者认为,碑阴世系记载为立碑时所刻,又要保持"故吏"群体在碑阴的存在感,故上下分置。该碑碑阴故吏和世系并存的情形,在某种程度上标志着东汉"二重君主关系"向六朝"贵族主义"或"家庭主义"的过渡。[2] 进言之,结合汉碑中的德政碑、石阙铭、摩崖碑等石刻资料,我们可以看到,"门生故吏"群体构成汉碑首叙(如《开母庙石阙碑》)、尾记(如《少室石阙铭》《石门颂》),尤其是碑阴题名的重要元素;而"祖先后裔"和"婚姻仕宦"为标志的贵族主义尚未形成气候,仅仅在个别墓碑中以"点状"的情形零星出现。故此,刻谱于碑在汉代确实存在,但是寥若晨星,不是学人所论的那么广泛和常见,远未形成石刻文献的主流。与此同时,谱系虽然没有成为首叙、尾记和碑阴等部位所记载的主要对象,但正式碑文对于墓主姓氏源流和高曾祖先的追叙,已经形成比较固定的体例,并对中古碑志的书写格式产生深刻影响。

---

[1]《晋书》卷一四《地理志》,北京:中华书局,1974年,第430页。
[2] 请参拙撰《亦汉亦魏:〈司马芳残碑〉的时代及意义》,《史学月刊》2018年第1期,第21—31页。

四、引谱入志的走向：谱系与唐代碑志

以上对六朝"引谱入志"的渊源讨论既竟，下文将对谱系与碑志关系的走向略作阐明。陈著屡次提示，这种"体例"仅限于西晋至隋代的出土墓志，入唐以后，这种撰写方式却基本（或骤然）消失（如陈著第98、206页）。实际情况是如此吗？其实，作为谱牒的载体，不只有碑志一种形式：汉代多以石碑为介质；魏晋南北朝则以墓志为介质；而唐代及以后，谱系依附碑志而存在的石刻化传统并未全然消失。晚清叶昌炽曾经指出，唐元和四年（809）乐安《孙氏石刻》记云："具列一家长幼男妇，别无文字"；武周圣历元年（698）敦煌《李氏旧龛碑》碑阴详序世系源流云："后列祖讳，至子侄三层，具详官阀。"[1] 征诸墓志资料，不乏这样的实证性材料。唐代墓志荦荦大观，兹以《唐代墓志汇编》作为样本略加证明。其中，谱系资料见于尾记部分较多，兹迻录相关资料如下：

1.《大唐洛州别驾大将军崔公妻库狄夫人墓志铭》（武德六年）：第二息行褒，第四息行感，」第四女适陇西李氏，第七女适范阳卢氏。

2.《君讳远字彦深汝南平舆人墓志》（贞观七年）：第一子德操，第二子德矩。

3.《隋故仓部侍郎辛君墓志铭并序》（贞观廿二年）：长孙杰，字玉师，年一十有四，贞观十年八月廿日亡；次孙」字玉臣，年九岁，贞观六年八月廿九日亡，并瘗于埏道左右。

---

[1] 叶昌炽撰，柯昌泗评：《语石·语石异同评》，北京：中华书局，1994年，第214页。

4.《大唐故张府君墓志铭并序》(龙朔元年)：曾祖□,齐开府仪同三司;祖义,隋任□□□□□皇朝上仪同。

5.《唐故段君墓志铭并序》(龙朔三年)：曾祖。亡弟子大男、多侯、小侯、女妙儿。」祖承。」父师。

6.《故来府君及夫人常氏次夫人郭氏墓铭并序》(咸通十四年)：来君并有孙男二人,长曰行全,次曰玉□女十二(下缺)并有□□七哥。凡三百七十四言。

7.《唐吕公墓志铭并序》(贞元九年)：弟端,左威卫太原府静智府折冲。乾元三年正月十二日亡,春秋廿,」招魂于堂内。妹花子,广德二年三月十二日亡,收在母傍。

8.《唐故郝府君墓志铭并序》(咸通六年)：夫人孙氏,至咸通六年八月廿四日奄逝□于莘堂,甲子六十有七。嗣子等感重恩罔极,其年九月六日就茔告终合祔而礼毕。新妇张氏、武氏,孙男寿郎、八儿。

9.《□□□□□□轻车都尉强君墓志铭并序》(麟德元年)：夫人陇西辛氏,父昌,隋文帝左千牛;祖彰,魏户部兵部尚书、曹仁等七州刺史特进,谥」□□公。

10.《唐□□校尉墓志铭并序》(麟德元年)：洛州河南县。曾祖○隋任汝州司马;祖○梁州录事参军;父乞,任永泰府校尉上轻车都尉。身马安,上柱国伊川府校尉。[1]

上述十条资料,都出现在铭文之后的尾记部分,依照陈著的标准,和六朝墓志无异,显然也是"谱牒"。其中,墓志4、9和10相同,都是追

---

[1] 以上墓志,见于周绍良主编：《唐代墓志汇编》武德003,第2页;贞观036,第32页;贞观157,第108页;龙朔023,第352页;龙朔059,第375页;咸通110,第2463页;贞元057,第1878页;贞元043,第2411页;**麟德026,第413页;麟德029,第415页**。按,"□"表示残泐不清,"○"表示空一格,"」"表示换行。

溯曾祖和祖父的名讳和官爵,和六朝碑志中"谱牒"的记载方式几乎相同;墓志1、2、5和6相似,都是简单记载墓主子嗣情况,其中墓志1叙及子女婚姻;另外,墓志3、7和8相同,在记述子嗣信息后,还有其他叙述性的语词。上述十条资料,不乏和碑志正文重复,但又较为详尽者,如墓志4正文云:"祖庆,父义,并践行修身,名德相继",可见,墓志尾记所载的人物官职,是墓主张宝之子根据谱系资料加以补刻。类似的情况,又如大历四年(769)的《唐魏州冠氏县尉卢公夫人崔氏墓记》,在铭文之后以小号字体,双行补刻子女谱系云:

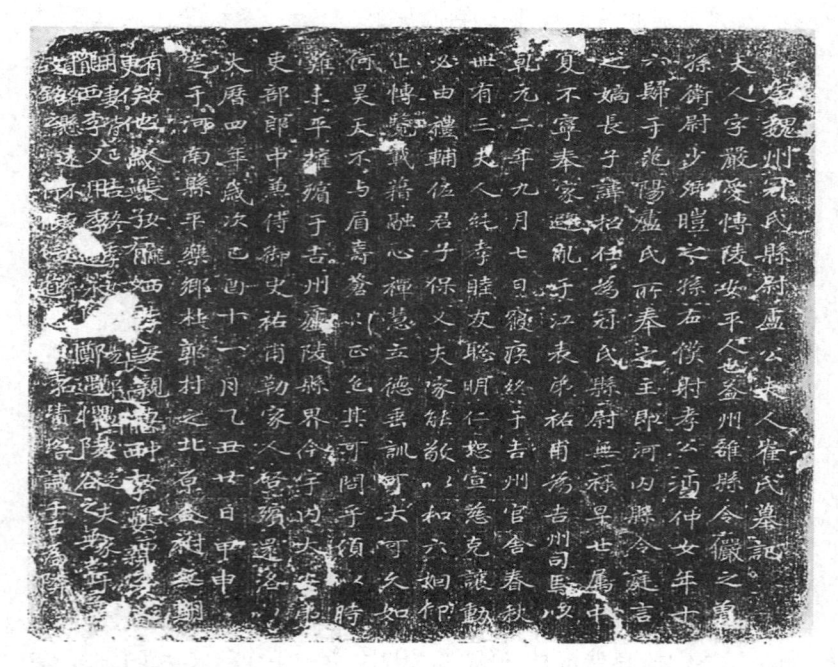

图8 《唐魏州冠氏县尉卢公夫人崔氏墓记》(《千唐志斋藏志》,第922页)

11. 夫人无子,」有女三人:长女陇西李安亲妻,中女陇西李又」用妻,合祔之期,更俟他岁。无子,有女三人;长适陇西李安亲,次适□陇,皆已吉终;季女荥阳郑遇妻,从夫家于秦、道路悬远,不克送葬,故西李又用,季适荥阳郑遇。惧陵谷之无常位也。"故铭云:行依仁,刻石以记之。道□□,季绩班诚,千古为邻。[1]

周绍良按语云:"尾部重刻,俱依所刻并录。"拓片显示,字体较之正文为小,两行并一行,显然为补刻,只是录文混乱参差。即便如此,我们还是看到,这些多有重复的材料必然是谱系资料无疑。

《汇编》所载唐代碑志尾记中的谱系资料,最为集中的当推博陵崔氏四份墓志,俱成于大历十三年(778),兹抄录其铭文之后的尾记材料云:

12.《有唐卢夫人墓志》:夫人长子众甫,服阕授密县尉,又转其县主簿,稍迁济源县丞,又迁扶风郡麟游县令,加朝散大夫,拜著作佐郎;少子夷甫,服阕授左千牛卫录事参军事、沧州东光县令、魏州魏县令。天宝之末年,夷甫卒;宝应之初年,众甫卒;众甫之子满籯、贞固并未仕,先众甫卒;贞固之子公度又殀。今有夷甫之子契臣未仕。越以大历十三年岁次戊午四月丁丑朔八日甲申,嫡妇陇西县君李氏、孙契臣,奉夫人之柩祔于监察御史府君,礼也。

13.《有唐通议大夫守太子宾客赠尚书左仆射崔公墓志》:孝公长子成甫,服阕,授陕县尉,以事贬黜。乾元初,卒于江介。成甫之长子伯良,仕至殿中侍御史;次子仲德,仕至太子通事舍人;少子叔贤,不仕,并早卒。今有伯良之子詹彦,并未仕;仲德之子,未名。孝公之嗣子祐甫,仕为朝散大夫、权

---

[1] 周绍良主编:《唐代墓志汇编》大历015,第1769—1770页。

知中书舍人事、赐紫金鱼袋。永泰中,天子有事南郊,旌宠旧德,是以有仆射之赠。越以大历十三年岁次戊午四月丁丑朔八日甲申,嗣子祐甫奉孝公之榇迁于邙山之平乐原,以夫人太原郡太夫人王氏祔焉,礼也。

14.《有唐太原郡太夫人王氏墓志》:太原太夫人之子祐甫,仕为朝散大夫、权知中书舍人事、赐紫金鱼袋;长女适芮城尉范阳卢沼;次女适冠氏尉范阳卢招、少女适临汝郡司户参军事范阳卢众甫;并早卒。永泰二年,祐甫为尚书司勋员外郎,属县官有郊祀之礼,因广孝道,追封邑号,是以有太原郡太夫人之命。越以大历十三年岁次戊午四月丁丑朔八日甲申,嗣子祐甫奉太原郡太夫人之榇祔于尚书左仆射孝公,礼也。

15.《有唐朝散大夫守汝州长史上柱国安平县开国男赠卫尉少卿崔公墓志》:安平公之元子浑,字若浊,居丧不胜哀,既练而殁。御史之长子孟孙,仕至向城县令;嫡子众甫,仕至朝散大夫行著作佐郎,嗣安平县男;少子夷甫,仕至魏县令。天宝之末年,夷甫卒,乾元之初年,孟孙卒;宝应之初年,众甫卒。众甫之子满嬴、贞固,并先众甫卒;贞固之子公度又殀。今有孟孙之子㿟,仕为大理评事兼澧州录事参军事。夷甫之子契臣未仕。安平公之次子沔字若冲,服阕授左补阙,累迁御史,尚书郎,起居,著作,给事中,中书舍人,秘书少监,左庶子,中书侍郎,魏、怀二州刺史,左散骑常侍,秘书监,太子宾客,薨,赠礼部尚书、尚书左仆射,谥曰孝。仆射之长子成甫,仕至秘书省校书郎,冯翊、陕二县尉,乾元初年卒。成甫之长子伯良,仕至殿中侍御史;次子仲德,仕至太子通事舍人;少子叔贤,不仕;并早卒。今有伯良之子詹彦,仲德之一子未名,并未仕。仆射之嫡子祐甫,仕为中书舍人,开元十七年,玄宗亲巡五陵,谒九庙,将广孝道,申命百辟,上其先人之官伐,悉加宠赠。仆射孝公时为常侍,是以有卫尉之命。初安平公之曾祖凉州刺史自河朔违葛荣之难,仕西魏,入宇文周,自凉州以降,二代葬于京兆咸阳北原。安平公之仕也,属乘舆多在洛阳,故家复东徙。神龙之艰也,御史仆射以先妣安平郡夫人有羸老之疾,事迫家窭,是以有邙山之权兆。自后继代,家于瀍洛。及安平公之曾孙也,为四叶焉,况属兵兴,道路多故,今之不克西迁也,亚于事周之不谐北葬。通人曰：礼非从天降,非从地出,人情而已矣。此不用情,又恶乎用情! 越以大历十三年岁次戊午四月丁丑朔八日甲申,嫡孙妇陇西县君李氏介孙中书舍人祐甫奉安平公之榇迁窆于邙山之平乐原,以安平郡夫人王氏祔焉,礼也。[1]

上述四份墓志的墓主分别是博陵崔暟、其子崔浑夫人卢氏、其子崔沔,以及王氏夫妇。这四份墓志是大历十三年(778)由崔祐甫迁葬于邙山平乐原所建。崔祐甫迁葬同年所立的墓志不仅如此,还有《崔众甫墓志》等,但崔众甫墓志铭文后并无关于谱系的尾记内容。上述四份墓志尾记所载内容,显然是崔氏家族的谱系。关于崔沔家族的世系,伊沛霞(Patricia Ebrey)早在1978年已经利用这些墓志,结合其他墓志以及相关文献进行勾勒复原,此不赘言。[2]与此同时,我们能够看到,上述四份墓志尾记所载谱系资料,若以墓主为参照,谱系所载俱为墓主以下人物,即便资料翔实的墓志15(即《崔暟墓志》)也不例外。结合前文墓志1、2、5、6和11,这九份墓志尾记所载墓主子嗣信息,所据材料未见得就是士族的谱牒,有可能就是家族成员凭借常识加以补刻。这些墓志资料所载,基

[1] 以上墓志,见于周绍良主编：《唐代墓志汇编》大历058,第1798页；大历060,第1800页；大历061,第1801页；大历062,第1802—1803页。
[2] 伊沛霞：《早期中华帝国的贵族家庭——博陵崔氏个案研究》,第178—189页。

本上都是简单的核心家庭成员；当然，墓志12和15所载成员较为复杂的官职升迁，应该参考了类似家状、谱牒的资料。不仅如此，我们还发现，这些资料除了谱系资料之外，如墓志15所示，多有叙事性词句，和谱牒无关，这愈加证明前文所论"某氏谱"的构成中，叙事性词句也极可能是组成部分。另外，这四份墓志还有共同的一点，就是在谱系等资料之后，又以"越以大历十三年岁次戊午四月丁丑朔八日甲申，……礼也"云云，结束墓志，和其他墓志的文体多有不同，也和六朝墓志尾记所载谱系资料的情况不同。

墓志尾记之外，碑阴也有记载谱系资料的情况。如大和二年（828）《唐故桂管都防御观察等使桂州刺史兼御史大夫赐紫金鱼袋赠左散骑常侍刘公墓志》，志阴文字云：

> 公夫人河东裴氏，祖讳孝智，建州刺史；父讳逢，太常寺协律郎。夫人协律之第三女。懿德淑行，闻于亲族，不幸元和十年六月廿九日先公而终，享年廿有四。前以岁时未良，权窆于洛之北原，今启祔于公之茔，礼也。公之元昆河南县尉栖梧，迎公之丧自鄂至洛。天之不愁，暴疾旋终，主办二丧，钟于次弟牢州刺史起伯，遵奉前事，泣告仲京。以公之英风操义，备于凉国季父之文，以其文自襄汉而来，前后事之未书者，今不敢编于文之次，将别志于石之阴，固不俟于文字也。陇西李仲京录书。[1]

这份墓志正文并无墓主刘栖楚夫人河东裴氏的祖先情况，墓志阴面则追记其祖父和父亲名讳官爵。墓志阴阳两面的撰者同为陇西李仲京，他在文末说"今不敢编于文之次，将别志于石之阴"，也就

---

[1] 周绍良主编：《唐代墓志汇编》大和014，第2105—2106页。按，其中"主办二丧"，原文录作"主辨二丧"，据图版改正。

是说,这些文字本可以作为尾记而存在的,正如前文墓志1-15所载的情况一样。志阴所载墓主谱系的情况,又如,《杜行宝墓志》于唐高宗仪凤二年(677)重修坟墓时所立,志阴记载三代谱系及婚姻简介,志阴云:

> 曾祖讳行宝,周朝任豫州刺史诸军事淮南公。」
> 祖讳洪贵,妻李。」
> 祖讳洪略,妻马。」
> 祖讳洪艳,隋犨城府校尉,妻陈。」
> 祖讳洪祭,隋任河山府司士,妻郭。」
> 祖讳洪远,妻董。」
> 祖讳洪振,妻陈。」
> 父讳恒周,妻赵。」
> 父讳君政,妻吕。」
> 叔讳君操,妻张。」
> 右善达、义节等三代尊讳。」
> 弟善惠。[1]

在尾记和志阴之外,首叙亦有记载谱系之例,如刻于中和元年(885)的《唐故淮南进奉使检校尚书工部郎中兼御史中丞赐绯鱼袋会稽骆公墓志铭》,墓志正文前首叙云:

> 曾祖璧　　皇武都郡司马」
> 祖子卿　　皇登州长史赠太子中允」

---

[1] 周绍良主编:《唐代墓志汇编》仪凤006,第628—629页。按,其中"行宝"字体在《补正》中小一号,靠右书写,并不居中。参见陆增祥《八琼室金石补正》卷三八《淮南公杜君志阴》,北京:文物出版社,1985年,第257页。

父绍　　　皇处州司马兼监察御史[1]

必须指出,前文所举例证,俱出自《唐代墓志汇编》。若以样本学的角度观察,《汇编》所收墓志三千六百余份,而墓志首叙记载谱系资料者仅一份,碑阴记载谱系者仅两份,尾记记载谱系者仅十五份,共计十八份,所占比例仅为5‰。陈氏搜集魏晋南北朝墓志中记载谱牒情况者多达二百一十一份,截至陈著出版时,魏晋南北朝的墓志为一千四百余份,其所占比例约为15.1%。两相比较,唐代碑志中首叙、尾记和碑阴中的谱系记载虽未全然消失,但呈现出大幅淡化和下降的趋势。另一方面,有唐一代,谱系进入碑志的传统并未完全抛弃,这种传统甚至以更加强烈的形象得以呈现。今藏山西省闻喜县礼元镇金大定十一年(1171)的《裴氏相公家谱之碑》,详序唐代裴滔撰写的《裴氏家谱》原文:该谱是文章谱牒,叙述裴氏三眷——西眷裴(世矩)、东眷裴(居道、怀节和知礼)和中眷裴(世清)——的由来和世系,强调官职和婚姻情况,并不收录全部子孙。[2] 需要指出的是,裴氏碑的谱系已经雄踞整个碑面。不仅裴氏家谱整体刻于碑石,唐光启四年(888)"张氏第五房"残志中,记载所谓的"张氏血脉谱",亦刻于墓志之上,以玄妙的口吻追溯张氏源流云:

　　　　张星属金,金者商也。金精变现,化为人,后乃生一子,

---

[1] 周绍良主编:《唐代墓志汇编》中和013,第2515页。
[2] 参见周晓冀:《北方谱系碑刻与宋元宗族变迁》,《传统中国研究集刊》第14辑,2016年,第140—152页。按,据周氏调查,今藏山西闻喜县礼元镇金大定十一年(1171)的《裴氏相公家谱之碑》,记录了唐代裴滔所撰的《裴氏家谱》原文。该碑整个碑面,以文章谱牒的形式记载裴氏家谱,行文方式与《宰相世系表》相似。先后承蒙周晓冀、刘丽博士惠示《裴氏家谱之碑》照片,谨此致谢。

两手不开。皇帝叹曰：若是吾子，手为吾开。两手得展，遂见左手中有弓，右手中有长。后以两囗并之，乃成张字，即号囗张星，便封为大将军。领百万之众，遍地血流，后乃封为河内郡王。自古天赐张氏之姓，皆为手把二字及因张星而兴焉。而五子分为五祖，此是张姓之宗，家状别具分析。[1]

此碑不存，仅有拓片残文，其后必然还有更为详尽的内容，或与裴氏谱碑相近。如此，我们再回到前文的讨论上，魏晋南北朝时期的"引谱入志"现象，虽然具有鲜明的时代特色，但也不是完全独特的"志例"。唐代以降，碑志中首叙、尾记和碑阴出现谱系的频率，确实有较大幅度的下降，但也不是踪迹全无。进言之，我们如果仅仅把首叙、尾记和碑阴所记的谱系资料看作"谱牒摘录本"的话，那么，唐代碑志正文中的"谱牒色彩"，显然更为强烈，因为前文所讨论的"某氏谱"构成极为重要的元素之一，即姓氏源流，基本都出现在碑志的正文而非其他部位。实际上，正是在"谱系入石"这一传统的长远影响下，宋代以后，逐渐孕育出纯粹意义上的"谱碑"，即谱系资料如藤蔓一样，从碑志的一隅逐渐蔓延至石碑的整个碑面。苏洵镌刻《苏氏族谱》于石，欧阳修镌刻《世次碑》，两人作为新式谱法的创立者，这个举动本身是对"引谱于碑"传统的扬弃和继承。在这个意义上，宋熙宁十年（1077）出现的《王氏世系碑》，就显得顺理成章了。该碑现存晋中市榆次老城凤鸣书院，上半段介绍迁葬勒石的经过，下半段镌刻王氏家族的世系云：

---

[1] 周绍良主编：《唐代墓志汇编》光启004，第2519页。

图9 《榆次王氏世系碑》(《三晋石刻·榆次卷》第25页)

图10 《榆次王氏世系碑》(《榆次卷》局部)

曾祖仲方,生二子。长曰仁丕,次曰仁义。

仁丕生二子。长曰惟简,试将作监主簿。生一子,曰九住。皆亡。次曰惟德,守太常寺奉礼郎。生一子,曰纯。皆亡。

仁义生三子。长曰纬,举进士。纬生膺,皆亡。膺生景询。景询生二子,曰居安,曰居正。次曰惟幾,试将作监主簿,亡。惟幾生绅。绅生二子,曰景文,曰景武。三曰惟岳。惟岳生绚,绚亡。绚生二子,曰景□,曰景初。[1]

---

[1] 王琳玉编:《三晋石刻大全·晋中市榆次区卷》,太原:三晋出版社,2012年,第24—25页。

如果仅看录文，似乎像六朝时期的文章谱牒；但观其拓片，实际上是文章谱和线图谱的有机结合。从图版观察，该碑的叙述形式与陈著所举西魏《赵超宗妻王氏墓志》(陈著第 80—82 页)极为相近。大概可以说，这类谱牒应该是六朝时期以文章谱牒为主的形式，向明清以降图表谱牒大规模出现的一种过渡形式。另外，这个谱系的记载方位，从首叙和尾记部分转移至下半部，和汉碑《司马芳残碑》极为类似。宋元以降，整幅碑面被用来镌刻宗族谱牒的现象蔚然成风，并且形式多样，有世系碑、先茔碑等，它们在某些地区（如鲁东地区）成为收族敬宗极为重要的载体和表现形式。[1]

五、谱系的石刻化传统

综上所论，陈著的主要贡献在于，通过对读习以为常的墓志图版和文本资料，尤为关注碑志中的种种"异刻"现象，由微见著，从"平常"中发现"不平常"，探寻中古时期"久已亡佚"的士族谱牒（更准确地说，应该是士族谱牒的"节录"），值得称赞和激赏。陈氏在此过程中，其假设不乏大胆甚或突兀，但其考证过程却是绵密而审慎；其行文风格虽然朴实无华，但其问题指向却是凌厉恣肆，故能步步为营，推雅取正。职是之故，陈著所发现的士族"谱牒"，以及与此相关的文献整理，对于中古士族政治乃至社会史的深入研究，形成强有力的推动。可以预料的是，在陈著充满积极作用的带动和示范下，必将涌现一系列关于士族尤其是中古谱牒研究的

---

[1] 周晓冀：《宋元以来鲁中山地宗族谱碑研究》，上海：上海师范大学博士学位论文，2016 年。另外，明清以降，我国少数民族如白族、壮族、回族等民族也使用碑谱记载他们的世系，参见王鹤鸣等：《中国少数民族原始形态家谱研究》第五章《刻谱于石的石碑家谱》，第 180—223 页。

新成果。陈著的创见和贡献表明,中古史研究中的旧资料和旧话题,依然具有极为可观的学术张力。

当然,任何优秀的著作都有进一步提高的空间。陈著有待继续完善之处,笔者以为,主要有以下方面:一是若干表述需要尽力完善。陈著根据墓志中的"谱牒"记载,推导和复原中古谱牒的书写格式(陈著第109—110页),基本是可信的,尤其是平阙和留白的复原,足见作者对古代文书格式及其蕴含意义的敏感;只是作者进而讨论,"在行文格式上,妻子父祖的官爵以及子女所嫁夫婿父祖的官爵当以双小字的记注的形式加以区别,在实际志例中,仅《赵超宗妻王氏墓志》保存了这一原始格式"(第111页)。陈氏的这个申论,前后龃龉,显得有些牵强和证据不足,前文举到的《王氏世系碑》即是如此。二是有些编辑错误和不妥之处应予修改。如文中绝大多数插图,都没有标记名称和出处(如第23页插图,正是其文屡屡引用的"高昌某氏残谱",收于《吐鲁番出土文书》第3册,第64页);文中存在不少错别字,繁简字转换错误较多,有些学者和出版社的名字出现错误(如第246页注释4将"袁行霈"误为"袁行沛",第561页第14行将"邵茗生"误为"邵名生",第562页第12行将"范子烨"误为"范子晔",第565页倒数第7行将"郭峰"误为"郭蜂"等);有些文章遗漏刊物出处(如第560页第19行徐冲文缺《复旦学报》");注释中的大多数正史文献没有标注卷次和卷目;文中表述有重复累赘之处(如第13、77页重复引用郭峰先生的结论,前后词句都完全一样,似无必要);有些引用文献还需要加以核对(如第29页援引《王氏家谱》最末一句"若离蕳之止杀,吉骏之诚感,盖有助焉",是《王文宪集序》正文内容,不是注引《王氏家谱》的文字,这条文献注释的页码应为"第2072页"),等等。凡此种种,影响阅读的流畅和趣味,让人微感遗憾。期盼作者在不远的将来进行重版时,能够进行精益求精的校订和修改。

不仅如此,陈著在发现士族谱系与碑志的相互关系之后,转身进入社会史研究的路数,诸如嫡庶、人口等问题,自然也不乏新意和创见。需要指出的是,陈著基于宏观史的角度,涉猎范围比较广阔,这在微观史学占据主流、大行其道的当下,难能可贵,但也多少显得"春寒料峭"。中古社会史的研究,尤其是中古士族研究的学术史,几乎与现代学术意义上的中古史相始终,因此,中古社会史已有相当丰厚的学术积累,兼以社会史的面相极为复杂和广博。陈著从墓志入手自然有其可取之处,启示良多,但是,其研究视野基本仍然笼罩在宏观史学的路径之下,追求面面俱到,故此,陈著宏阔有余,深刻略有不足,某些关键性的个案问题,如中古谱牒中的女性色彩及意义、嫡庶问题的形成及影响、墓志与谱系共生的源流,以及谱牒与胡汉夷夏问题等,[1]则因篇幅过大,论题过多,导致作者精力分散,不能充分细致地深耕细耘,难免让读者产生意犹未尽之感。

我们以本文简单讨论的谱系与碑志关系为例。传世文献和出土碑志表明,中古时期"某氏谱"的基本构造,大致包括姓氏起源、房支分化、高曾名讳和官爵婚姻等核心内容。因此,陈著根据碑志和文献所复原的中古"谱牒",更准确地说,应该是从士族谱牒中摘录的与志主紧密相关的文献,即"谱牒节录本"。实际上,任何一份中古碑志中,无论首叙、尾记和碑阴,还是正文和铭文,两部分所载的谱系资料,应该是互为补充,而非相互排斥和对立的,尤其关于士族姓氏起源的资料,几乎全部出现于碑志正文即铭序和铭文之中。周一良指出,谱牒是卫护门阀士族利益的工具。[2] 士族

---

[1] 例如,宋人陈振孙指出,"自五胡乱华,百宗荡析,夷夏之裔与夫冠冕舆台之子孙,混为一区,不可遽知。此周、齐以来谱牒之学,所以贵于世欤?"参见陈振孙:《直斋书录解题》卷八《谱牒类》,上海:上海古籍出版社,1987年,第227页。

[2] 周一良:《魏晋南北朝史学发展的特点》,《魏晋南北朝史论集续编》,北京:北京大学出版社,1991年,第80页。

谱系渗透于碑志各个位置的扩张和收缩现象，正是谱牒"护身符"工具性能强弱转变的外现。当然，魏晋隋唐碑志中谱系所占空间的变化，可能也与墓志文体自身的成熟程度息息相关。大体言之，中古士族谱系与碑志的关系，大致经历一个漫长曲折的演变过程：从汉代的谱系入碑，到六朝时期的引谱入志，再到唐朝的谱系回碑，以及宋元以降谱碑正式形成和确立。具体而论，谱系在汉代零星地、不规则地出现于墓碑的首叙、尾记和碑阴中，例如，相关谱系就曾经出现在《三老碑》《许卒史安国祠堂碑》《鲜于璜碑》和《司马芳残碑》中的首叙、尾记或碑阴等特殊位置，《司马芳残碑》碑阴中"故吏+谱系"的组合，显示出从东汉向魏晋过渡的强烈意味，但与此同时，汉碑正文中的谱系记载，尤其是关于姓氏起源和近祖官阀等内容的记载，也已出现并逐渐固化；魏晋南北朝时期，谱系如藤蔓一样，大规模地扩散于墓志的首叙、尾记和碑阴（当然是指在特殊位置出现文字的墓志），同样，碑志正文延续着汉代碑志记载和抄录姓氏源流等谱系资料的传统，应该说，这两方面的谱系记载恰为补充，其史源应该都是家族的谱牒或谱牒类文献；有唐一代，随着墓志文体的日臻成熟，其首叙、尾记和碑阴出现文字的情况大幅减少，"皮之不存毛将焉附"，谱系资料自然从中"淡出"，但并不是全然消失，更重要者，谱系记载并未从碑志中抽身而出，而是和碑志正文吸收融合，并有所扩张，占据大幅碑面的情况逐渐出现，如《张氏血脉谱》和《裴氏家谱碑》；宋代以降，谱系"蔓延"至整个碑面的谱碑现象，开始大规模出现，在某些地方蔚然成风，甚或影响至今。

　　申言之，石碑和甲骨、青铜、简牍与纸张等载体一样，都是谱系等文字资料依附的重要介质。秦汉以降，谱系资料逐渐"爬上"碑志并借此加以传世，应该是由"金衰石盛"的历史大势所决定，"三代而上，惟勒鼎彝，秦人始大其制而用石鼓，始皇欲详其文而用丰碑;自秦迄今,惟用石刻"。[1] 中国人将具有永恒特征的"石头",作为雕刻材料与铭文载体的观念,极有可能受到外来文明的影响。迄于东汉,大规模地建造石质丧葬纪念性建筑,成为比较普遍的现象。[2] 在这种氛围下,谱系进入碑石从而具有某种永恒性的特质,似可称作"谱系的纪念碑性",不独是魏晋南北朝的时代特色,可谓秦汉以降中国社会或隐或现的一贯传统;这种传统在整个帝制中国时期犹如草蛇灰线,似断还连,在不同时代以不同形式加以呈现。当然,其他载体如纸张,也时刻与石头"争夺"和"分享"着谱系的资源和记载。这个过程不止是精英家族谱系载体的简单变化,也与中古以降谱牒功能的重大变化紧密相关,同时见证了宋元以降中古士族向近世宗族转变的复杂历程。

(原载《唐研究》第 22 卷,2016 年)

---

[1]《通志》卷七三《金石略》"金石序",第 841 页。
[2] 巫鸿:《中国古代艺术与建筑中的"纪念碑性"》,李清泉、郑岩等译,上海:上海人民出版社,2009 年,第 154—182 页。

中古早期谱系、谱牒与墓志关系辨证

士族是中古时期最重要的社会阶层。"符伍虽比屋邻居,至于士庶之际,实自天隔","区别士庶,于义为美",[1] 士庶是相对分离的两个社会阶层,如何区别"士"和"庶"呢？中古谱牒的作用举足轻重,唐人柳芳论及谱牒对于六朝士族的意义,"于时有司选举,必稽谱籍,而考其真伪",[2] 因此,"谱牒之作,盛于中古"。[3] 尽管如此,中古时期的谱牒著作几乎亡佚殆尽,唯有数件敦煌氏族谱残卷得以存世,海内外学者在20世纪曾经对此展开比较集中的考察。[4]

学者围绕中古士人谱牒和谱系的研究,大致可归纳为两种：一是重在阐释,主要受到西方人类学和社会学的影响。他们考察的重点不是辨析士族谱系的真伪,而是探讨士族谱系何以如此,尤

---

[1] 《宋书》卷四二《王弘传》,第1318—1319页。
[2] 《新唐书》卷一九九《儒学·柳冲传》,第5677页。
[3] 刘知幾著,浦起龙通释,王煦华整理：《史通通释》卷三《书志》,上海：上海古籍出版社,2009年,第68页。
[4] 比较全面的学术史,参见陈丽萍：《敦煌本〈大唐天下郡姓氏族谱〉的缀合与研究——以S.5861为中心》,《敦煌研究》2014年第1期,第78—86页。王清云：《敦煌姓望氏族谱研究综述》,《敦煌学辑刊》2016年第4期,第158—167页。

其阐释那些"虚假""攀附"的士族谱系或郡望是如何形成的,这种"攀附"和"伪冒"具有什么样的政治社会意义。[1] 另一种是实证研究,主要受中国金石学传统研究的影响。他们着重考察士族谱系的真伪虚实,去伪存真,勾连世系。[2] 其中,学者还试图在中古各种文献中寻找谱牒的"踪迹"。陈直曾经指出,南北朝家谱载于刻石之上。[3] 这个发现可谓洞若观火,但可惜长期湮没无闻。这个"发现"在三十余年之后被陈爽敏锐"发现"。陈爽结合大量墓志资料,予以证实,并指出六朝单体家族的谱牒,竟然以特殊的形式保存于中古墓志的特殊位置。陈爽在此基础上复原《陈国阳夏谢氏谱》,并根据墓志辑存二百余份家族谱牒。[4] 所谓"特殊位置",就是指墓志的首叙、志尾和志阴等墓志正文以外的位置;所谓"特殊形式",就是指平阙之制和提行缩进等行文格式。通检陈爽辑存的中古谱牒,都是追溯汉魏以降的祖先,绝大多数追溯墓主高祖以内祖先的婚宦职状。

---

[1] 陈勇:《汉唐之间袁氏的政治沉浮与籍贯更迭——谱牒与中古史研究的一个例证》,《文史哲》2007年第4期,第63—71页。仇鹿鸣:《"攀附先世"与"伪冒士籍"——以渤海高氏为中心的研究》,《历史研究》2008年第2期,第60—74页;《制作郡望:中古南阳张氏的形成》,《历史研究》2016年第3期,第21—39页。尹波涛:《北魏时期杨播家族建构祖先谱系过程初探——以墓志为中心》,《中国史研究》2013年第4期,第101—116页。范兆飞:《中古郡望的成立与崩溃——以太原王氏的谱系塑造为中心》,原载《厦门大学学报》2013年第5期,后收入《中古太原士族群体研究》,北京:中华书局,2014年,第254—274页;《中古士族谱系的虚实——以太原郭氏的祖先建构为例》,《中国史研究》2017年第4期,第77—94页;《士族谱系的变奏——基于中古太原白氏的个案考察》,《中华文史论丛》2018年第4期,第117—148页。按,拙撰三篇收入本书下编"个案研究"。

[2] 比较有代表性的著作是林宝撰,岑仲勉校记:《元和姓纂(附四校记)》,北京:中华书局,1994年;赵超:《新唐书宰相世系表集校》,北京:中华书局,1998年。

[3] 陈直:《南北朝谱牒形式的发现和索隐》,《文史考古论丛》,第218—230页。

[4] 陈爽:《出土墓志所见中古谱牒探迹》,《中国史研究》2013年第4期,第69—100页;《出土墓志所见中古谱牒研究》,第55—152、268—536页。

毕竟，任何时期任何家族在历史上的祖先都客观存在，犹如连绵不绝的江河，蝉联延续，不曾断绝。那么，中古谱牒所载内容仅仅是高祖以内祖先的婚姻和官职吗？带着这样的疑惑，考察中古谱牒本应包含的内容成为本文讨论的起点，笔者试图立足前辈学者的研究基础，结合传世文献和新出资料，深入考证中古谱牒所应包括的基本要素，进而讨论这些要素在中古墓志等石刻资料中出现的位置、渊源及意义。需要说明的是，本文讨论的"中古早期"，具体指两汉魏晋南北朝，所举碑志资料同样以隋代以前的石刻文献为主。

一、中古谱牒内容考实

中古谱牒有各种分类，多贺秋五郎将唐代及以前的谱牒称作"古谱"，具体分成"总谱型"和"单谱型"。[1] 总谱又称"群谱"，是指多个家族的综合性谱牒，有官修谱牒，也有私人编修；而单谱就是单个家族的谱牒，通常是私人编修，命名为"某氏谱"。它们都没有完整的版本保存下来。即便如此，撰述谱牒的"主体"——谱学家的资料却相对丰富，根据文献对谱学家的记载，可以推想中古谱牒应该记载的基本内容。正如赵翼所云，西汉刘邦起于布衣，不重氏族，然汉邓氏已有《官谱》，应劭有《氏族》一篇，王符《潜夫论》亦有《姓氏》一篇。[2] 迄于魏晋，以门第取士，谱学遂兴。汉末丧乱，谱传多亡失，虽其子孙，不能言其先祖，西晋挚虞有鉴于此，撰《族姓昭穆》十卷，"以为足以备物致用，广多闻之益。以定品违

---

[1] 多贺秋五郎：《中國宗譜の研究》上卷，东京：日本学术振兴会刊，1981年，第79页。
[2] 《陔余丛考》卷一七《谱学》，第320页。

法，为司徒所劾，诏原之"。[1] 宋齐时期贾渊世传谱学：

> 孝武世，青州人发古冢，铭云"青州世子，东海女郎"。帝问学士鲍照、徐爰、苏宝生，并不能悉。渊对曰："此是司马越女，嫁荀晞儿。"检访果然。由是见遇。[2]

这则轶事的真实性自然令人怀疑，但无疑显示作为谱学家的贾渊，对士人的婚宦和祖先等情形非常熟稔。又如梁代谱学家傅昭，"博极古今，尤善人物，魏晋以来，官宦簿伐，姻通内外，举而论之，无所遗失"。[3] 梁武帝诏敕王僧孺编纂《百家谱》，曾向刘杳咨询"血脉所因"，刘杳回答，"桓谭《新论》云：'太史《三代世表》，旁行邪上，并效周谱。'以此而推，当起周代"。[4] 史家称赞陈朝谱学家姚察云："至于姓氏所起，枝叶所分，官职姻娶，兴衰高下，举而论之，无所遗失。"[5] 综合这些关于两晋南朝谱学家的描述，可见谱学家擅长记录人物的姓氏所起、枝叶分化和婚姻仕宦等内容。在这个视角下，我们再看《魏书》"秽史"问题，杨愔批评《魏书》云"但恨论及诸家枝叶亲姻，过为繁碎，与旧史体例不同耳"，而魏收却说，"往因中原丧乱，人士谱牒遗逸略尽，是以具书其枝派"。[6]《魏书》因此有"代人作家谱"之讥。[7] 魏收所言所行，与挚虞所

---

[1]《晋书》卷五一《挚虞传》，第1425页。
[2]《南齐书》卷五二《文学·贾渊传》（点校本二十四史修订本），北京：中华书局，2017年，第999页。
[3]《梁书》卷二六《傅昭传》，北京：中华书局，1973年，第394页。
[4]《梁书》卷五〇《文学下·刘杳传》，第716页。
[5]《陈书》卷二七《姚察传》，北京：中华书局，1972年，第351页。
[6]《北史》卷五六《魏收传》，北京：中华书局，1974年，第2032页。
[7] 赵翼撰，王树民校证：《廿二史札记校证》卷一〇《南北史子孙附传之例》，北京：中华书局，1984年，第202—203页；《陔余丛考》卷七《魏书芜冗处》，第139页。

论旨趣相同。换言之,杨愔和魏收的互答,印证"枝叶亲姻"是中古谱牒记载的内容。迄于唐代,言谱者咸以路敬淳为宗,柳冲、韦述等人次之,皆师法路氏。史载,"(路敬淳)尤明姓系,自魏、晋以降,推本其来,皆有条序,著《姓略》《衣冠系录》等百余篇"。[1] 所谓"姓系""推本其来",就是"尽能究其根源枝派,近代已来,无及之者"。[2] 韦述曾经利用供职秘阁之良机,抄录柳冲所撰《姓族系录》,"如是周岁,写录皆毕,百氏源流,转益详悉"。[3] 这印证"百氏源流"是《姓族系录》记载的内容之一,也是谱学家必须掌握和记载的重要内容。无论胡汉和士庶,其间差异均以簿籍为区分标准,如贾弼为谱学名家,"撰《姓氏簿状》,十八州百十六郡,合七百一十二篇,甄析士庶无所遗"。[4] 李守素同样擅长谱学,妙识人物,"自晋宋已降,四海士流及诸勋贵,华戎阀阅,莫不详究,当时号为'行谱'。……及言北地诸侯,次第如流,显其世业,皆有援证"。[5] 其中,"次第如流"正是指胡汉家族的等第高下、昭穆次序,此处的"第",很可能也有挚虞的"定品"之义。

上举谱学家多有从事编纂官方谱牒的经历,私家谱牒也不例外,于邵撰于天宝九载(750)至大历十年(775)的《河南于氏家谱后序》,开篇叙述家谱的最初版本,由其高祖唐初政治家于志宁主持修集,"其受姓封邑,衣冠婚嫁,著之谱序,亦既备矣"。[6] 在具体例证上,刘知幾曾撰《刘氏家史》十五卷、《谱考》三卷,后来配合柳冲编纂《姓族系录》,"推汉氏为陆终苗裔,非尧之后。彭城丛亭

---

[1]《新唐书》卷一九九《儒学中·路敬淳传》,第5665页。
[2]《旧唐书》卷一八九下《儒学下·路敬淳传》,第4962页。
[3]《旧唐书》卷一〇二《韦述传》,第3183页。
[4]《新唐书》卷一九九《儒学中·柳冲传》,第5679页。
[5]《旧唐书》卷七二《李守素传》,第2584页。并参吴玉贵:《唐书辑校》,北京:中华书局,2008年,第844页。
[6] 董诰:《全唐文》卷四二八《于邵·河南于氏家谱后序》,第4366页。

里诸刘,出自宣帝子楚孝王嚣曾孙司徒居巢侯刘恺之后,不承楚元王交。皆按据明白,正前代所误,虽为流俗所讥,学者服其该博"。[1] 这个例证说明辨析祖先源流的真伪,同样是私家谱牒必须关注的问题,不能等闲视之。

不仅如此,中古时期的谱牒虽已亡佚,但很可能以另一种形式保存于后世。其中,最有说服力的谱牒是唐代河东裴氏的家谱。清人顾炎武路过今山西省闻喜县的裴村,有感于国无强宗而灭亡,遂作《裴村记》云:

> 余至闻喜县之裴村,拜于晋公之祠,问其苗裔,尚一二百人,有释耒而陪拜者。出至官道旁,读唐时碑,载其谱牒世系,登陇而望,十里之内邱墓相连,其名字官爵可考者尚百数十人。[2]

无独有偶,顾炎武目睹的唐碑,很可能就是金大定十一年(1171)翻刻唐代的《裴氏家谱碑》。此碑现存山西省闻喜县裴柏村,碑额题为"裴氏相公家谱之碑"。碑阳、碑阴均有刻文,碑阳比较清楚,碑阴漫漶不清。碑阳文字共三十一行,首行记载"闻喜裴氏家谱序",第二行至六行为谱序内容;第七行记载谱名"裴氏家谱",此后为家谱内容,第八行云:

> 其先与秦同祖,佐舜帝封伯翳。又赐姓嬴,累世有功。佐殷伐桀,佐周伐纣,至始皇、非衣之后,封裴遂以为姓。自汉有水衡都尉盖,五世至后汉敦煌太守遵。□遵始自云

---

[1]《旧唐书》卷一〇二《刘子玄传》,第 3171 页。
[2] 顾炎武:《顾亭林诗文集》卷五《裴村记》,北京:中华书局,1983 年,第 100—102 页。

中居河东安邑。[1]

这行文字包括的信息至少有两个方面：一是裴氏如何受姓；二是河东裴氏如何形成。前者为姓氏起源，后者是房支分化。通览此碑，这份金代石碑所刻文字，从裴氏起源开始，根据不同的眷属和房支，依次罗列冠冕人物。值得注意的是，此碑所载内容，完全没有涉及中古碑志通常包括的婚姻内容。因此，这份翻刻唐代家谱的金代碑刻，究竟在多大程度上忠实于唐代家谱，在翻刻过程中做了哪些"加法"和"减法"，都需要结合其他资料深入讨论。但是，这份家谱所载内容，说明家族的姓氏起源、房支分化和人物冠冕等内容，应该是士族谱牒记载的基本内容。

其次，元人汪松寿所撰《汪氏渊源录》，其中收录东晋汪旭的《上谱表》：

> 臣承黄帝之后，玄嚣之苗裔。周武王弟周公旦、鲁伯禽之后。至成公黑肱次子汪，封汪侯，食邑颍川。臣四世祖文和，汉建安二年为会稽令。渡江而家焉，子孙遍布诸郡。无不簪缨。以臣无功，蒙用领授护军司马，丹阳太守、淮安侯、食邑二千户。索臣繇来，谨治旧谱，婚宦职状，诣阙拜表以闻。[2]

---

[1] 谱序见于胡聘之撰：《山右石刻丛编》卷二〇《裴氏族谱石刻》，太原：山西人民出版社，1988年。这通石碑并未引起学人充分的关注，仅有的论文参见周征松：《河东裴氏谱牒知见录》，《文献》1992年第4期，第115—128页。录文参见堀井裕之：《唐朝政権の形成と太宗の氏族政策——金劉若虚撰〈裴氏相公家譜之碑〉所引の唐裴滔撰〈裴氏家譜〉を手挂かりに——》，《史林》第95卷第4号，第603—634页。刘丽：《〈裴氏家谱〉的复原及相关问题研究》，《唐研究》第25卷，北京：北京大学出版社，2020年，第573—610页。

[2] 录文参见陈爽：《出土墓志所见中古谱牒研究》，第261页。

这段东晋时期的谱牒文字,保存于元代宗谱文献。就文字性质来说,与《裴氏家谱碑》中的"谱序"内容比较相似:他们追溯的祖先都"越过"秦汉人物以及南朝刘杳所说的"当起周代",溯至遥远的上古人物,前者为伯翳,后者为黄帝和玄嚣;随后都谈及胙土命氏的情况,前者封姓为裴,后者封汪侯,食邑颍川,等等。诸如此类的谱系信息,均可视作一个家族的"姓氏起源"和"房支分化"。更重要的是,汪旭《上谱表》所云"谨治旧谱,婚宦职状",证明婚宦职状是中古谱牒记载的必要内容。现藏日本的《汪氏宗谱》,收录汪芬所撰的"唐开元五年重修谱序":

龟图启宇,爰标纪代之书,鸟篆开文,先著世家之录。莫不辉洪源而训诂,焕烈祖于群经。将二曜以前趋,遂四世而滋运。寻流乃知其始,摘蕊必识其根,厥绪粲然,可得详矣。轩辕受箓,战涿鹿以垂衣,西北居岐,奋戎衣而克纣,周公硕辅伯禽受祚,界五等之上公,建百里以诸侯,惟分封于曲阜,及食采于颍川,汪氏之繇,实基于此。暨汉建安之世,祖文和,位宰会稽,遂尔淹留,或新都而筑室,或宣歙以开家,迁徙无常,宗支渐远,兹故续书谱牒,庶易寻流,爰自周汉,迄于今代,英名婚宦,罔有断遗。[1]

多贺秋五郎质疑这个谱序的真实性,姜士彬虽然同意他质疑的部分理由,但倾向认同这份谱序的真实性。[2] 对照前引汪旭《上谱表》,我们发现两篇文字的风格和措辞虽然不同,但其中包含的基本要素大同小异,诸如:远祖黄帝(轩辕)、周公旦(周公硕)、鲁伯禽(辅伯禽)、食邑(食采)颍川、会稽令文和等内容,此外,两者均

---

[1] 录文参见多贺秋五郎:《古谱の研究》,《東洋史學論集》第 4 卷,1955 年,第 96 页。笔者另行标点,又其中"迁徙",原文录作"迁徒",当系形讹。
[2] 姜士彬:《中古中国的寡头政治》,第 138 页。

强调成员的"婚宦"。从这个角度看,两者应出自同一文本来源。与此同时,这两份资料再次说明一个完整的家族谱牒,必须"摘蘩必识其根"(姓氏起源)和"谨治旧谱婚宦"(近世婚宦)。

上述三份资料毕竟是后世文献,其真伪问题未有定谳,故在证明中古谱牒内容方面,仅有"逆推旁证"的参照价值。接下来,我们再以现存主要姓氏书或类书所录的谱牒残句为例,略加证明。洪莹论及《元和姓纂》贡献云:"引《世本》《族姓记》《三辅决录》以及《百家谱》《英贤传》《姓苑》诸书,多有不传于今者,赖其征引,尚可考见。"[1]兹以《元和姓纂》为例,以所引王僧孺《百家谱》和贾执《姓氏英贤传》为例,[2]先看《姓氏英贤传》诸条:

> 屠住:芈姓,楚公子屠食采于住乡,因氏焉。
> 崔:姜姓。齐太公生丁公伋,生叔乙,让国居崔邑,因氏焉。自穆伯至沃、杼、成、良,代为卿大夫。良十五代孙意如,秦东莱侯,生二子,伯基、仲牟。伯基居清河东武城,仲牟居博陵安平,并为著姓。
> 辛相:楚大夫辛相之后。汉有河间相辛相通。
> 箝耳:本胡姓,天监初有箝耳期凌,自河南归化。
> 长孙:北海长孙氏,左王鱼家后。
> 鬬文:鬬伯比之后,支孙鬬文仕晋,因氏焉。
> 夙沙:炎帝时侯国也,因氏焉。
> 滑伯:姬姓,因氏焉。

---

[1] 参见林宝撰,岑仲勉校记:《元和姓纂》(附四校记)"校补元和姓纂辑本后序",第6页。
[2] 六朝谱牒以《百家谱》为名者,不胜枚举,王僧孺所撰三十卷最为有名,参见《隋书》卷三三《经籍志二》,第988—989页。《姓氏英贤传》,又名《姓氏英贤谱》,岑仲勉以为前者是,从之。参见《元和姓纂》卷五"箝耳",第776页。

稷邱：汉稷邱子得仙。
北人：古有刘河北人，因氏焉。
北唐：晋有高人越者，隐于北唐，因氏焉。[1]

以上诸条所引，绝大多数都记载得姓之始，崔姓还谈及人物血脉，以及清河崔氏和博陵崔氏的分化和建立。[2] 这些条目证明，姓氏起源是中古谱牒记录的基本内容。形成对照的是，《元和姓纂》所引《百家谱》，几乎都与士人婚姻相关：

皮：苟昭娶下邳皮仁之女。
间：琅琊王绪娶顿邱间澄女。
禹：兰陵萧道游娶禹氏女。
阙：萧远娶下邳阙氏之女。
柏：萧元益娶济阴柏氏；益兄子泉，娶济阴柏齐女。
巢：河内苟超，娶鲁国巢正女。
英：苟永之娶荥阳英氏。[3]

上引资料仅仅是两书的吉光片羽，但通过这些碎片化的资料，可以清晰地证明，姓氏源流和婚姻情况是中古谱牒必须包含的基本要素。《百家谱》《姓氏英贤传》等属于总谱，《元和姓纂》也记录若干

---

[1] 以上诸条，分别见于《元和姓纂》，第 308、331、372、776、1082、1389、1479、1535、1614、1616、1619 页。

[2] 其中所载"丁公伋""意如"，成为北朝崔氏成员构建远祖的重要元素，如《羊祉妻崔神妃墓志》记载，"丁公伋之后，汉扶风太守霸九世孙也"。见于罗新、叶炜：《新出魏晋南北朝墓志疏证》（修订本），北京：中华书局，2016 年，第 106 页。《崔博墓志》亦载："文侯意如之苗裔。"见于赵超：《汉魏南北朝墓志汇编》，第 459 页。

[3] 参见《元和姓纂》，第 82、211、897、1523、1580 页。最后两姓，参见邓名世：《古今姓氏书辩证》，王力平点校，南昌：江西人民出版社，2006 年，第 157、637 页。

"单谱型"的谱牒,聊举数例:

> 邯郸:穿生旃,旃生胜,胜生午,午生稷。汉朝卫尉邯郸义。(《杜氏族谱》)
> 潘:潘氏,楚公族,芈姓之后;崇子尫,生党。(《潘岳家谱》)
> 李:李叡娶晋郎中令同郡菅袭女。(《赵郡李氏谱》)
> 露:越王句践七代孙闽君摇,汉封东瓯王,摇别封其子为露余侯,因氏焉。(《露氏谱》)[1]

这些私家谱牒所载内容,包括人物血脉、姓氏缘起、婚姻关系等内容。另外,传世文献也保存着相当数量的中古谱牒,注引谱牒书籍残句者,以《世说新语》为最。潘光旦早已指出:"梁刘孝标注《世说新语》,旁搜远引,实间接为谱学一大功臣,有不能不特加注意者。"[2] 根据潘先生的统计,《世说新语》注引家谱多达三十九种。现在选取记载内容和方式不尽相同者,迻录如下:

> (吴)坦之字处靖,濮阳人。仕至西中郎将功曹。父坚,取东苑童伶女,名秦姬。
> (羊)辅字幼仁,泰山人。祖楷,尚书郎。父绥,中书郎。辅仕至卫军功曹。娶琅邪王讷之女,字僧首。
> (王)坦之子恺,娶桓温第二女,字伯子。
> 王坦之娶顺阳郡范汪女,名盖,即宁妹也,生忱。
> (温)晋大夫郤至封于温,子孙因氏,居太原祁县,为郡

---

[1] 参见《元和姓纂》,第505、512、528、1222页。
[2] 潘光旦:《中国家谱学略史》,《东方杂志》第26卷第1号,1929年,后收入《潘光旦文集》第八卷,北京:北京大学出版社,2000年,第240—261页。

著姓。

（桓）道恭字祖猷,彝同堂弟也。父赤之,太学博士。道恭历淮南太守、伪楚江夏相。义熙初,伏诛。

（袁）悦字元礼,陈郡阳夏人。父朗,给事中。仕至骠骑咨议。太元中,悦有宠于会稽王,每劝专览朝权,王颇纳其言。王恭闻其说,言于孝武。乃托以它罪,杀悦于市中。既而朋党同异之声,播于朝野矣。

（阮）脯字彦伦,裕长子也。仕至州主簿。[1]

刘孝标注引诸家"某氏谱",与《元和姓纂》所引大同小异,记载内容涉及受姓、郡望、仕宦、婚姻等内容。但是,上引《袁氏谱》所载部分内容显然不同,"太元中"以下内容,是关于袁悦详细而悲惨的政治命运。余嘉锡谓:"自太元中以下,似别引一书,非《袁氏谱》之言。传写脱去书名耳。"[2]此种说法,在很大程度上是根据《世说新语》注引的大多数"某氏谱"并不记载人物事迹所致。胡宝国认同这种推测,"家传与家谱的差异是明显的,家传中往往有人物活动的具体事迹,而家谱则只是记述人物的婚宦、血脉"。[3]这两位学者的判断,进而得到陈爽的支持,"墓志中

---

[1] 以上诸条,俱见于余嘉锡:《世说新语笺疏》,北京:中华书局,2007年,分别是:《吴氏谱》卷上《德行篇》,第62页;《羊氏谱》卷上《文学篇》,第286页;《王氏谱》卷中《方正篇》,第394、405页;《温氏谱序》卷中《品藻篇》,第613页;《桓氏谱》卷中《规箴篇》,第678页;《袁氏谱》卷下《谗险篇》,第1044页;《阮氏谱》卷下《尤悔篇》,第1057页。

[2] 《世说新语笺疏》卷下《谗险篇》,第1044页。

[3] 胡宝国:《杂传与人物品评》,《汉唐间史学的发展》(修订本),北京:北京大学出版社,2014年,第143—144页。池田温对存世的S.1889号文书(即《氾氏家传》)进行研究,指出它是抄录《敦煌实录》中的氾氏人物而成,不是中古时期的家谱文献,参见池田温:《敦煌氾氏家伝残巻について》,《東方學》第24号,1962年,第14—29页。另可参见陈鹏:《士族家谱与士族家传的关系》,《世系与门第:中古谱牒新论》,北京:北京大学博士学位论文,2015年,第203—211页。

的谱系记录完全符合'无具体事迹,主要记述人物的婚宦、血脉'这一魏晋家谱的基本特征"。[1] 果真如此吗?余嘉锡的推测并无坚实的史料根据,在没有其他证据的情况下,不宜将"太元中"以下的语句视作他书内容。同时,我们还可援引其他氏族谱所载内容加以佐证。上引《袁氏谱》末句"义熙初,伏诛",即为人物事迹的描述。家族人物的典型事迹,也可能是六朝家谱记载的内容。《三国志》裴松之注、《史记》三家注、《汉书》注、《文选》注以及《水经注》都征引中古家谱,学者统计达二十五种。[2] 通过比较各书所引"某氏谱",以《嵇氏谱》所载内容和方式比较详细,迻录如下:

> 谯有嵇山,家于其侧,遂以为氏。
>
> 嵇康妻,林子之女也。
>
> 康父昭,字子远,督军粮治书侍御史。兄喜,字公穆,晋扬州刺史、宗正。喜为康传曰:"家世儒学,少有俊才,旷迈不群,高亮任性,不修名誉,宽简有大量。学不师授,博洽多闻,长而好老、庄之业,恬静无欲。性好服食,尝采御上药。善属文论,弹琴咏诗,自足于怀抱之中。以为神仙者,禀之自然,非积学所致。至于导养得理,以尽性命,若安期、彭祖之伦,可以善求而得也;著《养生篇》。知自厚者所以丧其所生,其求益者必失其性,超然独达,遂放世事,纵意于尘埃之表。撰录上古以来圣贤、隐逸、遁心、遗名者,集为传赞,自混沌至于管宁,凡百一十有九人,盖求之于宇宙之内,而发之乎千载之外者矣。故世人莫得而名焉。"

---

[1] 陈爽:《出土墓志所见中古谱牒研究》,第80页。
[2] 仓修良:《谱牒学通论》,上海:华东师范大学出版社,2017年,第109—111页。

康兄喜,字公穆,历徐、扬州刺史,太仆,宗正卿。母孙氏。[1]

上引第一条是嵇氏得姓之由,第二条和第四条是婚姻及兄长官职,第三条资料所载,同样"溢出"人物血脉和婚娶职状的记载,属于人物评价的范畴,并占有相当大的篇幅。《王氏谱》《桓氏谱》《殷氏谱》《庾氏谱》等氏族谱几乎都具有相似的情况。

巧合的是,类似内容也出现在中古墓志的志尾等特殊位置。例如,天保九年(558)《高荣暨妻牛贵英墓志》志尾云:"夫人姓牛,字贵英,陇西人也。父长,安绫县令。夫人兰芳桂颓,内外称奇,女德妇功,乡间著美。"[2]牛贵英及其父亲官职的记载,符合陈爽所云碑志特殊位置记载谱牒即近祖婚宦的特征,但最后一句关于夫人的誉美之词,属于人物评论的范畴。实际上,墓志首叙、志尾所载内容,经常有"溢出"近世祖先婚宦的情形。撰于正始二年(505)的《李蕤墓志》,其志尾云:"亡父承,字伯业,雍州刺史,沽臧穆侯。夫人太原王氏。父慧龙,荆州刺史、长社穆侯。君夫人太原王氏,讳恩荣,封晋阳县君。合葬君墓。"[3]前面所言李蕤父亲官职及母亲出身的情况,符合中古谱牒重视婚宦之标准,但最后一句"合葬君墓",则是婚宦之外的内容。又如,撰于天保二年(551)的《段通墓志》,志尾云:"第二儿宁远将军、奉车督尉段穆,字庆和,陵江府君墓西。第四儿骠骑大将军、蕃郡太守段援,字伏波,次墓北。第五儿右将军、太中大夫段绍叔,字宗仁,次墓东。"[4]撰于武平五年(574)的

---

[1] 以上诸条,分别见于郦道元撰,陈桥驿校证:《水经注校证》卷三〇《淮水》,北京:中华书局,2007年,第711页;《三国志》卷二〇《魏书·沛穆王林传》,北京:中华书局,1959年,第583页;《三国志》卷二一《魏书·嵇康传》,第605页;萧统编,李善注:《文选》卷二三《诗丙·哀伤》"幽愤诗",第1082页。
[2] 叶炜、刘秀峰:《墨香阁藏北朝墓志》,上海:上海古籍出版社,2016年,第116—117页。
[3] 赵超:《汉魏南北朝墓志汇编》,第48页。按,笔者另行标点。
[4] 叶炜、刘秀峰:《墨香阁藏北朝墓志》,第90—91页。

《宋灵媛墓志》，志尾云："长子君策，字长谋，司空府刑狱参军。第二子君明，字仲爽，齐符玺郎中，卅九亡，同日祔葬于茔西北。第三子君颖，字叔睿，安德王开府长史，年卅四亡，同日祔葬于茔东北。"[1]上述记载墓葬方位、死亡年龄、生前事迹、人物评论等内容，和墓主祖先世系官职一样，出现在墓志的首叙、志尾等特殊位置。如果说特殊位置记载墓主的世系和婚宦信息就是谱牒内容，那么婚宦以外的内容是谱牒内容吗？果真和谱牒完全无关吗？

关于中古谱牒具体记载的内容，敦煌文书残卷也可提供若干有益的线索。大致有两件文书与本文论题直接相关：首先是P.2625号文书，又称"敦煌名族志残卷"，记录敦煌大族张、索、阴等三家谱系：张氏残存末尾；阴氏保存完整，但从唐代开始记录；[2]而索氏记载姓氏起源云："其先商王帝甲，封子丹于京索，因而氏焉。武王灭商，迁之于鲁，封之为侯。秦并六国，庄侯索番致仕，国除。汉武帝时，太中大夫索抚、丞相赵周直谏忤旨，徙边。以元鼎六年，从巨鹿南和，迁于燉煌。凡有二祖，号南索、北索。"[3]这就印证中古谱牒包括姓氏起源、房支分化、人物事迹等内容，其后详细记载两汉魏晋南北朝索氏人物官职，以及简单履历。其次，P.3421号文书亦可注意，学者定名"氏族志残卷"，兹录"扶风郡"条目：

扶风郡出六姓，〇岐州：〇马、窦、班、辅、曾、惠。

──────────

[1] 罗新、叶炜：《新出魏晋南北朝墓志疏证》，第208—209页。
[2] 但P.3421号文书云："阴氏，承帝喾之苗裔，商武丁封为阴氏，遂有阴氏兴焉。"参见郑炳林：《敦煌地理文书汇辑校注》，兰州：甘肃教育出版社，1989年，第361页。图版见上海古籍出版社、法国国家图书馆编：《法国国家图书馆藏敦煌西域文献》第24册，上海：上海古籍出版社，2002年，第165页。
[3] 相关录文和研究参见池田温：《唐代氏族志研究——关于〈敦煌名族志〉残卷》，韩昇译，收于刘俊文主编：《日本学者研究中国史论著选译》第4卷，北京：中华书局，1992年，第663—720页。

马氏,○承颛顼之苗裔,绪伯益之后。

窦氏,○承颛顼之苗裔,夏禹之胤。

班氏,○承后稷之苗裔,○周文王之胤。

辅氏,○承姬姓周文王之苗裔,武王之胤,周照王之子。

曾氏,○承周成王之苗裔,○曾之胤绪,曾伯禽之后。

惠氏,○承姬姓周文王之苗[裔],鲁○周公旦之胤绪,鲁伯禽之别族,柳下惠之后。[1]

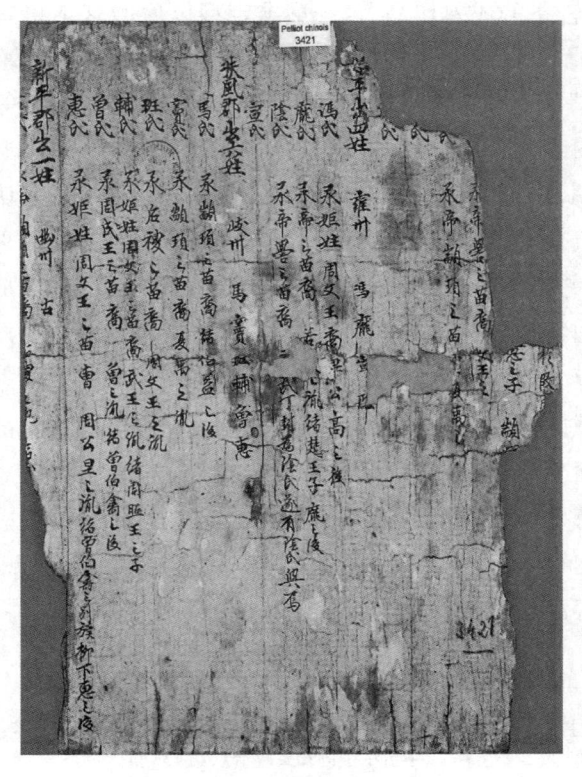

图1　P.3421号文书

---

[1] 郑炳林:《敦煌地理文书汇辑校注》,第361页。按,"○"表示空格。

上引资料再次证实，姓氏起源不仅是中古私家谱牒的基本内容，也是官修谱牒应该记载的内容。从分析上述多个时期多种性质的资料可以清楚知道，一份比较完整的中古谱牒，至少应该包括姓氏源流、房支分化、成员官职和婚姻嫁娶等基本要素。[1]

如此，我们回过头来，重新审视和验证陈爽的研究结论。众所周知，墓志在6世纪初逐渐定型，形成有志盖有志身的固定形制，特别是志身在宣武帝永平年间（508—511）形成了志题、铭序、铭辞皆备的成熟作品。[2] 墓志定型以后的基本格式是："志题+铭序+志铭+尾识"，但在南北朝时期，相当一部分墓志的格式"衍生"出首叙、志尾或志阴等部分。而首叙和志尾等特殊位置所载内容，通常只是简单记载墓主近世祖先或子孙的姓名、官职和婚姻，用词简洁，行文严谨，具有公文性质。陈爽认为这些材料是直接抄自家族谱牒，或稍加改写。[3] 中古谱牒重视人物的婚宦，并以近世祖先的官职和婚姻作为记录重点，构成中古谱牒的鲜明特征。此说基本能够成立，没有问题。另一方面，概览陈爽辑存北朝墓志所记的中古谱牒，以及近年新出碑志首叙和志尾所载的谱系，其内容几乎集中记载墓主高曾以内祖先的婚宦。显而易见，与前文所考中古谱牒内容相比，中古碑志首叙和志尾等特殊位置所记载的"谱牒"，肯定是经过大幅删减或刻意选择的"摘录本"，而"减掉"的部分至少包括姓氏起源、房支分化等内容。这些谱牒内容去哪里了呢？

---

[1] 矢野主税：《世説叙録の価値について》，《史學雜誌》第66编第9号，1957年，第71—85页。姜士彬：《中古中国的寡头政治》，第135页。

[2] 赵超：《古代墓志通论》，北京：紫禁城出版社，2003年，第52页；窪添慶文：《墓誌の起源とその定型化》，《墓誌を用いた北魏史研究》，东京：汲古书院，2017年，第31—37页。

[3] 陈爽：《出土墓志所见中古谱牒研究》，第69—82、206页。

二、墓志中的谱系分布

如前所考,姓氏起源和房支分化等要素同样也是中古谱牒应予记载的重要内容。制作于北魏正光四年(523)的《王基墓志》,其志尾云:

> 其先出自有殷,周武王克商,封箕子于朝鲜,子孙因而氏焉。六世祖波,燕仪同三司、武邑公。高祖班,散骑常侍、平西将军、给事黄门侍郎、晋阳侯。曾祖定国,圣朝库部给事、冠军将军、并州刺史、博平男。祖唐成,广武将军、东宫侍郎、合肥子。父光祖,宁远将军、徐州长史、淮阳太守、司州中正、晋阳男第三子也。[1]

这份墓志志尾的书写内容显然与其他墓志志尾——如有志尾内容的话,因为并非所有北朝墓志都有志尾及文字——有所不同,即从"其先出自有殷",至"子孙因而氏焉",这明显属于王基家族姓氏起源的描述。前文指出,陈爽根据传世文献和石刻资料复原的二百一十一份家族谱牒,都是从近世祖先的高祖或曾祖开始追溯,《王基墓志》志尾所载世系,远远超出了"详近略远"的追祖范围。陈爽认为这段文字"很可能是谱序原文"。实际上,正是由于陈爽坚持中古墓志抄录谱牒遵守平阙之制,进而将墓志的首叙和志尾等特殊位置所载世系视作家族谱牒,而将墓志其他位置所载的姓

---

[1] 赵超:《汉魏南北朝墓志汇编》,第138—139页。按,笔者另行标点。

氏源流和祖先元素悉数排除。[1] 如此,本应完整的家族谱牒,就成为没有受姓源流和遥远祖先的产物。

当然,类似《王基墓志》将姓氏源流载于志尾或首叙的情况,极为罕见。[2] 关于姓氏源流的记载,绝大多数都载于墓志的铭序或铭文。更不必说,大部分中古墓志仍遵循一般的墓志格式,即包括志题、铭序和志铭等主要部分,并无"衍生"的首叙和志尾,自然也就没有相应的谱系内容。如前所考,姓氏起源作为中古谱牒的要素之一,但能否成为墓志经常记载的内容,需要进行全面的考察。本节为讨论的集中性和针对性,所举相关例证,基本以陈爽复原中古谱牒的二百一十一份墓志为主要对象。检核这些墓志,我们发现铭序和志铭没有记载姓氏起源的墓志,共有一百零三例,约占48.8%,例如《杨范墓志》,志尾记载杨范的曾祖、祖父和父亲的婚宦,铭序和铭文没有记载杨氏的姓氏源流和房支情况。[3] 铭序和志铭明确记载姓氏起源的墓志,共有八十七例,如下引《韦彧墓志》等;另外还有二十一份墓志同样记载姓氏起源,但比较模糊,如《杨阿难墓志》,志尾记载曾祖母、祖母和母亲的家世,首叙、志尾

----

[1] 陈爽:《出土墓志所见中古谱牒研究》,第72—75、111页。
[2] 类似的例证,见于北齐河清二年(563)的《高孝瑜墓志》,其首叙云:"天道高明,列三辰而为曜;地德厚载,罗五岳而镇野。圣人既作,必藉辅佐之功;元首明才,亦惟股肱之绩。所以十乱出周姬之朝,八恺兴高阳之世。其理则然,其来尚矣。"这些文字显然不是遵守平阙制度的严谨文字,更像墓志志铭,华丽灿烂,但其中的"周姬""高阳",正是寓意高氏家族将姓氏起源认同为华夏祖先。此志见于大同北朝艺术研究院编:《北朝艺术研究院藏品图录·墓志》,北京:文物出版社,2016年,第151—153页。"八恺兴高阳之世",典出《潜夫论·志氏姓》,"高阳氏之世有才子八人,……天下之人谓之八凯",参见王符撰,汪继培笺,彭铎校正:《潜夫论笺校正》卷九《志氏姓》,北京:中华书局,1985年,第419页。唐代墓志中也有这种情况,如《郑遂诚墓志》首叙记载郑氏源流云"在昔桓公,实封于郑;因国命氏,层庆德门"。见于赵文成等编:《秦晋豫新出墓志蒐佚续编》,北京:国家图书馆出版社,2015年,第1024页。
[3] 赵超:《汉魏南北朝墓志汇编》,第61页。

和志阴等位置没有记载志主的父系谱系,铭序记载比较模糊的姓氏起源云:"肇开神迹,则配天以光道;昌构中古,则鸟异以矜德。"[1]如此,记载姓氏起源的共有一百零八例,约占陈爽复原谱牒的51.2%。可见姓氏起源虽然不是中古墓志的必备要素,但占有较高的比例。

接着来看墓志各个位置与所载谱系的相互关系。先以北朝京兆韦氏为例。《韦彧墓志》志尾仅载夫人家世、七子的名字和官职,但是志文所载谱系更为详备:

> 肇基颛顼,命氏豕韦,翼商周为世禄,历汉魏而朱轩。大丞相、扶阳节侯贤,小丞相、恭侯玄成,即公十六世祖也。七世祖晋太常卿、上禄贞侯,讳敦;六世祖北平太守、关内靖侯,讳广;高祖清河府君,讳谌;曾祖秦姚郎中,讳宣。并缀响儒林,德音清美。祖魏雍州刺史、杜县简侯,讳尚,追体潜龙,利见大人,会太祖武皇帝,藻玉凤池,衣锦乡国。考郢荆青三州使君、霸城懿侯,讳珍,字灵智,拥旄三岳,芳誉结路,驱旌万里,童稚沧良,声溢魏齐,功书两史,固以蔚彼北林,隆兹积石矣。[2]

上述谱系文本大概可分为三个部分:(1)韦氏的姓氏起源(颛顼、命氏),以骈文方式书写;(2)志主的远祖,即汉魏祖先(韦贤、韦玄成),语言风格朴实准确;(3)志主的近祖,即高曾祖父(七世祖韦敦、六世祖韦广、高祖韦谌、曾祖韦宣、祖父韦尚、父亲韦珍),语言同样简洁准确,但穿插有四言或六言的赞辞。铭序中的世系描写,有的是骈文,有的简洁严谨,与首叙的"公文"风格相同。类似的赞辞,

---

[1] 赵超:《汉魏南北朝墓志汇编》,第62页。
[2] 罗新、叶炜:《新出魏晋南北朝墓志疏证》,第124—126页。

见于传世氏族谱的残句,如《庾氏谱》云"巖弟遁,字德先,太中大夫。遁胤嗣克昌,为世盛门。……太尉文康公亮、司空冰皆遁之曾孙,贵达至今"。[1] 我们显然不应将志主的祖先世系排除在谱牒内容之外,仅保留志尾所载夫人子女的信息。与此相似,如韦彧子韦彪的墓志,同样是志尾记载夫人子女信息,志文记载远祖和近祖云:

  帝颛顼之苗裔,陆终之胄,大彭之胤。十八世祖汉丞相贤,积德好学,博通经史,赢金非宝,坟索为珍。故少子玄成,复以明经作相焉。……曾祖尚,雍州刺史、杜县侯。深体危乱,悟于有道,雌伏苻、姚,雄翻后魏。祖珍,荆郢青三州刺史、霸城侯。志操贞远,英风高迈,频履大蕃,著绩朝野。父彧,豫雍二州刺史、阴槃县开国男。襄帷作牧,民咏来晚,威恩并设,宽猛兼济,宦通清显,有魏名臣。[2]

比较韦彧、韦彪父子的墓志:姓氏起源方面,虽然都将祖先追溯至颛顼,但命氏方式稍有差异,表述方式也不尽相同;关于远祖韦贤和韦玄成,前者仅载官爵名讳,后者还有四言赞辞,并言"少子",表明韦玄成和韦贤更加具体的血统关系;近世祖先方面,韦敦至韦宣之间的祖先,被后者所简省,韦尚和韦珍的官职几乎相同,但赞辞相异。这显示两份墓志必有相同的"底本",撰写时据此加工而成。关于近祖名讳官职的书写方式,与首叙或志尾所载近世祖先基本相同。所谓"底本",很可能就是家族谱牒。又如《韦孝宽墓志》(580),志尾记载三个夫人的郡望及子嗣,以及七八个子孙的官职名字;而志文以七字骈文——"商丘盛玄帝之绪"——的形式,追溯韦氏起源为玄

---

[1] 《三国志》卷一一《魏书·管宁传》注引《庾氏谱》,第363页。
[2] 罗新、叶炜:《新出魏晋南北朝墓志疏证》,第266—267页。

帝,即指颛顼,同时记载近祖名讳官职。[1] 当然,不是所有的韦氏墓志都追溯姓氏起源,如《韦隆墓志》(552),志尾记载夫人子女的信息,志文没有记载姓氏起源,但却记载远祖和近祖云:"汉大承相玄成君十六世祖,雍州刺史杜县简侯尚之孙,冯翊、北地二郡太守灵祐之子。"[2]韦彧和韦隆是从兄弟。韦贤、韦玄成父子俱为汉代丞相,《韦彧墓志》以"大丞相"和"小丞相"加以区别;而《韦隆墓志》则将韦玄成"误作"大丞相。不仅如此,据学者考订,韦玄成其实是韦彧的十四世祖,[3]但两份墓志均不约而同地将错就错为"十六世祖"。这些错误恰恰反向证明他们拥有大致相同的谱系知识。《韦略墓志》(588)情形与《韦隆墓志》相似,志尾记载夫人子女等信息,而墓志正文记载远祖和近祖等信息。[4] 由此可见,上引五份韦氏墓志都是在志尾记载夫人子女的信息,而关于姓氏起源、远祖和近祖的名讳官职,则分布于墓志正文的铭序部分。

徐冲在讨论南朝墓志对北朝墓志的影响时,将南朝墓志中志题与志文之间的谱系,视作"谱牒式"家系书写,而将纳入志文整体行文的谱系,视作"嵌入式"家系书写。[5] 徐冲讨论的虽然是南朝墓志,但上文所引北朝韦氏的谱系,都可视作徐冲所命名的"嵌入式",这些谱系内容与首叙、志尾等特殊位置所记的谱系,存

―――――――
[1] 罗新、叶炜:《新出魏晋南北朝墓志疏证》,第296页。
[2] 毛远明:《汉魏六朝碑刻校注》第8册,第223页。
[3] 参见《新唐书》卷七四上《宰相世系表》"韦氏"条,第3045页;《元和姓纂》卷二"韦氏"条,第126页;周伟洲等:《新出土的四方北朝韦氏墓志考释》,《文博》2000年第2期,第69页。此外,近年发现的《韦乾墓志》《韦辉和墓志》,也是没有首叙和志尾,志文追溯至十八世祖韦玄成。参见西安市文物保护考古所:《西安南郊北魏北周墓发掘简报》,《文物》2009年第5期,第21—49页。
[4] 赵万里:《汉魏南北朝墓志集释》,桂林:广西师范大学出版社,2008年,图版374。
[5] 徐冲:《冯熙墓志与北魏后期墓志文化的创生》,《唐研究》第23卷,2017年,第131—136页。

在着那么大的异质性吗？迄今所见绝大多数北朝韦氏墓志的谱系，都分布在铭序和铭文中，似乎无法证实这两大部分资料性质的异同。实际上，首叙、志尾和志文所载谱系，性质基本相同，只是首叙、志尾记载的谱系内容较为简单，绝大多数婚娶内容出现在首叙和志尾等特殊部位。[1]

不仅如此，京兆韦氏的谱系分布显示，中古墓志记载谱系的位置与家族的地域和等级，呈现某种程度的对应关系。再以弘农杨氏为例进行说明。陈爽复原北朝杨氏的谱牒共有七份，都没有追溯姓氏起源，只有隋代的《杨钦墓志》(600)稍显特别，志尾记载夫人家世和子女的婚姻，但铭序追溯远祖至赤泉侯杨喜，"昔西汉定封，赤泉则传侯五叶，东京论道，太尉则服衮四世。……祖飐，散骑侍郎、朔州镇将，兰桂遽摧，故不臻远大；父叉，大都督、金城魏兴二郡太守，清水县开国侯，食邑八百户，赠浙州诸军事、浙州刺史"。铭文亦载，"赤泉纠纠，禽项宁刘，楼船烈烈，平闽定瓯"。[2]《后汉书》记载杨震祖先云："八世祖喜，高祖时有功，封赤泉侯。"[3]《世说人名谱》所载《弘农华阴杨氏谱》，一世为杨宝，同时载为"赤泉侯喜七世孙"。[4] 因此，《杨钦墓志》或另有所据，或者在抄录、改写家族谱牒的过程中，误将"八世"错成"五叶"。志文其后关于祖父和父亲名讳官职的记载，正是家族谱系的有机构成。但是，北朝杨播家族的成员墓志，没有一例将祖先追溯至杨喜，他们追溯的

---

[1] 陈爽认为，西晋《华芳墓志》的首叙位置记载大量祖先内容，但其曾祖、祖父婚宦之前还有"公讳浚，字彭祖"等文字，似乎显示这些内容也是铭序的内容。又如前引《杨胤季女墓志》首叙所载的世系，在"十三世祖"前还有标识志主的"女"字，这个"首叙"亦可视作墓志正文。具体参见赵超：《汉魏南北朝墓志汇编》，第12、108页。
[2] 罗新、叶炜：《新出魏晋南北朝墓志疏证》，第444—445页。
[3]《后汉书》卷五四《杨震传》，第1759页。
[4]《宋本世说新语》第5册"杨氏谱"，北京：国家图书馆出版社，2017年，第63页。

共同祖先是杨震。[1]《杨胤墓志》(516)志尾记载"十二世祖汉太尉公震,六世祖晋仪同三司、尚书令瑶"。[2]《杨胤季女墓志》(519)记载"女十三世祖汉故太尉公震。七世祖晋尚书令瑶"。陈爽将此视作"首叙",但前面毕竟有一"女"字,相当于墓志开篇"君讳"的"君"字,如此这些世系就为墓志正文,只有志尾的"父平东将军谥曰穆公",符合陈爽所言"谱牒"的标准。[3] 不过,《杨颖墓志》志尾仅载曾祖母、祖母和母亲族望和家族情况,却在志文明确追溯祖先云:"汉太尉震之十二世孙,晋尚书令瑶之七世孙,上谷府君珍之曾孙,清河府君真之孙,洛州史君懿之第三子。"[4]志文与志尾所载,正好构成家族谱系上的横向补充。

另一种是家族谱系的纵向补充,如前引《杨钦墓志》志尾记载夫人子女,而志文记载赤泉侯杨喜,以及祖父和父亲。更重要的是,北朝杨氏墓志没有首叙和志尾者,却在志文部分追溯杨震为祖者,记载方式基本相同,如《杨侃墓志》(531)云:"十二世祖震,汉太尉;七世祖瑶,晋侍中、尚书令;高祖珍,上谷太守;曾祖真,清河太守;祖懿,洛州刺史、弘农简公;雍州使君播之第二子也。"《杨顺墓志》(532)云:"十一世祖震,汉太尉;六世祖瑶,晋侍中、尚书令;高祖结,石中山相;曾祖珍,上谷太守;祖真,清河太守;洛州刺史、弘农简公懿之第四子。"[5]有的稍加变化,如北魏《杨□墓志》

---

[1] 关于北朝弘农杨氏的谱系构建,参见尹波涛:《北魏时期杨播家族建构祖先谱系过程初探——以墓志为中心》,《中国史研究》2013年第4期,第101—116页;黄桢:《制造乡里:北魏后期的弘农习仙里杨氏》,《国学研究》第36卷,北京:北京大学出版社,2015年,第255—276页;郭伟涛:《论北魏杨播、杨钧家族祖先谱系的构建——兼及隋唐弘农杨氏相关问题》,《中华文史论丛》2017年第4辑,第131—159页。
[2] 赵超:《汉魏南北朝墓志汇编》,第90—91页。
[3] 赵超:《汉魏南北朝墓志汇编》,第108页。
[4] 杨颖子杨范的墓志与之同时,谱系内容相同,载于志尾,见于赵超:《汉魏南北朝墓志汇编》,第61页。但是,同样的内容出现在志文中,则省略祖先婚娶信息。
[5] 以上两志,见于罗新、叶炜:《新出魏晋南北朝墓志疏证》,第139、144页。

(512)云:"五世祖□,为太尉公震八世之□。"[1]又《临洮王妃杨氏墓志》铭序记载:"汉太尉震之裔,晋太保骏之□世孙。祖伯念,安南、秦州、安邑子。考深德,兰陵太守。"[2]由此可见,墓志首叙、尾记与志文所载谱系,属于同一类型的材料,不宜将志文所载谱系排除在谱牒内容之外,更不用说志文对于首叙和尾记所载谱系具有重要的横向和纵向上的补充意义。

回过头来,我们尝试探讨谱系位置与家族地位之间的关联。前文所见弘农杨氏墓志,凡是在特殊位置出现的谱系,几乎都出现在志尾;而自公元530年以降,世系几乎从杨氏墓志的特殊位置全然消失,或与北魏末年尔朱氏对于杨播家族疯狂的屠杀行动密切相关。与弘农杨氏、京兆韦氏的谱系出现在志尾相反,琅琊王氏的谱系从南朝到王肃北奔这段时期,绝大多数都出现在首叙部分,如《王普贤墓志》《王绍墓志》《王诵墓志》《王翊墓志》《王令媛墓志》,徐冲指出,这是"一种与其门第相互对应的家族传统"。[3]那么,这两种截然相反的情形各有怎样的代表性?

通览陈爽复原的中古谱牒,我们发现,北方赫赫有名的一流高门,其墓志通常没有首叙,谱系反而出现在志尾。先看赵郡李氏和陇西李氏,陈爽所计李氏墓志十七例,如只有《李伯钦墓志》(502)和《李媛华墓志》(524)在首叙记载近祖婚宦,[4]两者都是陇西李宝孙辈成员,后者又是彭城王妃,其余十五例——包括陇西李氏六

---

[1] 丁绍基《求是斋碑跋》卷一,《石刻史料新编》第2辑第19册,台北:新文丰出版公司,1979年,第14012页。
[2] 大同北朝艺术研究院编:《北朝艺术研究院藏品图录·墓志》,第84页。
[3] 徐冲:《冯熙墓志与北朝后期墓志文化的创生》,第132页。不过,这种情况存在反例,如梁朝宗室萧融妃王纂韶亦出自琅琊王氏,其墓志并无首叙,仅在志尾叙述子女信息,参见赵超:《汉魏南北朝墓志汇编》,第27页。
[4] 以上两志,见于罗新、叶炜:《新出魏晋南北朝墓志疏证》,第58页;赵超:《汉魏南北朝墓志汇编》,第148页。

例：《李蕤墓志》(505)、《李超墓志》(525)、《李彰墓志》(532)、《李挺墓志》(541)、《李稚华墓志》(564)、《李元俭墓志》(577)；赵郡李氏七例：《李宪墓志》(538)、《李希礼墓志》(556)、《李琮墓志》(574)、《李君颖墓志》(574)、《李祖牧墓志》(574)、《李敬族墓志》(586)、《李丽仪墓志》(585)；渤海李氏一例：《李璧墓志》(520)；原州李氏一例：《李贤墓志》(569)——[1]均无首叙，而在志尾记载夫人子女信息。再看崔氏的情形。据陈爽统计，清河崔氏三例：崔鸿、崔混、崔献，均属崔鸿家族，墓志皆无首叙，志尾仅载夫人子女的信息，而近祖官职则出现在墓志正文；博陵崔氏三例，《崔敬邕墓志》首叙记载祖父婚宦，《崔景播墓志》志尾记载近祖官职以及诸子信息，《崔宾媛墓志》则将近祖信息刻于志盖。崔宾媛父辩与崔敬邕是共曾祖(崔懿)的再从兄弟，显示博陵崔氏关于谱系的记载并无定制。[2] 又如太原王氏——《王馥墓志》(528)、《王光墓志》(560)和《王楚英墓志》(583)——和乐浪王氏(《王基墓志》)，亦无首叙，谱系通常记载于志尾。[3] 再如河东裴

---

[1] 陇西李氏墓志，见于赵超：《汉魏南北朝墓志汇编》，第48、160、293、350页；胡戟、荣新江主编：《大唐西市博物馆藏墓志》，北京：北京大学出版社，2012年，第10页；王连龙：《新见北朝墓志集释》，北京：中国书籍出版社，2012年，第193页。赵郡李氏墓志，分别见于赵超：《汉魏南北朝墓志汇编》，第328、465页，《汉魏六朝碑刻校注》第8册，第391页；罗新、叶炜：《新出魏晋南北朝墓志疏证》，第211、214、345、352页。《李璧墓志》《李贤墓志》，见于赵超：《汉魏南北朝墓志汇编》，第118、482页。按，近年新出属于赵郡李氏的李元茂及其子李秀之、李子云，以及其侄李弼墓志均在首叙位置记载家族谱系，内容相似，可信出自赵郡李氏谱。以上墓志参见北京大学考古文博学院、河北省文物考古研究院编著：《赞皇西高北朝赵郡李氏家族墓地》，北京：科学出版社，2021年，第10—11页，图版13；第25—26页，图版38；第35—36页，图版49—51。罗新主编：《彼美淑令：北朝女性的个体生命史》，北京：北京大学出版社，2024年，第99页。

[2] 崔氏墓志，参见赵超：《汉魏南北朝墓志汇编》，第66、98、185、326页；陶钧：《北魏崔宾媛墓志考释》，《收藏家》2012年第6期，第25—34页；《汉魏六朝碑刻校注》第7册，第350页。

[3] 王氏墓志，分别见于王连龙：《新见北朝墓志集释》，第63页；胡戟、荣新江主编：《大唐西市博物馆藏墓志》，第8页；罗新、叶炜：《新出魏晋南北朝墓志疏证》，第335页。

氏,共有六例,分别是《裴谭墓志》(525)、《裴氏墓志》(562)、《裴良墓志》(571)、《裴子诞墓志》(571)、《裴智英墓志》(573)、《裴子通墓志》(591),均无首叙,志尾仅载夫人或子女信息。[1]

饶有趣味的是,北方家族世系出现在首叙位置者,多数并非一流高门,如陇西辛氏家族,墓志四例:其中辛术和辛韶是兄弟,前者墓志首叙记载祖父婚宦,志侧记载诸弟名字官职,后者志尾记载夫人子女信息,而近祖则出现在墓志正文。[2] 又如渤海高氏,墓志表示,他们还未形成统一的书写体例:《高琨墓志》(514)志尾记载夫人家世;《高树生墓志》(533)首叙记载祖父的婚宦以及两子信息,而高树生之女高娄斤的墓志则在首叙记载祖父婚宦,以及两个兄弟,高树生父女墓志的首叙记载祖先和兄弟官职,或与高欢的崛起有关;《高雅墓志》则是汉人高门,并无首叙和尾记,近祖信息出现在志文中。[3]

不仅如此,最复杂的情形当推元氏墓志。以昭成子孙为例。《元悛墓志》(528)首叙记载祖父、父亲的婚宦,而志文记载"昭成皇帝之七世孙"。元愔与元悛为兄弟,俱卒于河阴之变,其墓志首叙所载基本相同,志文亦载"昭成皇帝之七世也"。[4] 元悛、元愔墓志立于同时,首叙所载内容和形式基本相同,志文所载亦同源,应来自家族谱牒。《元氏墓志》(522)没有首叙和志尾,但在铭序部分记载世系为"昭成皇帝之曾孙,常山康王之长孙,司空文献公

---

[1] 裴氏墓志,参见赵君平、赵文成:《河洛墓刻拾零》,北京:国家图书馆出版社,2007年,第30页;罗新、叶炜:《新出魏晋南北朝墓志疏证》,第190、198、381页;王连龙:《新见北朝墓志集释》,第106、182页。
[2] 以上两志,分别见王连龙:《新见北朝墓志集释》,第108、185页。
[3] 高氏墓志,参见王连龙:《北魏高树生及妻韩期姬墓志考》,《文物》2014年第2期,第80—86页;《新见北朝墓志集释》,第78页;赵超:《汉魏南北朝墓志汇编》,第322页。
[4] 以上两志,参见赵超:《汉魏南北朝墓志汇编》,第231—232页。

之元女。……盖轩皇之派流,仓精之别裔"。[1] 但是,同为昭成之后,《元伟墓志》(511)志阴记载六世祖、五世祖、高祖、曾祖、祖父和父亲名讳与婚宦甚详,六世祖即为昭成帝,[2] 志文记载,"昭成皇帝之后,平南将军、冀州刺史、河涧简公之孙,光州史君之元子"。[3] 两者比较,志文明确记载元伟为"元子",故对志阴所载的谱系排行有所补充。元伟和元悛之父元逸是从兄弟,他们谱系的分布就不相同。同为昭成之后,元昭和元伟父元恒为从兄弟,而其近祖婚宦出现于墓志尾记。[4] 其他宗室也保持着类似的情况,如孝文之孙,《元悌墓志》(528)首叙记载近祖,刻于同年的《元邵墓志》没有首叙,近祖信息出现在志文,尾记叙述夫人子女。[5] 这再次证明首叙、志尾等特殊位置与墓志正文所载家族谱系,没有根本性的不同。

综合前文,中古墓志各个部分记载谱系的文字总和,基本契合中古谱牒的主要内容。根据墓志撰写的实际需要,进行简化、润饰和修改等各种形式的"加工",形成墓志所呈现的谱系面貌。中古谱系在墓志中的分布大概是:首叙、铭序、志铭、志尾,还有志盖、志侧和志阴等位置。中古墓志定型以后,志盖、志侧和志阴等位置的谱系偶有出现,但大幅减少,基本集中于首叙、志尾和志文,呈现出"功能分区"的特点:首叙、志尾或志阴等特殊位置记载墓主近世祖先和

---

[1] 赵超:《汉魏南北朝墓志汇编》,第128页。
[2] 昭成帝作为北魏元氏比较遥远的祖先,通常载于志文,而非首叙、志尾等特殊位置,如《元睿墓志》(516)首叙记载祖父和父亲的婚宦,志尾记载前后夫人的家世,志文记载"六世祖彭城王,昭成皇帝第七子"。《元华墓志》(573)首叙、志尾没有记载世系,而志文记载"七世祖魏昭成皇帝"以及曾祖、祖父和父亲名讳官职。参见罗新、叶炜:《新出魏晋南北朝墓志疏证》,第74、204页。
[3] 赵超:《汉魏南北朝墓志汇编》,第60页。
[4] 赵超:《汉魏南北朝墓志汇编》,第144页。
[5] 赵超:《汉魏南北朝墓志汇编》,第219—222页。

子女的婚姻职状,近世祖先通常在高祖以内,遵循"详近略远"之原则;而铭序和志铭等位置记载墓主的姓氏起源和房支分化等情形,也经常记载近世祖先的名讳官职,辅以骈文式的赞辞。墓志首叙如果记载世系,通常是高祖以内,极少追溯高祖之前的祖先,简单记述婚宦情形,墓主的夫人子女等信息一般出现在志尾,当然也存在极为个别的例外,如《羊祉墓志》首叙记载诸弟官职及其妻子和子女等信息,《郭显墓志》首叙记载父母、妻子以及子女等信息,《冯季华墓志》首叙胪列曾祖、祖父、父亲以及兄妹的婚宦情况,《封魔奴墓志》首叙记载祖父和父亲的婚宦,以及继子的情况。[1] 不仅如此,墓志首叙所载谱系,与家族之间具有一定程度的关联:南朝不少大族(如琅琊王氏)的近祖婚宦,布列于首叙,彰显门阀之高贵;而北朝一流高门(如赵郡李氏)的墓志,通常没有首叙,具有首叙的家族反而是次等高门。如果首叙和志尾同时记载世系,则墓主的夫人子女等信息出现在志尾,首叙记载墓主的近世祖先。例如,《张弁墓志》(520)所载谱系的分布比较典型:首叙是祖父和父亲官职,志尾是夫人出身和子女信息,铭序是八世祖和七世祖,志铭是远祖轩黄和张氏得姓。[2] 元魏宗室谱系的分布则比较混乱,同一家族有的谱系出现在首叙,有的出现在志尾,不少近祖信息也出现在志尾。在谱系的意义上,墓志的不同位置呈现出不同的功能和等级。

三、墓志所载谱系的史源

中古墓志首叙和志尾所载祖先的名爵、婚宦等信息,行文简

---

[1] 以上四份墓志,分别见于罗新、叶炜:《新出魏晋南北朝墓志疏证》,第77页;赵超:《汉魏南北朝墓志汇编》,第125、156、157页。
[2] 叶炜、刘秀峰:《墨香阁藏北朝墓志》,第16—17页。

洁,多数有平阙转行等制,正如陈爽所言是从家族谱牒直接抄录或简单改写而来。这种性质的文本与谱牒关系甚密,我们姑且称作"直接文本"或"一次文本"。有必要指出,陈爽复原的二百一十一份谱牒,几乎都是在抄录基础上经过简单改写的产物。因为无论墓志、墓碑还是造像记等资料,都是以石刻主人为基本参照,逆流向上,追溯祖先,因此,纵向血统上的父祖曾高乃至某世祖,都是相对志主而言的,更不用说陈氏复原的二百一十一份谱牒,往往从祖先直接跳跃至志主的夫人子女,遗漏了志主自身。如前引《王基墓志》志尾所载的六世祖、高祖、曾祖等祖先都是相对王基而言的。此外,世代、官职等重要元素多据志主葬年情况,加以修改。[1]

　　与此相反,谱牒的撰述方式却以始祖为参照,顺流而下,世系如果出现断裂,则以"某世孙"进行标识。《三国志》《世说新语》注引某氏谱,不少都是以传主为参照,逆流而上,追溯父亲和祖父,但某氏谱前往往有一"按"或"案"字,显示注者必然根据谱牒对注释对象稍加改写。宋元以降的谱牒,追认某位祖先为"一世",而后鱼贯罗列"二世""三世"等后裔子孙。中古时期比较有名的姓氏书,如《新唐书·宰相世系表》《元和姓纂》《古今姓氏书辩证》,概莫能外,都是从始祖开始,顺流而下。《世说人名谱》也是如此,其"有谱者"二十六族,基本以汉魏时期的人物为可靠始祖。不过,有的大族还往前追溯,方式依然是"某世孙",如《太原晋阳王氏谱》,一世阙,二世为王柔、王泽,同时记载"咸十九世孙,生柔、生泽";《颍川颍阴荀氏谱》,一世为荀遂,同时往前追溯为"荀卿十一世孙";《会稽山阴孔氏谱》,一世为孔融,同时记载为"魏相斌十二世孙";《弘农华阴杨氏谱》,一世

---

[1] 前举《韦彧墓志》《韦彧妻柳敬怜墓志》《韦彪墓志》年代不同,分别是公元526、550、576年,所载韦彪官职显然不同。具体参见罗新、叶炜:《新出魏晋南北朝墓志疏证》,第267页。

为杨宝,同时记载"赤泉侯喜七世孙"。[1] 但也有例外的情形,如《泰山南城羊氏谱》,一世为羊续,同时记载其祖先形式是"祖侵,汉安帝司隶校尉,父儒,桓帝太常"。[2]

谱牒内容在中古碑志中的分布问题既如前考,自然还会产生这样的疑问,即这些姓氏起源的知识或史源来自何处?事实上,上古秦汉时期也存在着多种姓氏书,如应劭《风俗通》、王符《志氏姓》和《世本》等。《风俗通》已经散佚,现存十卷和若干佚文,其中《姓氏篇》保存着若干姓氏残句。较之《风俗通》和王符《潜夫论》,《世本》年代最早,大概成于战国时期,复经秦汉士人尤其是刘向加以编辑和增补。[3]《世本》同样散佚,现存八种辑补本,相当一部分上古姓氏在汉魏以降湮没无闻。需要说明的是,这些姓氏书的版本和史源等问题,学人聚讼已久,笔者无意参与讨论。在此谨就与中古碑志所见谱系相关的内容,略加考察。其相互关系大概分为如下两种方式:

一种是继承战国秦汉姓氏书的内容。兹以寇氏和李氏为例。迄今所见隋代以前寇氏墓志,除《寇猛墓志》以外,都是寇讚家族成员的墓志,世系都位于特殊位置的志尾部分,且以夫人子女为主。[4]《寇凭墓志》(519)和《寇治墓志》(526),两人都是寇臻之

---

[1] 《宋本世说新语》第4册"王氏谱",第96页;"荀氏谱",第142页。《宋本世说新语》第5册"孔氏谱",第38页;"杨氏谱",第63页。

[2] 《宋本世说新语》第4册"羊氏谱",第124页。不过,这条资料来自《后汉书·羊续传》,"祖父侵,安帝时司隶校尉。父儒,桓帝时为太常"。《后汉书》卷三一《羊续传》,第1109页。姜士彬指出,《人名谱》的史料来源很可能是正史。关于《人名谱》的研究情况,参见姜士彬:《中古中国的寡头政治》,第142页。

[3] 虞万里:《先秦至唐宋姓氏书之产生与发展》,《社会科学》2010年第9期,第119—129页;乔治忠、童杰:《〈世本〉成书年代问题考论》,《史学集刊》2010年第5期,第39—45页。

[4] 《寇猛墓志》,见于赵超:《汉魏南北朝墓志汇编》,第49页。关于寇讚家族的世系,参见王连龙:《新见北朝墓志集释》,第73页。

子,寇讚之孙,他们追溯的祖先元素最为完整,包括后稷、周文、康叔和威侯寇恂,以及因官命氏的因素。寇慰与他们是同父兄弟,墓志铭序云:"自履迹肇生,伏翼呈祥,延□周文,遂作司寇,因以氏焉。"[1] 总结他们追溯祖先的情形,主要有后稷、周文、康叔,因官命氏,以及汉代祖先威侯寇恂和侍中寇荣等要素。这些祖先元素都出现在铭序和志铭中,其墓志一定是根据寇氏谱牒加以润饰和加工。与此同时,《寇演墓志》(519)铭序云:"锦裔遐彰,绵芳于姬卫。"[2] 寇演子寇霄墓志亦云:"韶起周文,穆举康叔,樊柯后汉,懋叶魏邦。"[3] 寇演父寇祖与寇治、寇凭是从兄弟。另外,《寇偘墓志》(526)、《寇永墓志》(536)均载,"开氏起周",以及威侯寇恂等。[4] 寇偘、寇永均为寇臻之子。可见,无论近世祖先,还是姓氏起源,寇讚家族的谱系构造基本是相同的。这些祖先元素在应劭所撰《风俗通》中已有出现,"寇氏,苏忿生为武王司寇,后以官为氏,后汉有寇恂"。[5] 苏忿生如何成为寇氏祖先呢?《姓氏篇》又云:"司寇氏。苏忿生为武王司寇,后以官为氏。"[6] 可见,《姓氏篇》具备威侯寇恂、因官命氏两个要素,而康叔则出现于成书更早的《世本》之中。《世本·氏姓篇》记载:"寇氏,卫康叔为周司寇,支孙以官为氏。"[7] 据此,北朝寇氏的远祖知识,正是承自《风俗通》《世本》等姓氏书。至于和寇恂、寇荣建立世系的情形,无法证

---

[1] 赵超:《汉魏南北朝墓志汇编》,第213页。
[2] 赵超:《汉魏南北朝墓志汇编》,第106页。
[3] 赵超:《汉魏南北朝墓志汇编》,第268—269页。
[4] 分别见赵超:《汉魏南北朝墓志汇编》,第203页;王连龙:《新见北朝墓志集释》,第70—71页。
[5] 应劭撰,王利器校注:《风俗通义校注》"佚文",北京:中华书局,1981年,第549页。
[6] 《风俗通义校注》"佚文",第502页。
[7] 《〈世本〉八种》卷七上《氏姓篇》,北京:中华书局,2008年,第205页。按,笔者对此书标点稍有改动,下不说明。

伪,也无法证实。《后汉书》本传记载寇荣被诛杀后,"寇氏由是衰废"。[1]《风俗通》记有寇恂而无官职。关于寇恂和寇荣的官职,应当是根据汉代史传,拼接于近世祖先之前,与继承的姓氏书内容组合起来,从而建构起相对完整的家族世系。

如果说寇氏提供了同一家族建构的谱系及其来源,枝繁叶茂的李氏则呈现出另一种面貌。《世本·氏姓篇》"李氏"条则云:"李氏。帝颛顼高阳之裔。颛顼生大业。大业生女莘。女莘生咎繇。为尧理官。因姓李氏。"[2]出自陇西的《李蕤墓志》(505)铭文云:"胄延业祉,名族唯李,本系高阳,分命伊土",从而将祖先追至高阳,而李蕤堂妹李媛华嫁于彭城王元勰,其墓志云:"远胄高阳,遥源姬水,蕴无名于柱下,播奇功于塞上。"李蕤之妹李晖仪卒于永熙二年(533),魏收所撰墓志云:"帝高阳氏颛顼之裔也。庭坚言惠以命氏,伯阳隐道以无名。"[3]"柱史"是指老子,《风俗通》则云:"李氏,李伯阳之后。"[4]引人注意的是,赵郡李氏同样继承这些姓氏知识。赵郡李氏宗党豪盛,史载,"每春秋二社,必高会极宴,无不沈醉諠乱"。[5] 兴和三年(541),赵郡李仲璇修建孔子庙碑时追溯远祖云:"其先帝高阳之□裔,柱史之荫,左车之绵绪。"[6]李仲璇是李顺族子,于史有传。李顺家族基本遵循这种谱系知识,《李骞墓志》(550)云:"赵相广武君后也。"《李祖牧墓志》(574)云:"伯阳执玄,糟粕存乎关尹。"《李同墓志》(580)载:"伯

---

[1] 《后汉书》卷一六《寇恂传》,第 633 页。
[2] 《〈世本〉八种》卷七上《氏姓篇》,第 277 页。
[3] 以上李氏墓志,见于赵超:《汉魏南北朝墓志汇编》,第 48、148—149 页;韩理洲:《全北魏东魏西魏文补遗》,西安:三秦出版社,2010 年,第 339 页。
[4] 《风俗通义校注》"佚文",第 530 页。
[5] 《北史》卷三三《李士谦传》,第 1233 页。
[6] 《金石萃编》卷三一《李仲璇修孔子庙碑》,北京:中国书店,1985 年。

阳辅周称治,李牧相赵响□。"[1]这三人都是李宪的子孙。不仅如此,其他李氏亦吸收此种姓氏知识,如徒何纶即李纶,于史有传,所载郡望并不一致,墓志记载为"梁城郡",《周书》记载为"辽东襄平",《北史》载为"陇西成纪",[2]无论如何,与一流高门陇西李氏没有血缘关系,其铭序和志铭都记载是"颛顼""伯阳"之后。《元新成妃李氏墓志》(517)云:"顿丘卫国人也。……鸿基肇于轩辕,宝胄启于伯阳。"《李璧墓志》(520)云:"勃海条县广乐乡吉迁里人也。其先李耳,著□经于衰周。"[3]中古各个房支的李氏碑志所见姓氏起源,说明李氏远祖记忆呈现泛化和虚拟化的倾向。

应该说,战国秦汉的姓氏书关于寇氏和李氏的记载相对统一,但是,有的姓氏记载并不一致,甚或抵牾扞格。中古碑志所见谱系正好说明,其祖先记忆是有选择性地加以继承。可以王氏为例。前文所引王绍、王纂韶、王诵等人墓志,均为琅琊临沂人,祖先元素可归纳为上古时期的姬文和周储太子晋,以及秦汉时期的王离、王翦、王骏、王崇等内容。巧合的是,乐浪王氏和太原王氏同样追溯这些祖先。来自太原的《王昌墓志》(516)记载:"玉根肇于子晋,金枝光于太原。"[4]来自乐浪的《王温墓志》(532)记载:"启源肇自姬文,命氏派于子晋。汉司徒霸、晋司空沈之后也。"[5]这些祖先元素亦见于此前的姓氏书。《世本·氏姓篇》云:"王氏,周王族,灵王太子晋之后。"[6]《潜夫论·氏志姓》所载详细:"周灵王

---

[1] 分别见叶炜、刘秀峰:《墨香阁藏北朝墓志》,第86页;罗新、叶炜:《新出魏晋南北朝墓志疏证》,第211页;王连龙:《新见北朝墓志集释》,第199页。
[2] 《周书》卷一五《李弼传》,北京:中华书局,1971年,第239页。《北史》卷六〇《李弼传》,第2129页。
[3] 赵超:《汉魏南北朝墓志汇编》,第100、118页。
[4] 赵超:《汉魏南北朝墓志汇编》,第84页。
[5] 罗新、叶炜:《新出魏晋南北朝墓志疏证》,第130—131页。
[6] 《〈世本〉八种》卷七上《氏姓篇》,第195页。

之太子晋,幼有成德,聪明博达,温恭敦敏。……世人以其豫自知去期,故传称王子乔仙。仙之后,其嗣避周难于晋,家于平阳,因氏王氏。其后子孙世喜养性神仙之术。"[1]另一方面,在周王室后裔这条线索之外,王氏同样有殷商王族后裔之说,《世本·氏姓篇》云:"殷王子比干为纣所害。子孙以王者之后。号曰王氏。"[2]这种姓氏知识在后世亦有传播。出自乐浪的《王祯墓志》(515)云:"殷有三人,周访九畴,只族王家,藉胄鲜侯。"[3]前引《王基墓志》,与王祯系同父兄弟。《王基墓志》志尾所载近世祖先官职,与《王祯墓志》铭序所载完全相同,再次证明铭序所载确系抄自王氏谱牒,其远祖记忆亦大致相同:"其先出自有殷,周武王克商,封箕子于朝鲜,子孙因而氏焉。"[4]王祯兄弟和乐浪王温没有血缘关系。可见上古秦汉时期的王氏得姓,至少有周王室和殷王室两种说法,前者为主,后者为辅。王祯、王基兄弟墓志所载世系的同异,说明碑志所见谱系,乃是"二次加工"而成,一是根据前朝姓氏书等资料整合为家族谱牒,二是根据谱牒再次加工,形成碑志文字。

与此相似,中古张氏纷纷攀附张良和张衡为祖先。[5] 类似的例证在中古碑志随处可见。中古家族关于秦汉祖先的建构,有可能附会《史记》《汉书》《后汉书》等同姓人物列传,拼接而成。张氏亦有数种得姓之说:

> 1. 张、王、李、赵,皆黄帝赐姓也。又晋国有解张、高张侯,自此晋国有张氏。

---

[1] 《潜夫论笺校正》卷九《志氏姓》,第435页。
[2] 《〈世本〉八种》卷七上《氏姓篇》,第266页。
[3] 赵超:《汉魏南北朝墓志汇编》,第80页。
[4] 赵超:《汉魏南北朝墓志汇编》,第138—139页。
[5] 参见仇鹿鸣:《制作郡望:中古南阳张氏的形成》,《历史研究》2016年第3期,第26—30页。

2. 魏之余子。

3. 韩之公族姬姓也。张侯生老。老生君臣趯。趯生骼。

4. 黄帝第五子青阳生挥。为弓正。观弧星始制弓矢。主祀弧星。因姓张氏。[1]

上述第二种得姓之说,在迄今刊布的汉魏六朝碑志中未见例证。其他三种姓氏知识在其后得以继承和沿用。《张弁墓志》(520)志铭记载,"邈矣远祖,系自轩黄。观象剖弧,锡氏曰张",[2]契合张氏第四种受姓之说。北魏《张猛龙清颂碑》(522)云:"周宣时□□□仲诗人咏其孝友。光缉姬□中兴是赖。晋大夫张老春秋嘉其声绩。"[3]其中,"周宣""仲",盖指周宣王时期的张仲。《张迁碑》(186)就采用这种谱系,"君之先出自有周,周宣王中兴,有张仲,以孝友为行"。[4]"晋大夫"事迹见于《左传·成公十八年》和《礼记·檀弓下》,"张老"事见《晋语》。"晋大夫张老"是上文第一种和第三种姓氏知识的组合,可见这些文献也是史源所在。《张寿碑》(168)云"其先盖晋大夫张老盛德之裔"。[5]《张朗碑》(300)所载相同,"其先张老,为晋大夫,纳规赵武,而反其侈"。[6]另外,还有墓志所载"溢出"这些说法,显示还有其他可以追溯的

---

[1] 第一种见于《风俗通义校注》"佚文",第521页,其他三种分别见于《〈世本〉八种》卷七上《氏姓篇》,第215、224、243页。
[2] 叶炜、刘秀峰:《墨香阁藏北朝墓志》,第16—17页。
[3] 《金石萃编》卷二九《魏鲁郡太守张府君清颂之碑》。
[4] 毛远明:《汉魏六朝碑刻校注》第2册,第64页。
[5] 毛远明:《汉魏六朝碑刻校注》第1册,第274页。按,《张朗碑》还追溯张良、张释之和张骞为祖,他们并无真实的血缘关系,参见 K. E. Brashier, *Public Memory in early China*, Cambridge and London: Harvard University Asia Center, 2014, pp.122-124。
[6] 毛远明:《汉魏六朝碑刻校注》第2册,第332页。

史源,如北齐《张僧显铭闻》(565)云:"盖轩辕之苗裔,张罗之后。"[1]东魏《张玉怜墓志》(538)云:"深源峻远,胄自炎皇。"[2]张氏出自炎帝之说,另有所本。关于南阳张氏追溯上古祖先的情况,仇鹿鸣认为,"将其祖先家族攀附于传说时代的五帝,大约是在北朝墓志中才逐渐出现的风气",[3]这种判断显然是错误的。实际上,关于传说时代的三皇五帝问题,一直是秦汉六朝士人普遍关心的话题。[4]汉碑亦有反映,随举两例,《冀州从事张表碑》(168)载其世系云:"系帝高辛,爰暨后稷。张仲孝友,雅艺攸载。天挺留侯,应期佐治,与汉龙兴。"[5]《山阳太守祝睦碑》(164)载其世系云:"其先盖高辛氏之火正,以能淳曜天地曰祝融,遂获丰阜之胙,辉裔昌远。大乃侯伯,分仕诸夏。郑有祝聃者。君其胤也。"[6]概览汉碑的谱系记载,结合《世本》《风俗通》等姓氏内容,我们认为,中古早期家族将祖先攀附至传说时代的三皇五帝,最迟在秦汉时期已极为普遍,北朝隋唐的远祖记忆脱胎于此。

另外一种是剪裁和整合战国秦汉时期的姓氏书及其他典籍。前世姓氏书屡屡被后世所征引,如《元和姓纂》,但林宝提示其参考文献不限于姓氏书,还有经籍文史,"因案据经籍,穷究旧史,诸

---

[1] 毛远明:《汉魏六朝碑刻校注》第9册,第180页。
[2] 韩理洲:《全北魏东魏西魏文补遗》,第351页。
[3] 仇鹿鸣:《制作郡望:中古南阳张氏的形成》,《历史研究》2016年第3期,第24页。
[4] 参见廖宜方:《唐代的历史记忆》,台北:台大出版中心,2011年,第102—103页;吉川忠夫:《社会与思想》,收于谷川道雄主编:《魏晋南北朝隋唐史学的基本问题》,北京:中华书局,2010年,第308页。关于早期中国的祖先记忆,亦可参见 K. E. Brashier, *Ancestral Memory in early China*, Cambridge and London: Harvard University Asia Center, 2011。
[5] 《隶释》卷八《冀州从事张表碑》,第91页。
[6] 《隶释》卷七《山阳太守祝睦碑》,第81页。

家图牒,无不参详"。[1] 中古谱牒的史源与此类似,以薛氏和高氏为例说明。

首先看薛氏之情形。《世本·氏姓篇》记载薛氏云:"薛氏,任姓,夏奚仲封薛,周有薛侯,其后为氏。宋有薛居州。赵有薛公。"[2]东汉《平舆令薛君碑》(163)铭云:"我君肇祖,官有世功。乃侯于薛,苗胤枝分。作汉卿尹,七世相承。"[3]北齐《薛广墓志》(565)以骈文和典故,描述其姓氏源流:"河东河东人也。自王官启夏,秉王朝周。宋国出以齐盟,腾侯入而共长。承家命氏,儒默分流。谋子贻孙,珪璋相映。"[4]仔细对照《氏姓篇》,可知这些看似"浮华不实"的辞藻背后,隐含着具体的人物指涉,正是对《世本》姓氏知识的化用。饶有趣味的是,北齐《薛怀儁墓志》(542)云:"昔黄轩廿五子,得姓十有二人,散惠叶以获疏,树灵根而不绝。造车赞夏,功济于生民;作诰辅商,业光于帝典。令尹名高楚国,丞相位重汉朝,贻训垂范,飞声腾实。"志铭部分云:"发系高阳,才子克昌,奚既赞夏,尷实翼商。公侯袭映,将相重光,击钟罗鼎,曳组垂璜。"[5]志铭的"奚既赞夏"和铭序的"造车赞夏,功济于生民"相互铆合,正是《世本》所载的"夏奚仲封薛"。所谓"黄轩廿五子,得姓十有二人",最早的史源可能是《晋语》所云:"黄帝之子二十五人。……其得姓者十四人,为十二姓,姬、酉、祁、纪、滕、箴、任、苟、僖、姞、儇、衣是也。"[6]汉代以降,这则材料即被称引不绝,经

---

[1] 《元和姓纂》原序,第1页。
[2] 《〈世本〉八种》卷七上《氏姓篇》,第246页。
[3] 《隶续》卷一《平舆令薛君碑》,第291—296页。
[4] 赵超:《汉魏南北朝墓志汇编》,第425页。
[5] 罗新、叶炜:《新出魏晋南北朝墓志疏证》,第182—183页。
[6] 徐元诰撰,王树民、沈长云点校:《国语集解·晋语四》,北京:中华书局,2002年,第333—335页。《潜夫论》所载与此相似,参见《潜夫论笺校正》卷九《志氏姓》,第409页。

史子集都有相当程度的引用,成为士大夫精英非常熟悉的内容。

最后看高氏例证。《高植墓志》(520)记载:"其先乃帝炎氏之苗裔,昔在虞舜四岳至太公,封齐,其公族有高子者,即为高氏焉。"[1]大概同时,《营州刺史高贞碑》(523)记载,"其先盖帝炎氏之苗裔,昔在黄唐,是为四岳,爰逮伯夷,受命于虞舜,曰典朕□□□□□,暨吕尚佐周克殷,有大功于天下,位为太师,俾侯齐国,世世勿绝,表乎东海,其公族有高子者,即其氏焉。"[2]高植系北魏高肇之子,高贞系高肇之侄,他们应该持有相同的谱牒。《高盛碑》(536)亦载:"昔炎帝成于姜水,尚父起于渭滨。"[3]其实,早在墓志尚未定型的永平元年(508),《高庆碑》记载其世系云"其氏族所出□□□□神农道"。[4] 这几份北朝碑志,皆可见北朝高氏追祖至炎帝的努力。仇鹿鸣敏锐发现,渤海高氏的谱系具有层累构成的特点:时代愈后,士族的谱系愈长,又指出高氏谱牒将其先世追溯至春秋以前,在唐代已成为一种普遍现象。[5] 这种姓氏源头,其实始于《世本》所载:"高氏:齐文公生子高。孙傒,为齐上卿。以王父字为氏""齐惠公子公子高祈之后。"[6]王明珂敏锐指出,北朝、隋唐以来,除攀附黄帝外,攀附炎帝的贵族家庭也不少。[7] 需要提醒的是,渤海高氏除却攀附炎帝外,还有追祖至黄帝系统者,如《高湜墓志》(560)云:"□兹五五,出自轩辕,桐珪命服,丹书誓藩。"[8]汉碑中也有类似的祖先记忆,《汉益州刺史高

---

[1] 陆增祥:《八琼室金石补正·金石祛伪》,北京:文物出版社,1985年,第954页。
[2] 陆增祥:《八琼室金石补正》卷一五,第88—90页。
[3] 韩理洲:《全北魏东魏西魏文补遗》,第65—66页。
[4] 韩理洲:《全北魏东魏西魏文补遗》,第61页。
[5] 仇鹿鸣:《"攀附先世"与"伪冒士籍"——以渤海高氏为中心的研究》,第64页。
[6] 《〈世本〉八种》卷七《氏姓篇上》,第182、185页。
[7] 王明珂:《英雄祖先与弟兄民族:根基历史的文本与情境》,北京:中华书局,2012年,第158、186页。
[8] 赵超:《汉魏南北朝墓志汇编》,第410页。

颐碑》云:"其先出自帝颛顼之苗胄裔乎。逢伯陵者,殷汤受命。……氏采建姓。"[1]其中"逢伯陵",来自另一个姓氏系统,较早见于《左传·昭公二十年》:"有逢伯陵因之,薄姑氏因之,而后太公因之。"[2]关于其姓氏来源,《世本》记载:"逢氏:逢公伯陵之后,子孙氏焉。齐大夫有逢丑父。"[3]《国语》亦云:"太姜之祖有逢伯陵也。逢公,伯陵之后。太姜之侄。殷之诸侯。封于齐地。"[4]可见《高颐碑》的远祖知识,乃是钞撮诸多典籍中的高氏和逢氏知识,缀合而成。

四、中古谱牒的变化与不变

中古谱牒尽管已经亡佚殆尽,但相关内容保存在碑志等石刻文献中。正如陈爽所考,中古墓志的首叙、志尾和碑阴所载人物谱系,大多数是墓主近世祖先的婚姻和仕宦,这些资料来自家族谱牒。[5]本文考察的重点还包括碑志的主体部分即铭序和志铭,形成以下认识:任何一份中古谱牒,基本由"直接谱系"和"间接谱系"所构成,前者包括近世祖先的婚姻和仕宦,主要分布于墓志的首叙、志尾和志阴等特殊位置;后者包括姓氏起源、房支分化等内容,主要分布于墓志的铭序和志铭等位置,来源驳杂:继承、钞撮

---

[1] 《隶释》卷一一,第129—130页;《全后汉文》卷一〇五,第2079页。
[2] 《春秋左传正义》卷四九,阮元校刻:《十三经注疏》,北京:中华书局,2009年,第4549页。
[3] 《〈世本〉八种》卷七《氏姓篇上》,第180页。
[4] 《国语集解·周语三》,第125页。按,这种姓氏知识在北朝亦为逢氏所继承,《逢哲墓志》(571)载:"殷齐侯逢伯陵之后。"(毛远明:《汉魏六朝碑刻校注》第9册,第386页)
[5] 陈爽:《出土墓志所见中古谱牒研究》,第55—99页。

和整合战国秦汉各种文献——前朝姓氏书（如《世本》《风俗通》等）、汉代碑刻，抑或先秦两汉的典籍（如《大戴礼记》《左传》《史记》等）——的姓氏知识。"直接谱系"直接抄自谱牒，或据谱牒简化改写；"间接谱系"即关于远祖来源，无论文字还是内容，经历比较明显的"二次加工"，很可能来自《史记》《左传》《世本》等前朝文献。当然，直接谱系和间接谱系并非泾渭分明，通常是"你中有我、我中有你"，其间或许还有"中间文本"的存在，如行状亦为墓志重要史源。[1] 魏晋南北朝的行状多已不存，仅《艺文类聚》等书保存部分节录文字，唐代行状也可作参照。杨炯撰有《中书令汾阴公薛振行状》，行状开篇即以公文格式记载薛振高曾祖父的名号和官职。又如司空图撰写的《故宣州观察使检校礼部王公行状》，开篇以公文格式记载王凝祖先的名字和官职，"曾祖翃，皇任御史大夫，赠户部尚书，谥忠惠公。祖重，皇任河东县令，赠潞州都督。父众仲，皇任衡州刺史，赠司空"。[2] 这两篇行状仅载近世祖先官职，未记得姓源流，与墓志特殊位置所载近世祖先冠冕的情形，颇为相似。类似行状中的谱系资料，应本于谱牒，或与谱牒同源。

如果着眼于秦汉以降更长的历史时段，观察古代谱系"寄生"的物质性载体。我们发现，谱系在汉代零星地出现于石碑的首叙、志尾和碑阴中，[3] 这种并不寻常的现象，在魏晋南北朝的

---

[1] 杨向奎：《行状对墓志文创作的影响》，《河南师范大学学报》2017年第5期，第130页。卢庠《唐故鄂岳都团练判官将仕郎试大理评事太原王公墓志铭》云，"遂捧行状见托，是不得让"（吴钢主编：《全唐文补遗》第4辑，西安：三秦出版社，1997年，第231—232页），刘蟠《大周棣州开元寺故宗主临坛律大德琅琊颜上人幢子记》云，"让请书而无计，详行状以挥毫"（吴钢主编：《全唐文补遗》第6辑，第2—3页），证明行状是唐代墓志撰写的主要依据。
[2] 《全唐文》卷八一〇《司空图·故宣州观察使检校礼部王公行状》，第8523页。
[3] 参见拙撰《士族谱系的构造及其与碑志关系补遗——从〈出土墓志所见中古谱牒研究〉谈起》，《唐研究》第22卷，北京：北京大学出版社，2016年，第509—540页。收于本书上编。

墓志中变得屡见不鲜。相应地，就谱牒内容而言，中古谱牒中近世祖先的婚姻和职官"派生"而出，经常分布在墓志正文以外的首叙、志尾等位置。陈爽复原和辑存的谱牒印证了这种情形。另一方面，"不变"的因素同样值得重视，谱系的"石刻化"传统一以贯之：汉碑正文关于姓氏起源、房支分化和近世祖先的记载方式，继续被中古碑志和造像记等石刻资料所继承；而汉代碑刻、姓氏书乃至先秦两汉典籍关于姓氏起源和历史人物的知识，亦为中古碑志、造像记等石刻资料所因袭、损益和整合。因此，无论载体抑或内容，中古谱牒发生的种种"变异"，都是在继承基础上的变化。

这种变化与不变意味着什么？如所周知，中古谱牒对于士人的婚姻和仕宦都有至关重要的指导价值，《玉海·艺文篇》记载："其末又载《诸氏族谱》一卷，云：梁天监七年中丞王僧孺所撰，俾士流，案此谱，乃通昏姻。"[1] 结合南齐发生的另一件事情，王源联姻满璋之遭到沈约的弹劾，理由是"窃寻璋之姓族，士庶莫辨"，根据正是"索璋之簿阀"。[2] 迄于唐代，各种大型氏族谱的编纂，依然具有"通婚指南"的意义。[3] 在这种情况下，中古谱牒成为政府和谱牒家的至宝重器，"秘而不宣"。南齐建武初年，谱学家贾渊任长水校尉，"荒伧人王泰宝买袭琅邪谱，尚书令王晏以启高宗，渊坐被收，当极法，子栖长谢罪，稽颡流血，朝廷哀之，免渊罪"。[4] 可见士人谱牒具有高度的"机密性"，不能随便示人。既然如此机密，缘何刻于墓碑、造像记等地表资料，

---

[1]　《玉海》卷五〇《艺文·谱牒》，第953页。
[2]　《文选》卷四〇《沈约·奏弹王源》，第1812—1816页。
[3]　牟润孙：《敦煌唐写本姓氏录残卷考》，《台大文史哲学报》1951年第3期，第61—74页。
[4]　《南齐书》卷五二《文学·贾渊传》，第907页。

随意供他人阅读？这种自相矛盾如何解释？中古士人究竟如何通过谱牒甄别通婚对象的阀阅？大多数学者对此都"语焉不详"，以姜士彬所论为例：

> 唐代一个人为其女儿选择夫婿时，可以检核这份氏族谱，来判定所选择的人物是否合适。如果所选择的年轻人是鲁国车氏，那么只需要检核"鲁国"郡的条目，察看车氏是否罗列其下。如果是鲁国车氏，那就意味着这个家族是名族望姓，是门当户对的佳偶快婿。[1]

中古大族选择婚配对象，抑或有司选拔官吏，如此稽考就能"验明正身"、核其家世，我们实在难以想象。究其本质，这种判断源于对中古谱牒内容的"迷惑不清"。章学诚谓，"知谱而不知牒"，"谱外有牒，表之注也"，具体记载"其人之字号、历官、生卒年月、妻妾姓氏、子女嫡庶、窀穸方向"等。[2] 现存敦煌氏族谱残卷仅仅是"谱"，其外还有"牒"。因此，"谱"只是目录索引，还要核对"牒"的相关内容，即车氏成员近世祖先的婚宦等信息。章学诚所谓"表格"形式的古谱保存于今者，似乎只有《高昌某氏残谱》和《某氏族谱》，[3]其中并无具体的谱牒内容，故本文以碑志所载的文章谱牒为考察对象。

秦汉以降，汉魏六朝碑志所见谱牒中"不变"的成分，即碑志正文所载的姓氏源流与房支分化，无论形式抑或内容，持续不断

---

[1] 姜士彬：《中古中国的寡头政治》，第82页。
[2] 章学诚：《章学诚遗书》卷二三《家谱杂议》，北京：文物出版社，1985年，第237—238页。
[3] 国家文物局古文献研究室、新疆维吾尔自治区博物馆、武汉大学历史系编：《吐鲁番出土文书》第3册，北京：文物出版社，1981年，第63、179页。

地出现在汉代碑刻、姓氏书乃至读书人唾手可得的文史典籍,故有"大众文化"的意味,公共性、流通性和延续性是其特点。[1]这种知识自然也被中古谱牒所因袭,否则就成为无源之水。再往后看,族姓来源、宗族迁徙和房支分化也是宋代谱牒记载的主要内容。[2]

与此相反,"派生"于墓志正文之外的首叙和志尾记载近世祖先的婚娶职状,尤其是婚姻对象之于家族背景,具有"精英文化"的意义,机密性、垄断性和封闭性是显著特点。可见中古谱牒内容具有"公"和"私"的属性分野。中古大族所选择的婚姻对象是否"门当户对",稽考的重点就是"私"的内容。这里的"私",是"私密""垄断"之义,而非个人主义,六朝婚姻稽考谱牒,包办婚姻,目的正是门当户对。[3]门第、权势是最重要的考量标准,个人意愿被排除在外。证明前文章学诚关于"牒"的推测是准确的。这也正是近世祖先的婚娶职状——尤其是婚娶对象的家世——刻于地下的墓志,而极少见于墓碑、造像记等地表石刻的重要原因。例如,西魏大统十四年(548)所立《蔡氏造老君像记》,碑阳追叙祖先官职已极为详尽,起自春秋战国的蔡翟,迄于北朝,凡一百二十余人,大多数担任太守或县令,[4]但毫不涉及婚姻对象以及家世背景。至于一般造像记所载婚姻关系,

---

[1] 刘增贵认为汉碑中的谱系追叙,与周代辨昭穆、定祭祀的作用不同,旨在强调家族的"名族"身份。笔者不能同意。正如拙文所云,碑志所记谱系中的"姓氏源流"以及缥缈玄幻的"遥远祖先",史源是前朝姓氏书,乃至上古典籍,这是知识精英唾手可得的公共知识,据此恐怕不能彰显名族身份。参见刘增贵:《从碑刻史料论汉末士族》,第330页。
[2] 王善军:《宋代宗族和宗族制度研究》,北京:人民出版社,2018年,第31页。
[3] 欧洲中世纪的婚姻同样如此,参见马克·布洛赫:《封建社会》,第234—235、548页。
[4] 李淞:《神化的碑文及新样的造像——山西芮城县西魏〈蔡洪造太上老君像碑〉的识读》,《南京艺术学院学报》2009年第6期,第1—5页。

只是普通民众的婚姻,没有涉及通婚家族的背景。[1] 这自然不能与中古碑志所载大族近世祖先的婚宦相提并论。这种具有"垄断性"和"私密性"的谱牒内容,更由于出现在首叙或志尾等"特殊"位置,显得更加光彩夺目。此种现象肇端于魏晋时期,比较集中的出现是在《华芳墓志》的首叙部分,其后盛于南北朝,在唐代即便偶有所见,但多数记载子女婚娶,而关于近世祖先,则仅列官职,罕见婚娶。[2] 在这个意义上,墓志首叙、志尾等特殊位置所载祖先婚宦就具有特别的意义,其出现、繁盛与消失,正好与士族社会的兴衰共始终,见证了士族社会的演进过程。

除此以外,欲洞察中古谱牒在传统中国所发生的变化以及意义,我们还需要具备长时段的视野,最大限度地开拓史料,否则对于士族谱系的"源"和"流",很难有实质性的把握。例如,笔者曾经认为,郭氏墓志最早追溯祖先至虢叔者,是立于西晋泰始十年(270)的《虢休碑》,[3]这显然是囿于阅读魏晋隋唐史料的局限所导致的错误认识。稽考汉代文献,蔡邕所撰《郭有道碑文》(169)云:"其先出自有周王季之穆,有虢叔者,寔有懿德,文王咨焉。建国命氏,或谓之郭,即其后也。"[4]《先生郭辅碑》记其姓氏源流云:"其先出自有周。王季之中子,为文王卿士,采食于虢。至于武

---

[1] 这种例证甚多,随举一例,《北魏杨宣碑》尾记详细胪列祖先官职,"□□祖跋,字思涉,晋尚书郎、□骑府长史、赵郡太守、怀乡侯。高祖鸣,字□游,晋安北府参军。弟琬,字玉宝,晋华阴县都护。伯曾祖□,字仲熊,秦稻田都尉、平原太守。曾祖奴子,字幼子。祖蒙,字乾□,柏仁县都护"(韩理洲:《全北魏东魏西魏文补遗》,第58—59页),他们都没有记载像主祖先的婚娶对象及其家世。
[2] 参见拙撰《士族谱系的构造及其与碑志关系补遗——从〈出土墓志所见中古谱牒研究〉谈起》,第529—534页。《杜行宝墓志》(677)志阴罗列三代谱系及婚姻简介,但没有记载妻族家世,与南北朝墓志不同。陆增祥:《八琼室金石补正》卷三八《淮南公杜君志阴》,第257页。
[3] 参见拙撰《中古士族谱系的虚实——以太原郭氏的祖先建构为例》,第92页。
[4] 《文选》卷五八《蔡邕·郭有道碑文》,第2501页。

王,锡而封之,后世谓之郭。"[1]又如,《北军中候郭仲奇碑》(172)亦云:"其先盖周之胄绪,虞郭建国。"[2]《冀州从事郭君碑》(180)云:"其先出高辛,兴自于周。……因国为氏。"[3]"前瞻"之外,尚需"后顾",中古时期已经散失的谱牒资料,有可能保存于宋元以降的各类文献。陈爽稽存近世家谱所存的六朝谱牒史料:明代《琅琊王氏宗谱》所载太康八年(287)的"谱序",明代《方氏谱系》收藏东晋咸康二年(336)龚正行的判语,等等。[4] 实际上,日本学者仁井田陞、竹田龙儿、牧野巽等人早已注意到,明清谱牒中保留着中古时期的上谱表、谱序、旧谱,甚或唐代政府的谱牒诏敕,并对这些文献进行考察,在此学术风气的影响下,杜希德(Denis Twitchett)曾经展望,"倘若立足更大的族谱资料基础,进行系统的研究,收获定必更丰"。[5] 有理由相信,在中古以外的历史时期开拓史料,纵横比较,是考察谱牒在不同时期发生变化与保持不变的有效路径。

(原载《中国史研究》2021 年第 2 期)

---

[1] 《隶释》卷一二《先生郭辅碑》,第 142 页。
[2] 《隶续》卷九《北军中候郭仲奇碑》,第 99 页。
[3] 《隶续》卷一九《冀州从事郭君碑》,第 438 页。
[4] 陈爽:《出土墓志所见中古谱牒研究》,第 37—40、259—263 页。
[5] 杜希德:《唐代统治阶层的构成——敦煌发现的新证据》,何冠环译,收于范兆飞编译:《西方学者中国中古贵族制论集》,第 174—211 页。

行动指南

——谫论中古谱牒的基本功能及实践

婚宦是中古门阀士族政治社会地位最集中的体现。正如陈寅恪先生所云:"南北朝社会以婚宦二端判别人物流品之高下,唐代犹承其风习而不改","盖唐代社会承南北朝之旧俗,通以二事评量人品之高下。此二事:一曰婚。二曰宦。凡婚而不娶名家女,与仕而不由清望官,俱为社会所不齿。"[1]与之适应,传世文献记载门阀子弟的内容,也是以其政治生活为主,婚姻则是最重要的调味剂。随着三四十年来中古碑志的大量刊布,其中记载门阀子弟的婚宦内容,与传世文献相互印证,证明六朝隋唐是一个通过婚宦划分阶层边界的时代。具体如何划分、如何操作呢?郑樵云:"自隋、唐而上,官有簿状,家有谱系。官之选举必由于簿状,家之婚姻必由于谱系。历代并有图谱局,置郎、令史掌之,仍用博古通今之儒知撰谱事。"[2]此处"簿状""谱系",即指中古谱牒。

---

[1] 陈寅恪:《唐代政治史述论稿》,北京:生活·读书·新知三联书店,2001年,第264页;《元白诗笺证稿》,北京:生活·读书·新知三联书店,2001年,第116页。
[2] 郑樵撰,王树民点校:《通志二十略·氏族略第一》,北京:中华书局,1995年,第1页。

吊诡的是，在中古时期如此重要的文献，目前竟然没有存世的完整文本。存世实物仅有敦煌吐鲁番出土的文书残卷，而传世的谱牒文字仅有传世文献如《世说新语》注、《三国志》注、《元和姓纂》等书散见的"某氏谱"或"百家谱"残句。近年陈爽对读碑志文字与图版，敏锐发现墓志特殊位置（即志首、志尾、志侧、志阴等）以特殊形式（提行空格等）记载的特殊内容（近世祖先以及子女的婚宦），就是家族谱牒的抄录或节录，由此在墓志中"发现"久已亡佚的中古谱牒。[1] 不过，笔者发现传世文献和敦煌文书残卷所记中古谱牒内容，远远超出陈爽所见引谱入志的内容：即一份完整的中古谱牒，不但包括近世祖先的婚宦，也包括姓氏起源、房支分化、人物评论等内容，并进而指出谱牒知识具有大众知识与精英知识两个维度。

　　如此这般，对于中古谱牒的研究，我们就可从"雾里看花"的模糊状态，进入到实证研究的层面。不仅如此，学者此前对中古士族研究中两个重要的话题：谱牒与婚宦，往往是各行其道，各说各话，我们现在可对其相互关系和影响过程进行适当的推演。易言之，学者此前对这两个问题的研究多数是孤立的、割裂的，对于谱牒在士族婚宦过程中以何种方式，发挥何种具体的作用和影响，基本是含糊其词。《文选》所录沈约《奏弹王源》一文，是极为重要的文本，我们可以此为切入点，管窥中古谱牒究竟是哪些内容，以何种方式在通婚方面发挥"行动指南"的社会功能，以及在仕宦方面发挥相应的政治功能。六朝门阀如果不遵循谱牒的内容进行通婚，又会造成什么样的后果？谱牒如果亡佚，祖先或谱系的力量是否烟消云散？本文试图从《奏弹王源》开始，对这些问题进行简单的探讨。

---

[1] 陈爽：《出土墓志所见中古谱牒研究》，第55—99页。

一、清与浊:门第秩序的摇摆

六朝门阀实行严格的阶层内婚制,传世文献与近年出土的墓志材料都是很好的证明。南朝名士沈约奏弹王源嫁女富阳满氏的案例,屡被学者引用,作为证明六朝贵族实行族内婚的有力证据。此篇弹事收于《文选》,可谓理解谱牒究竟如何作为门阀士族通婚指南的绝佳材料。兹截取重要文字如下:

> 风闻东海王源,嫁女与富阳满氏。源虽人品庸陋,胄实参华。曾祖雅,位登八命。祖少卿,内侍帷幄;父璿,升采储闱,亦居清显。源频叨诸府戎禁,豫班通彻。而托姻结好,唯利是求,玷辱流辈,莫斯为甚。源人身在远,辄摄媒人刘嗣之到台辩问。嗣之列称:吴郡满璋之,相承云是高平旧族,宠奋胤胄,家计温足,见托为息鸾觅婚。王源见告穷尽,即索璋之簿阀,见璋之任王国侍郎,鸾又为王慈吴郡正阁主簿。源父子因共详议,判与为婚。璋之下钱五万,以为聘礼。源先丧妇,又以所聘余直纳妾。如其所列,则与风闻符同。窃寻璋之姓族,士庶莫辨。满奋身殒西朝,胤嗣殄没。武秋之后,无闻东晋,其为虚托,不言自显。王满连姻,寔骇物听。[1]

沈约奏弹时的官职是给事黄门侍郎、御史中丞、吴兴邑中正,据《梁书·沈约传》,时值南齐隆昌元年(494)之前。上引材料最有价值

---

[1] 《文选》卷四〇《沈约·奏弹王源》,第 1814—1815 页。瞿同祖对这篇文字要义有很好的解读,参见氏著《中国法律与社会》,北京:商务印书馆,2019 年,第 195—196 页。

而广被忽视之处,正是通过沈约的详尽描述,可让后人管窥谱牒在六朝是如何充当通婚指南的。按照沈约的描述,王源曾祖、祖父、父亲皆居清要,故"胄实参华";王源姻家满璋之家族"士庶莫辨"。王源本人并未到场,为之辩解的是媒人刘嗣之,他声称满璋之自云高平旧族,满宠、满奋为其远祖,王源也非无凭无证,"索璋之簿阀",上面列有满璋之、满鸾父子官爵,王源父子经过商议,认为满氏符合通婚对象。沈约质疑的理由是满璋之与满奋之间出现巨大的世系断裂。据《晋书·周浚传》,满奋死于永兴元年(304),后距满璋之生活的时代长达近两百年。也就是说,满璋之提供的满氏簿阀,不但其近世祖先没有担任清要官职,甚至连名字亦不可知。[1] 沈约奏弹王源的背景,正是痛感于刘宋以降士庶混杂、清浊失序的情形:"自宋氏失御,礼教雕衰,衣冠之族,日失其序。姻娅沦杂,罔计厮庶。"[2]

沈约请求朝廷免除王源所居官、并禁锢终身的上奏,结果不得而知。但沈约担忧的士庶失序局面,并未大幅改观。在齐梁嬗代前夜,萧衍上表云:

> 且夫谱牒讹误,诈伪多绪,人物雅俗,莫肯留心。是以冒袭良家,即成冠族;妄修边幅,便为雅士;负俗深累,遽遭宠擢;墓木已拱,方被徽荣。故前代选官,皆立选簿,应在贯鱼,自有铨次。胄籍升降,行能臧否,或素定怀抱,或得之余论,故得简通宾客,无事扫门。顷代陵夷,九流乖失。其有勇退忘进,怀质抱真者,选部或以未经朝谒,难于进用。或

---

[1] 除此之外,据《三国志·魏书·满宠传》,满宠是山阳昌邑人;而据《文选》注引荀绰《冀州记》,满奋则为高平人。郡望似亦不合,但据《晋书·地理志》,晋初分山阳置高平国,昌邑即为统县。

[2] 《文选》卷四〇《沈约·奏弹王源》,第1813页。

有晦善藏声,自埋衡荜,又以名不素著,绝其阶绪。必须画刺投状,然后弹冠,则是驱迫廉拙,奖成浇竞。愚谓自今选曹宜精隐括,依旧立簿,使冠屦无爽,名实不违,庶人识崖涘,造请自息。[1]

沈约奏事与萧衍上表,正好合观,均指门阀秩序的崩坏,前者表现在婚姻沦杂,后者反映为铨次无序。北魏韩显宗云:"朝廷每选举人士,则校其一婚一宦,以为升降。"[2]同为南齐官僚的萧沈二人,在齐梁易代之后,逐渐将整齐士庶秩序的事情提上日程。《南史·王僧孺传》详细记载了王僧孺奉诏修谱的背景,正是沈约上书云:"晋咸和初,苏峻作乱,文籍无遗。后起咸和二年以至于宋,所书并皆详实,并在下省左户曹前厢,谓之晋籍,有东西二库。此籍既并精详,实可宝惜,位宦高卑,皆可依案。宋元嘉二十七年,始以七条征发,既立此科,人奸互起,伪状巧籍,岁月滋广。以至于齐,患其不实,于是东堂校籍,置郎令史以掌之。竞行奸货,以新换故,昨日卑细,今日便成士流。……臣谓宋、齐二代,士庶不分,杂役减阙,职由于此。窃以晋籍所余,宜加宝爱。"[3]史载沈约上书时的官职是尚书令,结合《梁书》纪传,可知沈约任尚书令为天监六年(507)至八年(509)。沈约强调宋齐二代,士庶不分的源头在于晋籍之废。沈约所言弊病主要有二:其一是士庶不分,秩序混乱;其二是更改户籍,杂役减少。若着眼前者,则视晋籍为官僚姓谱与履历书籍;若看重后者,则视晋籍为东晋时代的纸本户籍。沈约上书以后,梁武帝迅速展开行动:

武帝以是留意谱籍,州郡多离其罪,因诏僧孺改定《百家

---

[1] 《梁书》卷一《武帝纪上》,第22—23页。
[2] 《魏书》卷六〇《韩麒麟附显宗传》,第1341页。
[3] 《南史》卷五九《王僧孺传》,第1461—1462页。

谱》。始晋太元中,员外散骑侍郎平阳贾弼笃好簿状,乃广集众家,大搜群族,所撰十八州一百一十六郡,合七百一十二卷。凡诸大品,略无遗阙,藏在秘阁,副在左户。及弼子太宰参军匪之、匪之子长水校尉深世传其业。太保王弘、领军将军刘湛并好其书。弘日对千客,不犯一人之讳。湛为选曹,始撰百家以助铨序,而伤于寡略。齐卫将军王俭复加去取,得繁省之衷。僧孺之撰,通范阳张等九族以代雁门解等九姓。其东南诸族别为一部,不在百家之数焉。[1]

这段材料反向说明沈约所谈"晋籍",功能主要就是针对士庶不分的。但是"晋籍"和"簿状"的收藏地有所不同：前者藏于左户曹前厢,后者藏在秘阁,副在左户。《通志·氏族略》"氏族序"云："凡百官族姓之有家状者则上之,官为考定详实,藏于秘阁,副在左户。若私书有滥,则纠之以官籍；官籍不及,则稽之以私书。"[2]唐末司空图所撰《荥阳族系图记》云："我皇唐之有天下也,仰稽前代族姓之学,下诏高士廉、韦挺、岑文本、令狐德棻参以天下谱牒。合二百九十三姓,一千六百五十一家,定为九等,号曰氏族志。藏之秘阁,副在左户。"[3]可见梁武帝所留意的"谱籍",同样存在着士庶之际的阶层分野。精英阶层的谱牒藏有两份：藏之秘阁,副在左户；而一般民众的户籍则藏于尚书省左户曹。

目前存世最早的纸本户籍,均属十六国时期,主要有《西凉建初籍》(S.113)、《北凉承阳籍》(Ch.6001)、《前秦建元籍》等三件,学者结合走马楼孙吴户籍简,指出现存十六国户籍主要内容是户

---

[1] 《南史》卷五九《王僧孺传》,第1462页。
[2] 《通志二十略·氏族略第一》,第1页。
[3] 陈尚君辑校：《全唐文补编》卷六《司空图·荥阳族系图记》,北京：中华书局,2005年,第2336页。按,征引此书多数碑志,笔者另行标点,不再说明。

主籍贯、身份、姓名、年龄、户口所在地、赀产等信息。[1] 现存最早的两件氏族谱,分别被命名为《高昌某氏残族谱》(又名"西平麹氏族谱")、《某氏族谱》,均出土于吐鲁番阿斯塔纳。郭锋总结两谱的共性主要有二:其一,以世系和历官为主,有官者皆注之;其二,男女皆记,以方框表示夫妻关系;已嫁之女,同样记入谱中,女父有官则注之。[2] 唐人赵莹《论修唐史奏》云:"古者衣冠之家,书于国籍,中正清议,以定品流,故有家传、族谱、族图。江左百家,轩裳继轨;山东四姓,簪组盈朝。"[3] 两谱撰述方式,正是赵莹所论的"族图",即图表式谱牒。比较现存"两谱"与"三籍",我们发现其间最大的差别正是官民、士庶的分野,前者侧重记载谱主近世祖先的婚姻和仕宦,后者侧重记载户主的个人信息,这种差异与谱、籍的功能直接相关。兹以文字较多的《某氏族谱》为例。谱主姓氏失载,王素从配偶宋氏多达十例,以及其他配偶马氏三例,车氏、索氏、赵氏各一例,且宋、马、索三姓皆为敦煌郡望,故判断谱主应是与诸家关系最密切的家族,即敦煌张氏。与此谱同墓出土者,恰有一件"高昌追赠宋怀儿虎牙将军令",王素推断宋怀儿就是墓主。但宋氏在本谱中,几乎均以夫人的形象出现,又因此谱被剪作鞋样,故王素推断此谱应为宋怀儿配偶从娘家携带过来的族谱。[4] 此说恐难成立。墓葬中既然出土高昌追赠宋怀儿的文书,只能说

---

[1] 学界关于户籍、籍账的研究成果甚丰,综合性讨论参见张荣强:《〈前秦建元籍〉与汉唐间籍账制度的变化》,《历史研究》2009年第3期,第16—38页。

[2] 参见马雍:《略谈有关高昌史的几件新出土文书》,《考古》1972年第4期。王素:《吐鲁番出土〈某氏残族谱〉初探》,《新疆文物》1992年第1期;《吐鲁番出土〈某氏族谱〉新探》,《敦煌研究》1993年第1期。郭锋:《晋唐时期的谱牒修撰》,《中国社会经济史研究》1995年第1期。

[3] 王钦若等编纂,周勋初等校订:《册府元龟》卷五五七《国史部》,南京:凤凰出版社,2006年,第6388页。

[4] 王素:《吐鲁番出土〈某氏残族谱〉初探》,《新疆文物》1992年第1期,第63—64页。

明随葬谱牒(鞋样)距宋怀儿生活时间相去甚远,因为不管是宋怀儿家族谱牒还是其姻亲张氏娘家的谱牒,不管是官方谱牒还是私家谱牒,对于时人来说都弥足珍贵。他们不太可能把离自己生活时代如此之近的谱牒,任由出嫁之女携至夫家,剪作鞋样,进行随葬。

作为国家重器和高门秘笈,谱牒具有区分士庶、清浊的指南意义,等闲不能示人,更谈不上被当成过期文书随意处理。梁元帝告诫其子云:"谱牒所以别贵贱,明是非,尤宜留意。或复中表亲疏,或复通塞升降,百世衣冠,不可不悉。"[1]南齐建武初年,荒伧人王泰宝为了混入士流,买袭琅琊谱,"尚书令王晏以启高宗,渊坐被收,当极法,子栖长谢罪,稽颡流血,朝廷哀之,免渊罪"。[2]贾渊作为谱学名家,也不能将谱学知识当成商品随意贩卖。前引文贾渊祖父贾弼之对编纂"晋籍"贡献甚大,引文称贾弼之"乃广集众家,大搜群族,所撰十八州一百一十六郡,合七百一十二卷"。《南齐书》则云:"广集百氏谱记,专心治业。……渊父及渊三世传学,凡十八州士族谱,合百帙七百余卷,该究精悉,当世莫比。"[3]柳冲又称"弼传子匪之,匪之传子希镜,希镜撰姓氏要状十五篇,尤所谙究。希镜传子执,执更作姓氏英贤一百篇,又著百家谱,广两王所记。执传其孙冠,冠撰梁国亲皇太子序亲簿四篇。王氏之学,本于贾氏"。[4]可见贾弼之、贾匪之、贾渊、贾执、贾冠至少五代,世传谱学。根据柳冲的意见:王氏之学,本于贾氏。王僧孺编撰百家谱,具有鲜明的传承谱系。郑樵云:"晋贾弼、宋王弘、齐王俭、梁王僧孺各有百家

---

[1] 萧绎撰,许逸民校笺:《金楼子校笺》卷二《戒子篇》,北京:中华书局,2011年,第499页。
[2]《南齐书》卷五二《文学·贾渊传》,第907页。
[3]《南齐书》卷五二《文学·贾渊传》,第907页。
[4]《新唐书》卷一九九《柳冲传》,第5680页。

谱。"[1]郑樵所云"王弘",柳冲的意见有所不同,"宋王弘、刘湛好其书。弘每日对千客,可不犯一人讳。湛为选曹,撰百家谱以助铨序。文伤寡省,王俭又广之,王僧孺演益为十八篇,东南诸族自为一篇,不入百家数"。《隋书·经籍志》记有刘湛《百家谱》二卷。王僧孺编撰《百家谱》以后,"俾士流案此谱乃通昏姻"。[2]"助铨序"和"通婚姻",前者选官,后者通婚,《百家谱》借此两大功能划清士庶界限。那么,贾渊贩卖琅琊谱的什么内容,竟致被当局处以极法呢?可以相信,王泰宝所买袭的琅琊谱,应该就是琅琊王氏的谱牒。《王氏谱》已经亡佚,不过传世文献保存着琅琊《王氏谱》的残篇断句。兹辑录《世说新语》注引《王氏谱》诸条内容如下:

1. 导娶彭城曹韶女,名淑。(《德行篇》)
2. 献之娶高平郗昙女,名道茂,后离婚。(《德行篇》)
3. 微字幼仁,琅邪人。祖父乂,平北将军。父澄,荆州刺史。微历尚书郎、右军司马。(《言语篇》)
4. 凝之字叔平,右将军羲之第二子也。历江州刺史、左将军、会稽内史。(《言语篇》)
5. 讷之字永言,琅邪人。祖彪之,光禄大夫。父临之,东阳太守。讷之历尚书左丞、御史中丞。(《文学篇》)
6. 坦之子恺,娶桓温第二女,字伯子。(《方正篇》)
7. 王坦之娶顺阳郡范汪女,名盖,即宁妹也,生忱。(《方正篇》)
8. 逸少,羲之小字。羲之妻,太傅郗鉴女,名璿,字子房。(《雅量篇》)

---

[1]《玉海》卷五〇《艺文·谱牒》,第948页。
[2]《玉海》卷五〇《艺文·谱牒》"唐编古命氏"条,第953页。

9. 羲之是敦从父兄子。(《赏誉篇》)

10. 临之字仲产,琅邪人,仆射彪之子。仕至东阳太守。(《赏誉篇》)

11. 耆之字修载,琅邪人,荆州刺史廙第三子。历中书郎、鄱阳太守、给事中。(《文学篇》)

12. 颖字茂英,位至议郎,年二十卒。敞字茂平,丞相祭酒,不就。袭爵堂邑公,年二十有二而卒。(《品藻篇》)

13. 操之字子重,羲之第六子。历秘书监、侍中、尚书、豫章太守。(《品藻篇》)

14. 桢之字公干,琅邪人,徽之子。历侍中、大司马长史。(《品藻篇》)

15. 诩,夷甫弟也,仕至修武令。(《容止篇》)

16. 廞字伯舆,琅邪人。父荟,卫将军。廞历司徒长史。(《任诞篇》)

17. 混字奉正,中军将军恬子。仕至丹阳尹。(《排调篇》)

18. 肃之字幼恭,右将军羲之第四子。历中书郎、骠骑咨议。(《排调篇》)

19. 彭之字安寿,琅邪人。祖正,尚书郎。父彬,卫将军。彭之仕至黄门郎。虎犊,彪之小字也。彪之字叔虎,彭之第三弟。年二十而头须皓白,时人谓之王白须。少有局干之称。累迁至左光禄大夫。(《轻诋篇》)

20. 胡之是恬从祖兄。(《忿狷篇》)[1]

---

[1] 以上材料,参见余嘉锡:《世说新语笺疏》,北京:中华书局,2015年,第34、44、138、143、266、367、377、398、501、534、535、569、596、603—604、677、843、893、903、918、977页。按,李生平、李自强博士对此有所补充,谨此致谢。

上举二十条王氏谱残句,皆为《世说新语》刘孝标注所引。大致可分四类:第1、2、6、7、8条等五条记载婚姻对象,第9、20条等两条表示世系,第12、19条等两条记载官爵、卒年,乃至人物容止、事迹,其余十一条简单记载近世祖先或兄弟官爵。王氏谱所记内容是琅琊王氏的特殊情况呢,还是士族谱牒的一般情况?传世文献亦有王僧孺所撰《百家谱》的残句,兹征引如下:

1. 皮氏:苟昭娶下邳皮仁之女。
2. 间氏:琅琊王绪娶顿邱间澄女。河内苟元安娶顿邱间法兴女。
3. 禹氏:兰陵萧道游娶禹氏女。
4. 阙氏:萧远娶下邳阙氏之女。
5. 柏氏:萧元益娶济阴柏氏;益兄子泉,娶济阴柏齐女。
6. 瞿氏:裴桃儿娶苍梧瞿宝女。
7. 巢氏:河内苟超,娶鲁国巢正女。
8. 荚氏:苟永之娶荥阳荚氏。
9. 间氏:有间德兴。
10. 侍其氏:兰陵萧休续娶高密侍其义叔女。
11. 刘氏:瓛娶王法施女也。
12. 范氏:汪生少连。……少连,太子舍人,余杭令。[1]

---

[1] 皮氏、间氏、禹氏、阙氏、柏氏,见于林宝撰,岑仲勉校记:《元和姓纂(附四校记)》卷二,第82、211页;卷六,第897页;卷一〇,第1523、1580页。瞿氏,见于《通志二十略·氏族略五》,第187页。巢氏、荚氏,见于邓名世撰,王力平点校:《古今姓氏书辩证》卷一一,第157页;卷四〇,第637页。侍其氏、间氏,见于邵思撰,侯立睿点校:《姓解》卷一,上海:上海古籍出版社,2018年,第8页;卷三,第33页。刘氏、范氏,见于《文选》卷五九《墓志·刘先生夫人墓志》李善注引,第2623页,卷三八《表下·为范尚书让吏部封侯第一表》,第1769页。按,后两者注引皆作王僧孺某氏谱,疑属《百家谱》内容。

上举十二条《百家谱》残句，前十条多标明王僧孺《百家谱》，或称王僧孺谱，末两条称王僧孺《刘氏谱》《范氏谱》。其中十条记载通婚对象，一条记载人物，一条记载子嗣官职。《隋书·经籍志》记载王僧孺《百家谱》三十卷。上述十二条内容不过是《百家谱》的冰山一角。史书记载王僧孺奉敕撰谱，寻访刘杳血脉所因。刘杳云："桓谭新论云'太史三代世表，旁行邪上，并效周谱'。以此而推，当起周代。"僧孺叹曰："可谓得所未闻。"[1]可证刘氏的血脉缘起亦是王僧孺撰写《刘氏谱》的内容。《百家谱》记载通婚的格式可概括为："某郡甲氏娶乙氏之女"，除却第11条为"甲氏谱"外，其余九条均为"乙氏谱"。前文讨论的"某氏族谱"，显然是以男性为基准进行讨论，《百家谱》残句格式可为讨论"某氏族谱"的谱主提供另一种可能，即氏族谱也很可能以女性家族为主，结合同墓所出《高昌追赠宋怀儿虎牙将军令》，我们认为也可能就是"宋氏谱"，只是距宋怀儿生活的时代已比较遥远。[2]

结合前文所考《王氏谱》，可见近世祖先的婚宦构成六朝谱牒最核心的内容。笔者据不同时代、不同性质的文献资料，拼凑出一份中古谱牒比较完整的内容：大概包括姓氏源流、房支分化、成员官职和婚姻嫁娶等基本要素，还可能包括人物评论、政治事件等内容，其中姓氏源流与房支分化具有大众知识的意味，公共性、开放性是其特点，而近世祖先婚宦则有"精英知识"的意味，垄断性、封闭性是其特点。[3]前文沈约奏弹已经明确表明，近世祖先的官爵是通婚之前稽考谱牒的主要内容，媒人刘嗣之没有列举满璋之父

---

[1]《梁书》卷五〇《文学下·刘杳传》，第716页。
[2] 学者发现12世纪的英国贵族可以从家谱上找到与加洛林王朝旧贵族的联系，但主要是母系而非父系。参见朱孝远：《中世纪欧洲贵族》，第8页。
[3] 参见拙撰《中古早期的谱系、谱牒与墓志关系辨证》，《中国史研究》2021年第2期。收于本书上编。

祖联姻高门,正是因为父祖籍籍无名,通婚对象自然不是名门望族,否则必然是媒人为之辩护的理由。谱牒已经成为判别士庶身份的重要凭证,正所谓"有司选举,必稽谱籍",昧于谱牒的官员,自然也就不能承担选拔官吏的重任。南齐永明年间,齐武帝欲以萧鸾代替王晏任吏部尚书,遭到拒绝,王晏云:"鸾清干有余,然不谙百氏,恐不可居此职。"[1]不仅朝廷要员如此,南齐尚书骆宰云:"然而乡举里选,不核才德,其所进取,以官婚胄籍为先,遂令甲族以二十登仕,后门以三十试吏,故有增年矫貌,以图进者。其时士人皆厚结姻援,奔驰造请,浸以成俗。"[2]可见六朝时代无论选拔官员,还是通婚对象,皆以稽考候选人列祖列宗的官婚胄籍为先,这些内容尤以近世祖先的婚宦为主,其文本的物质形态正是谱牒。《晋阳秋》记载中正亦是稽考谱牒的主角之一,"初,陈群为吏部尚书,制九格,登用皆由中正考之簿世,然后授任"。[3] 换言之,中正也是可以掌握谱牒知识的人群。沈约奏弹王源时的任官吴兴邑中正可让其了解相关谱牒,而御史中丞则有监察之责,如此来看沈约的奏弹就顺理成章了。

二、内与外:婚姻集团的限度

在沈约奏弹王源之前半个世纪,刘宋政权已经对婚姻失类的行为进行严惩。《资治通鉴》记载永明五年(487)齐武帝下诏云:

> 诏士族杂婚者皆补将吏。士族多避役逃亡,乃严为之制,

---

[1]《南齐书》卷四二《王晏传》,第742页。
[2]《通典》卷一四《选举二·历代制中》,第334—335页。
[3]《玉海》卷五〇《艺文·谱牒》"晋籍"条,第948页。

捕得即斩之，往往奔窜湖山为盗贼。沈怀文谏，不听。[1]

沈怀文与沈约同为吴兴沈氏，但血统关系甚为疏远。所谓"杂婚"，胡三省注云："谓与工商杂户为婚也。"唐大中十二年郑氏墓志云："自八代祖将军敬德至于仓曹公，门无杂婚。故衣冠名家，时号鼎族。"[2] 上引《通鉴》这条材料，应本于《魏书》："凡诸郡士族婚宦点杂者，悉黜为将吏，而人情惊怨，并不服役，逃窜山湖，聚为寇盗。侍中沈怀文苦谏不纳。"[3]《宋书·沈怀文传》则云："上又坏诸郡士族，以充将吏，并不服役，至悉逃亡，加以严制不能禁。乃改用军法，得便斩之，莫不奔窜山湖，聚为盗贼。怀文又以为言。"[4] 唐长孺认为孝武帝要破坏诸郡士族，总得师出有名，不可能一概不予承认，婚宦如果失类，地位必然受损，故以《魏书》记载为是。[5]《晋书·陆玩传》则云："时王导初至江左，思结人情，请婚于玩。玩对曰：'培塿无松柏，薰莸不同器。玩虽不才，义不能为乱伦之始。'"[6] 沈约在奏弹王源中称"非我族类，往哲格言，薰莸不杂，闻之前典"，陆玩、沈约用典虽同，但况味甚异。陆玩所指正是东晋南朝侨姓与吴姓士族各自结成地域性极强的婚姻网络，朝

---

[1] 《资治通鉴》卷一二九《宋纪十一》"孝武帝大明五年"，北京：中华书局，1956年，第4058—4059页。《建康实录》卷一三《孝武帝纪》："是岁，始坏士族离婚者补将吏，于是民多逃亡，王役弗增而盗贼代起，侍中沈怀文固谏，不听。"张忱石怀疑《通鉴》为是，参见许嵩撰，张忱石点校：《建康实录》卷一三校勘记，北京：中华书局，1986年，第499页。

[2] 吴钢主编：《全唐文补遗·千唐志斋新藏专辑》，西安：三秦出版社，2006年，第396页。

[3] 《魏书》卷九七《刘骏传》，第2144页。

[4] 《宋书》卷八二《沈怀文传》，第2104页。

[5] 唐长孺：《士人荫族特权和士族队伍的扩大》，收入氏著《魏晋南北朝史论拾遗》，北京：中华书局，1983年，第64页。

[6] 《晋书》卷七七《陆玩传》，第2024页。并见余嘉锡：《世说新语笺疏·方正篇》，第362页。

廷虽然没有禁止侨姓、吴姓互为婚姻，但两大地域势力彼此皆有偏见，互为婚姻者极少。[1] 沈约所言显然已是社会阶层高下之别。

北朝情况显然更加复杂：在地域和阶层两个维度之外，北魏统治阶层的通婚还有夷夏之别。孝文诏令六弟娉娶汉人高门的举动，最为学者瞩目，且往往被置于其推行汉化政策的背景之下。孝文诏令见于《魏书·咸阳王禧传》，主要内容是："以皇子茂年，宜简令正，前者所纳，可为妾媵。将以此年为六弟娉室。长弟咸阳王禧可娉故颍川太守陇西李辅女，次弟河南王幹可娉故中散代郡穆明乐女，次弟广陵王羽可娉骠骑谘议参军荥阳郑平城女，次弟颍川王雍可娉故中书博士范阳卢神宝女，次弟始平王勰可娉廷尉卿陇西李冲女，季弟北海王详可娉吏部郎中荥阳郑懿女。"[2]史传并未明确记载诏令的时间，《资治通鉴》系于太和二十年（496），并将改姓、定姓族诸事系于同年，萃于一处，引导读者对看似无关的几件事产生联想和关照，从而激发出超越单个事件本身以外的意义。此处系年显然有误，学者已有很好的批评，此处不赘。

这件诏令被忽略之处有二：其一，诏令缘起。史传在诏令前记载缘起云："于时，王国舍人应取八族及清修之门，禧取任城王隶户为之，深为高祖所责。"史传后文记载元禧有子：通、翼、昌、晔等人，"翼乃与弟昌、晔奔于萧衍。翼与昌，申屠氏出。晔，李妃所生也。翼容貌魁壮，风制可观，衍甚重之，封为咸阳王。翼让其嫡弟晔，衍不许"。[3] 此处"李妃"，显然就是诏令所称陇西李辅女，"让其嫡弟晔"，说明元晔生母李氏后来居上，成为咸阳王正室，而此前所娶申屠氏，则为妾媵，故子因母贱，失去嫡子之位。申屠氏

---

[1] 周一良：《南朝境内之各种人及政府对待之政策》，收于氏著《魏晋南北朝史论集》，第27—79页。
[2] 《魏书》卷二一上《献文六王列传上》，第534—535页。
[3] 《魏书》卷二一上《献文六王列传上》，第540页。

墓志已经发现,志文极为简单,文称"侍中、太尉公、咸阳王贵妾申屠氏",[1]乃景明元年(500)二月廿八日所刻,正是申屠氏。其二,"王国舍人"之前,《魏书》《北史》皆作"于时",《资治通鉴》却改作"魏旧制",霍姆格伦敏锐发现这点,并指出司马光试图强化阶层内婚制在拓跋族早已盛行之意图。[2]北魏首次明确禁止跨阶层通婚的诏令,由文成帝发布于和平五年(464):

  夫婚姻者,人道之始。是以夫妇之义,三纲之首,礼之重者,莫过于斯。尊卑高下,宜令区别。然中代以来,贵族之门多不率法,或贪利财贿,或因缘私好,在于苟合,无所选择,令贵贱不分,巨细同贯,尘秽清化,亏损人伦,将何以宣示典谟,垂之来裔。今制皇族、师傅、王公侯伯及士民之家,不得与百工、伎巧、卑姓为婚,犯者加罪。[3]

二十余年后,孝文帝在太和二年(478)发布诏令云:"又皇族贵戚及士民之家,不惟氏族,下与非类婚偶。先帝亲发明诏,为之科禁,而百姓习常,仍不肃改。朕今宪章旧典,祗案先制,著之律令,永为定准。犯者以违制论。"[4]霍姆格伦一方面将禁婚三令综合观察,但又通过对北魏皇室特别是公主纳聘的实证分析,富有洞见地指出所谓"王国舍人应取八族及清修之门"中的"八族",虽有五族与拓跋皇室联姻,但基本都在一百年前,公元5世纪以降,所谓八族再也不是后宫乃至宗王妃嫔的主要来源,只有

---

[1] 王连龙:《新见北朝墓志集释》,北京:中国书籍出版社,2013年,第11—12页。
[2] J. Holmgren, Race and Class in Fifth Century China, The Emperor Kao-tsu's Marriage Reform, *Early Medieval China*, Michigan, Vol.2, 1995, pp.86 – 117.
[3] 《魏书》卷五《高宗纪》,第122页。
[4] 《魏书》卷七上《高祖纪上》,第145页。

穆氏家族比较例外。更重要的是,霍氏发现冯太后通过陆定国与李冲两个家族,将皇室通婚圈层扩展至山东地区的汉人精英;而孝文诏令的婚姻圈仍是一个高度封闭的婚姻集团。霍氏更由此指出孝文帝此举与北燕、契丹、慕容鲜卑等内亚民族将婚姻关系限制在狭小姻族之内的做法异曲同工。[1]《资治通鉴》记载孝文诏令六弟娉娶诏令的同年,"魏主雅重门族,以范阳卢敏、清河崔宗伯、荥阳郑羲、太原王琼四姓,衣冠所推,咸纳其女以充后宫。陇西李冲以才识见任,当朝贵重,所结姻娅,莫非清望;帝亦以其女为夫人"。对比孝文诏令六弟娉娶对象,高祖纳入后宫的门族与之重合者三家:陇西李氏、荥阳郑氏、范阳卢氏。征诸史传,《通鉴》此条在《魏书》列传均有体现:

  王琼:高祖纳其长女为嫔。
  韦崇:高祖纳其女为充华嫔。
  李冲:高祖初依周礼,置夫、嫔之列,以冲女为夫人。
  卢敏:高祖纳其女为嫔。
  郑羲:文明太后为高祖纳其女为嫔。
  郑胤伯:高祖纳其女为嫔。
  崔休:高祖纳休妹为嫔。
  冯熙:高祖纳其女为后。……高祖前后纳熙三女,二为后,一为左昭仪。[2]

---

[1] J. Holmgren, Race and Class in Fifth Century China, The Emperor Kao-tsu's Marriage Reform, pp.86 – 117; Wei-shu Records on the Bestowal of Imperial Princesses during Northern Wei, *Papers on Far Eastern History*, Canberra, No.27, 1983, pp.21 – 97.

[2]《魏书》卷三八《王慧龙传》,第 878 页;卷四五《韦阆传》,第 1012 页;卷四七《卢玄传》,第 1053 页;卷五三《李冲传》,第 1181 页;卷五六《郑羲传》,第 1239、1243 页;卷六九《崔休传》,第 1525 页;卷八三上《外戚·冯熙传》,第 1820 页。

上引文最后一条涉及冯太后与孝文帝的关系,学者讨论甚多。京兆韦氏并未出现在孝文帝为六弟娉娶的名单中,但霍姆格伦据韦崇母亲为郑羲姊妹推断,韦崇之女入宫与郑羲女的推荐有关。据《魏书·郑羲传》,郑胤伯为郑羲之侄,则郑羲女为郑胤伯女之从父姑母。郑胤伯女入宫,很可能也与郑羲女有关。一个可靠的旁证是,《魏书·孝文五王列传》序言记载诸王生母,末云:"郑充华生皇子恌,未封,早夭。"[1]此处郑充华,是前举汉人高门唯一为孝文帝生育子嗣者,疑即郑羲之女。郑懿是郑羲之子,其女与郑羲女为姑侄关系,推想郑懿女出嫁元详可能也有郑羲女推荐的因素。郑平城与郑胤伯为兄弟,其女与郑胤伯女为堂姊妹。可见与孝文兄弟成婚的郑氏女子,皆在荥阳郑羲三代以内,娉娶亦不计行辈。接着看范阳卢氏的情况。据《魏书·卢玄传》,卢度世从祖弟神宝,其女出嫁高阳王元雍。卢神宝女与卢敏为共高祖、而不共曾祖的关系,血统比较疏远。其他可以考知的通婚案例,多集中在卢度世子孙辈。卢渊子卢道虔、卢昶子卢元聿皆尚孝文之女,卢渊子卢道裕尚献文之女。不仅如此,范阳卢氏与荥阳郑氏亦保持紧密的婚姻关系,郑道昭至少两女,一女出嫁卢渊子卢道约,一女出嫁卢昶子卢元明。卢道约孙卢公顺娶博陵崔昂女,崔昂墓葬已经发掘,其妻是郑道昭孙女郑仲华。崔昂另一位妻子是范阳卢修娥,其祖卢尚之与卢渊为兄弟。崔昂墓志志末云:"长女适荥阳郑思仁。第二女适赵郡李孝贞。第三女适范阳卢公顺。"[2]可见卢氏与郑氏主干房支累世婚媾。

太原王氏为何没有进入孝文帝为诸弟娉妃的名单呢?太原王氏与崔卢李郑诸家不同,王慧龙在明元时期只身北奔,王慧龙本传记载"自慧龙入国,三世一身,至琼始有四子""(慧龙)生一

---

[1]　《魏书》卷二二《孝文五王列传》,第587页。
[2]　河北省博物馆:《河北平山北齐崔昂墓调查报告》,《文物》1973年第11期。

男一女,遂绝房室",王宝兴有子王琼,有无女儿不得而知。据史传记载,王琼卒于孝昌三年(527)或四年,七十四岁,生于文成帝兴光元年(454)。孝文帝为诸弟娉妃之时,王琼四十余岁,已知长女入宫,次女嫁给范阳卢道亮。本传又载王慧龙妻崔恬女,卢遐妻崔浩女,卢遐与卢度世为从兄弟。史书记载,王慧龙妻与卢遐妻(崔氏姊妹)怀孕之时,崔浩指腹为婚云:"汝等将来所生,皆我之自出,可指腹为亲。"随后果然成婚,崔浩担任主持。[1] 如果说王慧龙、王宝兴父子的婚姻体现出与清河崔浩、范阳卢氏之间的紧密联系,从王宝兴以降,太原王氏与陇西李氏至少连续四世联姻,皆为两个家族主要房支的成员。关于陇西李氏和太原王氏的联姻,笔者发现很可能始于太平真君年间李宝担任并州刺史之时,[2]王慧龙其时已死,两家联姻应在李宝和王慧龙妻崔恬女或王宝兴的操作下完成的,崔恬女当时如果尚在,我们自然联想到清河崔浩可能施加的影响。与此相似,陇西李氏与荥阳郑氏联姻,很可能也是因为李承担任荥阳太守。根据史传碑志,李承弟李佐娶荥阳郑定宗女,李冲娶郑德玄女,李承女嫁给郑平城,李冲女长妃出嫁荥阳郑道昭,次女仲玉出嫁荥阳郑洪建,次女令妃出嫁范阳卢道裕,次女稚妃出嫁清河崔勖,幼女稚华出嫁河南元季海。[3]

---

[1]《魏书》卷三八《王慧龙传》,第877页。
[2] 参见拙撰《中古太原士族群体研究》,第132页。
[3]《魏书》卷三九《李宝传》、卷五三《李冲传》,以及李媛华、李晖仪等人墓志。两人墓志,分别见于赵万里:《汉魏南北朝墓志集释》,图版186。罗新:《跋北魏郑平城妻李晖仪墓志》,《王化与山险:中古边裔论集》,第337—344页。关于高祖之前与高祖时期五姓通婚情况的转变,亦参毛汉光:《中古山东大族著房之研究——唐代禁婚家与姓族谱》,《"中研院"历史语言研究所集刊》第54本第3分,1983年;《中古大族著房婚姻之研究》,《"中研院"历史语言研究所集刊》第56本第4分,1985年。

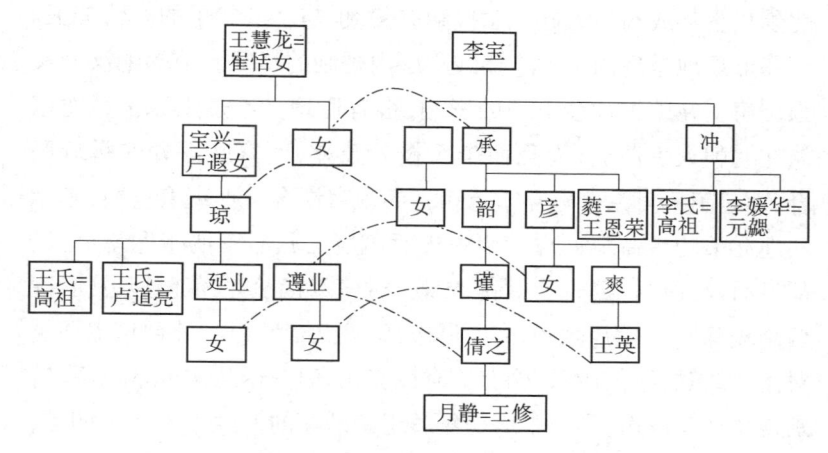

图 1　北朝太原王氏与陇西李氏通婚简图[1]

霍姆格伦突出李冲、卢渊、郑羲等人在婚姻集团中的作用,并强调孝文帝婚姻政策对冯太后时期婚姻政策的继承和因袭,颇有启发。李冲诚为北魏重臣,又兼史称"及李冲贵宠,与羲姻好,乃就家征为中书令","(卢)渊与仆射李冲特相友善。冲重渊门风,而渊祗冲才官,故结为婚姻,往来亲密。至于渊荷高祖意遇,颇亦由冲"。[2] 但据墓志,李晖仪生于和平四年(463),十三岁出嫁郑平城,即延兴五年(475),其时李冲尚未贵宠。至若唐人亦称"后魏太和中,定四海望族,以宝等为冠"。[3] 应该说,李冲贵宠后巩固和确认了与荥阳郑氏的姻亲关系。太原王氏与陇西李氏,两个家族一为北奔,一为东迁,一为南朝高门,一为西凉皇室,均非元魏立国之初的功臣家族,却能赶上北魏门第阶层通婚的"末班车",与

---

[1] 据《魏书》卷三八《王慧龙传》、《新唐书》卷七二中《宰相世系表》,以及李蕤、李倩之、崔曜华等墓志绘制而成,仅列两家具有婚姻关系的成员。弧线表示婚姻关系。
[2] 《魏书》卷五六《郑羲传》,第 1238 页;卷四七《卢玄传》,第 1050 页。
[3] 《新唐书》卷九五《高俭传》,第 3482 页。

北魏皇室甚或高门大族愿意接纳有关,也与李宝父子的经营有关。上图形象地呈现两个大族实践阶层内婚制的特征。前揭毛汉光文强调房支在中古社会史中的影响,很有道理。不过太原王慧龙家族在北朝人丁薄弱,而陇西李氏枝叶茂盛,两家联姻并非举族联合,而是王氏直系家庭与李承房支的紧密结合。据现有资料,李承其他兄弟的后裔罕见与太原王氏联姻者。其后孝明帝宠幸潘氏,胡皇后及其他妃嫔表示不满,史载"时博陵崔孝芬、范阳卢道约、陇西李瓒等女,俱为世妇。诸人诉讼,咸见忿责"。[1] 北魏皇室通婚对象,如霍姆格伦所云,确有历时性变化,但最迟从文成帝以降,特别是孝文朝以后,乃至李唐初年属于禁婚家的七姓十家四十四子,可以说阶层内婚制的原则是一以贯之的,但在文成帝之前,华夏高门内部如博陵崔氏与范阳卢氏、范阳卢氏与荥阳郑氏之间的通婚关系就已广泛存在。

在这个意义上,我们或许能够更深刻地理解《魏书·官氏志》记载"定姓族"后云:"其此诸状,皆须问宗族,列疑明同,然后勾其旧籍,审其官宦,有实则奏,不得轻信其言,虚长侥伪。"[2] 为何动辄钩稽旧籍?正因为如南朝一样,北魏皇室和胡汉高门选拔官吏和谈婚论嫁,必挟此作为行动指南。北魏婚姻三令,旨在以政治权威(当朝冠冕),划清胡汉家族的阶层鸿沟,而孝文帝定姓族、颁婚姻诏,正是以法律、制度而非习惯的手段,黏合并确认鲜卑与华夏高门的新门阀序列。[3] 旧籍包括哪些内容?"审其官宦"并不准确,应该是如李媛华墓志志首记载的祖先婚宦。

北朝人物如果婚姻失类,后果极为严重,甚至同为堂兄弟,也会高下悬隔,判然两途。公孙邃、公孙睿兄弟就发生这样的事情:

---

[1] 《北史》卷一三《后妃传》,第 506 页。
[2] 《魏书》卷一一三《官氏志》,第 3015 页。
[3] 唐长孺:《论北魏孝文帝定姓族》,《魏晋南北朝史论拾遗》,第 79—91 页。

"邃、睿为从父兄弟,而睿才器小优,又封氏之生,崔氏之婿,邃母雁门李氏,地望悬隔。巨鹿太守祖季真,多识北方人物,每云:'士大夫当须好婚亲,二公孙同堂兄弟耳,吉凶会集,便有士庶之异。'"[1]本节开始讨论刘宋将杂婚者补作将史,北朝文成帝下诏杂婚者"治罪",迄于唐代,其风不为衰歇,"天下郡望姓氏族谱一卷,李林甫等撰。记郡望出处,凡三百九十八姓,天宝中颁下,非谱裔相承者,不许昏姻"。[2] 此句表达的主旨内容,与敦煌氏族谱残卷 S.5861、BD08679 文书颇有重合之处,如两谱皆云:"前件郡姓出处,许其通婚媾。结婚之始,非旧委悉,必须精加研究,知其谱裔相承不虚,然可为定。……而或媾官混杂,或从贱入良,营门杂户,慕容商贾之类,虽有谱,亦不通。如有犯者,剔除籍。"[3]

三、远与近:祖先记忆的张力

谱牒与门阀阶层犹如唇齿,一荣俱荣,一损俱损。关于中古时期门阀士族对于祖先记忆的追溯和书写,学界已有比较丰富的讨论。[4] 此节试图讨论在中古谱牒废绝的大背景下,祖先记忆是如何进行的。

战乱通常被视作造成谱牒亡佚的罪魁祸首。西晋谱学家挚虞

---

[1]《魏书》卷三三《公孙邃传》,第 786—787 页。
[2]《玉海》卷五〇《艺文·谱牒》"唐新定诸家谱录"条,第 953 页。
[3] 按,S.5861 是残谱,学者据 P.3191 等文书进行缀合,有的学者认为 BD08679 是以 S.5861 为底本的伪作。综合性讨论参见陈丽萍:《敦煌本〈大唐天下郡姓氏族谱〉的缀合与研究——以 S.5861 为中心》,《敦煌研究》2014 年第 1 期,第 78—86 页。
[4] 参见孙正军:《近十年来中古碑志研究的新动向》,《史学月刊》2021 年第 4 期,第 107—118 页。

曾云撰述《族姓昭穆》十卷之缘由,"汉末丧乱,谱传多亡失,虽其子孙不能言其先祖"。[1] 沈约曾云:"晋咸和初,苏峻作乱,文籍无遗。"[2] 颜之推自注《观我生赋》云:"中原冠带随晋渡江者百家,故江东有百谱,至是在都者覆灭略尽。"[3] 此处所指正是侯景之乱。沈约亦在《宋书·自序》云:"春秋之时,列于盟会。定公四年,诸侯会召陵伐楚,沈子不会,晋使蔡伐沈,灭之,以沈子嘉归。其后因国为氏。自兹以降,谱谍罔存。"[4] 杨愔批评《魏书》"但恨论及诸家枝叶亲姻,过为繁碎,与旧史体例不同耳",魏收则云:"往因中原丧乱,人士谱牒,遗逸略尽,是以具书其支流。"[5] 分析这些论述,至少有两个层面的矛盾:其一,两说之间存在冲突。沈约和颜之推所云似有矛盾,沈约续云咸和二年(327)至宋所载翔实,似指晋初谱籍已经亡佚,但颜之推的意思似指百家谱籍至侯景乱后才覆灭略尽。其二,不少论述逻辑含有循环论证的意味。例如杨愔批评《魏书》体例与此前史书不同,颇有代人作家谱之讥,魏收则回应说正因谱牒亡佚殆尽,故具书支流。读者自然会问,魏收撰写此类内容的根据是什么呢?结果恰好又是"遗逸略尽"的谱牒:"博访百家谱状,搜采遗轶,包举一代始终,颇为详悉。"[6]

唐末以降,五代纷扰,战火更炽,宋儒往往将门第的消融与谱牒的废绝联系起来。[7] 欧阳修称:"大幸前世常多丧乱,而士大夫之世谱未尝绝也。自五代迄今,家家亡之,由士不自重,礼俗苟简之使然。"欧阳修又致信曾巩云:"然近世士大夫于氏族尤不明,其

---

[1] 《晋书》卷五一《挚虞传》,第1425页。
[2] 《南史》卷五九《王僧孺传》,第1461页。
[3] 《北齐书》卷四五《颜之推传》,第621页。
[4] 《宋书》卷一〇〇《自序》,第2443页。
[5] 《北齐书》卷三七《魏收传》,第489页。
[6] 《旧本魏书目录叙》,第3063页。
[7] 徐扬杰:《中国家族制度史》,武汉:武汉大学出版社,2012年,第269—270页。

迁徙世次多失其序,至于始封得姓,亦或不真。"[1]苏洵亦称:"盖自唐衰,谱牒废绝,士大夫不讲,而世人不载,于是乎由贱而贵者耻言其先,由贫而富者不录其祖,而谱遂大废。"[2]欧苏谱式对后世家谱影响既深且巨。欧阳修《欧阳氏谱图序》云:"自琮已下谱亡,至其八世孙曰万,始复见于谱。"[3]其中琮为欧阳询玄孙,欧阳修谱图亦对其中的断裂作空阙处理,即便如此谨慎,宋人周密质疑云:"询在唐初,至黄巢时,几三百年,仅得五世。琮在唐末,至宋仁宗才百四十五年,乃为十六世,恐无是理。"[4]另一方面,欧阳修自云撰述谱图的根据是"以其家之旧谱问于族人,各得其所藏诸本,以考正其同异,列其世次",[5]可见欧阳氏家谱并未完全亡佚,但谱序所云动辄八世孙、四世孙、七世孙,又说明欧阳氏谱系断裂严重,显然与谱牒残缺不全有关。与此同时,类似《元和姓纂》的大型姓氏书并未完全亡佚。岑仲勉敏锐指出《姓纂》与《新表》的关系云:《新表》即《姓纂》之"嫡子""蝉蜕"也。[6] 不少学者亦发现唐代诸色碑志所记世系亦为《新唐书·宰相世系表》的重要史源,例如陈直指出颜真卿所撰《郭氏家庙碑》与《宰相世系表》"郭氏"先世基本相同,笔者也揭示太原王氏碑志构成《宰相世系表》"王氏"先世的史源。此类研究主要是通过比对两种史料重要元素的异同。北宋韩琦家族构建祖先世系的过程,为碑志记载反哺谱牒制作提供了鲜活的例证。

---

[1] 《欧阳修全集》卷七〇《居士外集·与王深甫论世谱帖》,北京:中华书局,2001年,第1017页;《欧阳修全集》卷四七《居士外集·与曾巩论氏族书》,第665页。
[2] 《嘉祐集》卷一四《谱例》,上海古籍出版社,2001年,第371页。
[3] 《欧阳修全集》卷七四《居士外集·欧阳氏谱图序》,第1082页。
[4] 周密:《齐东野语》卷一一《谱牒难考》,北京:中华书局,1983年,第191—192页。
[5] 《欧阳修全集》卷七四《居士外集·欧阳氏谱图序》,第1081页。
[6] 岑仲勉:《元和姓纂四校记再序》,第62—63页。

据韩琦自述，韩氏家族谱牒至少经历两次较大的散落过程。一次是唐末战乱，一次是其父韩国华、其祖韩构辛苦编集的家族墓铭、家人文集，因韩琦兄物故，其嫂辛氏携归娘家而亡佚。正是因为家族资料的匮乏，目前所见韩琦家族资料，不少都是在韩琦显贵以后追叙的。故碑志所载韩琦近世祖先，几乎每代人物都存在问题：其父韩国华排行（第三还是第四）、祖父名讳（构还是桢）、曾祖母姓氏（史氏还是张氏）、五世祖乂宾（两子还是四子），诸如此类，学者已有很好的梳理和考察。[1] 韩琦在构建家族历史的过程中，对于寻访祖茔与搜集墓铭格外重视。嘉祐三年（1058）韩琦偶然获悉高祖韩昌辞的墓地信息后，命令其子韩忠彦前往赵州赞皇北马村实地勘验，韩忠彦来到赞皇墓地后进行必要的祭祀，择日开启墓葬。可以想见，这种行为引来众人的围观：

> 先是，闻于邑，至日令尉偕至，与夫近村之老幼妇女，环而观者数千人。才及墓，则张度所为志石在焉。门颇朽缺，自外窥之，圹中一皆安然无所动，壁之丹腹尚若新涂绘者。忠彦即出志石示于众，皆惊呼嗟异。令尉阅其文，亦相与欣叹，为忠彦贺。……祖先之葬百余年矣，数世已忘其所在，一旦求而得之，复内外完固无少犯者，实吾先积庆之感，而举世希阔之事也！石本比家集旧文有少删略处，盖曾祖令公削其烦也。旧文阙六代、七代祖之讳，今皆得之，谨录而载于家集府君志文之后。[2]

---

[1] 参见游彪：《家族史的建构：宋朝士人阶层追寻的精神家园——以相州韩琦家族为例》，《北京师范大学学报》2017年第1期，第127—135页；《形象塑造：宋代士大夫的历史书写——以韩国华的碑铭和传记为例》，《史学史研究》2014年第4期，第22—32页。并参全相卿：《北宋韩琦家族先世相关问题辨析》，《宋史研究论丛》第22辑，2018年，第15—29页。

[2] 《安阳集》卷四六《录附鼓城府君墓志石本序》，成都：巴蜀书社，2000年，第1396—1397页。

韩忠彦开启墓葬之后，如愿发现祖先韩昌辞墓志，如此就可证明所开墓葬正是韩琦高祖之墓。围观的官民皆无限惊奇。但对韩琦而言，确认韩昌辞的墓域以便随时祭祀，只是构建家族历史的一个环节。更重要的问题是通过打开韩昌辞的墓葬，寻找韩昌辞墓志，就可将祖先信息继续往前追溯。不出所料，韩昌辞墓志果然记载祖父和其父名爵，如此韩琦就可将祖先信息继续往前，追溯至七世祖，正是前文所言"旧文阙六代、七代祖之讳，今皆得之"。目前所知韩琦最远的祖先是八世祖朏，如何获得这个信息呢？方法如出一辙。嘉祐八年（1058）韩忠彦前往蠡吾，"一坟处诸茔之西北，最大而高，忠彦思若神感，谓众人曰：'此当是吾庶子之茔也。'于是祭而开圹，及晡，得其志石，视之果然，众大嗟异。"[1]故韩琦在重修五世祖茔域时说："庶子曾祖讳朏，沂州司户参军。祖讳沛，登州录事参军。父讳全，隐居不仕。"[2]正因为此，韩琦在那份有名的诫子孙书中云："其所志先域之所在，虽距今百有余年，必思博访而得之，卒能不坠先业，推及先茔之八世，得以岁时奉祀，少慰庸嗣之志。"[3]

韩琦在五年内连续发现、打开并且证实四世祖、五世祖的墓葬，借助墓葬中墓志的祖先记载，进一步将祖先记忆推延至八世祖，这种近乎"科学考古"的"物证"，加上围观众人的惊叹，不啻"人证"，在很大程度上帮助韩琦家族获得远至八世祖祖先信息的可靠性和权威性。这种近乎传奇的"证据"，经韩琦加工成文本化的家谱，反过来会进一步强化"证据"，成为"事实"，表现如李清臣为韩琦所写的行状即称"案公所为家谱，推其先世功行爵里，至于八世有次序"[4]。这自

---

[1]《安阳集》卷四六《录载五代祖庶子并其二弟墓志序》，第1398页。
[2]《安阳集》卷四六《重修五代祖茔域记》，第1402页。
[3]《安阳集》卷四六《重修五代祖茔域记》，第1402页。
[4] 曾枣庄、刘琳主编：《全宋文》第79册，卷一七一七《李清臣·韩忠献公琦行状》，上海辞书出版社、安徽教育出版社，2006年，第38页。

然让我们联系到学者对嘎仙洞两次大发现的省思和讨论。[1] 这种发现越巧妙、越传奇、越严丝合缝,越让人困惑乃至怀疑,特别是置于韩琦近世祖先信息充满错谬和矛盾的前提之下。不过,历史事实是一回事;当事人乃至时人的认识,以及对他们能否产生实际的影响则是另一回事。韩琦通过一系列的追祖行为,足以在朝廷新贵的身份外,皴染上"名族"的声望和色彩。

如果说韩琦家族以虚实相间的传奇方式进行祖先追忆和事实重构,那么唐代王颜状请改复太原乡号的故事则意味着宗望的更改,是一种严肃而刻板的行政程序。此份乡牒刻于《王卓神道碑》碑侧,《语石》详细记载了乡牒状请直到批准的经过和格式:

> ……(以上王颜等状文)
>
> 临晋县百姓王颜等状,请改解城乡,复名太原乡旧号。理崇族望,事协敦本。执案咨处分牒下所由者。(以上县符)中丞判下县具勘上者。(以上使府判词)得县申称:得里正程宪状,太原乡去永泰元年为人户破散,符下合入解城,有实伏请申上者。(以上里正状)具状录申者,临晋县太原乡,去永泰之年并入解城乡。今王颜状请却复太原乡,执咨取处分讫下县,准状仍认散牒,宗人知者。(以上县申文)中丞判:亢宗务本,曰敬曰仁。克叶礼经,是为通识。准处分者,准符各牒知者,故牒。大历十四年四月十五日。(以上使府牒文)吏高曜牒尉孙方晋。(此文系府吏奉判行县尉之署名)[2]

---

[1] 罗新:《民族起源的想象与再想象——以嘎仙洞的两次发现为中心》,《王化与山险:中古边裔论集》,第171—196页。

[2] 叶昌炽撰,柯昌泗评:《语石·语石异同评》卷三《符牒》,北京:中华书局,1994年,第208—209页。并参《金石萃编》卷一〇四《王卓神道碑》,上海:上海古籍出版社,2020年,第1722—1725页。

这份文书详细记载王颜状请改复太原旧号的理由,以及为转符使府请准,府令县覆勘,县又据里正状称等程序进行层层审批和核定的过程。值得注意的是,王颜状请的根据有"子孙因居河东,公私谱牒遂著河东郡望""中州司马济翁墓志",以及"又按唐衣冠谱第是开元初敕柳冲修撰"云云,可见王颜状请根据主要就是公私谱牒和墓志记载,程序则由里正、县衙、使府等进行覆勘、批准,并以府牒的形式刊石于碑,成为王颜家族改复太原郡望的合法性证明。

这两个鲜活的例证,生动而又雄辩地提醒我们,唐代以降家族谱牒随着某种原因大规模亡佚以后,精英家族试图重建其郡望和祖先——无论真实与否——的艰辛历程,也生动地呈现出碑志与祖先、谱系与谱牒、想象与现实之间的巨大张力。

四、谱的时代

血缘和地缘是传统中国社会的两翼。血缘最直观的呈现方式就是谱系,谱牒是记载谱系的主要文本,当然不是唯一记载方式。谱牒一定记载谱系,但记载谱系的不一定是谱牒。历朝历代,皆有谱牒。六朝隋唐谱牒的内容与功能有所不同,具有鲜明的"时代格"。唐代柳芳说,"于时有司选举,必稽谱籍,而考其真伪"。[1] 有司部门如何稽考,稽考哪些内容?历来学者语焉不详。沈约《奏弹王源》不仅是见证六朝门阀阶层内婚制的重要文献,也为我们追踪有司如何稽考谱籍、稽考谱籍什么内容提供了绝佳案例:这份文本具体展示了身为御史中丞的沈约,奏弹王源的根据何在:正

---

[1]《新唐书》卷一九九《儒学中·柳冲传》,第5677页。

是通过稽考满氏谱牒，发现其中仅载当事人满璋之、满鸾父子的官爵，以及遥远的汉魏祖先，近世祖先的名爵婚宦付之阙如，故沈约判定其家世为"士庶莫辨"。中古谱牒虽已亡佚，我们通过辑考传世文献保存的《王氏谱》《百家谱》残篇断句，证实近世祖先婚宦是中古谱牒记载的核心内容，而这些内容正是为六朝政府所控制和垄断的知识文化，普通士庶等闲不能寓目。作为谱学家的贾渊售卖《王氏谱》，竟然一度被处死罪。罪因正是刘宋时期已经出现的"士庶混杂"，氏族谱的贩卖和流通显然会加剧这种现象。南北朝门阀士族如果出现士庶混淆，特别是出现跨越阶层的通婚，通常会被严惩。北魏孝文帝诏令六弟娉娶华夏高门女子，也应置于这个问题的延长线上观照，而非简单的汉化和扩大通婚范围。在这个意义上，正是在北魏政府的支持下，华夏高门形成崔卢李郑王通婚集团。陇西李氏和太原王氏的主要房支连续四代相互通婚，就是例证。形成对照的是，宋代择婿的标准则变为儒学教育和出仕机会，韩亿、陈亮被王旦、何恪招为女婿，都是例证。[1] 门第的意义被消解，背景正是中古贵族精英向近世政治精英的迈进。

在这个意义上，六朝隋唐又可称作"谱的时代"。《隋书·经籍志》《旧唐书·经籍志》《新唐书·经籍志》所载谱牒之盛，即为六朝修谱运动高涨的证明。五代以降，迄于当下，存世的谱牒文本仅有敦煌吐鲁番数片残件，以及传世文献中的片言只字。战乱通常被视作谱牒亡佚的原因。这充其量只是表象和外力。谱牒亡佚的真实原因，正如《通志二十略·氏族略》所云："自五季以来，取士不问家世，婚姻不问阀阅，故其书散佚而其学不传。"[2] 在郑樵看来，作为门阀士族婚宦指南的功能消失，"中古谱牒"的意义就

---

[1] 柏文莉：《权力关系：宋代中国的家族、地位与国家》，刘云军译，南京：江苏人民出版社，2015年，第1—2、274页。
[2] 《通志二十略·氏族略第一》"氏族序"，第1页。

不复存在。另一方面,中古谱牒亡佚,并不意味着谱系的意义全然消失。宋代韩琦家族近乎痴狂的追祖行为,显示无谱时代无谱家族追忆祖先的艰辛过程。另一方面,这种"艰辛"的创造过程不乏表演和作秀的成分,不过一旦被创造,就具有不言而喻的合法性和权威性,从而赋予这个家族以"名族"的光辉历史和声望。

宋代以降,谱牒作为婚宦指南的功能日渐消失,但并不意味着谱牒的彻底衰败。关于中古谱牒与近世谱牒的差异,潘光旦议论云:"二曰谱学之实用意义尽失。郑《略》序称唐以上谱之用二,于官则助选举,于私则佐婚姻;宋以后则所存效用惟'敬宗收族'比较抽象之一端而已。"〔1〕杜正胜又云:"中古谱牒均上呈官府,专员执掌,目的在选官;宋元族谱是私家记述,目的在收族。这是宋元以下族谱与中古谱牒的本质差异。"〔2〕两氏所论,代表古史学者对此话题的一般认识:中古谱学重门第,近世谱牒重宗法。〔3〕

事情远非如此简单。在相当一部分学者看来,真伪相间的族谱叙事,往往会带来沉甸甸的现实利益。科大卫指出,珠江三角洲宗族的族谱和世系,是一种文化创造,经常作为划分居住权的手段。〔4〕刘志伟发现,大多数珠江三角洲宗族声称其血统来自中原,试图将其祖先与士大夫联系起来,划清与当地原住民的社会界限,进而指出虚构世系和攀附贵族的现象,不再是毫无意义的行

---

〔1〕 潘光旦:《中国家谱学略史》,《东方杂志》1929年第26卷第1号,第107—122页。

〔2〕 杜正胜:《传统家族论》,黄宽重、刘增贵主编:《家族与社会》,北京:中国大百科全书出版社,2005年,第1—88页。

〔3〕 又参陈鹏:《谱学》,收于陈侃理主编:《变动的传统:中国古代政治文化史新论》,上海:上海古籍出版社,2023年,第343—392页。

〔4〕 科大卫:《宗族是一种文化创造——以珠江三角洲为例》,收于氏著《明清社会和礼仪》,曾宪冠译,北京:北京师范大学出版社,2016年,第158—178页。

为,而是由此获得开发和定居沙田的合法性。[1] 刘氏并将宗族的文化资源,称作"祖先的权力"。据此反观韩琦近乎痴狂的"追祖行为":韩氏本非大族出身,却凭借一系列的追祖行为[2]——编修谱牒、搜集碑志、修缮祖坟——从而将祖先的光辉历史持续不断地推至八世祖,由此构建其家族在唐宋时代光荣而持久的名族地位。宫嶋博史在研究17世纪朝鲜贵族权氏家谱时一针见血地指出,"编纂族谱的首要目的并不是为了讲述家族的历史本身,而是为了说明家族的现状"。[3] 韩琦追祖行为自然不是为了过去,而是立足现在和未来。伟大祖先的历史赋予韩琦以及类似韩琦的家族全新的现实意义。当然,这种祖先可能是想象的,虚构的,甚至是攀附的。就此而论,中古谱牒的权力是政治性的、社会性的、制度性的,而宋代以降则是文化性的、象征性的,前者是显性的、快速的,后者是隐性的、缓慢的。一言以蔽之,活跃于传统中国任何时期的当朝冠冕,在某种意义上不过是祖先权力在后世的投影。冢中枯骨的意义并非若有若无,形同虚设。

(原载《学术研究》2024年第3期)

---

[1] 刘志伟:《地域社会与文化的结构过程——珠江三角洲研究的历史学与人类学对话》,《历史研究》2003年第1期,第54—64页;《宗族与沙田开发——番禺沙湾何族的个案研究》,《中国农史》1992年第4期,第34—41页;《祖先谱系的重构及其意义——珠江三角洲一个宗族的个案分析》,《中国社会经济史研究》1992年第4期,第18—30页。并参科大卫、刘志伟:《宗族与地方社会的国家认同——明清华南地区宗族发展的意识形态基础》,《历史研究》2000年第3期,第3—14页。

[2] 参见陶晋生:《北宋士族:家族·婚姻·生活》,台北:乐学书局,2001年,第245—254页。

[3] 参见氏著《两班:朝鲜王朝的特权阶层》,朱玫译,上海:中西书局,2024年,第191页。

南北朝门阀士族谱系的异同及意义

门阀士族是中古社会最为重要的社会阶层,他们在魏晋时期得以成长壮大,随着西晋王朝的崩溃,衣冠大族或南渡过江,出仕东晋南朝;或滞留北方,或迁往关陇,或迁往东北,出仕十六国北朝政权。门阀大族在南北朝的发展道路,因此体现出强烈的地域色彩。唐人柳芳《氏族论》的观察最为精辟,"过江则为'侨姓',王、谢、袁、萧为大;东南则为'吴姓',朱、张、顾、陆为大;山东则为'郡姓',王、崔、卢、李、郑为大;关中亦号'郡姓',韦、裴、柳、薛、杨、杜首之;代北则为'虏姓',元、长孙、宇文、于、陆、源、窦首之"。[1] 与此同时,谱学与郡望可谓门阀大族持续发展的"两翼","于时有司选举,必稽谱籍,而考其真伪"。近年由于新出资料特别是墓志等石刻文献的刺激,谱系问题成为中青年学人研撰士族最为关心的话题之一。

不仅如此,由于域外论著的译介,海外学者关于中古士族研究的问题意识,在很大程度上是回应弗里德曼(Maurice Freedman)和弗里德(Morton H. Fried)等人关于明清宗族的纽带以及宗族与氏

---

[1] 《新唐书》卷一九九《柳冲传》,第 5677—5678 页。

族区别争论的问题。客观地说,此前学者关于士族谱系的排列、补史、证史等传统研究之外,人类学、社会学等视野下的士族谱系研究,似乎成为学者研究的重要内容。尽管谱牒对于中古士族本身和研究都具有相当重要的意义,姜士彬更是指出,宋代以降的宗族以祠堂和公产为纽带,中古士族凝结起来的标志就是谱牒。[1] 但迄于晚唐宋初,绝大多数六朝谱籍亡佚无踪,宋人苏洵就曾指出,"盖自唐衰,谱牒废绝,士大夫不讲,而世人不载,于是乎由贱而贵者,耻言其先,由贫而富者不录其祖,而谱遂大废"。[2] 从实证主义的角度出发,陈直先生曾经大胆推测,"南北朝家谱载于刻石之上"。[3] 陈爽则在此基础上进行小心求证,六朝单体家庭的谱牒竟然以特殊的形式保存于中古墓志的首叙、尾记和志阴等特殊位置,进而复原中古士族谱牒的基本情况。[4] 那么,地域背景悬殊的南北朝大族之谱系,有无呈现出显著的差异?其间又蕴含着怎样的历史意义和影响?

一、载体与构成

在中古士族谱牒文本已经亡佚的大背景下,现存南北朝士族谱系的物质性载体主要就是墓志资料。无论从形式、内容、规模抑或发展阶段来看,南北朝墓志都呈现出相当明显的差异。陈爽统计记载中古谱牒的二百三十七份墓志数量分布如下:西晋墓志五

---

[1] 姜士彬:《中古中国的寡头政治》,第157页。
[2] 《全宋文》卷九二七《苏洵·谱例序》,第43册,上海:上海辞书出版社,2006年,第173页。
[3] 陈直:《南北朝谱牒形式的发现和索隐》,《西北大学学报》1980年第3期。
[4] 陈爽:《出土墓志所见中古谱牒探迹》,《中国史研究》2013年第4期。

份,东晋南朝墓志二十一份,北朝墓志二百一十一份。[1] 相比记载谱系的南朝墓志,北朝墓志的数量占据压倒性的优势。同样地,没有在"异刻"位置记载家族谱牒的墓志,亦呈现出数量悬殊的情况。

应该说,西晋墓志并未形成抄录和记载大族谱系的通例,明显的例证就是记载谱系的墓志位置并不统一:《荀岳墓志》(295)的谱系记载于志尾、左侧和右侧,但字数鲜少,也未形成后世整齐规范的记载模式。《左棻墓志》(300)的谱系记载于志阴,所载世系也极为简略,如兄长左思的夫人翟氏,也未记载家世背景。《石尠墓志》和《石定墓志》均成于永嘉二年(308),前者世系刻于墓志的左侧和右侧,后者的世系记载于志尾,谱系内容均较简略。西晋墓志中谱系内容丰富的只有《华芳墓志》(307),但其首叙所载的谱系之前还有"公讳浚,字彭祖"一语,再次显示该时期墓志特殊位置记载谱系的风格尚未确立。[2]

东晋南朝墓志也未形成统一的模式,但关于家族世系的内容却基本完善,主要体现在高曾祖父的官职以及婚姻记载的丰富和定型。在此过程中,特殊位置记载世系的南朝墓志也呈现出一些有趣的现象,值得注意。

其一,谱系记载位置。徐冲根据《明昙憘墓志》《刘岱墓志》等南朝墓志的谱系位于首叙认为,这种将谱牒式家系书写置于志题和志序之间的独立空间,应是南朝士族墓志的标准格式。[3] 概览南朝记载谱系的墓志,这种观点很难成立。一方面,南朝通篇记载家族谱系的墓志屡有出现,《温式之墓志》(371)志阳、志阴两面全

---

[1] 陈爽:《出土墓志所见中古谱牒研究》,第265—555页。
[2] 以上墓志,分别见于赵超:《汉魏南北朝墓志汇编》,第7、12、15、17页。
[3] 徐冲:《冯熙墓志与北魏后期墓志文化的创生》,《唐研究》第23卷,第133页。

图 1　东晋温式之墓志[1]

文记载祖父、父亲、姊妹、妻子和儿女的名字、官职、婚姻等详细信息，极为详备。其间虽有空格，但属于墓志原石漫漶残泐，不是当时刻写的原状，也没有明确的低格、空格、换行等公文行款格式。又如《谢涛墓志》（462），虽然记载祖父和父亲的官职婚娶，但行款位置不明，甚至不能确定是志文的内容还是首叙或尾记等特殊位置记载的内容。[2] 另一方面，多方砖志记载谱系的现象并非孤例。《谢珫墓志》（421）由六方砖志构成，几乎全是谱系，[3] 涉及

---

[1] 南京市博物馆：《南京市郭家山东晋温氏家族墓》，《考古》2008 年第 6 期，第 16 页。

[2] 收于陶宗仪：《古刻丛抄》，《历代碑志丛书》，南京：江苏古籍出版社，1998 年，第 29—30 页。

[3] 罗新、叶炜：《新出魏晋南北朝墓志疏证》，第 34 页。

志主的祖父、父亲、妻女等婚姻官职的相关情形,至为详细。但是,前四块墓砖并无明确的分段提行、低格书写、空格分开等特殊的行款格式,而是一气呵成,首尾连贯。《宋乞墓志》由三砖构成,内容大同小异,有人认为这是六朝墓志中极为罕见的"一式多块"现象,而罗新、叶炜则认为前两砖分属宋乞夫妻所有,第三块则为夫妻共有的合葬墓的正式墓志,不可相互替代。[1]《前陈伏波将军陈诩墓志》(600)的谱系则刻于志阴。[2] 由此可见,南朝墓志记载志主谱系的位置,虽有出现在首叙或尾记的现象,但并未成为标准格式固定下来。

与之相较,北朝墓志记载谱系的位置则相对固定,绝大多数位于墓志的首叙或尾记等较为固定的位置。志阴、志侧等位置记载谱系的情况,虽不乏其例,但整体上为数极少。如《元保洛墓志》(511)通篇没有铭序和铭文,仅载志主世系官职,在北魏墓志中极为罕见。《杨胤季女墓志》(519)同样如此,不过在"十三世祖汉故太尉公震"前还有"女"字,与前举《华芳墓志》相仿,如此谱系内容似乎又为志文,志文第八行末尾至第十行记载墓葬时间和地点,也显示这是墓志正文,而谱系仅有尾记一句,"父平东将军谥曰穆公"。[3] 另外,《崔宾媛墓志》(519)的世系刻于志盖,也是极为罕见的例外。[4] 亦有少量北朝墓志的志阴和志侧刻有家族谱系,《韩震墓志》(532)、《高雅墓志》(537)、《郑术墓志》(569)就是如此。但是,在特殊位置记载家族谱系的北朝墓志,绝大多数都位于首叙或尾记。当然,有的北朝墓志除了尾记或首叙外,还有志侧记载谱系的情形,如《李琮墓志》(574)尾记记载夫人的家世背景,志

---

[1] 罗新、叶炜:《新出魏晋南北朝墓志疏证》,第41—42页。
[2] 见于陶宗仪:《古刻丛抄》,第21—23页。
[3] 赵超:《汉魏南北朝墓志汇编》,第59、108页。
[4] 陶钧:《北魏崔宾媛墓志考释》,《收藏家》2012年第6期,第25—34页。

侧记载夫人子女信息。[1]

其二,谱系物质性载体。众所周知,由于各种历史原因,南朝造像石刻流传至今者,远远少于北朝,目前所见实物主要分布于益州、建康等地,多年没有新的考古发现。[2] 南朝造像石刻中很少发现记载家族谱系的踪迹。与之相比,大量北朝造像记都有记载家族谱系的情形。随举两例:《西魏张始孙造四面像》有题名若干:"祖张高,妻王小种,父张兴,妻孙媚玉;像主张始孙,妻曹小容,息和光"云云。[3] 又如,《北魏杨宣碑》尾记详细胪列祖先官职"□□祖跋,字思涉,晋尚书郎、□骑府长史、赵郡太守、怀乡侯。高祖鸣,字□游,晋安北府参军。弟琬,字玉宝,晋华阴县都护。伯曾祖□,字仲熊,秦稻田都尉、平原太守。曾祖奴子,字幼子。祖蒙,字乾□,柏仁县都护"云云。[4] 不过,他们都没有记载造像主祖先的婚娶对象及其家世。更加典型的例证是西魏大统十四年(548)所立《蔡氏造老君像记》,现藏山西省芮城县永乐宫,该造像记的碑阳俨然是碑志资料,追叙蔡氏祖先云:"有汉献帝四年,故使持节、镇北大将军、冀州刺史、陈□侯蔡伯皆孙等,启原承胄,胤自周姬,分封辟地命爵,武王封弟蔡叔于汝南,君号曰蔡国,即筑上蔡城,因国字姓也。远祖讳元,传文所美,声被州邦,魏□帝宁朔将军,勃海太守。次祖讳谟,识亮渊悟,出于自然。晋太初元年征东将军、六州诸军事、陈留□守、兖州刺史、司徒公。次祖讳定,蕴业衡街,品显当时。刘蕃骤嘉三年征东将军、平阳太守、河北县侯。

---

[1] 赵超:《汉魏南北朝墓志汇编》,第465页。罗新、叶炜:《新出魏晋南北朝墓志疏证》,第249页。
[2] 霍巍:《齐梁之变:成都南朝纪年造像风格与范式源流》,《考古学报》2018年第3期,第313—331页。
[3] 陆增祥:《八琼室金石补正》卷一六,第95—96页。
[4] 韩理洲:《全北魏东魏西魏文补遗》,第58—59页。

七世祖讳洪,才备世须,□懿□英。刘曜光初五□冠军将军、关内侯、平阳太守、豫州刺史、太尉公。□祖洪,名光简素,望冠海华,家于因官,流居魏邑。"[1]这种谱系从某些部位开始"大肆扩张"的方式,颇有宋元以降整个碑面刻写家族谱牒(即所谓"谱碑")的意味。

其三,谱系记载内容。关于魏晋谱牒的内容,胡宝国认为,"家传与家谱的差异是明显的,家传往往有人物活动的具体事迹,而家谱则只是记述人物的婚宦、血脉"。[2] 胡先生的主要根据是排比了《世说新语》引用的数条《家传》和《氏族谱》文献。陈爽信从了这种论断,进而提示中古谱牒具有四个特征:世系、官爵、婚姻和特定格式。[3] 不过,正如《世说新语》所引《氏族谱》存在大量的反例一样,如《嵇氏谱》记载,"谯有嵇山,家于其侧,遂以为氏"。[4] 南北朝墓志所载谱系中也存在着大量的反例。前举南朝《谢琰墓志》(421)志尾记载人物事迹,"琰本袭次叔玄东兴侯,改封豫宁县开国伯。大宋革命,诸国并皆削除,惟从祖太傅文靖公□庐陵公,降为柴桑侯。玄后苻坚之难功,封康乐县开国公,余□□□南原建昌豫宁并□徐州"。又如,前举《宋乞墓志》三砖志尾均载墓葬时地的信息,"元嘉二年八月十三日于江宁石泉里建□□冢一所"。[5]《杨胤季女墓志》(519)同样记载墓葬时地信息云:"葬华山华阴潼乡南原。维大魏神龟二年岁次己亥七月戊寅朔廿九日丙午起志。"最典型的是《刘袭墓志》(470),鱼贯罗列祖父、

---

[1] 韩理洲:《全北魏东魏西魏文补遗》,第669—671页。
[2] 胡宝国:《杂传与人物品评》,《汉唐间史学的发展》,北京大学出版社,2014年,第143页。
[3] 陈爽:《出土墓志所见中古谱牒研究》,第22页。
[4] 郦道元撰,陈桥驿校证:《水经注校证》卷三〇《淮水》,北京:中华书局,2007年,第711页。
[5] 以上两志,分别见于《新出魏晋南北朝墓志疏证》,第34—35、41—42页。

父亲甚至兄弟的墓地信息。北朝墓志也有类似的信息,前举《韩震墓志》的志阴记载家族谱系甚为详备,在叙述次子韩钦的部分提及"墓在君墓西五十步"。[1] 南北朝墓志谱系中混杂着墓地信息,透露出墓志以及谱牒具有高度的私密性和垄断性。如果人人得而知之,岂不是最好的盗墓指南?又如北齐河清二年(563)《高孝瑜墓志》首叙云:"天道高明,列三辰而为曜;地德厚载,罗五岳而镇野。圣人既作,必藉辅佐之功;元首明才,亦惟股肱之绩。所以十乱出周姬之朝,八恺兴高阳之世。其理则然,其来尚矣。"[2]其中"周姬""高阳"大概指高孝瑜的远祖,但其他辞句显然是有关人物评论的。诸如此类的信息提示我们,首叙、尾记等部分作为墓志正文的"衍生"部分,所记内容有可能抄录谱牒,或者抄录其他与谱牒相关的文献,两者之间有没有交集,或者有多大程度的同质性或相关性,显然还需要进行深入的讨论。

二、单线与复线

传统文献和石刻文献记载传主或志主谱系之时,特别是关于历代祖先的追叙,通常追溯其父亲、祖父、曾祖、高祖乃至"某世祖",一代一个祖先是最常见的形态。换言之,历代祖先如有兄弟,则往往被"省略"和"遗忘",与之相反,传主或志主的子嗣通常记录在案。这是中古文献记载家族谱系的一般形式。

尽管如此,在某些时期某些地域,偶尔也会出现一些不同寻常的情况。其中比较明显的情况,就是南朝墓志所载谱系中的追祖

---

[1] 以上两志,分别见于《汉魏南北朝墓志汇编》,第108、286页。
[2] 大同北朝艺术研究院编:《北朝艺术研究院藏品图录·墓志》,第151—153页。

现象。不少南朝墓志主人的叔伯和同辈兄弟进入祖先建构的范围，成为引人关注的现象。东晋《谢温墓志》(406)尾记记载祖父、父亲的官职和婚姻情况，但同时记载志主伯父和叔叔的名讳官职，"伯讳玩，豫宁县开国伯。叔讳球，辅国参军"。[1] 需要注意的是，谱系的追叙次序并未完全按照昭穆次序，伯父谢玩就置于父亲谢玙之后。谢温叔父谢球墓志同样如此，首叙记载祖父和父亲的名讳、官职和婚姻，而伯父谢渊的婚宦却置于父亲谢攸之后。[2] 谢氏家族谱系的记载方式迄于刘宋也未发生变化，刻于永初二年(421)的《谢琰墓志》延续着这种风格，谢琰是谢温伯父，志尾记载谢氏谱系甚为详备，首先记述祖父谢奕的官职婚姻，其次记述父亲谢攸的官职婚姻，接着记述长伯寄奴、次伯探远，两人幼年早卒，其后记载伯父谢渊的官职姻娶，接着记述四位叔叔的官职姻娶，以及四位姑姑的名字婚姻，另外还有兄弟姐妹的名字婚宦，[3] 洋洋洒洒，甚为详备，完全是一个"扩大家族"(extended family)的规模。鉴于谢琰家族的谱系刻于六块墓砖之上，姑且称作"谱砖"。这种"刻谱于砖"的做法，与宋代以降"刻谱于碑"的风格甚为相似。上述三份谢氏墓志都是晋末宋初的产物，时间相隔很近，应该参考了同一份谱牒或者内容相近的文献。谢氏家族以外，还有其他南朝家族墓志也秉持着同样的做法，即在谱系追溯中将父亲或志主的同辈兄弟纳入追溯的范围。刘宋《刘袭墓志》(470)谱系记于首叙，虽然没有记载父亲的兄弟，但却明确记载志主刘袭的兄长、三个弟弟的官职婚姻，以及六个姊妹的婚姻情况，并且详细记载长姊、五妹、六妹的再婚以及再婚夫婿的家世，志主的夫人子女反而

---

[1] 罗新、叶炜：《新出魏晋南北朝墓志疏证》，第31页。
[2] 毛远明：《汉魏六朝碑刻校注》第3册，第45页。
[3] 罗新、叶炜：《新出魏晋南北朝墓志疏证》，第34—35页。

在兄弟姊妹之后。[1]《明昙憘墓志》(474)首叙记载祖父和父亲的官职姻娶,其后记载伯父明恬之、三叔明善盖、四叔明休之的官职姻娶,接着叙述四个兄长的官职姻娶,最后才是前后夫人的情形。[2] 陈诩成长于陈,而卒于隋,其墓志所载谱系刻于碑阴,行款不明,但首先罗列志主的二叔、三叔、五叔,以及两个弟弟,都明确记载"未入此山"。[3]

形成对照的是,北朝墓志所载家族谱系,很少看到类似的情形。也就是说,北朝墓志所载谱系的祖先部分,基本遵循着"一代一人"的惯例。极为罕见的例外是《尔朱世邕墓志》(555),志尾记载墓主祖父的兄弟信息,"叔祖天柱将军、天柱王荣,叔祖常山王度律,叔祖彭城王仲远,视叔垄西王天光,视叔颍川王吐万儿",[4] 而没有涉及父辈的兄弟谱系。就此而言,《尔朱世邕墓志》所载繁乱的世系与南朝谱系次序分明的"复线"特征,截然不同。尔朱氏的契胡部落背景,自然不能代表北朝华夏大族墓志的追祖方式。那么,这种差异折射着怎样的历史意义呢?

首先是嫡庶问题。唐长孺曾就南北朝嫡庶身份的差异进行深入的讨论,指出"永嘉乱后,兴起于河南的新风尚随着渡江名士传播到江南,'江左不讳庶孽'之风似亦因而兴起。……至于北朝,轻视庶长子之风变本加厉,至于庶长子'不预人流',不录入家籍,甚至不被举养,超出了一般嫡庶贵贱之分的常规"。[5] 陈爽举出反例,证明北朝谱牒亦大量收入庶子。最显著的例证是《李祖牧墓

---

[1] 见于陶宗仪:《古刻丛抄》,第52—55页。
[2] 赵超:《汉魏南北朝墓志汇编》,第22页。
[3] 见于陶宗仪:《古刻丛抄》,第21—23页。
[4] 王连龙:《新见北朝墓志集释》,第133页。
[5] 唐长孺:《读〈颜氏家训·后娶篇〉论南北嫡庶身分的差异》,《历史研究》1994年第1期,收入氏著《山居存稿续编》,北京:中华书局,2011年,第242—255页。

志》《李祖牧妻宋灵媛墓志》和《李君颖墓志》,李君颖是李祖牧之子,三志所载谱系都位于志尾,所载夫人子女甚为详细,特别是李祖牧父子的墓志都详细记载李祖牧的嫡子和庶子之情形,而《宋灵媛墓志》则将庶子排除在外。不过,庶子虽然记录在案,但四个庶子均无官职,显示庶子与嫡子地位悬殊,特别是任官方面。[1] 韦彪并无子嗣,虽有"继后之子,字子衡",墓志却以痛惜之言记载"如何彼仓无知,终令此君无儿。……竟无男息,有女一人。……宗族痛恨,知故酸辛"。[2] 当然,也不是所有的庶子都无官无职,沦为庶民。例如,元叉庶长子元稚,担任秘书郎中;[3] 刘粹庶长子怀之,担任临川内史;[4] 刘怀慎庶长子荣祖,少好骑射,为高祖所知,后以军功担任刘宋重臣;[5] 萧梁杨公则卒,嫡子膘因罪国除,高祖以公则勋臣,诏令庶长子朓嗣位,等等。[6] 另外,关于南北朝家族因嫡庶产生的争夺继承权问题,学者往往将财产继承和政治地位的继承混为一谈。嫡长子的继承权往往限于最重要政治爵位的继承,而非所有权利的独占,财产通常在诸子之间平均分配。如果家长有多个爵位,其他爵位通常也要进行分配。更不用说,一家之长拥有处置财产分配的大权,分多分少、给谁不给谁,随意性都比较大,因此财产分配往往也有例外的情形。例如,萧梁杨公则视兄子过于其子,"家财悉委焉"。[7] 北朝同样如此,薛真度庶长子怀吉居丧过周,遂以其父真度的女妓数十人

---

[1] 陈爽:《出土墓志所见中古谱牒研究》,第187—189页。
[2] 罗新、叶炜:《新出魏晋南北朝墓志疏证》,第266—267页。
[3] 《魏书》卷一六《道武七王列传》,第472页。
[4] 《宋书》卷四五《刘粹传》,第1380页。
[5] 《宋书》卷四五《刘荣祖传》,第1376页。
[6] 《梁书》卷一〇《杨公则传》,第197页。
[7] 《梁书》卷一〇《杨公则传》,第197页。

献于世宗,[1]可见其有财产处置权。北齐高涣无嫡子,庶长子宝严得以继承爵位,其后担任金紫光禄大夫。[2] 嫡庶之争最重要者,莫过于政治身份的继承,特别是重要爵位的继承,而在财产分配上,则是分家析产。易言之,政治和经济权利的继承权,是分离而非合一的。中古中国由于长嗣继承制的缺位,门阀大族不可避免地走向分化和裂变。[3]

其次是家族规模。杜正胜先生分析中国家庭的结构,认为大致分为"汉型家庭""唐型家庭"与"汉型与唐型的折衷"三种形态。"汉型家庭"多是五口之家,以夫妇和子女组成的"核心家庭"为骨干;而"唐型家庭"则是十口之家,多以同居共财的"主干家庭"为基础。[4] 大陆学人虽然也承认唐代有累世同居的官僚家族,但并不同意"汉型家庭"与"唐型家庭"的区分。根据梁方仲先生的考察,中国历代人口的户数大致在五口。[5] 张国刚通过统计唐代各个时期的户口资料,发现唐代家庭规模虽然不及八口,但比历代人口平均数多20%以上。[6] 毫无疑问,中古时期的门阀大族不限于此,史书记载,"文宣之代,政令严猛,羊、毕诸豪,颇被徙逐。至若瀛、冀诸刘,清河张、宋,并州王氏,濮阳侯族,诸如此辈,一宗近将万室,烟火连接,比屋而居"。[7] 这种情形令人震惊,当然也无法进行实证。若以前文南北朝大族谱系的复杂特征,重新"检验"汉唐

---

[1] 《魏书》卷六一《薛真度传》,第1481页。
[2] 《北齐书》卷一〇《高祖十一王·上党刚肃王涣传》,第136页。
[3] 姜士彬:《中古中国的寡头政治》,第150—152页。
[4] 杜正胜:《传统家族试论》,黄宽重、刘增贵主编:《家族与社会》,北京:中国大百科全书出版社,2005年,第1—87页。
[5] 梁方仲:《中国历代户口、田地、田赋统计》,北京:中华书局,2008年,第6—18页。
[6] 张国刚:《唐代家庭与社会》,北京:中华书局,2014年,第3页。
[7] 《通典》卷三《食货三·乡党》,北京:中华书局,1988年,第62页。

之间的户口问题,将有另外的收获。北魏《韦彧墓志》的志尾记载夫人河东柳氏及其七子,而《韦彧妻柳敬怜墓志》的志尾则记载七子三女的情形。若以韦彧为基准,韦彧本人的核心家庭突破十几人,则无疑问;但若以韦彧子韦彪为基准,其志尾并未记载兄弟情形,似乎显示韦彪已经分离而出,未与兄弟同居。这种情形在北朝具有相当的代表性。反观东晋南朝墓志所载,不乏以"复线"世系的情形,记载家族的诸多人物,要么记载父亲的兄弟及其婚宦,要么记载志主的兄妹及其婚宦,在家族世系上稍加横向扩展,就远远"突破"学者统计的基本户口。同样地,墓志所载大族世系,与史书动辄累世同居、百余口同居合爨的记载,显然也有不小的距离。学者通常认为中古南方家庭规模小,结构简单。[1] 南朝墓志所见的"复线"谱系,如前举陈郡谢氏、平原明氏、平原刘氏的情形都是反例。

最后是宗法观念。关于南北朝宗族关系的亲疏远近,杜正胜曾经指出,"北方异族统治,汉人大姓出仕,与异族合作,同宗家族才是他们的政治资本,故其宗族感情浓;西晋政权南移,先后跟随而来的大族顺理成章地君临南方土著(按指吴姓士族),中央政权反而要倚赖他们来抗抑当地大族,政治社会地位未受到威胁,不必以同宗作为后盾,故其宗族感情淡"。[2] 南朝史书记载,"北土重同姓,并谓之骨肉,有远来相投者,莫不竭力营赡,若有一人不至者,以为不义,不为乡邑所容"。[3] 更有名的例证是梁武帝曾经询问一名中土人士:"卿北人,何故不知有族?"而其答曰,"骨肉易疏,不忍言族耳"。[4] 陶潜亦有"昭穆既远,已为路人"之语,用以

---

[1] 史睿:《南北朝士族婚姻礼法的比较研究》,《唐研究》第13卷,第201页。
[2] 杜正胜:《传统家族试论》,第68页。
[3] 《南史》卷二五《王懿传》,第672页。
[4] 颜之推撰,王利器集解:《颜氏家训集解》卷二《风操篇》,北京:中华书局,1996年,第87页。

指代与陶侃之间的血缘关系。上述例证,似乎证明杜正胜所言属实。但正如钱大昕所云,陶侃和陶潜属小功之亲,陶侃虽以功名终世,而诸子并不和谐,自相鱼肉,再传之后,"视如路人",是再正常不过的事情了。[1] 伊沛霞认为,宗族成员之间的血缘纽带受到其他因素的限制,并以琅琊王氏为例,生动而深刻地阐明同族成员在派系斗争中政治立场和切身利益不同,导致兄弟相煎。[2] 葛涤风通过对中古早期南方人名的考察,发现其中存在着大量的同形同字现象(homonymy),其动机或许正是寻求一种方式,抑制成年兄弟之间的竞争和对抗。[3] 刘宋时期《明昙憘墓志》所见人名,明昙憘父辈人物四人:恬之、歆之、善盖、休之。兄弟辈五人:宁民、敬民、昙登、昙欣、昙憘。[4] 南朝佛教人名,多系"僧""昙""佛"字辈。[5] 以此观之,虽然父辈兄弟列于谱牒,则父辈四人,之字辈三人为天师道信徒,而子辈五人中,昙字辈三人为佛教信徒。这种命名方式,的确呈现出若即若离的紧张感。南朝墓志所见比较普遍的"复线"世系,即父辈兄弟、志主兄妹具列其中;而绝大多数北朝墓志所见"单线"世系,即高祖、曾祖、祖父和父亲鱼贯而下,极少涉及祖先兄弟的世系。人类学家华琛曾经指出,同族关系,特别是父系亲属,在大多数情况下,都不比姻亲、母系亲属,甚或邻居显得重要。[6] 霍姆格伦通过考察4—5世纪清河崔氏等大族内部生动鲜活的事例予以证明,母系亲属关系至

---

〔1〕 钱大昕:《潜研堂文集》卷三一《题跋五·跋陶渊明诗集》,南京:凤凰出版社,2016年,第496—497页。
〔2〕 伊沛霞:《早期中华帝国的贵族家庭——博陵崔氏个案研究》,第27、40—41页。
〔3〕 葛涤风:《中古中国南方的人名》,《西方学者中国中古贵族制论集》,第50页。
〔4〕 赵超:《汉魏南北朝墓志汇编》,第22页。
〔5〕 吕叔湘:《南北朝人名与佛教》,《吕叔湘文集》第4册,商务印书馆,1992年,第383页。
〔6〕 J. L. Waston, Chinese Kinship Reconsidered: Anthropological Perspectives on Historical Research, *China Quarterly*, 92, 1982.

少和父系亲属关系同等重要。[1] 史睿认为南朝门阀大族强调个人才能,而忽视母党因素。[2] 凡此种种,均与杜正胜所云南北朝大族的宗法意见相左。

中古谱系经常追溯高曾以内祖先的现象,陈爽归因于"详近略远"。[3] 详与略的原因只是远近之别么? 不可否认,任何一个大族高门,持续长久,时间跨度较大,很可能昭穆失序,世代脱落,若准确无误地逐代记录,没有遗漏,绝无可能,正所谓"世次荒邈,则统序脱略,莫能纪远,故多叙小宗"。[4] 门阀大族血统连续性和持久性的另一面,则是由于家族迁徙、政治冲突等因素,必然造成祖先世系愈近愈清楚、愈远愈模糊的现象;同时,作为载体的神道碑和碑志等石刻文献,内容以记载志主生平为要,尚未演变成宋元以降的"谱碑",兼以碑面容量客观的有限性,种种因素的合力,构成士族谱系"详近略远"的外部因素。但近世祖先通常以高祖或曾祖为开端,应该具有制度性的内部因素,很可能就是宗法观念特别是小宗观念的深入人心,以及房支分离与本宗逐渐隔绝的客观现状。陈爽也认为与宗法观念有关:"汉唐家族组织基本以小宗宗法为原则,这一时期的士族墓志普遍仅记高祖以下至曾、祖、祢四代,修谱亦遵循五世易迁原则划分宗枝世系的关系。"[5] 其实,宋元时期宗族的谱系构造,也有"笃近追远"之法。[6] 所谓"笃近",就是

---

[1] 霍姆格伦:《精英的形成:5世纪中国山东地区的地方政治与社会关系》,《西方学者中国中古贵族制论集》,第161—173页。
[2] 史睿:《南北朝士族婚姻礼法的比较研究》,《唐研究》第13卷,第201页。
[3] 陈爽:《出土墓志所见中古谱牒研究》,第111页。
[4] 清康熙三十二年《史氏谱录合编》卷六,康熙二十八年史许序。
[5] 参见陈爽:《垒壁与交集:中古士族研究中的历史人类学借鉴》,《史学月刊》2019年第3期,第10页。
[6] 林济:《宋元宗族谱系的构造——以徽州程氏为例》,《安徽史学》2014年第3期,第116—127页。

构建高曾以内血统相对可靠的真实祖先,这类祖先符合士族"小宗"的成员范围;所谓"追远",就是构建远祖乃至同姓共祖的虚拟祖先。小宗构成大族强化身份认同和祖先追溯最核心的部分,而大宗构成门阀大族扩张和膨胀的应有之义。如此,看似矛盾冲突的祖先元素,辩证地成为中古士族谱系的组成部分。在这个意义上,宗法乃至宗族视野下的门阀大族研究,似乎仍是有待深入讨论的话题。

(原载《史学月刊》2019年第3期)

下编

个案研究

中古郡望的成立与崩溃

——以太原王氏的谱系塑造为中心

士族是中古中国最活跃、影响最大的社会阶层,在某种程度上决定着中古政治社会的基本底色。因此,中古士族问题历来是学界密切关注的焦点问题。学人通常认为,为数众多的贵族家庭,有些旧族门户缓慢衰落,有些新贵家族骤然崛起,甚至于几乎所有的士族家庭都不可避免地呈现升降浮沉的复杂图景,但这一切并不妨碍由这些家族构成的有机社会阶层在长达七八百年的时间里维持其崇高的社会声望和政治地位。实际上,如果每个家族都经历着不同程度的变化,我们自然就应追问,这个变化的幅度到底有多大?变异的部分有没有影响家族的面貌和本质,进而影响士族阶层的性质?关于单体士族家庭在中古时期的历时性变化,伊沛霞考察博陵崔氏家族在汉唐长达九百年的历史演变以及在各个时期的时代特征,从而揭示"过去经常描绘贵族家庭恒定不变的术语,掩饰着相当可观的和几乎持续的变化"。[1] 大同小异的郡望表述和祖先排比构成中古名门望族看似一成不变的表相。士族与郡望

---

[1] 伊沛霞:《早期中华帝国的贵族家庭——博陵崔氏个案研究》,第153页。

互为唇齿,共生共灭,相互关系正如毛汉光所云:"士族乃具有时间纵度的血缘单位,其强调郡望以别于他族,犹如一家百年老店强调其金字招牌一般。故郡望与士族相始终。"[1]

中古郡望通常由郡名和族名相加而成,郡名在前,族名在后,如太原王氏、范阳卢氏、荥阳郑氏、清河崔氏,等等。从形式上看,传统中国的绝大多数时期都有郡望的概念,但是表达贵族利益诉求、体现时代特征的郡望概念却存在于汉末迄于唐末的中古时期。中古郡望的成立,源于两个因素的有机结合:一是地域主义的形成,二是家族主义的确立。随着东汉王朝的崩溃,国家权力和中央权威的影响日益减弱,而家族主义和地方主义则由幕后走向历史前台。郡望由此成为士族门第的名片和护身符,其形成确立乃至式微瓦解的历史过程,见证了中古士族社会的成立和崩溃。近三十年来,随着中古墓志,尤其是唐代墓志大量刊布所带来的史料刺激,中古士族问题有望重现"病树前头万木春"的趋势。其中极为丰富的唐代墓志中看似"赘疣"的祖先记忆,其实有助于理解士族家庭在中古社会所经历的诸多变化。笔者拟以石刻资料所见太原王氏的祖先书写为中心,[2]旁涉其他士族门第的谱系塑造,考察中古郡望演变的历史过程,在洞悉这个面相的基础上深入理解中古时期的国家与社会、地域与家族的力量消长是如何展开的。

---

[1] 毛汉光:《中古官僚选制与士族权力的转变——唐代士族之中央化》,《第二届中国社会经济史研讨会论文集》,台北:汉学研究资料及服务中心,1983年,第60页。

[2] 关于中古太原王氏的个案研究,参见守屋美都雄:《六朝门阀の一研究:太原王氏系谱考》,东京:日本出版协同株式会社,1951年。田余庆:《门阀政治的终场与太原王氏》,《东晋门阀政治》,北京:北京大学出版社,2012年,第244—277页。陈爽:《太原王氏在北朝的沉浮:个案研究之二》,《世家大族与北朝政治》,北京:中国社会科学出版社,1998年,第117—134页。和庆锋:《隋唐太原王氏的变迁与影响》,上海:上海师范大学博士学位论文,2013年。王洪军:《名门望族与中古社会——以太原王氏为中心》,北京:中华书局,2020年。

一、六朝太原王氏的祖先记忆

在传统中国的任何时期,祖先崇拜是任何家族必不可少的重要活动。许烺光先生指出,"中国人的祖先崇拜远比印度教徒发达而精细"。[1] 关于祖先的记忆,更是各个时期家族成员竭力建构和塑造的核心内容。任何时代的家族,欲证明其历史悠久、声望显赫,不仅当世要涌现显赫的人物,而且父祖曾高同样卓越优异。换言之,其祖先绵延愈久,声望愈高,愈能证明家族根深族厚。但是,汉魏六朝人物的祖先记忆,呈现不同于其他时代的鲜明特征:其一是把汉魏人物作为他们极力追溯的目标;其二是追认祖先虚拟化趋势的抬头。

魏晋时期煊赫一时的太原王氏,其祖先追溯通常仅涉及汉魏人物。《王氏谱》记载王昶的先世仅及父辈,"昶伯父柔,字叔优;父泽,字季道"。[2] 当然不能武断地认为,《王氏谱》原文没有追溯更早的祖先;但至少在刘宋裴松之看来,追溯更早、但没有名望显宦加身的祖先意义不大。《晋书》虽是唐人作品,但来源多是魏晋史料,故能代表魏晋六朝士人的观念。其追溯王浑的祖先,仅及其父王昶。《晋书》追溯王沈的祖先,及于二世,包括祖父王柔和其父王机。而在东晋煊赫一时的王湛一支,《晋书》的记载也极简略,"司徒浑之弟也"。[3] 关于北魏王慧龙的祖先,魏收《魏书》含糊地记载,"自云太原晋阳人,司马德宗尚书仆射愉之孙,散骑侍郎

---

[1] 许烺光:《宗族·种姓·俱乐部》,薛刚译,北京:华夏出版社,1990年,第44页。
[2] 《三国志》卷二七《魏书·王昶传》,第744页。
[3] 《晋书》卷七五《王湛传》,第1959页。

缉之子也"。[1] 上举数例,关于太原王氏的祖先记忆,无论史家还是谱牒家,似乎都无意将记忆触角延伸至汉魏之前,他们追溯的先世几乎不超过三代。遍检魏晋史乘,关于中古士族门阀祖先的书写和描述,鲜有溯及汉魏之前者。[2] 不仅传统文献如此,魏晋之际的石刻资料似乎概莫能外。关于汉魏时期太原王氏的祖先书写,最详尽的资料莫如《王浚妻华芳墓志》,详细记载王浚祖先的婚姻、仕宦和葬地等信息,而在祖先追溯方面,最远也是溯及曾祖王柔、祖父王机和父亲王沈。由此可见,魏晋人物,无论王氏家族的成员,谱牒家还是史家,都将汉末王柔、王泽视为王氏人物的祖先,至于王柔、王泽兄弟共同的父祖以及更远的祖先是谁,显然不是他们关心的问题。

魏晋时期的太原王氏之所以把王柔、王泽兄弟视为祖先,而不再往前追溯,正是基于"名郡+名士=名族"的时代氛围。其实,王柔、王泽兄弟在汉末群星灿烂的名士群体之中,并不格外耀眼。王泽、王柔兄弟二人在《后汉书》中并未单独列传,仅仅因为得到名士郭泰的垂青而附传其后。他们年轻之时,同郡郭泰已经名动天下,兄弟二人"共往候之,请问才行所宜,以自处业",郭泰对他们的前途规划是,"叔优当以仕进显,季道当以经术通,然违方改务,亦不能至也"。[3] 结果王柔果然为护匈奴中郎将,王泽为代郡太守。裴松之注引《郭林宗传》记载郭泰言语略同,"卿二人皆二千石才也,虽然,叔优当以仕宦显,季道宜以经术进,若违才易务,亦

---

[1]《魏书》卷三八《王慧龙传》,第875页。
[2] 当然,其中不乏极为个别的例外,如《三国志》遥追曹操先世之胤嗣,声称是"汉相国参之后"。学者普遍认为曹操是西汉开国功臣曹参后裔的说法,系伪冒附会。参见田昌五:《读曹操宗族墓砖刻辞》,《文物》1978年第8期,第46—50页。
[3]《后汉书》卷六八《郭太传》,第2231页。

不至也"。[1] 由此可见,《后汉书》的这段记载出自《郭林宗传》,反而不是出自太原王氏自家编撰的《王氏谱》。太原王氏在东晋南朝地位显赫,在修谱成风的时代,他们必然编修家族谱牒;而裴松之在注释《三国志》时多处征引《王氏谱》,说明《王氏谱》在当时必是完璧。但东晋南朝的王氏子孙并没有记载王柔兄弟二人的详尽事迹,之所以追祖二人,很大程度上是因为他们和名士郭泰交往的缘故。为何如此?就太原王氏的成长道路而言,起步稍嫌滞后,但速度极快。魏晋之际是这个家族最为关键的起飞阶段。太原王氏之所以能够后来居上,王柔兄弟的"冢中枯骨"并未提供多少实际的助力,家族地位的大幅攀升主要凭借王昶、王浑、王沈等人在魏晋嬗代之际见风使舵、叛曹亲马的政治态度。

太原王氏二祖后裔,并显于西晋朝廷:王柔子孙王沈和王浚俱荷国任,王泽子王昶、王浑、王济一脉称誉西晋朝廷,王昶少子王湛一支卓然成长为东晋南朝的家族砥柱。王昶、王浑、王济三世均与分布在汾河流域的匈奴刘氏保持密切关系,田余庆指出其深层原因是"匈奴刘氏在并州势力非常强大,一则与并州望族利害相关,二则于西晋朝廷举足轻重,所以并州望族官僚与之曲意相结,以求缓急得其助力",并指出"司马睿初建的东晋政权,既然由于历史原因,一贯仇视刘、石,那么,对于太原王氏长期与匈奴刘氏有深交的王济一支,自然是不能相容的。所以,王济兄弟子侄不闻仕于江左"云云。[2] 这的确是有识之论。中古家族的兴衰沉浮,与政治分野、夷夏态度之间存在着或隐或现的关联。但是,如果以相同的标尺衡量太原王氏另一支脉的发展状况,情况则无异刻舟求

---

[1]《三国志》卷二七《魏书·王昶传》,第744页。
[2] 田余庆:《东晋门阀政治》,第246—247页。

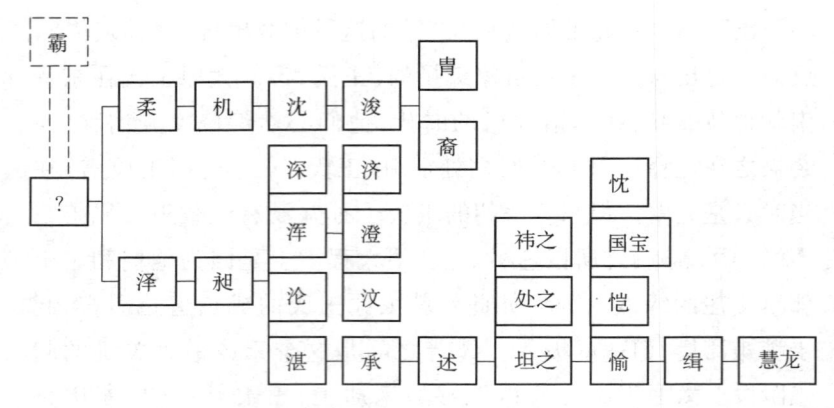

图 1　汉魏六朝太原王氏世系简图[1]

剑。晋末乱局,刘琨和王浚为北部中国汉人集团最为重要的方镇力量,然而两人之声名际遇,颇有不同:刘琨声名,先抑后扬;而王浚之名,直线下降,更是在《晋书》中被贬为"凶孽"。[2] 王浚在北方的依靠力量主要是乌桓和鲜卑,其主要对手也是两晋朝廷的死敌刘石集团。依照同敌为友的原则,王浚也应该得到东晋朝廷的政治认同,其子孙后裔也应该显达于江左。征诸史籍,唐人所修的《晋书》居然声称王浚"无子",[3]但核之《王浚妻华芳墓志》,却明确记载王浚"有子曰胄,字道世,博陵世子。次曰裔,字道贤"。[4] 由此可见,《晋书》在王浚子嗣传承上有着人为遗漏的痕迹,这或

---

[1] 本图依据《三国志·王昶传》《晋书·王浑传》《晋书·王湛传》《魏书·王慧龙传》《新唐书·宰相世系表》及《王浚妻华芳墓志》等资料绘制而成,其中虚线、虚框表示人名、世系可疑,问号表示人物阙如,不可考知。
[2] 《晋书》卷三九《王浚传》,第 1164 页。
[3] 《晋书》卷三九《王浚传》,第 1150 页。
[4] 赵超:《汉魏南北朝墓志汇编》,天津:天津古籍出版社,2008 年,第 13 页。关于《华芳墓志》的研究成果,参见胡志佳:《西晋王浚家族的兴衰及其人际网络》,《逢甲人文社会学报》2003 年第 7 期,第 141—160 页;范兆飞:《两晋之际的士族生态与幽冀形势——以王浚为中心的考察》,《学术月刊》2011 年第 3 期,第 138—146 页。

许和唐代史家力斥王浚的历史认知有关。从这个角度而言，太原王氏在东晋南朝经营的成败，除却前朝政治恩怨之外，还取决于家族各房支成员在东晋南朝的适应程度。

不仅如此，太原王氏在南朝的发展轨迹，主要以祁县王氏为代表，晋阳王氏转而沉寂，其主干人物王慧龙北投元魏，开启北朝隋唐太原王氏的光辉前程。征诸南朝史籍的祖先追忆，似乎均与汉末名士、祁县王允存在似断还连的血统关系。略举数例，《宋书》记载王玄谟的祖先是"六世祖宏，河东太守，绵竹侯，以从叔司徒允之难，弃官北居新兴，仍为新兴、雁门太守，其自叙云尔"。《宋书》记载王懿的祖先时，已经不太确定，"自言汉司徒允弟幽州刺史懋七世孙也。祖宏，事石季龙，父苗，事苻坚，皆为二千石"。[1]《梁书》又载王茂的祖先，"祖深，北中郎司马。父天生，宋末为列将"。[2] 此王深与晋阳支王昶子王深同名，时代悬殊，并非一人。而《梁书》记载王神念、王僧辩父子，仅言其为太原祁人，没有追溯祖先。史书记载反映南朝太原王氏企图和汉末王允房支建构血统关系的努力，但在六朝门阀封闭化的时代氛围里，这种努力显得谨小慎微。因为，同为南朝的范晔在《后汉书》中明确记载，王允直系血亲皆因王允之祸，惨遭屠灭，"长子侍中盖、次子景、定及宗族十余人皆见诛害"，只有兄长之子王晨和王陵逃归乡里。[3] 由此可见，王懿的祖先既然为王宏，则没有和同族先世汉末王宏同名之理，史家可能也认为"汉司徒允弟幽州刺史懋七世孙"的追溯不可凭信，故在前面加上"自言"二字。另外，《宋书》所载王玄谟的祖先王宏，显然和汉末王允同时，但其所历官职和《后汉书》所载王宏迥然不同。史家沈约在撰述王氏祖先记忆时，当是采用南朝王氏谱谍，但其态度

---

[1]《宋书》卷四六《王懿传》，第1390页；同书卷七六《王玄谟传》，第1973页。
[2]《梁书》卷九《王茂传》，第175页。
[3]《后汉书》卷六六《王允传》，第2177页。

是半信半疑,祖先书写之后的"自叙云尔"和"自言"意蕴相同。这说明在萧梁时代,太原祁县王氏和王允之间已经不能建构起令人信服的谱系传承。形成对照的是,唐人刘禹锡竟然更为冒进,试图解决广武王霸和祁县王氏之间的血统关系,"东汉有征君霸,霸孙甲亦号征君,徙居祁县,为著姓,故至于今为太原人"。[1]

如果说魏晋之世是太原王氏郡望成立期的话,北魏孝文帝的门阀政策则是对太原王氏郡望的巩固和确认。前者具有社会文化的意义,历时久远;后者则出于国家政府的法律认定,政治文化的色彩更加浓厚,规定性强。吊诡的是,太原王氏的郡望在魏晋时期得以确立,叛曹亲马的政治态度发挥了关键作用;但北魏太原王氏郡望的确立,政治态度似乎并不是左右家族兴衰的主要因素。太原王氏积极参与东晋末叶的主相之争,最后两败俱伤,死亡殆尽,王辑之子王慧龙幸免于难,孤身降魏。但是,王慧龙的身世扑朔迷离,魏收在《魏书》中对王慧龙郡望的描述是"自云太原晋阳人也",而且对其北奔降魏的传奇故事也是充满怀疑,"其自言也如此"。"自云"是魏收描述北魏士族郡望没有确证时的固定套话,以"自云"冠之的家族,除却太原王氏之外,还有弘农杨氏、南阳张氏、昌黎韩氏、北地孟氏等。[2] 魏收对这些士族祖先追忆的怀疑,并不妨碍对列传人物当世事迹的推崇备至。即便如此,魏收的这种态度,还是招致这些家族后裔的强烈反对。《魏书》与之前魏晋史籍最大的不同,就是其门阀主义的特色。魏收自云谱牒为其史料的重要来源,"往因中原丧乱,人士谱牒遗逸略尽,是以具书其枝派"。[3] 唐人刘知幾也说

---

[1]《全唐文》卷六〇八《刘禹锡·唐兴元节度使王公先庙碑》,第6148页。
[2] 参见唐长孺:《魏书杨播传自云"弘农华阴人"辨》,《山居存稿续编》,北京:中华书局,2011年,第94—98页。
[3]《北史》卷五六《魏收传》,第2032页。

魏收,"大征百家谱状,斟酌以成《魏书》"。[1] 清人赵翼批评云:"若一人立传,而其子孙、兄弟、宗族,不论有官无官,有事无事,一概附入,竟似代人作家谱。则自魏收始。"[2] 魏收在郡望前面冠以"自云"的家族,在魏收"大征百家谱状"之时,自然不会画蛇添足地自我怀疑和否定;魏收的"自云",显然带有魏齐士人的印象。王慧龙北奔仕魏,身分不明,朝野之论以怀疑者居多,甚至在八十年之后,同郡有姻亲关系的郭祚和王慧龙之孙王琼争夺并州大中正,激烈抨击怀疑王琼的郡望血统,"琼真伪今自未辨"。[3] 那么,早在北魏明元帝时期,王慧龙半真半假的身世,如何能够立足魏廷? 太原王氏的崛起和郡望的重塑,清河崔浩起到决定性作用,崔浩利用王慧龙"齇鼻"的相貌特征,称赞王慧龙确是"贵种"。[4] 古代士人尽管不懂生命科学,更不明白齇鼻是一种带有遗传特征的皮肤病,但是,崔浩仅根据王慧龙的"齇鼻"特征,便振振有词地认定王慧龙是"贵种",显然不仅出于辨别郡望真伪的需要,更是出于崔浩"齐整人伦,分明姓族"、对抗鲜卑贵族的政治需要。[5] 太原王氏通过联姻高门等手段,迄于孝文帝之时,跻身"四姓"家族,郡望之尊达于巅峰,甚至一度有"首姓"之称。[6] 孝文帝定姓族,厘定新的门阀序列,具有明确的官爵标准和等级划分,正如唐长孺所云:"(这种划分)在两晋南朝至多是习惯上的而不是法律

---

[1] 刘知幾著,浦起龙通释,王煦华整理:《史通通释》卷一二《古今正史》,上海:上海古籍出版社,2009年,第339页。
[2] 赵翼著,王树民校证:《廿二史札记校证》卷一〇《南北史子孙附传之例》,北京:中华书局,1984年,第203页。
[3] 《魏书》卷六四《郭祚传》,第1427页。
[4] 《魏书》卷三八《王慧龙传》,第875页。
[5] 万绳楠整理:《陈寅恪魏晋南北朝史讲演录》,贵阳:贵州人民出版社,2007年,第213—214页。
[6] 陈爽:《世家大族与北朝政治》,第121—125页。

上的。"[1]正是在这种大背景下,太原王氏的郡望合法地跃居第一等级。

然而,随着六镇势力蠢蠢而动,北魏王朝走向风雨飘摇,法律规定的门阀序列开始松动,最突出的表现就是士族子弟书写祖先时杂乱无章,攀附先世,而士人郡望也随之鱼龙混杂,渐呈乱象。镌刻于太昌元年(532)的《王温墓志》是极为显著的一例:

> 启源肇自姬文,命氏派于子晋。汉司徒霸、晋司空沈之后也。祖评,魏征虏将军、平州刺史,识寓详粹,誉光退迩。父苌,龙骧将军、乐浪太守,雅亮淹敏,声播乡邑。昔逢永嘉之末,高祖淮,晋太中大夫,以祖司空、幽州牧浚,遇石氏之祸,建兴元年,自蓟避难乐浪,因而居焉。[2]

这份墓志在太原王氏追述祖先和中古郡望的变化方面,极为重要。罗新、叶炜研究此份墓志时,曾经一针见血地指出,王温一族如果确是太原王氏,何以入魏后不改归旧籍? 和当时多数边地人士入魏以后极力重写家族世系的情况一样,王温一家很可能也是在适应孝文帝姓族改革以后的社会风气而自溯其家世至于王浚。[3] 这是值得参考的意见。但是,他们没有注意到《王温墓志》由于盲目攀附祖先所产生的关键谬误及其所深蕴的历史意味。其中,最引人注意的无疑是志文中"汉司徒霸、晋司空沈之后"一语,这短短一句十字,涵盖东汉初叶、汉末和西晋三个历史时期的三个人物。揆诸史籍,两汉司徒之中并无太原王霸,王霸其人活跃于东汉

---

[1] 唐长孺:《论北魏孝文帝定姓族》,《魏晋南北朝史论拾遗》,第90—91页。
[2] 罗新、叶炜:《新出魏晋南北朝墓志疏证》,第130页。
[3] 罗新、叶炜:《新出魏晋南北朝墓志疏证》,第131页。

初叶,累征不仕,以倡言"天子有所不臣,诸侯有所不友"[1]而闻名于世,名列《后汉书·逸民传》,并且范晔明确记载王霸是太原广武人。据《后汉书·郡国志》,广武故属太原郡,后割于雁门郡治下。《逸民传》显示,王霸没有居于太原晋阳的蛛丝马迹。再者,司徒侯霸固然有让位王霸之举,但在阎阳的反对下,没有成行,王霸也因此列入《逸民传》。守屋美都雄以令人信服的理由,指出王霸至王泽一百六十年间,却相隔二十代,极不合理,从而驳斥王霸为太原王氏的祖先。[2]事实尽管如此,但王霸在中古大多数王氏人物墓志中被人为塑造为太原王氏的始祖。即便唐代著名的谱牒名家、《氏族论》作者柳芳在开元二十三年(735)所撰的《王景先墓志》记载其先世云:"洪源导于轩后,命氏潜于周室。英声茂实,可胜言哉。洎汉征君霸虵于大父唐处士文素。"[3]可见,"王霸为太原王氏始祖"这个荒谬的错误,却是中古士人建构谱系的普遍常识。据《后汉书·王允传》,王允于初平元年(190)代杨彪任司徒。两汉太原王氏担任司徒者,仅王允一人。因此,有理由相信,墓志作者所言的"司徒"应当指太原祁县王允。而其后的"晋司空沈"显然是晋阳王氏,前文图1显示,王沈是王柔之孙。广武王霸、祁县王允和晋阳王沈,虽然同姓,也在同郡,却分布于太原郡的北、中、南三个地区,相隔较远,绝非一个家族,没有史料显示他们具备共同的祖先。就中古而言,最著名的太原王氏是晋阳王氏和祁县王氏。但在汉末,王允是太原王氏的代表人物,其时祁县王氏的地位远远高于晋阳王氏。晋阳王氏地位的大力提升,是祁县王氏衰微以后的事情。《王温墓志》的祖先追忆张冠李戴,嫁接、杂糅及

---

[1] 《后汉书》卷八三《逸民·王霸传》,第2762页。
[2] 守屋美都雄:《六朝门阀の一研究:太原王氏系谱考》,第20—22页。
[3] 吴钢主编:《全唐文补遗·千唐志斋新藏专辑》,第172页。

整合了晋阳、祁县、广武三房王氏的谱系记忆和郡望资源,非驴非马,却影响深远。

不仅如此,隋唐以降,中古士族墓志动辄就将时代遥远、虚无缥缈的神仙人物,或者把功业显赫的将相大臣作为祖先进行追忆,《王温墓志》即为一例,"启源肇自姬文,命氏派于子晋"。太原王氏最早将祖先追溯至太子晋的是《王昌墓志》,"玉根肇于子晋,金枝光于太原"。[1]《王温墓志》《王昌墓志》追祖至于太子晋的做法对唐代太原王氏的祖先追忆具有重要影响。那么,这种看似荒唐的攀附之风,在当时有多大的代表性,是不是蔚然之间成为一时风气?征诸石刻资料,我们发现,将遥远的先秦人物追溯为先世,北魏早期墓志中已经零星地出现,如《员标墓志》记载员氏为"楚庄王之苗裔",显系攀附,其后紧接着就是追述血统可靠的曾祖和父亲。[2]《赵猛墓志》记载,"其先赵明王之苗裔,晋扬州刺史尚之后"。赵明王之说,显系牵强附会,但晋扬州刺史之说,已在其高祖赵永之前。就墓志关于祖先书写的规律而言,高祖以内的祖先追忆通常较为可靠,而高祖以外、汉魏以降的祖先追忆则属于模糊祖先,在可信与不可信之间。赵尚是否为赵猛的祖先,是可以怀疑的,正如学人所指出的那样,"赵尚不见于史,或出杜撰附会,或官职有误"。[3] 实际上,即便见于史册,也有可能是附会之举,前举《王温墓志》追溯王霸、王允等故事,即为例证。但是,搜检北魏时期绝大多数墓志的祖先记忆,都在三至五代以内,比较可靠。这和隋唐以降的墓志动辄就将祖先追溯至先秦人物截然不同。魏末乱离,孝昌前后士人将祖先记忆定位于汉魏乃至以前的风气逐渐大盛,《王温墓志》之类的墓志开始出现。如,《羊祉妻崔神妃墓志》

---

[1] 赵超:《汉魏南北朝墓志汇编》,第 84 页。
[2] 罗新、叶炜:《新出魏晋南北朝墓志疏证》,第 55 页。
[3] 罗新、叶炜:《新出魏晋南北朝墓志疏证》,第 102—103 页。

记载其祖先,"丁公伋之后,汉扶风太守霸九世孙也"。[1] 北魏胡人墓志,似乎并无将祖先远溯秦汉及上古人物之俗。魏末以降,尤其东西对峙以后,胡汉士人家庭成员攀附祖先,渐次盛行,遽然成风。如《薛怀儁墓志》记载其祖先来源:"昔黄轩廿五子,得姓十有二人,散惠叶以获疏,树灵根而不绝。造车赞夏,功济于生民;作诰辅商,业光于帝典。令尹名高楚国,丞相位重汉朝,贻训垂范,飞声腾实。"[2] 又如,《高殷妻李难胜墓志》记载:"昔贤哲并作,谟明有虞,稷契以道教显,咎繇以刑辟用。道教作阳德,故男祉斯流,其迹之验,则商周之王是已。刑辟作阴德,则女祯宜效,而往志前纪,未之有闻。"[3] 这种类似于唐人墓志中玄缈虚幻的祖先记载,开始大规模出现,乃至成为隋唐墓志约定俗成的书写习惯。

二、唐代太原王氏的谱系塑造

魏晋六朝的太原王氏因缘附会,卓然成长为一流高门,尤其在北魏时期上升为四姓家族,但迄今为止所发现的北朝王氏墓志极为有限。隋唐以降,太原王氏的墓志数量,如雨后春笋般大幅增长,笔者粗略统计常见墓志书籍所收的太原王氏墓志,约有四百余份。[4] 中古墓志的成文,家状谱牒是墓志作者极为重要的资料来

---

[1] 罗新、叶炜:《新出魏晋南北朝墓志疏证》,第106页。
[2] 罗新、叶炜:《新出魏晋南北朝墓志疏证》,第182页。
[3] 罗新、叶炜:《新出魏晋南北朝墓志疏证》,第187页。
[4] 笔者统计数据截至2010年,初稿完成后,承蒙和庆锋惠赐其博士学位论文,其中统计隋唐太原王氏的碑志,计有五百六十份,较为详备。但这个数量,尤其是其立论思路和问题意识与本文完全不同,基本不影响本文的讨论和观点,参见和庆锋:《隋唐太原王氏的变迁与影响》,第180—208页。近十年间又刊布不少唐代墓志,其中亦有太原王氏碑志,通读之下,不影响本文的基本认识。謹此说明。

源,有的志文因家牒丢失,连曾祖之名都茫然不可知晓,如唐代《董府君夫人墓志》云太原王氏,"盖太原上族,以宗子在他邦,家牒遗坠,故曾祖之讳今阙其文"。[1] 这说明墓志的史料来源必然参考世家大族的家族谱系,又如《郭定兴墓志》所载:"氏系之由,以载史册,三祖之分,具记家谱,故不复备详焉。"[2] 我们考察唐代太原王氏的祖先记忆和系谱构造,主要依据三种文献:正史中的王氏人物列传;《元和姓纂》《新唐书·宰相世系表》(以下简称"新表")等姓氏书;传世文集中的神道碑以及近年新刊碑志。关于太原王氏的系谱,学者称引最多的莫过于《新表》,其中"王氏条"记载太原王氏谱系甚为详细:

> 王氏出自姬姓。周灵王太子晋以直谏废为庶人,其子宗敬为司徒,时人号曰"王家",因以为氏。八世孙错,为魏将军。生贲,为中大夫。贲生渝,为上将军。渝生息,为司寇。息生恢,封伊阳君。生元,元生颐,皆以中大夫召,不就。生翦,秦大将军。生贲,字典,武陵侯。生离,字明,武城侯。二子:元、威。……太原王氏出自离次子威,汉扬州刺史,九世孙霸,字儒仲,居太原晋阳,后汉连聘不至。霸生咸,咸十九世孙泽,字季道,雁门太守。生昶,字文舒,魏司空、京陵穆侯。二子:浑、济。浑字玄冲,晋录尚书事、京陵元侯。生湛,字处冲,汝南内史。生承,字安期,镇东府从事中郎、蓝田县侯。生述,字怀祖,尚书令、蓝田简侯。生坦之,字文度,左卫将军、蓝田献侯。生愉,字茂和,江州刺史。生缉,散骑侍郎。生慧龙,

---

[1] 周绍良、赵超主编:《唐代墓志汇编续集》咸通 068《唐故幽州节度衙前兵马使检校太子宾客兼监察御史济阴董府君夫人太原郡君王氏墓志铭》,北京:中华书局,2001 年,第 1086 页。

[2] 罗新、叶炜:《新出魏晋南北朝墓志疏证》,第 91 页。

后魏宁南将军、长社穆侯。生宝兴，龙骧将军。生琼，字世珍，镇东将军。四子：遵业、广业、延业、季和，号"四房王氏"。[1]

岑仲勉先生提示，欧阳修《新表》基本根据唐人林宝《元和姓纂》编成，邓名世《古今姓氏书辩证》、郑樵《通志·氏族略》也是以《元和姓纂》为蓝本。[2]《元和姓纂》卷五"王氏条"仅存寥寥数语，"王姓，出太原、琅邪，周灵王太子晋之后"。[3] 由此可见，在《新表》之前，最迟在中唐时期，太原王氏的祖先追忆就完全突破元魏末年《王温墓志》"启源肇自姬文，命氏派于子晋"的空泛叙述，将太原王氏的始祖固定为周灵王太子晋。但是，《新表》一改汉魏六朝太原王氏将人物祖先追溯至于汉魏名流的做法，将太原王氏的先世攀附至周灵王太子晋，同时采用、糅合汉魏时期太原王氏的祖先追忆，试图将太子晋和王霸之间六百年的断裂弥缝起来，从而使太原王氏的谱系——从始祖太子晋到汉代王霸，次到魏晋王昶、王浑，再到北魏王慧龙，最后形成所谓的四房王氏——看似更加完整和可靠。这个"完整"的谱系由于今存《元和姓纂》行文简略，似乎是欧阳修《新表》首创之功。但是，征诸石刻资料，我们就会轻易发现太原王氏完整谱系的建构，早在唐初就已肇端。《元和姓纂》成书于元和七年（812），而立石于元和三年（808）、唐人戴少平撰述的《镇国大将军王荣神道碑》记述王荣先世云：

肇自轩后，延于周室。自灵王丧道，黜太子晋于河东，时人号为王家，子孙因以命氏。子晋生敬宗为司徒。至秦始皇

---

[1] 《新唐书》卷七二中《宰相世系表》"王氏条"，第2632—2633页。
[2] 岑仲勉：《元和姓纂四校记自序》《元和姓纂四校记再序》，收于林宝撰，岑仲勉校记：《元和姓纂（附四校记）》，第7—94页。
[3] 林宝撰，岑仲勉校记：《元和姓纂（附四校记）》，第586页。

大将军翦,子曰贲,孙曰离,皆以武略著名,列于《战国策》。及汉昌邑中尉吉,博通坟典,形于书籍。生二子,长曰霸,居太原,次曰骏,居琅邪。公即霸之后矣,自翦至魏,凡三十四代。有昶,为征南将军。后遇西晋陵替,子孙有过江者,为江东盛族。其不往者,代有贤豪,史传备彰,此无缕载。隋季丧乱,龙蛇起陆。[1]

戴少平撰文所据,必为王氏家族所出谱牒。《元和姓纂》之史料来源,林宝自序云:"案据经籍,穷究旧史,诸家图牒,无不参详。"现今存世的经籍坟典和唐前史传没有将王氏祖先追溯至周代人物太子晋者,可见林宝所据必系王氏图牒。不独中唐时期太原王氏的祖先追忆如此,成于贞元十二年(796)的《崔藏之夫人王讷女墓志》记载:"王氏自周灵王太子晋,始因王而为姓。至汉征君霸,乃编于太原之晋阳。八代祖琼,后魏大鸿胪。以世家英系,时文皇帝定为天下氏族之甲,王氏从而益大。"[2]此志之"文皇帝"当指北魏孝文帝,而"天下氏族之甲"即指孝文帝定姓族所划分甲乙丙丁四姓的"甲姓"。此志纠正了魏末《王温墓志》追祖为"汉司徒霸"这一显而易见的错误。王氏落叶太原者,究系何人,唐人的意见也不尽统一,如开元二十七年(739)束渐撰写的《王承法墓志》:"自周灵王太子晋避世,隐居嵩丘,时人号曰王家,因以为氏。五代孙霸生子二:殷、威。及汉,殷则列封琅耶,威则胤食太原。夫人则威之系也。"[3]据志题可知,束渐为王氏继子,与志主关系极为密切,或许部分反映王氏自身的祖先认知。可见此份墓志所载太原

---

〔1〕 《全唐文》卷七二〇《戴少平·镇国大将军王荣神道碑》,第7410页。
〔2〕 吴钢主编:《全唐文补遗·千唐志斋新藏专辑》,第287页。
〔3〕 周绍良主编:《唐代墓志汇编》开元502《唐衡州刺史束府君故夫人太原郡君王氏墓志铭》,第1501页。

王氏的始祖则为王霸之子王威。

《新表》和唐代不少墓志关于太原王氏的祖先追忆，都试图在先秦人物和汉代王霸之间建立联系，这五六百年间叱咤风云的王氏人物就成为他们连缀家谱、嫁接世系的选择。秦将汉相便成为他们捏造和勾连太子晋和王霸"具有"血统关联的过渡人物。隋唐士人把秦朝名将王翦、王贲和王离子孙三人视作连接周代太子晋和东汉王霸之间的关键棋子。隋末唐初，郑国处士王仲的墓志明确将王翦等人作为王霸之前的祖先，"翦三世名将，位重秦朝；朗一代伟人，望高魏室"。[1] 往前追溯，隋开皇三年（583）的《王士良墓志》虽然没有明言王翦为王霸之前的祖先，但已经有所暗示，"受姓姬年，开元周历，瑞鸟流火，仙鹤乘云。秦将去杀之慈，汉宰垂仁之惠，遗胤遂繁，后苗兹广。子师枭卓，勋高海内，孺仲慕党，名振京师。远祖昶，魏司空。七世祖忱，雁门太守"。[2] 从这份墓志，我们能够清晰看到墓志作者建构王士良郡望和祖先的努力，其中的"秦将"被后来的士人具体演化为王翦、王贲、王离等武将；而汉宰也被具体演化为王陵、王允、王吉等名相。迄于唐初，这种祖先追忆逐渐成型，贞观十一年（637）的《王护墓志》将"秦将""汉宰"进行具体化，"若夫秦朝名将，离剪戡止煞之功；汉世能官，吉骏彰诚感之德"。[3] 武后万岁通天元年（696）的《王智本墓志》，"其先周王子晋之苗裔，汉相国陵之胤绪也。且夫草树滋繁，则深根之润；济渭皎镜，则原泉之澄。是以得氏宗周，故多贤良也。离褒有声于秦汉，戎炜名振于晋梁，代有其人，讵兹觊缕"。[4] 实际

---

[1] 周绍良主编：《唐代墓志汇编》开明004《郑故处士王君墓志》，第7—8页。
[2] 罗新、叶炜：《新出魏晋南北朝墓志疏证》，第326页。
[3] 周绍良、赵超主编：《唐代墓志汇编》贞观056《隋故仪同三司王府君墓志铭》，第44—45页。
[4] 周绍良主编：《唐代墓志汇编》万岁通天018《大唐故王府君墓志铭》，第900—901页。

上，所谓的秦将、汉宰和太原王氏毫不相干：王陵与汉高祖刘邦同乡，沛县人氏；王褒系西汉蜀郡人，著名辞赋家；王翦、王离秦国名将，频阳东乡人；王戎名列竹林七贤，琅琊人氏；王炜于史无征，等等。可见，这些墓志追溯的王氏先贤，均与太原郡望风马牛不相及，这是唐人撰述墓志数典忘祖、攀附人物和伪冒郡望比较典型的例证。但是，唐人也试图弥补这种郡望毫无关联的王氏人物之间的冲突和矛盾，成于景龙三年（709）的《王佺墓志》试图将太子晋和王霸的郡望连缀为一系，"伊昔定氏，周太子之登仙；洎乎命官，秦将军之建策。晋阳分族，表征君之子孙"。[1]"晋阳分族"一语极为关键，隐含王翦子孙迁居太原之意。唐代名流刘禹锡也力图阐释太原王氏和名将王翦之间的郡望存在具体因缘，"显于秦者曰翦，三世将秦师，子孙分居晋代间"，[2]大致同时，李绛则认为楚汉之际，王离以秦围赵，战死于师，"子孙家于太原，世为令族"。[3] 由此可见，《新表》是唐人谱系知识层累叠加、整合构成的产物。

中古太原王氏的祖先除却"太子晋—王霸—王昶—王浑"这一谱系序列之外，还有其他的追溯方式，如王颜所撰《王景祚墓碣》载其谱系云：

> 帝喾后稷之后，周太王王季之后，因王显姓者。始自四十一代祖赤平王之孙。其父泄，未立而卒。平王崩，赤当嗣。为叔父桓王林废而自立。用赤为大夫。及庄王不明，赤遂归晋，晋用为并州牧。自赤至龟八代。……代袭封晋阳侯。钊生叔

---

[1] 周绍良主编：《唐代墓志汇编》景龙023《大唐故王府君墓志铭》，第1096页。
[2] 《全唐文》卷六〇八《刘禹锡·唐兴元节度使王公先庙碑》，第6148页。
[3] 《全唐文》卷六四六《李绛·兵部尚书王绍神道碑》，第6543页。

俊。至第四代氂，汉末为并州刺史。氂生十八代祖卓，魏为河东太守，晋迁司空。[1]

《王景祚墓碣》所据不是王景祚的私家谱牒，因为碑文明确记载，"天宝末，河内首陷寇逆。并家谱失矣"。无独有偶，王颜所撰《王卓神道碑》云："始自四十一代祖周平王孙赤。其父泄，未立而卒。平王崩，赤当嗣，为叔父桓王林废而自立。用赤为大夫。及庄王不明，赤遂奔晋，晋用为并州牧。自赤至龟八代，代牧并州。龟生乔。至文钊十六代，通前八代，代袭封晋阳侯。文钊生叔儶，叔儶生伯明，伯明生氂，氂，河东太守、征西大将军。氂生卓。"[2] 其中谱系内容，与《王景祚墓碣》基本相同。这个王氏祖先的序列，显然和《新表》所载大相径庭，唐人郑云逵在为王颜所撰的墓志中猛烈批评太原王氏纷纷追祖太子晋的行为："凡称太原王者，皆言周灵王太子晋之后。咸失其宗，盖周平王之孙赤。其父洩，未立而卒。平王崩，赤当嗣，为叔父桓王林废而自立。用赤为大夫。庄王不明，赤遂奔晋，晋用为并州牧。自赤至龟八代，代牧并州。龟后廿四代，代袭封晋阳侯。至廿七代卓，字世咸。历魏晋为河东太守，迁司空，封猗氏侯。"[3] 由此可见，《王景祚墓碣》和《王卓神道碑》同出一源。上述谱系显然与《新表》所记相互扞格，差异甚大，但也有人试图在两者之间进行修补调和，如河东薛元龟所撰王氏墓志云：

---

[1] 陈尚君辑校：《全唐文补编》卷五七《王颜·慈州文城县令王景祚并仲子郴州郴县丞墓碣序》，第696页。

[2] 《全唐文》卷五四五《王颜·追树十八代祖晋司空太原王公神道碑铭》，第5529页。

[3] 陈尚君辑校：《全唐文补编》卷六一《郑云逵·唐故虢州刺史王府君神道碑》，第738—740页。

自晋八代至错,时为魏大将军。错生蜀,为魏中大夫。蜀生渝,为魏上将军。……君生元,元生颐,魏皆征为中大夫。……暨鬲□□□魏军攻赵,拔燕蓟,大破荆军,……其后曰贲曰离,皆立秦□。五代孙曰吉,为汉邑昌王。中尉□□诗□谏深得辅弼大义。至晋则有浑有祥,功格王室。至魏则有慧龙,为贵种。十二代祖卓,晋常王公主子也。[1]

正是因为太原王氏谱系层累构成的纷繁芜杂,所以太原王氏的祖先追溯屡屡发生误认祖先、伪冒郡望之事。查考现今可见的四百余份太原王氏墓志,明显的误书祖先之事比比发生。中古士族墓志的谱系构造一般分为三部分:先秦人物、汉魏先哲和近世祖先。高曾祖父离当世较近,往往货真价实,血统基本可靠,主要的错误则集中在前两类。关于祖先为先秦人物的记忆,就其事实真伪而言,绝大多数出于捏造攀附,并不可靠,但是无论墓志作者、谱牒名家还是士族子弟自身,都乐此不疲地假戏真做,纷纷在各自谱系知识的范围内,妄自攀附玄远缥缈的先秦人物为其远祖或始祖。唐代太原王氏墓志和《新表》"王氏条"所追认的太子晋,即为王氏攀附先世的主流:在中古太原王氏将祖先追溯至先秦人物的近百份墓志中,明确攀附太子晋者五十余例,占半壁江山。[2] 太子晋作为王氏始祖,影响深远。王明珂在田野调查中曾经发现,王姓羌人的族谱记忆竟然也是以太子晋为始祖,由此阐明姓氏书在统合族

---

[1] 吴钢主编:《全唐文补遗》第3辑《薛元龟·李泳妻王氏墓志》,西安:三秦出版社,1996年,第208页。

[2] 学人已经指出太原王氏系谱追祖的这个特征,参见守屋美都雄:《六朝門閥の一研究:太原王氏系譜考》,第7—27页。按,守屋氏大作成于1951年,所见史料较为有限,仅列举追祖太子晋者凡20余例。有理由相信,随着唐代墓志的不断发现,追祖太子晋的例证会越来越多。

源记忆中的作用。[1]《王文成墓志》所载祖先,"昔周子晋以控鹤登仙,汉王乔而飞凫启瑞",[2]此处的王乔与太子晋显然不是一人,屈原《楚辞·远游》云:"轩辕不可攀援兮,吾将从王乔而娱戏!餐六气而饮沆瀣兮,漱正阳而含朝霞。"[3]其中王乔可能是指周人王乔,而此处的王乔则是《后汉书·方术传》中飞凫启瑞的王乔。此处将两个血统和郡望都毫不关联的人物,甚至于将神仙人物和真实人物撮合处理,共同作为太原王氏的始祖资源。[4]追祖周王室姬姓成员者,尚有王子成父。东魏兴和二年(543)《王偃墓志》记载其祖先云:"王子城父自周适齐,有败狄之勋,遂锡王氏焉。"[5]唐人墓志循此者为数不多,但亦有之,如李方舟撰写于元和七年(812)的《王昇墓志》记载:"盖姬姓之胤,春秋时王子城父自周适齐,有败狄勋,赐姓王氏,子孙散居太原。"[6]两相对照,前后时间相隔近三百年的《王昇墓志》和《王偃墓志》同出一源。唐代文豪韩愈撰述王仲舒的祖先时也记载:"春秋时,王子成父败狄有功,因赐氏,厥后世居太原。"[7]另外,还有追溯为周文王者,如成于贞观八年(634)的《王安墓志》记载其祖先:"其先太原汉司徒

---

[1] 王明珂:《论攀附——近代炎黄子孙国族建构的古代基础》,《"中研院"历史语言研究所集刊》第 73 本第 3 分,2002 年,第 583—618 页。

[2] 周绍良主编:《唐代墓志汇编》天宝 061《大唐故王府君墓志铭》,第 1572—1573 页。

[3] 洪兴祖:《楚辞补注》卷五《远游》,北京:中华书局,1983 年,第 167 页。

[4] 关于始祖王乔辟谷与成仙记忆的描述,参见 Robert Ford Campany, *Making Transcendents: Ascetics and social Memory in Early Medieval China*, University of Hawaii Press, Honolulu, 2009. pp.72-73。

[5] 赵超:《汉魏南北朝墓志汇编》,第 354 页。

[6] 吴钢主编:《全唐文补遗》第 7 辑《李方舟·唐故陇州汧阳县尉太原王府君(昇)墓志铭》,第 88 页。

[7]《全唐文》卷五六二《韩愈·唐故江南西道观察使中大夫洪州刺史兼御史中丞上柱国赐紫金鱼袋赠左散骑常侍太原王公神道碑铭》,第 5692 页。

允之后，周文王之苗裔。"[1]成于天宝四年(745)的《王爽墓志》叙其先世："肇承姬姓，周文王之胤，封王龟为太原太守。"[2]两者相较，虽然同源周文王，但在他们的认识里，其后裔在汉代开始分化为王允和王龟两支。其他泛称周室祖先者，则宽泛地描述其祖先为"周储""周仙""周王""姬周"等语辞，这些墓志也有20余份。翻检《新表》《元和姓纂》以及种类繁多的墓志丛书，我们可以轻易发现，中古士族，尤其是唐代墓志追祖远至周代王室人物，虽然几乎没有一例能够力证他们代代相因的血统遗传，但是这种假戏真做、一丝不苟的追祖方式已经成为整个社会的风气。有些家族的追祖步伐更加"激烈"和"冒进"，将其祖先追至上古的神话人物，如帝喾和后稷居然也成为太原王氏所追认的祖先。成于永徽三年(652)的《王则墓志》叙其先世："仰承帝喾之华胄，禀后稷之神苗。"[3]这方面值得注意的是王行果的神道碑。李邕撰述其祖先云："其先柢于喾、稷，干于季、文，枝于蒯、离，条于吉、骏。"[4]神道碑文多数收于撰者文集，因此有流传于世的功能。而埋藏于地下的《王行果墓志》，作者不明，对北魏以降的祖先书写，行文不同，具体内容却相差无几；[5]令人称奇的是，在当时不会被众人看到的这份墓志，居然没有将祖先记忆追溯至先秦汉魏。这说明李邕和墓志作者在撰写神道碑和墓志之时，所依据的材料同异相参。毫无疑问，志文作者在撰写过程中掺入了强烈的主观意图以及谱系认识，即删掉信口开河

---

[1] 周绍良主编：《唐代墓志汇编》贞观050《唐故蒲州虞乡县丞王君之志》，第40—41页。
[2] 周绍良主编：《唐代墓志汇编》天宝076《大唐故吏部常选王府君墓志》，第1585页。
[3] 周绍良主编：《唐代墓志汇编》永徽053《大唐永徽三年王君墓志》，第165页。
[4] 《全唐文》卷二六四《李邕·长安县尉赠陇州刺史王府君神道碑》，第2682页。
[5] 周绍良主编：《唐代墓志汇编》景龙027《唐故王府君墓志铭》，第1099—1100页。

的上古秦汉时期的祖先记忆。反之,李邕所撰《王行果神道碑》,既然可以公之于世,自然就有展示王氏谱系源远流长的表演功能。

有必要指出,中古太原王氏追溯祖先在魏晋人物方面也是错谬丛出。最荒唐的错误是追认琅琊王氏的著名人物为祖先:《王廷胤墓志》《王秀墓志》以王导为祖先;赵儒立所撰《王式墓志》以王羲之为祖先;《王宪墓志》以王羲之、王献之二圣为祖先;《王巩墓志》以王祥为祖先,不一而足。[1] 另外,还有以西晋弘农王濬为祖先者,如《赵进诚墓志》记载其夫人太原王氏先祖云:"周灵王王子晋之后,晋龙骧将军濬之裔孙。"[2] 二圣在唐代的地位至为崇高,唐太宗亲撰《晋书·王羲之传》论赞云"尽善尽美,其惟王逸少乎",就是推崇王羲之的明证。但这些墓志反映,在唐人的知识世界中,随着国家主义威权的重构,象征着地方主义和家族主义的郡望和当世官爵相比,已经变得相形失色。具有讽刺意味的是,琅琊王氏也曾经错误地将太原王氏的人物追奉为祖先者,后唐天成三年(928)《任内明墓志》记载其夫琅琊王审知的祖先时云:"剏□□怡山,昔王霸于此得仙。……今我王乃霸之后,夫人复任其姓。"[3] 保大十四年(956),南唐时期陈致雍撰写的《王继勋墓志》

---

[1] 陈尚君辑校:《全唐文补编》卷一○二《苏畋·大晋故竭忠匡运佐国功臣横海军节度沧景德州观察处置管内河内等使充北面行营步军左右厢都指挥使特进检校太师持节沧州诸军事行沧州刺史兼御史大夫上柱国太原郡开国公食邑三千户食实封一百户赠侍中王公墓志铭》,第1280—1281页;吴钢主编:《全唐文补遗》第1辑《赵儒立·唐太原王公故夫人曹墓志铭》,第286页;周绍良主编:《唐代墓志汇编》长安046《唐故上柱国吏部常选王君墓志铭》,第1024页;周绍良、赵超主编:《唐代墓志汇编续集》乾宁002《唐太原王公夫人杜氏合祔墓志铭》,第1160页;吴敏霞:《长安碑刻》,西安:陕西人民出版社,2014年,第117页。
[2] 周绍良、赵超主编:《唐代墓志汇编续集》大中052《唐故天水赵公墓志》,第1006页。
[3] 吴钢主编:《全唐文补遗》第7辑《王审知夫人任氏墓志》,第437页。

记述其祖先世系云:"公讳继勋,字绍元,琅琊临沂人,因家为泉州晋江人也。其先自秦汉至隋唐,累世名德,冠冕蝉联不绝,国史家牒,莫不详焉。故所谓仁人之利,本枝百世,昭穆无穷。若夫离蕑佐时宁乱,定功于前,浑祥辅主济民,垂名于后。"[1]前者以王霸为祖先,并试图将其神仙化;后者以西晋王浑为先世,两者都是汉晋太原王氏的俊杰贤达,与琅琊王氏毫无血统关联。征诸文献,我们发现,唐人碑志误书郡望本贯的现象,不独太原王氏和琅琊王氏如此,其他五姓七家都存在类似的错误。伊沛霞曾经敏锐指出,博陵崔氏的墓志中有五方墓志错误地将清河崔氏追认为祖先,并指出其中两方墓志犯此错误的人竟然是通过科举考试、进士及第的知识精英。[2] 第一流的知识精英也是如此。韩愈所撰《太原郡公王用神道碑文》云:"公讳用,字师柔,太原人。"[3]根据两《唐书》王用姊顺宗庄宪皇后的传记,以及其父王子颜、祖王难得的传记,具言其为沂州琅琊人。《旧唐书·李逊传》记载其出身云:"李逊字友道,后魏申公发之后,于赵郡谓之申公房。"[4]李逊弟李建,字杓直,白居易在《祭李郎文》《有唐善人墓碑》中,均将李建的郡望记载为陇西李氏。由此可见,唐代以降,士庶混同,曲叙昭穆,附会祖宗的情形日渐司空见惯,像博陵崔氏、赵郡李氏、太原王氏这样的名门望族,像韩愈、柳芳、白居易这样的文化精英,竟然都在一流高门郡望谱系的知识方面,变得数典忘祖了。贵族名号的贬值由此可见一斑。

---

[1]《全唐文》卷八七五《陈致雍·左威卫大将军琅琊太尉侍中王府君墓志铭》,第9155页。
[2] 伊沛霞:《早期中华帝国帝国的贵族家庭——博陵崔氏个案研究》,第125页。
[3]《全唐文》卷五六一《韩愈·银青光禄大夫检校左散骑常侍兼右金吾卫大将军赠工部尚书太原郡公王公神道碑》,第5685页。
[4]《旧唐书》卷一五五《李逊传》,第4123页。

三、郡望的虚化

六朝士族纷纷把汉魏人物追认为祖先,恰好与中古郡望的成立大致同步。汉魏之际随着家族主义和地域主义的成长壮大,两者结合便构成中古郡望的坚强内核。六朝郡望的边界极为严格和封闭。但隋唐以降,随着国家权力的再度复兴,中古郡望的内涵发生显著变化。宋人曾经洞若观火地观察到六朝隋唐社会中门第郡望的巨大变迁,"唐初流弊仍甚,天子屡抑不为衰。至中叶,风教又薄,谱录都废,公靡常产之拘,士亡旧德之传,言李悉出陇西,言刘悉出彭城,悠悠世胙,讫无考按,冠冕皂隶,混为一区。"[1]诚如是言,这种变化其实早在唐初就显露端倪,正所谓:言王悉出太原。具体而言,在中古太原王氏的系谱和郡望方面,就笔者粗略搜集四百余份碑志资料关于祖先追溯的可靠性而言,大致可分为三种:第一种是祖先完全不可靠的追溯。这类祖先追溯的特点是华而不实、故弄玄虚和堆砌辞藻,借此抬升身价。这类追溯可称为"泛王氏化"的祖先追忆。大致包括四种情况:一是将先祖追溯至先秦时期缥缈玄远的人物,如太子晋、王子城父,甚至溯至后稷、帝喾等传说人物,这些墓志大概有一百余份,约占25%;二是溯至秦汉之际的将相王侯,如王翦、王贲、王离、王嘉、王陵,这些墓志大概有五十六份,约占14%;三是追溯至东汉初叶的太原人物,如著名隐士王霸,这些墓志共十四份,约占3.5%;四是最离谱的错误追溯,即将琅琊王氏的著名人物如王戎、王羲之、王献之等人作为先祖,显系张冠李戴。后三类的祖先书写尽管充斥着名目繁多的错谬,但

---

[1] 《新唐书》卷九五《高俭传》,第3843—3844页。

是唐人不厌其烦地追述先世,假戏真做,显示唐人填充、捏造和塑构王氏系谱空缺,从而在整体上包装和塑造太原王氏郡望的经营和努力。第二种是祖先相对可靠的追溯。是指将祖先追溯至距离隋唐较近的魏晋南北朝时期的名流,如王昶、王浑、王浚、王慧龙、王坦之、王玄谟、王琼、王僧辩等人,这类墓志共五十份,约占12.5%。第三种是祖先可靠的追溯。这类追述言之有物,昭穆有序,行辈分明,是指将祖先追溯至高曾以内、系谱清晰明确的情况,这类墓志共三百七十六份,约占93.8%。必须指明的是,这三类追溯祖先的墓志,往往真伪相参,相互交错,即在同一份墓志中所追溯的祖先,往往含有"真实"的嫡系祖先,通常是高曾以内的祖先,以及"虚假"的想象祖先,通常是汉魏以前的祖先。仇鹿鸣曾经借用顾颉刚先生的"层累说",指出渤海高氏的谱系具有"层累构成"的特征。[1]太原王氏的谱系建构,也有"层累构成"的特征:时代愈后,传说的家族谱系越久远;时代愈后,传说中的家族先世愈放愈大,以至于在唐代墓志中出现追述神仙人物为其祖先的事例。《新表》"王氏条"是唐人谱系知识整合利用、层累构成的产物。由此可见,各类姓氏书、碑志史传所载层次清晰的士族谱系,还有模糊化的另一面。[2]

　　进言之,郡望作为中古士族最为重要的名片和脸面,随着士族门阀作为社会阶层的日薄西山而变得虚化,这种虚化和崩溃的速度又随着知识精英对六朝谱学严谨精神的失落呈现出几何级的增长。中古太原王氏和其他新旧门户塑造家族郡望和编排谱系的历史过程,表明家族谱牒由六朝时代高高在上被谱牒世家和豪门大

---

[1] 仇鹿鸣:《"攀附先世"与"伪冒士籍"——以渤海高氏为中心的研究》,《历史研究》2008年第2期,第60—74页。
[2] 欧洲贵族也有谱系模糊的特征,参见朱孝远:《中世纪欧洲贵族的结构变化》,《北大史学》第2辑,1994年,第168—173页。

姓所垄断的高贵面相，开始走向街谈巷议的大众化。举凡王氏人物，无论将相王臣、贵戚武将、文人隐士，还是皂隶倡优，贤愚尊卑，各色人等，都可以将郡望伪冒为太原，将祖先一路向前追溯至汉魏名流，乃至太子晋。六朝时期士族高门所垄断的谱系知识，在唐代成为广大士庶竞相"消费"的对象。唐代太原王氏的谱系构成和郡望塑造，多元混合，真假相参，这种攀附行为在其他新旧门户眼中，已经完全不如北魏郭祚批评王慧龙家族"血统真伪莫辨"那样，执着于血统是否纯正、郡望是否可靠。应该说，六朝太原王氏的郡望和谱系的边界在唐代不断模糊。如果说六朝太原王氏的郡望尚能通过中正品第的通途，为王氏成员谋取现实的政治权力、经济利益和社会声望；那么在唐代，这种郡望和谱系则成为精英和民众共同持有的知识资源，夸耀家世和展示郡望的表演功能成为主导。作为六朝一流高门和唐代旧族门户，身分不断发生变化的太原王氏和处于旁观地位的其他士族家庭，对鱼龙混杂的太原王氏，尤其对唐代太原王氏的谱系构造和郡望表达中的种种谬失，怀抱着集体无视、过分宽容的态度，他们塑造的著名郡望和高贵谱系，在唐代几乎不具有任何现实的政治利益，其意义仅存在于观念中留恋六朝高高在上的门阀主义而已。因为在这种历史情境下，贵族身份已经不再是不可假人的名器，反而沦为"皇帝的新装"，在一个人人皆可自居显贵郡望的时代，士族作为社会阶层的意义已经荡然无存。因此，唐代士人家庭攀附名贤、伪认先祖的事情屡有发生，与其说是旧族门户深沟壁垒，炫耀身价，毋宁说是中古士族社会曲终人散的时代投影。太原王氏几乎伴随着中古士族政治生死兴衰的发展历程而随之起舞，传统文献和石刻碑志中对太原王氏祖先记忆以及郡望书写中的种种混乱、矛盾、错谬和张冠李戴的行为，均需置于中古士族政治升降浮沉的长时段中予以考察，才能凸显其历史蕴味。最后强调的是，太原王氏郡望崩溃的种种表现，具有典型性。几乎所有同一类型、同一等级的名门望族,都发生着同样的故事。中古大族谱系知识自上而下的世俗化过程,以及中古郡望意义的弱化,正与隋唐时期国家主义复兴背景下士族的官僚化、中央化或城市化进程同始同终。[1] 唐人士族的祖先塑造和郡望建构掺入了相当数量的虚夸和攀附,这些真假相参的谱系构造和郡望表达,正是士族阶层由弱到强,再渐次消解的"驼峰形"变化的真实写照。

(原载《厦门大学学报》2013年第5期)

---

[1] 艾伯华认为中国古代的精英家族通常具有两个住处,并将之分为城市(city-branch)与乡里(country-branch)两支,前者受后者支持发展之后,反过来护翼后者,而在改朝换代等大的政治变动中,后者较前者更易延续下来。换言之,中国古代的地方精英保持着"城乡双家制"的居住形态。参见 Wolfram Eberhard, *Conquerors and Rulers: Social Forces in Medieval China*, Leiden: E. J. Brill, 1970, pp.44-46。而中国学人洞见隋唐时期士族精英居住地转移所隐含的历史影响,参见毛汉光:《从士族籍贯迁移看唐代士族之中央化》,《中国中古社会史论》,上海:上海书店出版社,2002年,第234—333页;韩昇:《南北朝隋唐士族向城市的迁徙与社会变迁》,《历史研究》2003年第4期,第49—67页。

中古士族谱系的虚实
——以太原郭氏的祖先记忆为例

士族是中古社会最为重要的社会阶层,在长达七百余年的时间里占据统治地位。中外学人关于士族研究的学术史,正如士族地位的波澜起伏一样,历经发展、壮大、式微、复兴等若干阶段。[1] 世纪之交正是士族研究走向衰微的时间节点,中外学人不约而同地驻足反思,尤其是曾经最具活力的士族个案研究,无论作为方法论还是问题意识,似乎都已步入僵局。但是,几乎与此同时,随着吴简和六朝隋唐墓志的大量刊布,中古新出资料的数量和质量都得以极大提升,史料的纵深开拓成为士族研究有可能"再度复兴"的强力引擎。

其中,以谱系为中心的个案研究逐渐成为近年来学人颇为关注的话题。所谓"国有史,地有志,家有谱",谱系和郡望是中古士族最为重要的两张名片。唐人柳芳论及谱牒对于六朝士族的现实

---

[1] 参见陈爽:《近20年中国大陆地区六朝士族研究概观》,《中国史学》第11卷,2001年,第15—26页。仇鹿鸣:《士族研究中的问题与主义——以〈早期中华帝国的贵族家庭——博陵崔氏个案研究〉为中心》,《中华文史论丛》2013年第4期;《失焦:历史分期论争与中文世界的士族研究》,《文史哲》2018年第6期。

意义云:"于时有司选举,必稽谱籍,而考其真伪。"[1]尽管"谱牒之作,盛于中古",[2]只是唐宋以降,大多数六朝谱籍亡佚无踪。从实证主义的角度出发,陈直曾经洞若观火地指出,"南北朝家谱载于刻石之上"。[3] 陈爽指出,六朝单体家庭的谱牒竟然以特殊的形式保存于中古墓志之中,进而复原中古士族谱牒的基本情况。[4] 关于一流家族的谱系建构及其所蕴含的政治社会意义,学人已经选取汝南袁氏、渤海高氏、南阳张氏、弘农杨氏、太原王氏等家族进行较为充分的讨论。[5] 从历史的某个阶段看,太原郭氏或许具有和一流家族如太原王氏颉颃比肩的实力,但从中古七百余年的超长时段观察,不能视作一流家族。不仅如此,士族阶层内部也存在着相当程度的社会流动:从士族降为庶族者有之,从庶族升为士族者亦有之。[6] 介于士族和庶族之间的次等士族,在中古时期的政治社会舞台上,具有相当的典型性和普遍性。那么,作为一流之下的太原郭氏,其谱系构造与一流家族有何异同,又能折射出多少历史内容? 拙文以碑志所见中古时期太原郭氏的祖先记忆

---

[1] 《新唐书》卷一九九《儒学·柳冲传》,第5677页。
[2] 刘知幾著,浦起龙释,王煦华整理:《史通通释》卷三《书志》,第68页。
[3] 陈直:《南北朝谱牒形式的发现和索隐》,《文史考古论丛》,第218页。
[4] 陈爽:《出土墓志所见中古谱牒探迹》,《中国史研究》2013年第4期;《出土墓志所见中古谱牒研究》,上海:学林出版社,2015年。
[5] 参见陈勇:《汉唐之间袁氏的政治沉浮与籍贯变迁——谱牒与中古史研究的一个例证》,《文史哲》2007年第4期。仇鹿鸣:《"攀附先世"与"伪冒士籍"——以渤海高氏为中心的研究》,《历史研究》2008年第2期;《制作郡望——中古南阳张氏的形成》,《历史研究》2016年第3期。张金龙:《高欢家世族属真伪考辨》,《文史哲》2011年第1期。尹波涛:《北魏时期杨播家族建构祖先谱系过程初探——以墓志为中心》,《中国史研究》2013年第4期。范兆飞:《中古郡望的成立与崩溃——以太原王氏的谱系塑造为中心》,原载《厦门大学学报》2013年第5期,收入本书下编。
[6] 麦希维克(Miščevič Dušanka Dušana): Oligarchy or Social Mobility? A Study of the Great Clans of Early Medieval China, The *Museum of Far Eastern Antiquities*, Bulletin No.65, 1993, pp.5-256.

为中心,考察次等士族谱系书写中的虚实变化及其蕴含的政治社会意义,由此深入理解中古时期的家族变迁与社会转型是如何展开的。

一、有限的客观:汉魏六朝郭氏的谱系

魏晋时期太原郭氏的发展轨迹,与大多数士族门阀的潮起潮落较为相似,只是郭氏的沉浮程度较大。如果说太原郭氏在汉末的代表人物是从未拥有仕宦经历的名士郭林宗,那么,魏晋之际的太原郭氏则走上截然相反的发展道路,以名将郭淮为主轴的家族成员,积极参与魏晋之际的党派纷争,见风使舵,从曹党变身为马党,因缘际会,促成魏晋之际太原郭氏的崛起。

魏晋史籍关于太原郭氏的祖先记忆,通常仅追溯两三代人。《郭氏谱》记载郭淮先世云:"淮祖全,大司农;父缊,雁门太守。"[1]《郭氏谱》已佚。结合唐宋以降的史乘碑志和传世文献来看,姓氏起源应该是"某氏谱"的重要组成部分,故《郭氏谱》必然追溯郭全之前的郭氏先祖。刘宋时期裴松之对《三国志》的注释,当然只能是主观地选择和节选诸书。但是,这种对资料的"减法"本身,蕴含着六朝人的祖先意识和时代观念。关于魏晋时期郭氏的谱系构成,《晋诸公赞》亦从婚姻网络和政治集团的角度予以记载:"晋诸公赞曰:淮弟配,字仲南,有重名,位至城阳太守。裴秀、贾充皆配女婿。子展,字泰舒。有器度干用,历职著绩,终于太仆。次弟豫,字泰宁,相国参军,知名,早卒。女适王衍。配弟镇,字季南,谒者仆射。镇子奕,字泰业。山涛启事称奕高简有雅量,历位

---

[1]《三国志》卷二六《魏书·郭淮传》注引《郭氏谱》,第734页。

雍州刺史、尚书。"[1]这段关于魏晋太原郭氏谱系较为详尽的史料,来源如何呢?余嘉锡指出:"此事本出《郭子》,乃郭澄之所著。《晋书·文苑传》称澄之太原阳曲人。盖即淮、配之后,故能知夷甫家门之事矣。又案:此出《郭子》,见《御览》四百九十二引,不全。"[2]《郭子》原本三卷,系东晋中郎郭澄之所撰;[3]宋代佚失,现存《郭子》,当推鲁迅所辑《古小说钩沉》较为完备。至于郭澄之与郭淮家族的关系,余氏也是仅据同系太原阳曲的郡望而臆测,实际上,征诸六朝时代的史传,以及隋唐以降的郭氏墓志,没有一例将祖先追溯至郭澄之者。换言之,郭澄之记载郭淮家族的婚宦经历,完全不能证明郭澄之和郭淮家族之间具有任何血缘关系。

如将视线后延,我们发现《晋书》在追溯太原郭氏人物的时候,很少叙及郭氏父祖名讳。如郭奕:"字大业,太原阳曲人也。少有重名,山涛称其高简有雅量。"[4]再如郭澄之、郭琦,《晋书》仅载其郡望为太原阳曲、太原晋阳,父祖名爵付之阙如。太原邬县郭敬只是在《载记》部分略有提及,没有单独列传,更无祖先记忆的相关信息。[5] 上举例证表明,无论其史源构成如何,多少都能够折射出隋唐尤其是六朝人物关于祖先记忆的观念:他们无意于将郭氏的先祖追溯至汉魏甚或更遥远的时代。遍检《三国志》《晋书》等史书中关于其他士族的祖先记忆,绝大多数都存在着相似的情况。中古士族谱牒的记载情况,也印证了上述观念。学者根据《世说人名谱》和相关文献所复原的《陈国阳夏谢氏谱》显示,第一

---

[1] 《三国志》卷二六《魏书·郭淮传》注引《晋诸公赞》,第736—737页。
[2] 余嘉锡:《世说新语笺疏》,第557页。
[3] 《隋书》卷三四《经籍志三》,第1011页。
[4] 《晋书》卷四五《郭奕传》,第1288页。
[5] 《晋书》卷九二《郭澄之传》,第2406页,同书卷九四《隐逸·郭琦传》,第2436页。

世谢缵,担任曹魏长安典农中郎将。[1] 不仅如此,我们翻检南宋学者汪藻根据史谱所撰的《世说人名谱》,以及学人根据中古碑志和传世文献勾稽复原的六朝谱牒,[2]可以洞悉六朝士人关于祖先建构的一般认识,即六朝士人选择汉魏时期的当朝权贵或名士贤达作为他们的祖先记忆。[3]

魏晋时期士族的成长道路,形式各异。太原郭氏的发展壮大,以郭淮和郭配为核心,前者重在军功,后者通过婚姻关系抛弃曹党,投靠司马氏集团。[4] 与此相对,西晋朝廷最活跃的郭氏成员家风丑陋低俗,为时人所鄙视。由此来看,太原郭氏的发展轨迹呈现"政治暴发户"的特征。贵为"二十四友"之一,与贾谧并称的郭彰,"字叔武,太原人,贾后从舅也"。郭彰历任散骑常侍、尚书、卫将军,政治声望在贾后专权时达到顶点,"彰豫参权势,物情归附,宾客盈门。世人称为'贾郭',谓谧及彰也"。[5] 如前所述,太原郭氏以郭配为中心,形成与权贵阶层的通婚关系,裴秀、贾充为其女婿,王衍为其孙女婿。即便如此,《三国志》《晋书》作者在郭氏诸人的列传中,很少提及传主的列祖列宗。与此同时,郭氏并未成长为一流家族,主因正是郭淮、郭配后裔人才缺乏,未能实现从政治新贵向文化名族的转型。郭配之后,政治地位最显赫的就是郭镇子奕,担任雍州刺史,但其无嗣。另外,人丁单簿成为郭氏发展壮大的最

---

[1] 陈爽:《出土墓志所见中古谱牒研究》,第143页。
[2] 杨勇:《世说新语校笺》,北京,中华书局,2019年。陈爽:《出土墓志所见中古谱牒研究》,第268—537页。
[3] 当然,也有极少数的例外,如东晋汪旭《上谱表》将其祖先追溯至周公旦、鲁伯禽。参见陈爽:《出土墓志所见中古谱牒研究》,第261页。
[4] 参见拙撰:《魏晋之际的党派分野和士族升降——以淮南三叛中的太原士族群为中心》,《复旦学报》2009年第5期,收入氏著《中古太原士族群体研究》,第44—60页。
[5] 《晋书》卷四○《贾充传附郭彰传》,第1176—1177页。

大障碍。图1显示,就郭全后裔而言,郭缊四子中,郭镇一脉单传,史载郭淮虽有五子,但仅有一子郭统有后。郭镇有子无孙,郭淮仅有子孙各一人,再无后嗣,郭配也仅有两子,没有孙辈成员。郭亮一支,在魏晋时期没有可以考知的人物。家风丑陋、人丁不旺、缺乏官僚等因素成为魏晋时期太原郭氏发展壮大的制约因素,与太原王氏、琅琊王氏等一流家族的发展道路正好形成鲜明的对照。

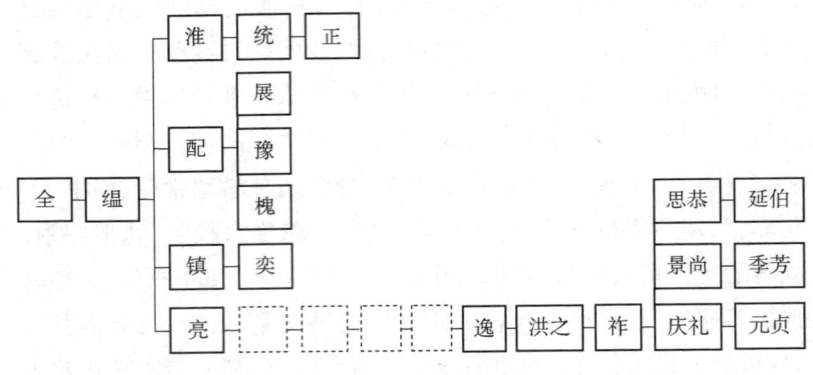

图1　六朝太原郭氏主干世系[1]

永嘉乱后,衣冠南渡,太原郭氏成员没有在江左政权中占有一席之地,也未在十六国政权中留下明确的政治痕迹。《晋书》载记、《十六国春秋》涉及在并州地区活动的胡人政权,不乏郭氏成员活动的足迹,如新兴太守郭颐辟除刘聪为主簿,刘聪政权中有中宫仆射郭猗,后赵政权中有司马郭敖、右司马郭殷、荆州监军郭敬、将军郭太、将军郭荣、将军郭权,前秦将领游击郭庆,东晋济阳太守郭满,鹰扬将军郭铨,龙骧将军郭恭,姚兴司隶校尉郭抚,太史令郭

---

[1] 按,本图根据《三国志》卷二六《魏书·郭淮传》、《晋书》卷四五《郭奕传》、《魏书》卷六四《郭祚传》、《新唐书》卷七四上《宰相世系表》"郭氏"条,以及郭槐墓志等资料绘制而成。

麿,陇东太守郭播,[1]诸如此类的郭氏成员,郡望尚且不明,自然无法证明他们是否和太原郭氏具有血缘关系,更无法证明这些郭氏成员能否填充北魏郭祚和郭亮之间巨大的世系缺环。因此,如果将大司农郭全视作太原郭氏可靠始祖的话,太原郭氏的名望和地位在第三代形成高峰,以郭淮、郭配、郭彰等人为代表,第四代骤然中衰,第五至第八代人物沉沦隐没,乏善可陈。郭淮家族的后裔,百年之后,一直到北魏才逐渐恢复时望。

北魏太原郭氏的发展,和魏晋郭氏人物的兴起道路,有相似之处。关于北魏郭祚的世系传承,《魏书》明确记载:"字季祐,太原晋阳人,魏车骑郭淮弟亮后也。祖逸,州别驾,前后以二女妻司徒崔浩,一女妻浩弟上党太守恬。"[2]从郭逸担任州别驾来看,郭逸的父祖在太原郡应当也有相当的影响力。魏收将郭祚和郭淮拼接起来的根据,或许是郭祚和孝文帝的对话。郭祚担任尚书左丞长兼给事黄门侍郎的时候,孝文帝途经长安郭淮庙,曾经询问郭祚,"是卿祖宗所承邪?"郭祚明确回答,"是臣七世伯祖"。[3]孝文帝和郭祚的这段谈话,被魏收当作信史加以记载,未见丝毫的怀疑。如果再将这件轶事置于孝文帝铨定姓族的宏观背景和并州大中正之争的地域环境中加以考虑的话,尤为有趣。在北魏孝文帝定姓族的过程中,太原郡最有可能与郭氏家族竞争首望的是王慧龙家族。郭祚曾经对王慧龙家族的血统公开质疑云:"琼真伪今自未辨,我家何为减之?然主上直信李冲吹嘘之说耳。"[4]郭祚对王慧

---

[1] 《晋书》卷一〇二《刘聪载记》、卷一〇四《石勒载记上》、卷一〇五《石勒载记下》、卷一〇六《石季龙载记上》、卷一一三《苻坚载记上》、卷一一四《苻坚载记下》、卷一一七《姚兴载记上》。按,《晋书》载记和《十六国春秋》所列郭氏人物甚多,但是几乎没有一例可以具体考证其郡望和血统归属。

[2] 《魏书》卷六四《郭祚传》,第1421页。

[3] 《魏书》卷六四《郭祚传》,第1421页。

[4] 《魏书》卷六四《郭祚传》,第1427页。

龙血统的批评，不过是时人纷纭评议的代表。与之相对的是，根据《魏书》《北史》的记载，时人对郭祚的血统归属没有提出任何怀疑。魏收记载郭祚的籍贯是"太原晋阳"，而陈寿记载郭淮的籍贯是"太原阳曲"，阳曲和晋阳俱在太原郡内，但属籍的变化反映郭淮后人在乡里的活动区域可能已经转移至晋阳；同时也说明"郡"是中古郡望的基本内核。太和十六年（492），孝文帝纳王慧龙孙王琼女为嫔，同时王琼得任并州大中正，政治社会地位完全确立，太原王氏甚至一跃成为北朝隋唐极为著名的"四姓"家族。孝文帝死后，郭祚除吏部尚书、并州大中正。那么，这样的一种人事变动，郭祚和王琼的并州中正之争，郭祚仕途的通达，作为"冢中枯骨"的郭淮是不是郭祚家族加以利用并对抗王琼等人的宝贵资源？

在以"郭淮——郭祚"为主轴的成员之外，北朝还有一些亦属籍太原郭氏的人物。北魏孝子郭文恭是太原平遥人，父祖无载。[1]郭彦活跃于西魏北周政权，以当州首望的身份，统领乡兵，因军功迅速崛起，担任兵部尚书、骠骑大将军、开府仪同三司，其后为东道大使，观省风俗。郭彦是太原阳曲人，《周书》记载"其先从宦关右，遂居冯翊"。[2]"其先"为谁？《元和姓纂》记载："缊生淮、配、镇。淮，魏雍州刺史，生奕。""魏雍州刺史淮；孙正，因官冯翊，居焉。裔孙彦，周兵部尚书；孙福始，唐绥州刺史、夔城男。"[3]岑仲勉认为，"淮，古之'凖'字也"。《元和姓纂》的这条材料存在明显的谬误，据《三国志》《郭氏谱》《晋诸公赞》记载，郭奕系郭淮弟镇之子，而郭淮子统，孙正，其仕宦情况是"（郭淮）正元二年薨，追赠大将军，谥曰贞侯。子统嗣。统官至荆州刺史，薨。子正嗣"。[4]《三国

---

[1]《魏书》卷八六《孝感·郭文恭传》，第1887页。
[2]《周书》卷三七《郭彦传》，第666页。
[3] 林宝撰，岑仲勉校记：《元和姓纂》卷一〇"郭氏"条，第1547—1548页。
[4]《三国志》卷二六《郭淮传》，第736页。

志》既然没有明确记载郭淮子孙的具体仕宦情况,《周书》也未明言"从宦关右"者是谁,那么,晚出的《元和姓纂》所排列的看似系统完整的谱系序列,令人疑窦丛生。

与此同时,六朝碑志中郭氏的祖先记忆也呈现出别样的记载模式。现在已经刊布的北魏郭氏墓志,志主一女四男,共计五份,其中成于北魏永平四年(511)的《王琚妻郭氏墓志》,没有任何祖先的追溯;[1]成于正光二年(521)的《郭翻墓志》,将其祖先追认为西晋上党太守郭容,郭容不见于史传;[2]成于正光三年(522)的《郭定兴墓志》,首次将其祖先远溯至姬周,其铭文云"于维郭氏,诞自周胄,其根既深,其干亦茂",其志文又云"氏系之由,以载史册,三祖之分,具记家谱,故不复备详焉"。[3] 墓志显示,关于郭氏祖先的主要依据是史册和家谱,前文考订,史册并无姓氏源流的翔实介绍,有可能详细记载的只能是家谱。成于正光五年(524)的《郭显墓志》,祖先追溯仅及其父长命,任东兖州别驾。[4] 最为有趣的一份墓志是成于东魏元象元年(538)的《郭挺墓志》,志文云:

> 君讳挺,字早根,太原中都人也。其先出自有周,王季之穆,命氏承家,故亦详于史录矣。远祖汉司徒,论道三槐,宣风四极。祖河间,仁著乱独,信彰童马。考太原,德隆桑□,化越霄鱼,恂巡乡党之亲,府仰邦家之爱,壶浆百里,卧辙千城。[5]

这份墓志具有典型意义,在某种程度上说,隋唐以降太原郭氏墓志

---

[1] 齐运通编:《洛阳新获七朝墓志》10,北京:中华书局,2012年,第10页。
[2] 高平金石编纂委员会编:《高平金石志》,北京:中华书局,2004年,第405页。
[3] 罗新、叶炜:《新出魏晋南北朝墓志疏证》,第91—92页。
[4] 韩理洲编:《全北魏东魏西魏文补遗》,西安:三秦出版社,2010年,第206页。
[5] 赵君平、赵文成主编:《秦晋豫新出墓志蒐佚》38,北京:国家图书馆出版社,2012年,第47页。

的重要元素,在这里有比较集中的展示。其中"远祖汉司徒,论道三槐,宣风四极"一语十三字,结合志文所言"太原中都人",这种由于攀附祖先产生的错谬,反而蕴含着极为丰富的历史信息。此前太原郭氏并无中都一支,太原中都向来是太原孙氏的郡望。"远祖汉司徒",可能是指后汉司徒郭丹,只是郭丹是南阳穰人,虽曾担任并州牧,没有证据显示郭丹和太原郭氏之间具有血缘关系。[1]当然,如果考虑墓志作者熟悉郭丹籍贯的话,这里的司徒又有可能指汉末名士郭林宗,太原介休人,虽曾被司徒黄琼征辟,终于不应,以布衣任太学生领袖,主持人物评论,名噪天下。[2] 郭林宗的婚姻和子嗣,正史列传并无记载,汉魏六朝的郭氏人物亦无明确追祖郭林宗者;唐代以降,追祖郭林宗的墓志才逐渐出现,如麟德元年(664)《郭彝墓志》记载:"周王季虢叔之苗,汉司徒郭泰之后。"[3]开成二年(837)《郭湊墓志》记载:"承皇帝胤绪,后稷之苗,自周封虢叔为国,因以为氏。乃后林宗为汉大司马,有道为司徒,以至于祖讳璧,皇考讳□。"[4]这两份墓志直接将郭林宗虚构为"大司马"和"司徒",和北魏末年的《郭挺墓志》相隔数百年,在追认郭林宗为祖先,以及无中生有地为之"制造"高官身份方面,却是惊人的相似。事实上,类似的情况也发生在其他士族身上。太原王氏曾经将没有任何仕宦经历的逸民王霸追认为祖先,并凭空捏造出"司徒"的身份。

---

[1] 《后汉书》卷二七《郭丹传》,第 940—941 页。
[2] 《后汉书》卷六八《郭太传》,第 2225—2227 页。关于郭泰的研究,可参见冈村繁:《汉魏六朝的思想和文学》第六章《郭泰之生涯及其为人》,陆晓光译,上海:上海古籍出版社,2002 年,第 188—213 页。
[3] 王仲璋:《汾阳市博物馆藏墓志选编》,太原:三晋出版社,2010 年,第 11 页。
[4] 赵力光主编:《西安碑林博物馆新藏墓志汇编》275,北京:线装书局,2007 年,第 708—710 页。

二、多元的书写模式：唐代郭氏的祖先建构

汉魏六朝的太原郭氏，潮起潮落，其兴旺发达时，一度跻身一流高门，代表人物是郭淮和郭祚，但是囿于各种因素的限制，终归长期徘徊在二流士族的行列。该时期的太原郭氏，本质上仍然是具有血缘关系的贵族集团。隋唐以降，太原郭氏的墓志数量，大幅增长。笔者整理迄今已经刊布的中古太原郭氏碑志，多达一百四十余份，北魏郭氏墓志五份，五代以后郭氏墓志四份，时代不明者一份，隋唐时期太原郭氏的碑志，共有一百三十一份左右。这个数量和太原郭氏的地位是匹配的，例如一流高门隋唐太原王氏的墓志数量，就逾五百六十份。[1] 关于中古时期太原郭氏的祖先建构，可以依赖三类资料：一是以《新唐书·宰相世系表》《元和姓纂》《古今姓氏书辩证》等姓氏书资料为骨干；二是以正史人物列传为补充；三是传世文献如《全唐文》中的神道碑以及晚近刊布的墓志资料。兹以《新表》"郭氏"条的形成为线索展开讨论：

> 郭氏出自姬姓。周武王封文王弟虢叔于西虢，封虢仲于东虢。西虢地在虞、郑之间，平王东迁，夺虢叔之地与郑武公，楚庄王起陆浑之师伐周，责王灭虢，于是平王求虢叔裔孙序，封于阳曲，号曰郭公。"虢"谓之"郭"，声之转也，因以为氏。后汉末，大司农郭全代居阳曲，生蕴。蕴生淮、配、镇。镇，谒者仆射、昌平侯。裔孙徙颍川。……华阴郭氏亦出自太原。汉有郭亭，亭曾孙光禄大夫广智，广智生冯翊太守孟儒，子孙自太原徙冯翊。

---

[1] 和庆锋：《隋唐太原王氏的变迁与影响》，第 180—208 页。

后魏有同州司马徽,徽弟进。……昌乐郭氏亦出自太原。后汉郭泰,字林宗,世居介休,司徒黄琼辟太常,赵典举有道,皆不应,世称为郭有道。裔孙居魏州昌乐。唐有济州刺史善爱。[1]

郭氏因为在唐代出现四名宰相成员,得以进入《宰相世系表》。关于《新表》的史源,岑仲勉先生强调《新表》即《姓纂》之蝉蜕,认为"《新表》者,《元和姓纂》之嫡子也,《姓纂》所详为显官,显官莫如宰相,必举全数以列表,则难于命名,唯撷宰相为纲,斯《姓纂》菁华,几尽人彀,《表》能利用史余,成其创作,良可嘉也。是故既知《新表》大部本《姓纂》,则吾人对之,不必为过苛之论,所可议者,《表》不能广参碑集,使《新表》之《价值》,益为增高而已"。[2] 岑氏所见,固精卓绝伦,然尚有深入讨论之必要。以郭氏为例,《新表》将其分成颍川、华阴、昌乐、中山等分支,明言前三支俱出太原。反观《姓纂》"郭氏"条序言云:

周文王季弟虢叔,受封于虢,或曰郭公,因以为氏。公羊传云,虢谓之郭,声之转也。左传,齐有郭最。燕有郭隗。后汉司徒郭丹,郭泰字林宗。[3]

其后诸房分支细密繁芜,共分太原阳曲、冯翊、京兆、颍川、华阴、中山彭城、馆陶、曲沃、河内、武昌、略阳、广平邯郸、河东闻喜、敦煌、晋昌等分支,其中明确与汉魏太原郭氏有关的是太原阳曲、冯翊、京兆、颍川、华阴、晋昌、馆陶等房支,如馆陶郭氏,"唐齐州刺史致

---

[1]《新唐书》卷七四上《宰相世系表》"郭氏"条,第3114—3135页。按,其中"司徒黄琼辟太常,赵典举有道"一句,标点有误,应是"司徒黄琼辟,太常赵典举有道"。
[2] 岑仲勉:《元和姓纂四校记再序》,《元和姓纂(附四校记)》,第63页。
[3]《元和姓纂》卷一〇"郭氏"条,第1547页。

仕郭善庆，状称林宗之后"。《姓纂》"郭氏"的馆陶条，与《新表》"郭氏"的昌乐条相同。《姓纂》又云："唐左武将军、太原公郭知运，生英杰、彦、英、协。状云，本太原，徙居晋昌。"[1]可见郭氏成员的家状是《姓纂》"郭氏"条的史源之一。另外，太原阳曲、冯翊、京兆、颍川、曲沃等郭氏皆将郭淮、郭配、郭镇视作祖先。林宝、欧阳修将汉代的郭全和郭泰视作大多数郭氏人物的远祖。

岑仲勉认为《新表》从《姓纂》蝉蜕而来，又谓《新表》是《姓纂》之"嫡子"，《姓纂》成于唐，《新表》成于宋，成书时间有先后关系，所据材料自然有继承关系，但晚出的《新表》较之早成的《姓纂》，也有相当程度的谱系新知：这显示《姓纂》和《新表》史源的关系有因承关系，也有参差交错、前后互串之处。如《姓纂》所载华阴郭氏的祖先极为简略，"隋大将军、蒲城公郭荣，称本太原人，后居华州"。相较而言，《新表》更为详赡，那么，其渊源何自呢？大业十年（614）《郭荣碑》记载其先世云：

> 公讳荣，字长荣，太原晋阳人也。昔武王□□，虢叔则□□□□；昭王待士，郭隗则礼盛燕宫。至于光禄壮□鞬之忠，荆州高□□之治，涣乎□□□□□人矣。祖父智，中山太守□□□□□□□□□有□□力始□中山。合乎吴之方督戒部而□□□□雨□轮□□代□芳□□□。父徽，使持节、洵州诸军事、洵州刺史。□□□□□□□□县□□□持□□部。[2]

郭荣在周隋之际颇有事功，得以进入正史列传，史家记载其先世仅

---

[1]《元和姓纂》卷一〇"郭氏"条，第1547—1563页。
[2] 陈尚君辑校：《全唐文补编》卷一四八《隋故右侯卫大将军蒲城侯郭公之碑》，第1789—1790页。

及其父,"自云太原人也。父徽,魏大统末,为同州司马"。[1] "自云"是史家对其郡望和血统表示怀疑的记载方式。《郭荣碑》的史料依据并未成为唐初史家的参考依据。郭荣子郭敬善墓志存有两方:武德七年(624)权瘗于万年县长乐乡,志文极为简略,"导源虢仲,派采细侯。槐棘连阴,簪缨接影。祖隋太仆卿、洵州刺史。考右候卫大将军、左光禄大夫。君以世族英华,起家领左亲待"。[2] 近四十年后,显庆六年(661),郭敬善墓迁葬于万年县铜人原,谱系追溯较前一份墓志远为详细:

其先出自帝喾,宗于有周。承远叶以临云,派洪源于浴日。重规叠矩,载德象贤。开鼎族于黄图,纂台门于赤县。风流千祀,冠冕百王。昭晰缇箱,可略言也。高祖智,后魏秘书郎、鄞州刺史。祖徽,周洵州刺史,隋太仆卿、安城县公。考荣,周宣纳上士、平阳县开国侯,寻迁通州刺史、光禄大夫、右候卫大将军,赠兵部尚书。[3]

对比《郭荣碑》,《郭敬善墓志》的资料依据与之相仿佛,关于高曾之内祖先的名号和官爵记载近乎相同。但是,这两方资料在追溯先秦时期的远祖部分,出现明显的差异:前者溯及武王、虢叔、郭隗等信息,后者则溯及帝喾和姬周。我们看到,周武王封虢叔的信息,在《新表》亦有出现,反观作为远祖追忆的帝喾,《新表》和《姓纂》的"郭氏"条都未有措意,至于战国时期燕昭王的客卿郭隗,不见于《新表》,而见于《姓纂》。不仅如此,隋唐墓志中关于中古士

---

[1]《隋书》卷五〇《郭荣传》,第1319页。
[2] 吴钢主编:《全唐文补遗》第3辑,第308页。
[3] 吴钢主编:《全唐文补遗》第3辑,第377—378页。

人郡望籍贯的描述，呈现出旧籍和新贯混杂的复杂现象。郭子仪家族成员的墓志，集中显示了这种情况。[1] 同一墓志或同一家族不同成员的志盖、首题、志文和铭文自相矛盾，如郭子仪孙女郭珮墓志的首题是"唐故崔氏夫人太原郭氏墓志铭并序"，而志文却是"女弟讳珮，字泠然，京兆人也"。[2] 其实，即便涌现郭子仪这样显赫人物的家族，也不能随便抛弃"太原郭氏"这个高贵的郡望标识。[3] 在当时最为权威的郭氏碑石，应是广德二年（764）唐代宗为郭子仪父郭敬之建造家庙所立的《郭公家庙碑》，原碑藏西安碑林，晋祠博物馆亦存一石，碑额由唐代宗亲题，碑文则为颜真卿所撰：

> 其先盖出周之虢叔，虢或为郭，因而氏焉。代为太原著姓，汉有光禄大夫广德，生孟儒，为冯翊太守，子孙始自太原家焉。后转徙于华山之下，故一族今为华州郑县人。[4]

---

[1] 迄今已经发现郭子仪家族主要成员的墓志或碑文，计有十二份，分别是《郭敬之神道碑》《郭子仪庙碑铭》《郭曜墓志》《郭晞墓志》《郭暧墓志》《郭钊墓志》《郭仲文墓志》《郭仲恭墓志》《郭珮墓志》《郭锜墓志》《郭𬀩墓志》《郭镠墓志》等，另外《郭行修墓志》私人藏拓，未见公布。主要论文参见赵力光、王庆卫：《新见唐代郭晞夫妇墓志及其相关问题》，《唐研究》第16卷，第225—248页；荣新江、李丹婕：《郭子仪家族及其京城宅第——以新出墓志为中心》，《北京大学学报》2013年第4期，第17—26页；刘琴丽：《墓志所见唐代的郭子仪家族》，收于杜文玉主编：《唐史论丛》第16辑，西安：陕西师范大学出版社，2013年，第194—210页；王雪玲：《唐郭子仪侄郭𬀩墓志及其关联问题》，《考古与文物》2014年第4期，第81—88页。

[2] 齐运通主编：《洛阳新获七朝墓志》，第309页。

[3] 当然，也有极个别的例外，如沈亚之为郭子仪孙郭铦撰写的墓志，称其郡望"其先关西郑人也"，参见《全唐文》卷七三八《唐故银青光禄大夫检校左散骑常侍兼宫苑闲厩使驸马都尉郭公墓志铭》，第7618页。当然，该墓志缺志主名讳，经学者考订，志主为郭子仪孙郭铦，参见吴缜：《新唐书纠谬》卷一一"西河公主传漏事"，王云五主编：《丛书集成初编》，第3836册，上海：商务印书馆，1936年，第144—145页。

[4] 《全唐文》卷三三九《颜真卿·有唐故中大夫使持节寿州诸军事寿州刺史上柱国赠太保郭公庙碑铭》，第3437—3439页；并参《郭家庙碑》，北京：中国书店，1993年。关于西安碑林与晋祠所藏郭公家庙碑的关系，笔者拟另文讨论。

颜公所撰家庙碑文的祖先部分，与前引《新表》"汉有郭亭，亭曾孙光禄大夫广智，广智生冯翊太守孟儒，子孙自太原徙冯翊"，多有契合，只是家庙碑记作"广德"，《新表》记作"广智"，并载其曾祖郭亭名讳。由此看来，"冯翊太守郭孟儒"虽是华阴郭氏极力追溯的人物，但郭孟儒不见于史，很可能是子虚乌有的人物。[1] 郭子仪家族成员在追溯祖先时，屡有溯及郭孟儒之例。如郭子仪四弟郭幼贤墓志立于永泰二年（766），其时郭子仪仍然健在，志文应经其核定，志云："其先太原人也，始于虢叔而命氏焉。汉有孟儒，为冯翊守，子孙因之至今居于华州郑县。"[2] 郭子仪第三子郭晞墓志立于贞元十一年（795），载其先世云："本系太原汉右冯翊孟儒之后，子孙因官徙关右，今为郑县人也。"[3] 郭子仪孙郭锜墓志立于元和十二年（817），亦载其远祖云："其先太原人，汉冯翊太守孟儒之后。"[4] 近八十年后，郭子仪玄孙郭弘裕墓志成于唐乾符二年（875），亦载："远祖孟儒，西汉时为左冯太守。"[5] 最后，我们回到郭子仪本人的祖先建构上，贞元二年（786），唐谏议大夫高参所撰《郭公庙碑铭》记载其先世云："公讳子仪，系自有周王季之后，虢叔之裔或为郭，因氏焉。远祖孟儒，汉冯翊郡守，子孙因居华阴之

---

[1] 严耕望所考两汉郡守刺史极为详备，担任冯翊太守的郭氏人物，有郭延、郭伋和郭丹，未见郭孟儒，参见氏著《两汉刺史郡守表》，《中央研究院历史语言研究所专刊之三十》，上海：商务印书馆，1948年，第12—16、117—119页。
[2] 刘林：《唐〈郭幼贤墓志〉考释》，《陕西历史博物馆馆刊》第19辑，西安：三秦出版社，2012年，第202—205页。
[3] 赵力光主编：《西安碑林博物馆新藏墓志续编》，西安：陕西师范大学出版社，2014年，第413—417页。
[4] 张小丽：《新出土唐郭子仪孙郭锜及夫人卢士绚墓志考》，《文博》2014年第2期，第22页。
[5] 赵君平、赵文成编：《秦晋豫新出墓志蒐佚》，北京：国家图书馆出版社，2012年，第1070页。

郑县。"[1]两《唐书》郭子仪本传仅溯及父辈。由此可见，郭孟儒的形象不见于郭子仪祖先郭荣碑志的记载，始见于郭子仪家族，颜真卿等人配合郭子仪家族无中生有，将亦真亦幻的"郭孟儒"虚构为太原郭氏迁徙至关中房支中最为重要的祖先。无中生有的"郭孟儒"，让人联想到刘志伟所讲的一个故事：明代内阁首辅万安忘记高祖名号，尹直秉承"酌情制礼"的精神，建议他编造一个高祖之名，以此符合小宗宗法应该祭祀高祖的规定。[2]

与之对应，郭子仪家族以外的郭氏人物，没有一例将祖先追溯至郭孟儒者。从郭子仪家族将汉代郭孟儒塑造成始迁祖的情形来看，《新表》的史源不仅本于《姓纂》，而且必然参考了唐代郭子仪家族神道碑、墓志、家状和谱牒等多种史源，整合而成。实际上，郭子仪家族的十余份碑志多数由亲属撰就，[3]而颜真卿撰写的《郭敬之神道碑》所据史源，正是家族亲属赖以撰志的"母体"。不过，在颜公为郭敬之撰述的神道碑之外，还有苗晋卿为郭敬之所撰的神道碑，掺入了一些新鲜的祖先元素，正可相互参酌：

  昔王季之列乎周，虢叔之允或谓郭。建国命氏，百代可知。则有燕昭筑台，尊贤师隗；汉祖分邑，行赏封亭。曾祖广意，光禄大夫。生益儒，为冯翊之表也。鸡犬之声相闻。公先祖后徙宅于华山之下，今为华州郑县人也。[4]

---

[1] 刘则和纂修：《长乐县志》卷七《唐故汾阳郡王尚父郭公庙碑铭并序》，弘治十六年（1503）刻本。
[2] 刘志伟：《溪畔灯微：社会经济史研究杂谈》，第101—102页。
[3] 唐代中后期墓志撰写者呈现亲属化、家族化的倾向，参见江波：《唐代墓志撰书人及相关文化问题研究》，长春：吉林大学博士学位论文，2010年，第86—90页。
[4] 《全唐文》卷三五三《苗晋卿·寿州刺史郭公神道碑》，第3580页。

此碑亡佚,亦不见拓片现世,唯碑文存于《全唐文》。其中益、孟字形相近,"益儒"当为"孟儒",或为传摹致讹。碑文"又除司徒、兼中书令。列爵代国,实赋千户"显示,此碑作于郭子仪兼任中书令之后、封爵汾阳王之前,即肃宗乾元元年(758)至宝应元年(762)之间。《郭氏家庙碑》所署时间为广德二年(764)。苗碑成于前,颜碑立于后,但两者必经郭子仪乃至朝廷审核备案,得到官方机构和郭子仪家族的双重认可。较之于颜碑,苗碑在祖先建构中溢出的成分是:燕国的郭隗和汉代的郭亭。关于郭孟儒父亲的记述,《新表》、苗碑、颜碑的记载分别是广智、广意和广德。[1] 郭亭见于《新表》,郭隗仅见于《姓纂》"郭氏"条的序,《姓纂》并未将郭隗和太原郭氏联系起来。苗碑所载的郭隗和郭亭,或可视作和《姓纂》"郭氏"条总序的效果一样,不过罗列郭姓名流,但《新表》明确记载郭广智是郭亭曾孙,由此来看,苗晋卿撰碑所据资料,必然更为详赡,抑或郭亭和郭隗之间具有某种关联?无论如何,郭子仪家族的追祖现象,证明《新表》和《姓纂》所据史源极为参差复杂,既前后传承,又旁征他籍:苗晋卿、颜真卿所撰神道碑所据史料可能是重要史源。换言之,《新表》不仅本于《姓纂》,同时也参照唐代碑志、家状和谱牒等相关资料。

　　实际上,在苗晋卿将燕国的郭隗作为太原郭氏的可靠祖先之前,如前所引,成于大业十年(614)的《郭荣碑》已经将郭隗视作郭荣的祖先。在这一百三十余年间,迄今发现的太原郭氏墓志,共计六十五份,其中女性墓志六份,男性墓志五十九份,这些墓志虽然均和郭子仪家族无涉,但亦有墓志显示,郭隗同样成为这些家族成员致力建构的祖先想象。立于开元二十年(732)的《郭怿墓志》在追祖时云:"言秉高致,燕王为之筑台;才蕴良图,魏后因之决策。"[2]张说

---

〔1〕 赵超:《新唐书宰相世系表集校》卷四"郭氏"条,北京:中华书局,1998年,第682页。

〔2〕 吴钢主编:《全唐文补遗》第5辑,第357—358页。

在开元十年(722)奉敕撰述的《郭知运碑》追溯其祖先云：

> 本乎文王之弟，是为虢叔，虢或云郭，因而氏焉。自燕昭尊隗以筑宫，汉祖封亭以列国。其侯于阳曲，宅彼太原旧矣。亭之元孙友，从太原徙陇西，昭帝分陇西置西平，郭氏又为郡之右族。友之昆孙武威太守宪，宪之犹子散骑常侍芝，俱有名迹，见于魏晋，则晋昌诸宗，散骑之后也。[1]

此碑也试图将郭亭视作血统可循的祖先，与《新表》所言郭淮祖父郭全居阳曲不同，也与《新表》所建构的华阴郭氏世系相异，相同的因素是郭氏在阳曲成为著姓，郭亭和郭氏成员可能存在高度的相关性。制作于景云二年(711)的《郭思训墓志》载其为太原平阳人，平阳向来不在太原郡内，郭隗亦为其远祖建构。这份墓志是在其弟郭思谟的监督下刻成的。而郭思谟的墓志关于祖先记忆更为详细，"其先出自有周虢叔之允，史谍详之矣。尔其隗以奇策立，丹以志业闻，泰以人伦称，象以文学著，陨祉积庆，代不陨德"。[2] 志文作者孙翌在开元中为左拾遗、集贤院直院士，这份志文显示，郭隗成为郭思谟、郭思训家族的祖先记忆，郭思谟家族还将郭丹、郭泰、郭象追溯为祖先。前引北朝《郭挺墓志》曾将郭氏祖先追溯为"汉司徒"，可能指郭丹，但郭丹系南阳穰县人，这份墓志只是若有若无地将祖先溯至郭丹。而《郭思谟墓志》则以非常明确的——当然也是毫无根据的——口吻将郭丹视作太原郭氏的先祖。郭丹在《姓纂》"郭氏"条总序有列，而在《新表》中付之阙如。在此之前，成于证圣元年(695)的《郭嚞墓志》亦明确将郭丹视作祖先，"河朔英灵，衣冠茂族。

---

[1]《全唐文》卷二二七《张说·赠凉州都督上柱国太原郡开国公郭君碑奉敕撰》，第2294—2296页。

[2]《全唐文》卷三〇五《孙翌·苏州常熟县令孝子太原郭府君墓志铭》，第3103页。

丹以道存清正,位列台司。躬以代守宽平,家传理职"。[1] 将郭丹明确视作太原郭氏的祖先记忆,在已发现的一百四十余份碑志中,仅此两例,而且这两个家族之间并无血统关系。

中古郭氏家族将燕国郭隗和汉司徒郭丹作为祖先想象,显示他们对家族成员官僚化的热切期许。不仅如此,有名的孝子郭巨同样成为郭氏家族祖先建构的组成部分,反映了儒家伦理在郭氏家族的精神投影。最早将郭巨塑造为太原郭氏祖先的是成于仁寿二年(602)的《郭休墓志》,载其祖先云"虢叔之苗,儒宗孝巨之胤,并州刺史郭汲之后"。[2] 立于开元廿五年(737)的《郭斑之墓志》载其祖先云"其先太原人,孝子巨之后"。[3] 成于天宝四年(745)的《郭休墓志》载其先世云"周文王之胤叙。郭巨之苗裔"。[4] 成于贞元十一年(795)的《郭秀墓志》载其祖先云:"燕有隗筑其台以尊之,汉有泰折其巾以慕之;巨则瘗子于宋朝谓之至孝,璞乃怀囊于晋室谓之至贤。由是王公大臣,鸿儒硕德,多出其族。士君子谓郭居四姓次、处八族先,茂盛久矣。府君即汉初并州汲公之裔,言与道合,性与道俱。"[5] 郭巨、郭伋不仅是太原郭氏虚构祖先的对象,也是其他郭氏人物的祖先记忆,如《郭达墓志》记载:"君讳达,字大通,河南人。其先高辛氏之后也。……其孝也,有瘗咳儿;其信也,无欺童子。"前指郭巨,后喻郭伋。[6] 我们可以清晰看到,将郭巨塑造为祖先的志主,其社会身份绝大多数是处士;反之,具有

---

[1] 周绍良主编:《唐代墓志汇编》证圣003,第867页。
[2] 王其祎、周晓薇:《隋代墓志铭汇考》第3册,第47—50页。
[3] 周绍良主编:《唐代墓志汇编》开元445,第1464页。
[4] 陈尚君辑校:《全唐文补编》卷一五四《唐故郭君墓志之铭》,第1878页。
[5] 赵君平、赵文成编:《秦晋豫新出墓志蒐佚》,第830页。
[6] 赵万里:《汉魏南北朝墓志集释》,图版447。按,郭巨事见《法苑珠林》卷六二引刘向《孝子传》,扬州:广陵古籍出版社,1990年,第46页;《太平御览》卷四一一引刘向《孝子图》,第1898—1899页。

官僚背景和贵族意识的《新表》《姓纂》则将郭巨排除在外。

与中古郭氏成员将郭巨、郭丹塑造为祖先的寥寥无几相比，郭伋和郭泰成为他们塑造六朝时期祖先的主要对象。郭伋字细侯，汉武帝时期官至太中大夫，因任并州牧之守信经历，[1]成为隋唐以降太原郭氏追祖的对象，绵延不绝：始于隋仁寿二年(602)的《郭休墓志》，终于大中三年(849)的《郭密墓志》。郭伋在被虚构为祖先的过程中，有各种各样的变异：误将"郭伋"作"郭汲"者，如《郭休墓志》(602)、《郭宠墓志》(613)、《郭益墓志》(670)、《郭密墓志》(849)等；误将"郭伋"作"郭级"者，如《郭懿墓志》(673)、《郭盛墓志》(705)等，另外，《郭密墓志》误将"并州牧"作"并州内史"。郭伋作为太原郭氏的追祖对象，约有十一份墓志，其中六份墓志在汉魏时期仅追溯郭伋一人，另外五份墓志则将郭伋和其他郭氏人物进行组合搭配：《郭休墓志》将郭伋和孝子郭巨连在一起；其余四份墓志则将郭伋和郭泰联系起来，郭伋是并州牧，郭泰是汉末名士，终身不仕，这种"高官+名士"组合的祖先想象，几乎构成中古墓志追溯祖先的常态和书写的基本模式。

中古墓志的追祖方式，若依时间先后大致可分成三段：先秦、秦汉以及六朝时期。以《新表》为例，其中占76%的家族都将祖先追溯至这三个时代，连绵不断；仅有4.2%的家族努力将祖先攀附至先秦时期，却在秦汉或六朝时期存在近四百年的世系缺环。郭氏家族在《新表》中的追祖方式，属于前者；但若进一步细化，就会发现追祖方式中的复杂性。就墓志而言，在汉魏六朝时期塑造祖先的郭氏家族墓志，计有四十六份，仅占中古郭氏墓志的32.9%；在这四十六份墓志中，仅有十份墓志将祖先追溯至六朝人物，其中《郭翻墓志》追溯的"晋上党太守郭容"，《郭敬墓志》追溯的"魏晋

---

[1] 《后汉书》卷三一《郭伋传》，第1091页。

州刺史郭大儒",不见于史籍。而《郭通墓志》将郭嘉和郭象追为祖先,《郭思谟墓志》《郭行墓志》亦将郭象追为祖先,《郭虚己墓志》《郭秀墓志》将郭璞追为祖先,这些人物都是魏晋时期的重臣或名士,但都和太原郭氏无涉,显然是张冠李戴。这十份墓志中,仅《郭瑜墓志》(738)、《郭克全墓志》(873)将祖先追溯至魏晋时期的郭淮或郭配。在剩余三十六份墓志中,追祖对象最多的则是郭林宗。汉末名士郭泰是中古太原郭氏追溯祖先时最为喜欢的人物。太原郭氏以郭林宗为祖之风,始于唐代。郭林宗在北朝隋代的影响力似乎并不大,唐人李百药记载了一条北齐的轶闻:

> 时又有开府薛荣宗,常自云能使鬼。及周兵之逼,言于后主曰:"臣已发遣斛律明月将大兵在前去。"帝信之。经古冢,荣宗谓舍人元行恭是谁冢,行恭戏之曰:"林宗冢。"复问林宗是谁,行恭曰:"郭元贞父。"荣宗前奏曰:"臣向见郭林宗从冢出,着大帽,吉莫靴,插马鞭,问臣'我阿贞来不'。"是时群妄多皆类此。[1]

这则神鬼故事中的郭元贞见于史传,太原人,系郭祚孙,曾任扬州刺史。[2] 该故事显示薛荣宗竟然不知汉末鼎鼎大名的郭林宗,而元行恭虽知郭林宗,但其语辞荒诞不经,竟将林宗视为北齐人郭元贞之父,两者悬隔三百年之久,同姓并不同宗,郭元贞系郭祚孙,薛荣宗甚至视郭林宗为招魂的鬼魅。李百药所记此事,固然有丑化薛荣宗等恩幸的用意,但多少反映郭林宗在当时并不受礼遇的现实。

无独有偶,最先将郭氏人物追祖至郭林宗的也是李百药,他在

---

[1] 《北齐书》卷五〇《恩倖传》,第694页。
[2] 郭元贞在兴和二年至三年(540—541)任扬州刺史,参见吴廷燮:《魏齐周隋方镇年表》"扬州"条,景杜堂铅印本,1936年,第25—26页。

贞观五年(631)的一份舍利塔铭中记载,"蔡伯喈云：虢者郭也。虢叔乃文王所咨,郭泰则人伦攸属。圣贤遗烈,奕叶其昌。"[1]这个舍利塔的僧主姓郭,李百药又记载他是太原介休人,正好和郭泰的郡籍符合,因此,李百药所引关于郭泰的话,虽然出自蔡邕,但我们恐怕不能认为纯属典故,至少代表了李百药的意见,即郭禅师是"圣贤"郭林宗的"遗烈"。在此之后,迄于唐末,郭泰作为郭氏最有名望的人物,成为郭氏人物热衷追祖的对象。与郭禅师同为太原介休人者,分别葬于开元廿七年(739)、天宝五年(746)的郭珉和郭山松均追郭林宗为祖先,"囗虢叔之胤,绍林宗之绪""虢叔开国,有道崇家"。[2] 唐代郭氏人物在追祖郭林宗之时,在他之前安排的人物经常是郭隗或郭伋,如垂拱三年(687)《郭海墓志》将郭隗和郭泰前后相连;垂拱四年(688)《郭雅墓志》则将郭伋和郭泰先后相属。[3] 但是,唐代毕竟去汉甚远,郭泰离郭隗的时代亦甚远,如何在他们之间建立有效关系,也是唐人必须考虑的问题。前引《郭思谟墓志》的追祖方式,即"其先出自有周虢叔之胤,史谍详之矣。尔其隗以奇策立,丹以志业闻,泰以人伦称,象以文学著,陨祉积庆,世不陨德"。这份墓志由进士孙翌所撰,他在郭隗和郭泰之间插入东汉初年的郭丹,并在郭泰之后置入郭象,这样郭氏的人物谱系从上古到六朝看似断裂的世系阙环就大幅变小,但这些人物之间实际上风马牛不相及。大致同时,张说在前引《郭知运墓志》中建立起更为完整的谱系。但从唐代碑志来看,在《郭思谟墓志》《郭知运墓

---

[1] 《全唐文》卷一四三《李百药·化度寺故僧邕禅师舍利塔铭》,第1446页。
[2] 分别见于赵力光主编：《西安碑林博物馆新藏墓志汇编》172,第432—433页。赵君平、赵文成编：《秦晋豫新出墓志蒐佚》522,第672页。
[3] 《大唐郭府君墓铭》,见于周绍良主编：《唐代墓志汇编续集》垂拱009,第286页；《唐郭雅及夫人垣氏墓志》,见于赵君平、赵文成编：《秦晋豫新出墓志蒐佚》148,第192页。

志》中所体现的谱系知识,似乎并未成为一般知识被郭氏人物所共享,也未被《新表》和《姓纂》的作者所接受。接下来的郭氏人物,在追祖时仍然是杂乱无章的,或以郭林宗单独出现,或以郭隗和郭林宗搭配出现,或以郭伋和郭泰组合出现,不成系统。在大半个世纪之后,圣善寺沙门无执在贞元十一年(795)撰写的《郭秀墓志》云:"燕有隗筑其台以尊之,汉有泰折其巾以慕之,巨则瘗子于宋朝谓之至孝,璞乃怀囊于晋室谓之至贤,由是王公大臣,鸿儒硕德,多出其族,士君子谓郭居四姓次、处八族先,茂盛久矣。府君即汉初并州汲公之裔,言与道合,性与道俱。"[1]这份亦文亦史的志文,几乎囊括了郭氏追溯祖先的大部分元素,其中"士君子谓郭居四姓次、处八族先"的判断,所谓"四姓"与"八族"对举,是汉魏以降士族品评的历史传统,也是孝文帝划定姓族等级高下的概念。这似乎诠释了太原郭氏处一流之下、二流之上的等级状况。但这种对郭氏谱系及地位的认知,并未在郭氏家族及社会精英中得以普及,不过是完全地方化的郭氏人物追溯祖先所呈现出的杂乱无章而又乱中有序的回光返照罢了。[2]

---

[1]《唐故处士太原郭府君夫人王氏墓志铭》,见于赵君平、赵文成编:《秦晋豫新出墓志蒐佚》643,第830页。

[2] 五代以降,笔者发现四份太原郭氏墓志,只有北宋《郭朝威墓志》的祖先记忆保留了从先秦到六朝时期的构建传统,"郭氏之先,姬周之裔。始肇封于虢叔,爰命氏以成周。代有贤杰,激扬清望。泰有神龙之智,贺彰露冕之风,巨托孝以动天,嘉忠谋而佐魏。伋施仁政,期竹马于并州;隗负宏干,陟金台于燕国。焕乎史策,此不备焉。公讳朝威,晋阳西河县开义乡人也"。参见《宋郭朝威墓志》,《秦晋豫新出墓志蒐佚》863,第1110页。按,这份墓志构建的祖先元素与《郭思谟墓志》《郭秀墓志》极为相似,或许其所据资料与之同源,也或许墓志作者拥有较为丰富的谱系知识,已不得而知。按,此墓即葬于太平兴国七年(982),据《宋史》卷八六《地理志》知,太平兴国四年晋阳城被毁,太原郡被废,移治榆次,无晋阳郡,西河县在汾州西河郡之内。这份墓志以晋阳郡为籍,和志文中虽详备却又突兀的祖先追忆正合符节。

三、虚实相杂与乱中有序

综上所考,笔者搜集中古太原郭氏的碑志材料一百四十一份,必有所遗漏,但从样本学的角度出发,这些墓志已经具有相当的普遍性和典型性。这些碑志关于隋唐以前的祖先记忆大致可分为三个时段:先秦、秦汉和六朝。郭氏墓志将祖先追溯至先秦时期的,大致有六十四份,占 45.4%;没有将祖先追溯至先秦时期者,大致有六十八例,占 48.2%;其余九例关于先秦时期的祖先记忆,模糊不清,占 6.4%。郭氏在先秦时期的祖先记忆,建构在《公羊传》"虢谓之郭,声之转也"的基础上,这类墓志约五十五份,与虢叔直接相关;和虢叔无关的祖先记忆,仅有九份,分别是帝喾、高辛、后稷、炎帝或颛顼等,还有些墓志显示后稷或高辛与虢叔亦有关联。[1] 太原郭氏在战国秦汉的祖先建构,以燕国的郭隗、汉代的并州牧郭伋和汉末清流名士郭泰为主要的追祖对象,这类墓志有四十一份,占 29.1%;郭氏将祖先追溯至六朝者,仅有十一份,占 7.8%;[2] 其中仅有四份墓志的祖先建构兼顾先秦、秦汉和六朝三个时期,其祖先建构出从上古至六朝连续不断的情况,仅占 2.83%。中古时期占统治地位的太原阳曲郭氏,尤其是郭淮的祖先

---

[1] 笔者所见郭氏墓志最早将追溯至虢叔者,立于西晋泰始六年(270),并将虢叔和后稷等联系起来:"君讳休,字公彦,东莱曲成人也。其先出自黄轩,后稷之裔,□□之□,有务□者,以德建国,命氏为郭,□□务□。"参见《晋故明威将军南乡太守郭府君侯之碑》,收于毛远明《汉魏六朝碑刻校注》第 2 册,第 257—260 页。
[2] 另外,还有两个案例追祖情况不明,所追祖先"丞相公晔"和"尚书郎扶风太守郭式"时代不明,亦不见于史传,参见《太原故王氏夫人郭氏墓志》,见于周绍良主编:《唐代墓志汇编》永徽 144,第 225 页;《郭怀则墓志》,见于赵力光主编:《西安碑林博物馆新藏墓志汇编》,第 442—443 页。

郭全，没有一例中古墓志将其追认为祖先。郭氏墓志将祖先溯及六朝者，追祖对象大致是郭象、郭嘉等人，这些人物和太原郭氏没有血缘关系，也没有共同的地缘联系。其中，只有两份墓志的祖先建构与太原郭淮家族直接有关，而且仅涉及六朝十二代人物中第三代中的两个人：郭淮、郭配兄弟，其中《郭朝威墓志》还是北宋墓志。换言之，六朝时期太原郭氏主干大房的代表性人物，仅有郭淮、郭配兄弟在中古墓志中零星的、以极小的1.42%的比例被追溯，其余人物均未出现在中古太原郭氏墓志的祖先追忆中，这当然也包括在北魏孝文帝定姓族过程中举足轻重的郭祚；而出现在郭氏族缘记忆中的六朝人物，反而是郭象、郭嘉、郭璞等和太原郭氏风马牛不相及的寥寥数人。《元和姓纂》的内容远详于《新表》，两书所载"郭氏"条的祖先元素几乎都能在唐人碑志中找到相关线索，但是也有溢出者，如《姓纂》所谈到的齐人郭最并未出现在唐代郭氏碑志的祖先建构中。总体来说，《新表》本于《姓纂》，但也参考了行状、谱牒等其他资料；唐人碑志所据资料是《新表》和《姓纂》的重要史源，两者成书时间有先后，内容却犬牙交错，互为补充。唐代谱牒和碑志中的祖先元素也是互生关系：族谱和行状等谱系资料是唐代碑志史源的主要构成，碑志则是后人追踪唐人谱牒内容的基本线索。

　　进言之，中古士族谱系的总体特征，大致是六朝史传的严整有序和唐代碑志的虚实相杂。郭锋先生捕捉到晋唐与宋元明清时期谱牒修撰的不同，认为前者是服务中央政治社会，政治色彩强烈，后者则是服务民间社会，血缘宗族色彩浓厚。[1] 实际上，六朝谱牒和隋唐谱牒亦有明显差别。六朝谱牒具有"别选举，定婚姻，明

---

[1] 郭锋：《晋唐时期的谱牒修撰》，《中国社会经济史研究》1995年第1期，第25—39页。

贵贱"的实际功用,对士族成员的政治地位和社会生活影响甚巨;南宋郑樵指出,"自隋唐而上,官有簿状,家有谱系,官之选举必由于簿状,家之婚姻必由于谱系"。[1] 可以说,六朝士族的谱牒直接决定家族成员的婚姻和仕宦。职是之故,六朝谱系的边界极为森严,攀附祖先必须慎重,北魏郭祚对王慧龙血统的批评就是明证。隋唐以降,统一王朝逐渐强化中央威权,在国家权威日益强化的情况下,科举制成为士人向上流动的主要通道,士族子弟的政治利益逐渐从带有血缘烙印的士族谱籍中剥离而出,攀附郡望的"官僚"属性逐渐淡化,演化为士庶竞相追逐而又各自瓜分谱系知识的社会风气。谱系和血统带来的实际利益可能比较有限,虽还能在某一时刻发挥作用,但毕竟渐成历史云烟,不再是历史的主流。这个重大的历史变迁,酿就中古墓志中旧籍新贯鱼龙混合、谱系构造虚实相参的复杂"乱象"。这些特征的集中表现,就是中古士族追溯祖先的边界逐渐模糊化,有目的、有组织的攀龙附凤逐渐成为唐人追认祖先的常态。中古时期的郭氏分散各地,各个房支经常追认从宦当地的同姓长官为祖先,并州牧郭丹、并州刺史郭伋、上党太守郭容、冯翊太守郭孟儒正是在这种社会心理的影响下,被塑造为各个房支的远祖。其中,郭子仪家族集中将子虚乌有的汉冯翊太守郭孟儒追认为祖先,并使之成为垄断性的谱系资源,其他郭氏人物绝无一例追祖郭孟儒,这可看做六朝士族深沟壁垒在唐代的一种变异。作为祖先崇拜的郭孟儒与郭林宗,一虚一实,前者封闭性,后者泛滥化,正是中古谱系虚实相杂而又乱中有序的双重变奏的体现。作为清流名士、没有仕宦经历的郭林宗,在祖先建构过程中还被凭空捏造出"大司马""司徒"的高官身份。其他家族的祖先塑造——如太原王氏将逸民王霸塑造为"司徒"——也存在类

---

[1]《通志》卷二五《氏族略》"氏族序",第439页。

似的情况。姜士彬曾经敏锐指出,宋代以降的宗族以祠堂和公产为纽带,中古士族凝结起来的标志就是谱牒,而中古谱牒最重要的特征就是"不包括所有的亲族成员,大概只收录那些衣冠人物"。[1] 与之相应,中古谱牒的功能以选官和婚姻为主,而宋代以降的近世新谱,则以"敬宗收族"为目的。[2] 因此,中古太原郭氏在谱系建构过程中呈现出虚实结合的复杂现象,不仅郭氏如此,中古士族的祖先记忆几乎都经历着人为因素的"加减法",我们相信,"被减掉的"正是那些没有仕宦或任职不显赫抑或不那么重要的成员,这种情况印证了姜先生的结论。略可补充的是,名士郭林宗、孝子郭巨等没有仕宦的人物也是郭氏成员纷纷攀附的对象,这又彰显了郭氏家族建构祖先记忆的多元面相。赵翼云:"世俗好与同姓人认族,不问宗派,辄相附合,此习自古已然。"[3] 信哉!

不同的历史资料,具有各自不同的叙事结构和书写方式。表现在祖先记忆方面,中古传统文献的祖先追溯,往往不过是高曾之内,有意选择担任郡守、刺史、公卿的显赫祖先加以胪列;而墓志石刻的祖先建构,体现出模式化的倾向,举凡上古帝王、名将贤相、风流雅士等,都作为墓志攀附的对象。前者具有血缘群体的特征,血缘往往比较可靠,但也呈现出"实用理性"的特征,没有仕宦经历的祖先往往被排除在外;后者则是泛化的同姓共同体,表现出"漫天想象"的特征,同血缘的以及没有血缘的同姓人物,甚至异姓人物如上古帝王,往往被追溯为先世。换言之,真实的血缘祖先和虚拟的想象祖先,被拼接、糅合在一个中古士族的祖先序列中,这几乎在所有中古士族的祖先记忆中都有不同程度的体现,《新表》就

---

[1] 姜士彬:《中古中国的寡头政治》,第157页。
[2] 潘光旦:《中国家谱学略史》,《东方杂志》第26卷第1号,1929年,第107—122页;陈爽:《出土墓志所见中古谱牒研究》,第206页。
[3] 赵翼:《陔余丛考》卷三一《认族》,北京:中华书局,2019年,第827页。

是非常明显的例证。王明珂指出,"中国'族谱'与'正史'这两种文类中,都含有英雄祖先历史心性,表现在其文本叙事之中。如在中国'族谱'中,无论是'姓氏源流'中的远祖,或'宗族源流'中较近的祖先,大都是溯自一个'英雄始祖'"。[1] 中古太原郭氏的祖先记忆,也符合王明珂"溯自一个英雄祖先"之说,这个共同的英雄祖先就是周文王季弟虢叔,这当然是虚构的想象祖先。实际上,中古士族的谱系建构,犹如绵延不绝的河流一样,祖先追溯形同逆水行舟,愈近则愈清愈准确,唐代郭氏墓志几乎都追溯了曾祖以内、具有真实血缘关系的近世祖先;愈远则愈浊愈杂乱,唐代郭氏墓志对于北朝祖先的情形反而是混沌无知、数典忘祖,在北朝政治舞台上至关重要的郭氏成员被遗忘殆尽;更远者反成系统,竟似又有迹可循,唐代郭氏对于塑造和追忆汉代祖先情有独钟,汉代形形色色的人物如名宦、清流、孝子等成为他们纷纷追祖的对象,这些人和唐代郭氏实际上并无可以证明的血缘关系。中古谱系建构过程中的亦真亦幻和虚实转变,反映了士族阶层在"官僚化"的血缘群体和"扩散性"的同姓共同体之间复杂曲折的演进过程,也见证了士族社会渐次消解的重大变迁。

(原载《中国史研究》2017年第4期)

---

[1] 王明珂:《英雄祖先与弟兄民族:根基历史的文本与情境》,第237页;《论攀附:近代炎黄子孙国族建构的古代基础》,《"中研院"历史语言研究所集刊》第73本第3分,第618页。

中古士族谱系的变奏

——基于中古太原白氏的个案考察

谱系和郡望是中古士族最为重要的两个方面。唐人柳芳曾经论及谱牒对于六朝士族具有极其重要的现实意义,"于时有司选举,必稽谱籍,而考其真伪"。[1] 因此,谱系构成士族研究的重要内容。关于中古士族的谱系情况,学人甄别和辨识谱系的虚实和错乱,去伪存真,力求复原真实的大族世系是士族谱系研究的基础性工作,成果丰富。[2] 清儒钱大昕曾经批评欧阳修《新表》记载远祖之"多舛"和近祖之"有征","虽详赡可喜,然纪近事则有征,溯远胄则多舛,由于信谱牒而无实事求是之识也"。[3] 不过,谱系中的"多舛"就毫无历史价值吗?濑川昌久在研究华南宗族时指出,"力图去解明记录了这些族谱的编纂者的意识结构,以及存在于他们背后的社会性与文化性规范,这比一味纠缠族谱的真实性

---

[1]《新唐书》卷一九九《儒学·柳冲传》,第5677页。
[2] 具有代表性的著作是:《元和姓纂(附四校记)》,北京:中华书局,1994年;赵超:《新唐书宰相世系表集校》,北京:中华书局,1998年。
[3] 钱大昕:《十驾斋养新录》卷一二《家谱不可信》,上海:上海书店出版社,1983年,第267—268页。

要有意义得多"。[1] 又如王明珂所云："愈来愈多的史家对于'羌'感兴趣；如果它不是历史事实，那么为何它会被编造出来，而且被记载流传？"[2] 士族谱系的研究不应该就此停留在"去伪存真"的层面，士族谱系中的"舛误"和"虚像"中也包含着丰富的历史信息。换言之，在考察中古士族谱系的虚实真伪之外，士族谱系构成的背后所蕴含的意识结构，及其透露的政治文化意义，也应该成为士族研究的重要内容。基于这种思路的转变，学人近年对士人攀附郡望的情形，进行较为有益的探索，但对于士族祖先的伪冒及其意义，则措意不足。华夏式的姓名（"姓氏+名字"）系统，包含着丰富的尊卑、统属观念。[3] 因此，与郡望攀附相伴随者，就是士族在祖先上的伪冒和附会。颜师古批评当时的风气云："近代谱牒妄相托附，乃云望之萧何之后，追次昭穆，流俗学者共祖述焉。"[4] 同理，这种"托附"祖先的"流俗"，也是中古以降不绝如缕的"传统"，比较典型的评论莫如清人辅德所云："大率皆推原远年君王将相一人，共为始祖，如周姓则祖后稷，吴姓则祖泰伯，姜姓则祖太公望，袁姓则祖袁绍。"[5]

当然，任何时期任何家族历史上的祖先都客观存在，不曾断裂，并蝉联延续，犹如连绵不绝的河流，但不是所有的祖先人物，都能被其后裔子孙深刻记忆，由于祖先的历史千差万别，而史家、谱

---

[1] 濑川昌久：《族谱：华南汉族的宗族·风水·移居》，钱杭译，上海：上海书店出版社，1999年，第10—11页。

[2] 王明珂：《华夏边缘：历史记忆与族群认同》第九章《边缘人群华夏化进程：吴太伯的故事》，上海：上海人民出版社，2020年，第295—296页。

[3] 侯旭东：《中国古代人"名"的使用及其意义——尊卑、统属与责任》，《历史研究》2005年第5期；魏斌：《单名与双名：汉晋南方人名的变迁及其意义》，《历史研究》2012年第1期。

[4] 《汉书》卷七八《萧望之传》，第3271页。

[5] 贺长龄、魏源等辑：《皇朝经世文编》卷五八《辅德·请禁祠宇流弊疏》，《近代中国史料丛刊》第1编，台北：台湾文海出版社，1966年，第2157—2158页。

牒家或碑志作者出于种种因素，进行人为的增加或删减，从而使中古士族的谱系形象产生种种扭曲、错位和差异。谱系情况乃至中古士人的谱系观念，在理解中古士族社会变迁方面，是不可多得的重要面相。太原白氏是中古时期名不见经传的次等士族，[1]其族属极可能是西域的龟兹族，但资料集中，与其他汉人士族比较而言，其谱系记忆及其观念颇能折射中古士族谱系的重要侧面。故本文拟以白氏为线索，辅以其他士族的谱系情况，对中古士人谱系构成的总体特征及本质进行系统考察。

一、白氏谱系的文本系谱

中古太原士族的官私谱牒已经完全亡佚，《白氏谱》或《白氏家谱》概莫能外。但任何中古家族谱系的基本构造，基本仍可在以下数种文献中窥见真容：一是正史人物传记，如《史记·白起列传》《北史·白建传》《新唐书·白居易传》等；二是《新唐书·宰相世系表》《元和姓纂》"白氏"条等存世的姓氏书；三是现存的碑志或神道碑等石刻资料，如《白羡言墓志》等；四是唐人文集所见事状等资料，如白居易所撰《故巩县令白府君（锽）事状》等。兹以白氏谱系中的祖先元素为线索，力图判明这些文本之间的源流和关系。关于太原白氏的谱系构造，最典型的参照资料当推《新唐书·宰相世系表》（以下简称"《新表》"）"白氏"条云：

白氏出自姬姓。周太王五世孙虞仲封于虞，为晋所灭。

---

[1] 北位79号、S.2052号文书、池田温据《太平寰宇记》复原的氏族谱等谱牒文书所载太原诸姓，均不见白氏，参见姜士彬：《中古中国的寡头政治》，第215、220、225页。

虞之公族井伯奚媵伯姬于秦，受邑于百里，因号百里奚。奚生视，字孟明，古人皆先字后名，故称为孟明视。孟明视二子：一曰西乞术，二曰白乞丙。其后以为氏。裔孙武安君起，赐死杜邮，始皇思其功，封其子仲于太原，故子孙世为太原人。二十三世孙后魏太原太守邕，邕五世孙建。[1]

据谱系追溯的时间次序，将白氏谱系的基本构造划分为三段："上游祖先"（上古时期）、"中游祖先"（汉魏六朝）和"下游祖先"（高曾以内）。[2]《新表》所列九十八族的谱系构造，均可依此进行划分和处理。首先必须讨论这段材料的史源问题，岑仲勉先生曾谓，《新表》即《元和姓纂》之蝉蜕：

> 《新表》者，《元和姓纂》之嫡子也，《姓纂》所详为显官，显官莫如宰相，必举全数以列表，则难于命名，唯撷宰相为纲，斯《姓纂》菁华，几尽入彀，《表》能利用史余，成其创作，良可嘉也。是故既知《新表》大部本《姓纂》，则吾人对之，不必为过苛之论，所可议者，《表》不能广参碑集，使《新表》之价值，益为增高而已。[3]

关于《新表》和《姓纂》所载白氏先世的族属和世代矛盾，宋代陈振孙以降，顾炎武、俞樾等人指摘其中谬误，多有发明，尤其对于白居

---

[1]《新唐书》卷七五下《宰相世系表》"白氏"条，第3412页。孟明视亦被平原明氏攀附为先祖，参见《南史》卷五〇《明僧绍传》，第1241页，又见《全唐文》卷一五《高宗·摄山栖霞寺明征君碑铭》，第181页。
[2] 有的学人将族谱分为"新层""中间层"和"老层"三个部分，参见濑川昌久：《族谱：华南汉族的宗族·风水·移居》，第3页。
[3] 岑仲勉：《元和姓纂四校记再序》，《元和姓纂（附四校记）》，第63页。

易自述为白乙丙、白胜之后,讥讽为"不考古"。[1] 祖先世代的年限与人物生平的自相矛盾,是学人分辨士族谱系真伪的主要根据。

另一方面,即便祖先世代与人物生活时代基本吻合,我们也无法从生物学上证实世系的连绵可靠,正如顾炎武所云:"氏族之书所指秦、汉以上者,大抵不可尽信。"[2] 这是问题的第一层面。陈寅恪从种族与文化的角度,认为"元微之出于鲜卑,白乐天出于西域,固非妄说,却为赘论也"。但又认为,"乐天先世本由淄青李氏胡化藩镇之部属归向中朝。其家风自与崇尚礼法之山东士族迥异"。[3] 中古时期的白氏,尚有上党白氏,出自稽胡。[4] 在唐人看来,即便贵为宰相的白敏中,亦为胡姓,姚薇元引用《唐摭言》《北梦琐言》所记轶事,证明白敏中确为蕃姓,并且为西域龟兹族。又因白居易、白敏中与北齐白建的血统清晰可辨,故推断为龟兹族。[5] 但是,《新表》所载白建的官职(后周弘农郡守),毕竟与《北齐书》所载截然不同。陈寅恪认为,白建和白居易家族之间,"必有窜改附会,自无可疑。……后周姓白名某字某之弘农郡守,而其人实是乐天真正之祖宗"。[6] 清人钱大昕曾经批评云:"宋、元以后,私家之谱不登于朝,于是支离傅会,纷纭踌驳,私造官阶,倒置年代,遥遥华胄,徒为有识者喷饭之助矣。"[7] 这是白氏祖先

---

[1] 文艳蓉:《白居易生平与创作实证研究》,杭州:浙江大学博士学位论文,2009年,第11—13页。
[2] 顾炎武撰,黄汝成集释:《日知录集释》卷二三"氏族相传之讹",栾保群点校,北京:中华书局,2020年,第1148页。
[3] 陈寅恪:《元白诗笺证稿》,北京:生活·读书·新知三联书店,2001年,第317、325页。
[4] 姚薇元:《北朝胡姓考》外篇《匈奴诸姓》"白氏",第319—320页。
[5] 姚薇元:《北朝胡姓考》,第398—402页。
[6] 陈寅恪:《元白诗笺证稿》,第318页。
[7] 钱大昕:《潜研堂文集》卷二六《巨野姚氏族谱序》,南京:江苏古籍出版社,1997年,第427页。

问题的第二层面。

学者根据碑志和文献的对读,尤其指出人物世代数据——数世祖或数世孙——的荒谬性,持之有据地否定而非轻信这些祖先,当然显得理性和可靠。[1]但是,一味地否定这些祖先"存在"的客观性与合理性,无助于解释中古碑志文献中触目皆是的"虚拟祖先"。可以说,士族谱系追溯的英雄祖先和名士祖先,是士族追叙秦汉六朝时期祖先的主要特征。无论如何,这些祖先一旦被塑造,便成为士族追溯祖先的"事实",屡屡被扩散、借鉴、抄录和利用。那么,我们必须追问,这些不是祖先的英雄和名士,若不是这些家族"乱枪打鸟"的产物,他们成为这些家族的祖先记忆,这种客观存在的合理性如何解释?上述两个层面重点讨论"历史事实"层面的"谱系事实",而我们尝试解决他们的"谱系记忆"为何如此及其意义。

本书前文两个个案研究,分别根据太原王氏和郭氏的墓志、文集等资料,认为家状、谱牒、碑志等资料也是《新表》形成的重要史源。那么,太原白氏的情况又如何呢?《新表》"白氏"条篇幅甚短,完全来自《元和姓纂》吗?邓名世所撰《古今姓氏书辩证》"白氏"条,基本与《新表》所载相同。[2]岑仲勉据《白文公年谱》及《类稿》,补充《元和姓纂》"白氏"条云:"黄帝之后。《风俗通》,秦大夫白乙丙,嬴姓,又有白起。楚有白公胜,楚平王太子建之子也。周白圭,汉白生。"[3]两相比较,其中的祖先元素互有参差异同:《姓纂》直接追认白氏为黄帝后裔,而《新表》则强调白氏出自姬姓,是周太王五世孙;《新表》明确将孟明视次子白乙丙视作白氏

---

[1] 守屋美都雄:《六朝門閥の一研究:太原王氏系譜考》第二章《始祖傳說の批判》,第20—22页。
[2] 邓名世:《古今姓氏书辩证》,第607页。
[3] 《元和姓纂(附四校记)》,第1588页。

始祖,接着将白起之子白仲视为太原白氏的始迁祖;《姓纂》记作"白乙丙",又名嬴姓,至于太原白氏的郡望,没有涉及。较之《姓纂》,《新表》所载较为翔实。那么,《新表》所载"溢出"《姓纂》的部分,来自何处呢?

赵超曾云:"唐代谱牒多以白氏为楚熊之后。……《左传》仅言蹇叔之子与师。白乙丙与百里、蹇叔均无关系,《新表》显系附会之言。"[1]太原白氏以楚熊等南方人物为祖先,根据现有材料观察,主要集中于白居易家族,其中最重要的资料是《故巩县令白府君事状》,此为白居易自撰祖父白锽之事状,叙述白氏祖先尤为详尽:

> 白氏芈姓,楚公族也。楚熊居太子建奔郑,建之子胜居于吴楚间,号白公,因氏焉。楚杀白公,其子奔秦,代为名将,乙丙已降是也。裔孙白起,有大功于秦,封武安君,后非其罪,赐死杜邮,秦人怜之,立祠庙于咸阳,至今存焉。及始皇思武安之功,封其子仲于太原,子孙因家焉,故今为太原人。自武安以下,凡二十七代,至府君高祖讳建,北齐五兵尚书,赠司空。曾祖讳士通,皇朝利州都督。祖讳志善,朝散大夫尚衣奉御。父讳温,朝请大夫检校都官郎中。[2]

中古时期的行状具有请谥、赐谥后请立墓碑,以及记述生者伟大事迹等重要功能。[3] 这份事状撰写于元和六年(811),稍早于林宝

---

[1] 赵超:《新唐书宰相世系表集校》卷五《白氏》,第889页。
[2] 《全唐文》卷六八〇《白居易·故巩县令白府君事状》,第6952—6953页。
[3] 朱华:《论唐代官员谥法制度的源流——以汉唐间行状的功能演进为中心》,《中古社会史研究再出发:第三届古史新锐南开论坛论文集》,天津:南开大学,2016年,第193—199页。

撰成《元和姓纂》的时间（812）。白氏行状与《新表》所载谱系显然是两种不同的世系，主要表现在他们的祖先元素互有同异。相同的部分是：名将白起赐死杜邮，秦始皇封白起子仲于太原，故为太原白氏，其后鲜有人物，一直到北齐出现白建。白氏家族的世系叙述，夹叙夹议，并非一般谱牒，其史源有可能来自《史记》《左传》《战国策》等相关文献。《史记·白起列传》记载："武安君既行，出咸阳西门十里，至杜邮。……遂自杀。……死而非其罪，秦人怜之，乡邑皆祭祀焉。"[1] 可见，白起及之前的祖先记忆，由白居易参考相关史传，加以简化和整合。同时，关于"及始皇思武安之功，封其子仲于太原，子孙因家焉，故今为太原人"一句，并不见于战国秦汉之际的历史文献。秦汉之际的文献并未记载白起还有子嗣。无独有偶，乾宁二年（895）葬于夏州朔方县的《白敬立墓志》，记载白起赐死杜邮后，"子孙沦弃，或逐扶苏有长城之役者，多流裔于塞垣"。[2] 这和《白锽事状》一样，都是白氏"无中生有"地连接北朝白建和秦将白起的追祖方式。这种方式在《新表》《姓纂》等姓氏书，以及中古碑志所见的谱系书写中极为常见。这种具有叙事情节的秦汉祖先和上古祖先，通常源自战国秦汉及其之前的历史文献和传说故事，而后将这个祖先叙事装置在近世祖先的谱系之前。当然，我们无法准确获知这种谱系的"嫁接活动"的发生时间和操作方式。[3]

---

[1]《史记》卷七三《白起列传》，第2337页。
[2]《白敬立墓志》，收于故宫博物院、陕西省古籍整理办公室编：《新中国出土墓志·陕西卷叁》104，北京：文物出版社，2015年，第106页。
[3] 关于白居易家族所叙述的始祖白胜，其碑石在2001年5月于洛阳龙门山南麓得以发现。该碑高79.5厘米，厚均93厘米，碑顶螭首，圭形额题为"白氏始祖楚王白公胜陵之碑"。有的学者从碑文所记内容肯定此碑出自白居易之手，如张乃翥：《记洛阳出土的两件唐代石刻》，《河南科技大学学报》2005年第1期，第21页；胡可先、文艳蓉：《新出石刻与白居易研究》，《文献》2008年第2期，第23—25页。也有的学者从形制怀疑此碑系伪作，参见谢思炜：《洛阳所见 （转下页）

回过头来,《白锽事状》和《新表》除却同质性之外,他们之间的不同是:前者为芈姓,后者为姬姓,前者为楚熊之后,后者为黄帝之后,由此两者关于白乙丙的事迹记载迥然相异。楚王的姓名历经从"单字+熊"向"熊+单字"的转变。[1] 清人顾炎武曾谓:"按白乙丙见于僖之三十三年,白公之死则哀之十六年,后白乙丙一百四十八年。曾谓乐天而不考古一至此哉!《唐宰相世系表》以西乞术、白乙丙为孟明之子,尤误。"[2]《国语》记载黄帝姬姓,有二十五子得姓的传说,[3] 构成汉晋华夏人群追溯祖先极为重要的知识资源。《宋书·礼志一》记载:"虽炎、黄、少昊、颛顼、高辛,唐、虞、夏后,世系相袭,同气共祖。"[4] 所谓"同气共祖",即指具有血缘和文化的双重认同。司马迁《史记·楚世家》将华夏王朝视为南蛮之"楚国"的王室记载为黄帝后裔,但与中原地区的华夏化记载有显著区别。王明珂将司马迁的陈述概括为"模式化叙事情节",并认为其产生的历史情境是,"原来华夏历史记忆中的'蛮

(接上页) 白公胜碑真伪辨疑》,《文献》2009年第3期,第140—143页。笔者同意谢氏的判断,原因有二:一是《白胜碑》和《白锽事状》所载世系极为相同,但溢出的部分"公九世孙起",不见于后者,也不见于其他任何白氏碑志。二是根据形制和碑石形象。刘涛兄所示照片显示,碑石亮丽如新,未有丝毫残泐,笔者所见唐碑,未有如此焕然一新者,碑额两侧龙首也不似唐碑所见。关于中古碑额的螭龙以及碑额构造,参见拙撰《螭龙的光与影——中古早期碑额形象演变一瞥》,《唐研究》第24卷,第341—372页。

[1]《史记》卷四〇《楚世家》,第1690—1691页。
[2]《日知录集释》卷二三《氏族相传之讹》,第1151—1152页。
[3] 杨希枚:《〈国语〉黄帝二十五子得姓传说的分析》(上)(下),《先秦文化史论集》,北京:中国社会科学出版社,1995年,第211—256页。当然,黄帝也经历了始祖、帝王和神灵形象的演变,本文所及黄帝,以始祖形象为主,相关研究成果甚为丰富,参见顾颉刚:《顾颉刚读书笔记》卷一《纂史随笔三》"黄帝故事的演变次序",收于《顾颉刚全集》,北京:中华书局,2011年,第431—432页。晚近成果参见李凭:《黄帝历史形象的塑造》,《中国社会科学》2012年第3期;苏晓威:《中国早期文献及考古资料中黄帝形象的研究》,《文史哲》2016年第2期。
[4]《宋书》卷一四《礼志一》,第330页。

夷之邦'，如楚、吴、秦等地，到了汉初已久为'中国'郡县"。[1] 但是，"姬姓：黄帝—周王室—秦将相"的北方系统，和"芈氏：黄帝—祝融—楚将相"拟制黄帝血缘的南方系统，谱系在地域和夷夏上的差异显而易见。[2] 白居易在撰写行状和相关碑志时，自称芈姓，攀附楚熊，自我认同为楚王之后，毕竟和华夏士人的祖先记忆有所不同。白居易的祖先认同，得到时人的认同。会昌六年（846），李商隐为白居易撰写的墓志云：

> 白氏由楚入秦。秦自不直杜邮事，封子仲太原，以有其后。祖某，巩县令。考季庚，襄州别驾，赠太保。[3]

不仅如此，与白居易共曾祖的从弟白敏中高居宰相之位，是白氏家族在中古时期最重要的人物之一，也是白氏列入《宰相世系表》的关键人物。咸通二年（861）白敏中卒，高璩为之撰写的墓志云：

> 白姓受姓于是，本公子胜理白邑，有大功德，民怀之，推为白公。其后徙居秦，实生武安君，太史公有传，遂为望族。□魏蔑因阳邑侯，包为太原太守，子孙因家焉，逮今为太原人也。[4]

---

[1] 王明珂：《英雄祖先与弟兄民族：根基历史的文本与情境》，第53—55页。
[2] 北方胡人慕容廆亦自称有熊氏苗裔，参见《晋书》卷一〇八《慕容廆载记》，第2803页。
[3] 《全唐文》卷七八〇《李商隐·刑部尚书致仕赠尚书右仆射太原白公墓碑铭》，第8146页。
[4] 《唐故开府仪同三司守太傅致仕上柱国太原郡开国公食邑二千户赠太尉白公墓志铭》，见于周绍良、赵超主编：《唐代墓志汇编续集》咸通005，第1033—1034页。

比较白锽、白居易和白敏中的墓志铭,详略不同。具体言之,关于楚国祖先的记忆虽然大同小异,都是追祖至楚国;但具体人物却有不同,《白锽事状》和《白敏中墓志》为白胜,《白居易墓志》则为白仲;白起和白胜之间的世系关系,也是各不相同;至于汉魏六朝的祖先记忆,《白居易墓志》比较简略,没有记载,《白锽事状》记作北齐白建,《白敏中墓志》记作北魏白包。可见,在9世纪中长达半个多世纪的时间里,碑志所见白居易家族的谱系存在着"复制"和"改写"的情形,比较鲜明的特征就是追祖至南方的楚国人物,以《白锽事状》为最。

白氏家族追祖至楚国人物,不仅白居易家族如此,白氏另一个房支也是如此。根据文末所附世系图,白建二子:士通和士逊。白居易家族属于白士通房支,而白士逊的家族亦追溯南方祖先,时间远早于白居易所撰的事状。近八十年之前,开元二十三年(735)《白羡言墓志》最早将祝融、芈氏等祖先元素纳入白氏祖先记忆:

> 昔天命祝融,制有于楚,洎王熊居太子生胜,避地于吴,锡号白公,爰命氏矣。胜孙起适秦为良将,爵武安君。始皇践禄,思武安大业,封太原侯,今为太原人也。后十五叶生建,仕齐为中书令,赠司空公;生曾祖士逊,齐为散骑侍郎;生大父君恕;参神尧皇帝霸府仓曹,转开府大将军加太常卿;生皇考大威,持节沧、绵、梓三州刺史。[1]

比较《白羡言墓志》和《白锽事状》,关键性的祖先因素(楚熊→白

---

[1] 周绍良主编:《唐代墓志汇编》开元419《唐故中大夫行太子内直监白府君墓志铭》,第1446页。

胜→命氏→白起→白建)完全相同。由此可见,这两份事状所举文本系出同源,而这个同源文本与《新表》所本又截然不同。大致同时,开元二十七年(739),白羡言再从兄弟白知新墓志记载其世系云:

> 自楚王开国,代济其美,白公受县,不陨其名。乃后疏泾水以厚秦,坑长平而燔赵,授诗藩邸,精易庠门,英杰相迹,文武不坠。高祖建,北齐司空;曾祖逊,北齐散骑常侍;祖君慇,皇嘉州刺史;父弘俨,皇潭州录事参军。[1]

与《白羡言墓志》比较,《白知新墓志》所载祖先相同,只是辞句更加简练。与此同时,姓氏起源部分省略的远祖祝融,反而出现在铭文中,"祖始祝融,降及熊绎,国分于楚,县受于白"。由此,我们发现,从730年代至860年代,白氏祖先的姓氏起源,几乎都追溯至南方的楚国人物。这几份资料关于白氏的祖先记忆,应该参考了类似《白氏谱》《白氏家传》之类的谱牒文本。如所周知,中古时期的谱牒已经亡佚,仅有数件敦煌残本存世,白氏谱牒也不例外。类似楚熊、祝融等属于姓氏起源的因子,应该属于士族谱牒的有机构成。白居易曾祖白温与白羡言是共曾祖的再从兄弟,他们极可能掌握相同的谱系文本。值得注意的是,其中也存在相当的差异,最显著的是白起和白建之间的世系空缺,记载不同,前者是十五叶,后者是二十七代。根据正史列传,白起卒于公元前257年,白建卒于北齐武平七年(576),时间跨度是八百三十余年,若以十五叶计,平均一世55.5年,不太靠谱。

---

[1] 周绍良主编:《唐代墓志汇编》开元494《大唐故汴州封丘县令白府君墓志铭》,第1495—1496页。

白氏后人关于世代跨度的"纠错"——白知让所撰《白敬宗墓志》(879)为二十七代,《白庆先墓志》(735)亦作二十七代——从十五叶到二十七代,这样平均世代间隔就变为30.9年,相对可靠,显示他们力图使人确认白氏相对可靠的近祖白建与远祖白起之间,存在较为可信的血缘关系。

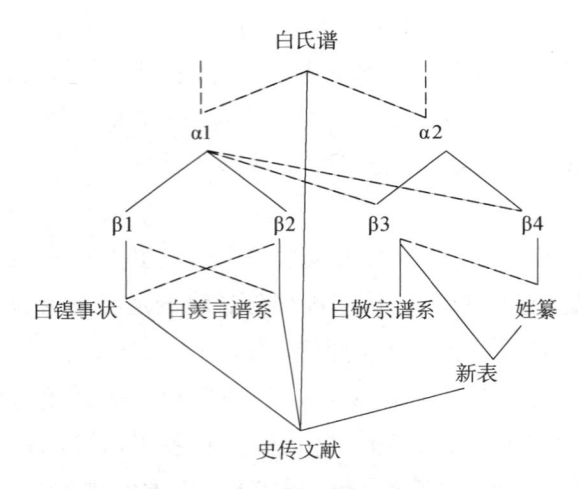

图1 白氏谱系文本流变示意图

为了解释白氏不同房支的谱系来源,我们可举京兆韦氏的事例加以佐证。这个例证很好地反映了同姓士族之间使用相同的谱牒及其反映的宗法观念。隋文帝曾经询问大臣韦鼎与韦世康的血缘关系如何,韦鼎云:"臣宗族分派,南北孤绝,自生以来,未尝访问。"隋文帝敦促韦鼎和韦世康在韦氏郡望所在地杜陵进行聚会,并撰修韦氏谱牒,史载,"鼎乃考校昭穆,自楚太傅孟以下二十余世,作《韦氏谱》七卷"。[1] 当时有存世的《京兆韦氏谱》二卷,[2]

---

[1]《隋书》卷七八《艺术·韦鼎传》,第1772页。
[2]《隋书》卷三三《经籍志二》,第989页。

无法考知这是不是韦鼎所撰的谱牒。《新表》叙述韦氏远祖云："韦氏出自风姓。颛顼孙大彭为夏诸侯,少康之世,封其别孙元哲于豕韦,其地滑州韦城是也。豕韦、大彭迭为商伯,周赧王时,始失国,徙居彭城,以国为氏。韦伯遐二十四世孙孟,为汉楚王傅,去位,徙居鲁国邹县。"[1]《新表》所载韦氏世系,较之韦鼎所撰的《韦氏谱》,更为详尽。值得注意者,韦世康和韦鼎都属于东眷韦氏,前者属于东眷逍遥公房,后者属于东眷小逍遥公房,他们的世系分别为:

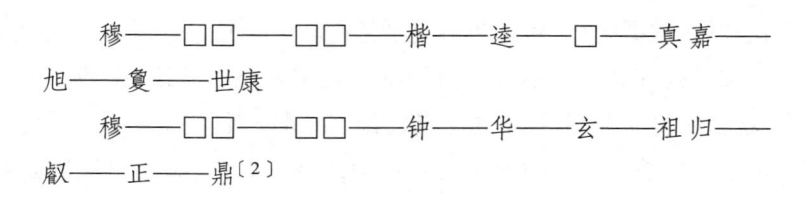

穆──□□──□□──楷──逯──□──真嘉──旭──夐──世康

穆──□□──□□──钟──华──玄──祖归──叡──正──鼎[2]

可见,韦鼎和韦世康是共九世祖的族兄弟关系。[3] 韦鼎所言"宗族分派"的本质,就是两人早已出"小宗"范围;"南北孤绝"则指其五代祖韦华随宋武帝刘裕过江,[4] 居于襄阳县,故《姓纂》归于"襄阳房",则韦穆后裔的"南北分裂",始于韦华之南迁,迄于韦鼎已历五代。史载京兆韦叡"自汉丞相贤以后,世为三辅著姓"。[5] 韦贤是京兆韦氏经常追溯的"英雄祖先"。唐代韦氏碑志所载谱系,比韦鼎所撰《韦氏谱》的世系更为遥远,拉长了韦氏的谱系,如

---

[1] 《新唐书》卷七四上《宰相世系表》"韦氏"条,第3045页。
[2] 根据《新表》"韦氏"条、《隋书》卷七八《艺术·韦鼎传》《北史》卷二六《韦阆传》等资料。
[3] 有的文献记载韦华是韦穆元孙,则韦鼎和韦世康相差一辈。《元和姓纂》卷二"韦氏"条,第182页。
[4] 矢野主税:《韦氏研究》,第59页。
[5] 《梁书》卷一二《韦睿传》,第220页。

大中五年(851)《韦正贯神道碑》记述其先世云:"韦氏之世系尚矣,陶唐氏之后,有国豕韦者,实为商伯。周衰,迁于楚之彭城。汉兴,韦孟为楚元王傅。繇孟五世至丞相贤,韦氏遂显大。贤封扶阳,后徙平陵。及子元成,别徙杜陵,子孙家焉,遂为京兆人云。"[1]但是,这样的谱系信息早在北魏孝昌元年(525)的《韦彧墓志》中已有显示,"肇基颛顼,命氏豕韦,翼商周为世禄,历汉魏而朱轩。大丞相、扶阳节侯贤,小丞相、恭侯玄成,即公十六世祖也"。[2] 不过,京兆韦氏将祖先追溯至韦贤,基本等同于追溯至韦孟,因为在北朝隋唐通行于世的《汉书》记载韦贤之祖就是韦孟。[3] 根据史传,韦阆与韦彧之父韦珍为族兄弟关系,[4]则韦阆与韦珍是共高祖而不共曾祖的平辈兄弟。也就是说,按照小宗的观念,韦世康与韦彧、韦彪父子已经"五世而斩",属于"亲尽"的成员了。韦鼎与他们的世系关系更为遥远,则韦鼎和韦世康联宗合谱时,吸收了韦彧家族的谱系知识,又排除了韦孟之前的远祖信息。

京兆韦氏的事例客观证实,同一姓氏的不同房支完全可能采用相同的谱系知识,例如家族谱牒、事状、家传等资料。由此,我们推断,白居易家族、白敏中家族和白羡言家族采用了几乎相同的谱系知识,而关系较近的白敬宗家族却采用了另一个文本系统。需要强调,在构建上古时期的圣王祖先或英雄祖先时,他们的史源大致相同,基本沿袭和采用了《礼记》《国语》《战国策》《左传》《史记》等传世文献记载的重要史实。

---

[1]《全唐文》卷七六四《萧邺·岭南节度使韦公神道碑》,第7943页。
[2] 罗新、叶炜:《新出魏晋南北朝墓志疏证》,第124页。
[3]《汉书》卷七三《韦贤传》,第3101页。
[4]《北史》卷二六《韦阆传》,第958页。

二、远祖系统的比较：白氏、郭氏与王氏

关于白氏汉魏祖先的描述,白居易自撰《醉吟先生墓志铭》也是追认白起为祖先,"秦将武安君之后"。[1] 自撰墓志,显然具有较大的可信性,至少是自我认同的表达。这也是六朝以降的传统,如王绩曾经撰写《自作墓志文并序》。[2] 通检笔者搜辑的二十五份白氏碑志和事状等材料,其中十四份明确追溯白起为祖先,有两份虽然没有明确追溯,但以四字、六字或对称的赋文典故,如《白知新墓志》所载"坑长平而燔赵"当指白起。中古碑志的祖先追叙除却明确指明祖先名爵以外,通常采用虚实相间的骈文典故加以表述。这种华丽的辞藻和语句背后,通常有着明确的指涉。不仅如此,虽然没有追溯白起为先祖,但已被视作常识加以省略,如白居易所撰《白季庚事状》,而白居易同年撰述的《白季康墓志》就载明"秦武安君起之裔胄"。[3] 在白居易家族内部,只有《白幼美墓志》和李商隐所撰《白居易墓志》没有追溯白起,其他所有碑志和事状都追认白起为先祖。换言之,作为白氏的英雄祖先,白起已经成为谱系常识被白氏人物所接受和普及。[4] 当然,

---
[1] 岑仲勉先生认为这份墓志铭是伪作,参见岑仲勉:《白集醉吟先生墓志铭存疑》,《中央研究院历史语言研究所集刊》第 9 本,1947 年,第 541—544 页。
[2] 参见川合康三:《中国的自传文学》第四章《死者眼中的"我"》,蔡毅译,北京:中央编译出版社,1998 年,第 117—140 页。
[3] 《全唐文》卷六八〇《白居易·唐故溧水县令太原白府君墓志铭》,第 6949 页。
[4] 白起因大肆坑杀赵卒,而被普通民众长久痛恨,迄今为止,山西地区尤其高平一带的居民,以"炸白起""白起肉"等命名特色小吃。此点承蒙胡阿祥教授提示,谨此致谢。如此,白起在民间社会的"小传统"和精英群体的"大传统"之间,呈现出二律背反的现象。这种变化揭示了什么样的历史现象,笔者拟以"英雄祖先的成立:关于白起形象的例证"为题,另做探讨。关于白起信仰的初步研究,参见姜守诚:《罪魂·鬼王·神将——秦将白起的宗教化形象建构》,《世界宗教研究》2016 年第 5 期,第 71—80 页。

这种常识在使用的过程中,也存在着种种变化,如《白胜碑》记载白胜和白起的关系是"九世孙",而《白敏中墓志》却载他们是父子关系。除此以外,不仅白建的后裔——以白居易和白敏中为核心的精英家族——接受这种祖先认同,这个房支以外比较普通的白氏人物,也以白起为先祖,如《白仵贵墓志》《白义宝墓志》和《白敬立墓志》。白氏的这种追祖情形,契合王明珂所谓"寻得或假借一个华夏的祖先传说",从而实现华夏化的历程。[1] 很可能出自龟兹族的白氏家族,需要寻找一个华夏族祖先传说,而英雄人物白起的后裔又湮没无闻,抑或绝嗣。如此,这种前后相隔千年之久、风马牛不相及的同姓人物,通过这种双向的互动和选择,成功建构起一套完整的祖先系统。可以说,其他家族都在重复着这样的故事。例如,太原郭氏塑造郭泰为祖先,如出一辙。

白氏祖先中的"楚国"元素,在白敏中之后发生变化,撰于乾符六年(879)的《白敬宗墓志》中的白氏祖先,出现了由南向北的大反转:

> 颛顼帝之后。帝之裔孙曰起。起为秦将,封武安君,有功于秦,与立祠。将军二十代孙府君七代祖建,齐中书令、赠司空,有功于齐。[2]

白敬宗虽然不是白居易家族,但都是白温后裔,他们有可能持有相似的谱牒文本;不过,他们在始祖记忆上显然不同,白敬宗追溯颛顼为始祖。这种转变不是一时发生的,此前已有若干迹象。开元二十六年(738)张鼎所撰的《白慎言墓志》记载其世系云:"其先轩

---

[1] 王明珂:《华夏边缘:历史记忆与族群认同》第九章《边缘人群华夏化进程:吴太伯的故事》,第303页。
[2] 周绍良、赵超主编:《唐代墓志汇编续集》乾符030《唐故白府君墓志铭并序》,第1139页。

辕之裔,为重黎也。掌四时之官,为祝融也。"[1]这种转变的意义何在? 我们首先来看颛顼和祝融的关系,《史记·楚世家》记载:

> 楚之先祖出自帝颛顼高阳。高阳者,黄帝之孙,昌意之子也。高阳生称,称生卷章,卷章生重黎。……帝喾命曰祝融。……而以其弟吴回为重黎后,复居火正,为祝融。吴回生陆终。陆终生子六人,……六曰季连,芈姓,楚其后也。[2]

据此而言,祝融和芈姓则为颛顼后裔的一个分支。不过,这是司马迁关于上古帝王的世系认识。实际上,关于祝融和颛顼的关系,大致有三说:一说祝融是颛顼后人,司马迁即持此说;一说祝融是南方炎帝之佐神,《礼记·月令篇》云"其帝炎帝,其神祝融";一说祝融是颛顼之子,《风俗通义·祀典》记载:"颛顼氏有子曰黎,为祝融,祀以为灶神。"学者据此认为,从古史系统而言,年代愈晚,两人关系更加密切;颛顼为北方水德之帝,祝融为南方火德之神,两人地位有明显差别。[3] 不仅如此,祝融和颛顼建立世系关联,顾颉刚认为,正是楚国出于统治中原的法统需要,从而"把黄帝、颛顼等(华夏)大神堆到楚祖吴回、陆终的顶上,……因而就把无数族类的祖先镕化成为一个整体"。[4]

---

[1] 赵君平、赵文成主编:《秦晋豫新出墓志蒐佚》474,第604—605页。
[2] 《史记》卷四〇《楚世家》,第2039—2040页。
[3] 杨振红:《北大藏西汉简〈苍颉篇·颛顼〉的文义及其思想背景》,《中国中古史的史实与想象国际学术讨论会论文集》,天津:南开大学,2017年8月,第49—63页。
[4] 顾颉刚:《顾颉刚古史论文集》第1册《前言》,收入《顾颉刚全集》,北京:中华书局,2011年,第11页。按,楚国世系和华夏世系的关联,极为复杂,也是上古史学者聚讼已久的话题。近年出土的简牍,成为探讨这个话题的有力证据,比较全面的学术史,参见郭永秉:《帝系新研:楚地出土战国文献中的传说时代古帝王系统研究》,北京:北京大学出版社,2008年,第165—218页。

如果说这是两汉时期华夏知识精英认识中的祝融与颛顼之关系,那么,在六朝隋唐时期,士人知识结构中的祝融与颛顼关系如何?立于延熹七年(164)的《山阳太守祝睦碑》,记载其先世云:"其先盖高辛氏之火正,以能淳曜天地曰祝融。遂获丰阜之胙,辉裔昌远,大乃侯伯分仕诸夏。郑有祝聃者,君其胤也。"[1]而《元和姓纂》"祝氏"条云:"黄帝祝融之后,周武王封黄帝之允于祝,因氏焉。郑有祝聃,卫有祝鮀,或以祝史之后,以官为姓。案《世本》,祝,任姓。《礼记》,封帝尧之后于祝,惟《唐世系表》谓出自姬姓,黄帝之后。若祝聃,祝鮀,则俱以官为姓,非姬姓也。"[2]《晋书》记载司马氏先世云:"其先出自帝高阳之子重黎,为夏官祝融,历唐、虞、夏、商,世序其职。"[3]《晋书》所云,不是空穴来风。庾信撰于天和六年(571)的《司马裔墓志》,其铭文云:"祝融是命,重黎克举。公族乃建,天官即序。"[4]《晋书》的这种认识似乎有违史实,顾炎武云:

> 重、黎为二人,一出于少昊,一出于颛顼。……《宋书》载晋尚书令卫瓘、尚书左仆射山涛、右仆射魏舒、尚书刘寔、司空张华等奏,乃云:"大晋之德,始自重黎,实佐颛顼。至于夏、商,世序天地。其在于周,不失其绪",似以"重黎"为一人,不容一代乃有两祖,亦昔人相沿之谬。[5]

重、黎究属一人还是二人,都不影响他们关于重黎和颛顼统一性的认识,即祝融是颛顼后裔。而在南北朝时期,祝融和颛顼似乎仍作为火

---

[1] 洪适:《隶释·隶续》卷七《山阳太守祝睦碑》,第80—81页。
[2] 《元和姓纂》卷一〇"祝氏"条,第1436—1437页。
[3] 《晋书》卷一《宣帝纪》,第1页。
[4] 《庾子山集注》卷一五《周大将军琅邪定公司马裔墓志铭》,北京:中华书局,1980年,第966页。
[5] 《日知录集释》卷二五"重黎"条,第1250页。

德与水德之神的对立而存在。北朝末期,博陵大族崔仲方上书论取陈之策云:"昔史赵有言曰:'陈,颛顼之族,为水,故岁在鹑火以灭。'……楚,祝融之后也,为火正,故复灭陈。"[1]与之相反,上古秦汉时期儒家经典关于祝融和颛顼统一性的认识,在中古时期持续产生影响。颜真卿所撰《颜惟贞墓志》云:"其先出于颛顼之孙祝融,融孙安为曹姓。其裔邾武公,名夷甫,字颜,子友。别封郳为小邾子,遂以颜为氏。多仕鲁为卿大夫,孔门达者七十二人。颜氏有八。战国有率厲,秦有芝贞,汉有异肆安乐。其后丧乱,谱牒沦亡。"[2]又如彭氏,出自颛帝高阳氏之后,颛帝曾孙犁,为高辛氏火正,有大功,实能光融天下,命曰祝融。又如芈氏,出自颛帝,生称,称生卷章,卷章生重黎,重黎诛弟吴回,代为祝融,是为火正。[3] 关于中古士人意识中的祝融后裔,《元和姓纂》"秃氏"条云:"秃,《国语》,祝融后八姓,已、董、彭、秃、妘、斟、曹、芈,周灭之矣。贾逵云,秃,彭姓别族。"[4]八姓之外,又如苏氏,颛顼祝融之后;毛浑,祝融子毛浑之后。

由此可见,至少在中古士人的知识结构中,祝融和楚熊不能完全视作南方蛮夷的形象而存在,但同样不能简单地视作黄帝后裔的形象而存在,《国语》所云祝融后裔八姓,都是较为罕见的姓氏,也是这种情形的见证。《白敬宗墓志》出现的新倾向,即祖先记忆从南方的祝融延伸至北方的颛顼。比较《元和姓纂》和《新表》所载,可以确定《白敬宗墓志》所本史源——如《左传》所载,"颛顼氏有子曰犁,为

---

[1]《隋书》卷六〇《崔仲方传》,第1448页。
[2]《全唐文》卷六八〇《颜真卿·唐故通议大夫行薛王友柱国赠秘书少监国子祭酒太子少保颜君碑铭》,第3448页。
[3]《古今姓氏书辩证》卷一六"彭氏"条,卷二一"芈氏"条,第215、279—281页。其中,芈氏资料显然来自《史记》卷四〇《楚世家》,第2027页。
[4]《元和姓纂》卷一〇"秃氏"条,第1448页。又见《古今姓氏书辩证》卷三五"秃氏"条,第483—484页。

祝融",[1]或者《大戴礼记·帝纪》的相关记载——很可能构成《姓纂》《新表》《辩证》等姓氏书的重要史源。虽然《史记》记载颛顼和祝融都是黄帝后裔,但祝融显然带有华夏边缘的蛮夷属性,这种祖先地域属性的改变和世系的延伸,更具象征性的文化意义,与其说与太原郡望更加匹配,毋宁说是白氏家族在胡汉、南北、华夷问题上的调适与选择,此后成为家族谱系的基本常识。

与太原白氏的远祖构建从南向北的华夏化道路不同,大多数汉人家族自始至终保持着"纯正"的华夏后裔——黄帝为主,炎帝为辅——的形象。中古碑志所载大多数士族成员都以黄帝后裔自居,表现在谱系书写中,就是纷纷将上古时期的祖先追溯至黄帝或者黄帝后裔,周王室成员是他们热衷攀附的主要对象。

太原王氏的远祖构建,竟以出自周王室的太子晋为远祖,其例甚多。聊举数例以证之:"(王昌)玉根肇于子晋,金枚光于太原,弈叶冠华,领袖当世。"[2]"(王温)启源肇自姬文,命氏辰于子晋。汉司徒霸、晋司空沈之后也。"[3]"(隋衙君妻王氏)昔子晋轻举,落落蹑于云霄;子乔腾跃,俄俄游于星□。"[4]"(王承法)自周灵王太子晋避世,隐居嵩丘,时人号曰王家,因以为氏。五代孙霸生子二:殷、威。及汉,殷则列封琅琊,威则胤食太原。"[5]"(王冷然)昔周灵王太子晋御六龙之驾,游九天之上,世人旌其道化,以王子之后,因为氏焉,公则其后裔也。"[6]

---

[1]《春秋左传正义》卷五三《昭公二十九年》,阮元校刻:《十三经注疏》(清嘉庆刊本),北京:中华书局,2009年,第4613页。
[2] 赵超:《汉魏南北朝墓志汇编》,第84页。
[3] 罗新、叶炜:《新出魏晋南北朝墓志疏证》,第130页。
[4] 罗新、叶炜:《新出魏晋南北朝墓志疏证》,第566页。
[5] 周绍良主编:《唐代墓志汇编》开元502《唐衡州刺史束府君故夫人太原郡君王氏墓志铭》,第1501页。
[6] 周绍良主编:《唐代墓志汇编》天宝002《唐故右威卫兵曹参军王府君墓志铭》,第1532页。

"(王心自在)其先自周灵王太子晋后厥有氏焉,其蕃衍茂实,纷纶史籍,不与诸任齿者,是称最焉。"[1] "(王希晏)其先得姓大周,则灵王太子晋之后也。"[2] 可以看到,最迟在北魏熙平元年(516),周王室太子晋已经成为王氏追根溯源最重要的元素。需要强调的是,这些祖先不仅存在于地下的墓志资料,也存在于地上的资料,如神道碑。例如,戴少平撰于元和三年(808)的《王荣神道碑》,记述其先世云:"肇自轩后,延于周室。自灵王丧道,黜太子晋于河东,时人号为王家,子孙因以命氏。子晋生敬宗为司徒。"[3] 又如李宗闵撰于大和四年(830)的《王播神道碑》云:"周灵王太子晋之后,以历世为王,因而受氏。"[4] 王氏碑志和神道碑互相印证,说明早在《元和姓纂》成书之前的时代,"周王室太子晋"已经成为太原王氏共同认可的始祖。几乎同时,还有极少数的王氏碑志,在追祖过程中"越过"周王室太子晋,溯至后稷、帝喾等远古时期的帝王。譬如,"(王通)其先自后稷之佐唐虞,洪源斯盛;仙人之辞伊洛,世禄方隆",[5] "(王宽)后稷之苗胄,即王龟之后也",[6] "(王思福)后稷之苗裔。性必天授,□惟师资"。[7] 当然,也有王氏家族将后稷和帝喾等祖先拼凑在一起,如"(王则)仰承帝喾之华胄,禀后稷之神苗,四海推其盛族,百代贵其风猷",[8] "(王景祚)帝喾后稷之后,周太王王季之后,

---

[1] 周绍良主编:《唐代墓志汇编》天宝094《唐朝议郎行太府寺南市令朱公故夫人太原王氏墓志铭》,第1597页。
[2] 周绍良主编:《唐代墓志汇编》大历051《王希晏墓志》,第1792—1793页。
[3] 《全唐文》卷七二〇《戴少平・镇国大将军王荣神道碑》,第7410页。
[4] 《全唐文》卷七一四《李宗闵・故丞相尚书左仆射赠太尉太原王公神道碑铭》,第7335页。
[5] 周绍良主编:《唐代墓志汇编》贞观103《大唐处士王君墓志铭并序》,第74页。
[6] 周绍良主编:《唐代墓志汇编》永徽121《唐故王君墓志铭》,第209—210页。
[7] 吴钢主编:《全唐文补遗》第8辑,第404页。
[8] 周绍良主编:《唐代墓志汇编》永徽053《大唐永徽三年王君墓志》,第165页。

因王显姓者。始自四十一代祖赤平王之孙。"[1]应该指出,太原王氏将帝喾、后稷等明显具有黄帝后裔色彩、介于神祇与圣贤之间的人物作为祖先记忆,可以折射汉族士人构建上古祖先的主要内容。在王氏建构"黄帝—周王室(太子晋)"主流祖先系统之外,还存在其他的祖先构建形式,"黄帝—殷商贵族"也构成王氏祖先记忆的次要系统,例如"(王基)其先出自有殷,周武王克商,封箕子于朝鲜,子孙因而氏焉"。[2] 这些"溢出"王子晋的谱系资源,在《姓纂》和《新表》等主流资料编撰过程中,被有意地简化而整齐划一。

姓氏＼时间	先秦时期	战国秦汉	魏晋南北朝	近　世
太原王氏	炎黄/殷商/周王室	王翦/王贲/王离/王陵/王霸	王昶/王浑/王琼/王慧龙	父祖曾高
太原郭氏	炎黄/虢叔	郭隗/郭伋/郭泰	——(郭象)	父祖曾高
太原白氏	颛顼/祝融	白起	白建	父祖曾高

太原王氏追溯的远祖模式同样适用于其他家族。如太原郭氏。他们也在竭力塑造"黄帝—周王室(虢叔)"的祖先系统。郭氏祖先泛称姬周者,如"(郭定兴)于维郭氏,诞自周胄,其根既深,其干亦茂",[3]"(郭氏)氏兴虢叔,胄自姬昌。挺生明德,是号芬芳。"[4]与

---

[1]　《全唐文补编》卷五七《王颜·慈州文城县令王景祚并仲子郴州郴县丞墓碣序》,第696页。
[2]　赵超:《汉魏南北朝墓志汇编》,第138—139页。
[3]　罗新、叶炜:《新出魏晋南北朝墓志疏证》,第91页。
[4]　周绍良主编:《唐代墓志汇编》永徽144《大唐故王氏郭夫人墓志》,第225—226页。

太原王氏相似,郭氏的祖先构建同样"迈过"虢叔等人物,将帝喾、后稷、颛顼、高辛等上古神王,甚至轩辕黄帝直接作为祖先记忆:"(郭长生)轩辕氏之苗裔",[1]"(郭敬)帝轩辕之苗胄",[2]"(郭海)其先帝周后稷之苗裔",[3]"(郭行节)源乎高辛之才子,派乎周文之令弟,锡土始于下阳,受氏基于东国。虢郭声类,因而氏焉",[4]"(郭怀则)高辛氏之苾裔,周后稷之胤绪,尚书郎扶风太守式之后也",[5]"(郭佐思)府君厥初苗裔,颛顼之后,望冠太原并州"。[6] 由此可见,太原郭氏以黄帝系统的上古人物作为主要追祖对象。但在黄帝后裔之外,郭氏的远祖构建同时混杂着其他的系统。王明珂指出,只有少数华夏门阀自称"炎帝之裔",其中最著名的应是博陵崔氏。[7] 仅以《新表》所载,在崔氏以外,封氏、许氏、纪氏、吕氏、齐氏等家族也将炎帝追认为祖先。《新表》所见这些家族的炎帝记忆,在中古碑志中都有不同程度的反映。除此之外,出身黄帝后裔的家族,也有将炎帝追认为祖先者,如"(郭益)炎帝之苗裔,并州刺史郭汲之孙"。[8]

其实,白氏、王氏和郭氏等家族动辄将远祖追溯至上古帝王的做法,早在东汉已经形成气候,例证甚丰,聊举数例以证之。《汉成阳令唐扶颂》载其先世云:"其先出自庆都,感赤龙生尧,王有天下,大号为唐。治致雍熙,尊天重民,禅位虞囗。光受茅土,通天三统,苗胄枝分,相土脉居,因氏唐焉。累世含祚,受天之怙,胤嗣弥光,为

---

[1] 《全唐文补编》卷一五〇《郭府君墓志铭》,第1826页。
[2] 周绍良主编:《唐代墓志汇编》显庆153《郭敬墓志》,第325页。
[3] 周绍良主编:《唐代墓志汇编续集》垂拱009《大唐郭府君墓铭》,第285—286页。
[4] 周绍良主编:《唐代墓志汇编续集》长寿009《大周故郭府君墓志铭》,第326页。
[5] 赵力光主编:《西安碑林博物馆新藏墓志汇编》,第442—443页。
[6] 赵力光主编:《西安碑林博物馆新藏墓志汇编》,第867—869页。
[7] 王明珂:《英雄祖先与弟兄民族:根基历史的文本与情境》,第157页。
[8] 周绍良、赵超主编:《唐代墓志汇编续集》咸亨004《唐故郭君墓志之铭》,第186页。

汉台辅。"[1]庆都传说为尧母,则唐氏追尊尧为远祖。攀附之俗,东汉已然,经常假神圣或正统之外衣。东汉家族攀附上古传说帝王之外,经常"顺流而下",追溯秦汉时期的猛将名贤为祖先。如,张良成为张氏的攀附对象,《巴郡太守张纳碑》载其祖先云:"其先□□之胄,立姓定氏,应天文像,炎汉龙兴,留侯维干,枝裔滋布,并极爵秩。"[2]这些谱系追叙中的白起、王翦、张良等秦汉人物,我们称为"将相祖先",而王昶、王坦之等六朝人物,称作"名士祖先",前武后文,可统称为"英雄祖先",从而与上古时期半真半假的圣王祖先相区别。中古时期的任何家族,在追溯秦汉时期的祖先时,几乎都会攀附活跃于该时期的"英雄祖先"。《新表》所载诸姓的谱系叙事即为证明。再以太原王氏为例加以说明。王氏追溯"英雄祖先",比较典型的材料是隋开皇三年(583)的《王士良墓志》云:

> 受姓姬年,开元周历,瑞鸟流火,仙鹤乘云。秦将去杀之慈,汉宰垂仁之惠,遗胤遂繁,后苗兹广。子师枭卓,勋高海内,孺仲慕党,名振京师。远祖昶,魏司空。七世祖忾,雁门太守,英声茂绩,可略而言。洎于近叶,并为边将,骨鲠不亏,银艾相袭。考名,兰陵太守、兖州刺史。[3]

这份墓志的谱系书写,相对完整,其中"姬姓""周历"是指上古时期的祖先,"秦将""汉宰"可能是指秦汉时期的王翦、王贲以及王陵、王吉等,"子师"显然是指王允,"孺仲"是王霸之字。这些人物虽然都是真实的历史人物,但不能构成王士良的祖先谱系,因为王霸、王

---

[1] 《隶释·隶续》卷五《汉成阳令唐扶颂》,第60页。
[2] 《隶释·隶续》卷五《巴郡太守张纳碑》,第61页。
[3] 罗新、叶炜:《新出魏晋南北朝墓志疏证》,第345页。

允、王昶和王忳可视作王士良家族在汉魏六朝所塑造的祖先谱系，但他们籍贯不同，亦无血缘关系。[1] 这种"同姓名人录"式的拼凑、铺陈、附会，乃至复制和传播，构成中古士族谱系构成的主要特征。比较来看，白氏的祖先资源，因六朝白氏人物的缺乏而显得寥落稀疏，汉魏六朝的"英雄祖先"，仅有白起、白邕、白建等人；而王氏的情形大不相同，王泽、王昶、王琼、王坦之、王慧龙等在六朝时期较为活跃的王氏名流，成为王氏追溯祖先的对象。汉魏六朝的"英雄祖先"，在血统上接续上古时期的"圣王祖先"与高曾以内血统清晰的"世俗祖先"，亦真亦幻，游走于虚实之间，共同成为士人祖先记忆的组成部分。

三、谱系构造的双轨制

一份标准的士族谱系，往往叠加、覆盖和累积着上古传说祖先、秦汉英雄祖先、六朝名士祖先，以及近世真实祖先。出自龟兹族的白氏，在六朝时期缺乏名士，但也基本符合这种模式。根据笔者所搜辑的二十五份白氏碑志或事状等资料，白氏构建的祖先类型大致是："颛顼（或祝融）—白胜—白起—白建—高曾祖父"。关于这些祖先的可靠性，前引顾炎武所云，秦汉之前的英雄祖先和圣王祖先多不可靠。顾氏的判断是正确的，至少有两点学理上的支持：一是几乎没有办法进行生物学意义上的科学验证；二是中国士庶的姓氏制度迄于西汉末年才正式确立。[2] 以白氏而言，白建作为祖先的真实性似乎都颇为可疑。但是，否定士族谱系中遥远祖先的真实性，

---

[1] 《后汉书》卷六六《王允传》，第2172—2178页；《后汉书》卷八三《逸民·王霸传》，第2762页；《三国志》卷二七《魏书·王昶传》注引《王氏谱》，第744页。
[2] 徐复观：《中国姓氏的演变与社会形式的形成》，《两汉思想史》第1卷，上海：华东师范大学出版社，2001年，第174—206页。

不是小文的主要目标。这些谱系资源,多数来自战国秦汉及其以前的历史文献和传说故事,经过剪裁加工,从而嫁接于普通家族的真实世系之前,构成一份标准而完整的士族谱系。可以说,白建之前的祖先元素,都是依循这样的原则。秦汉之际,类似白起的英雄祖先,如王翦、李牧、赵奢等英雄人物,或者如郭泰等名流,不断被中古时期的其他士族家庭追认为祖先。当然,这仅仅是问题的一个层次。

往前一步,在黄帝、炎帝之类"终极始祖"方面,王氏、郭氏等家族基本以黄帝后裔自居,但极少数成员也有追祖炎帝之经历;白氏等出自非汉的家族有所不同,他们曾以南方祝融等为先祖,后来由夷入夏,变芈姓为姬姓,成为黄帝的华夏后裔。作为比较,郭氏谱系中炎帝作为祖先只是昙花一现,黄帝系统占据主导;王氏谱系中殷商祖先逐渐消失,姬周祖先成为主流。炎黄等神性祖先和三代王室成员,成为各个姓氏和族群争相攀附的祖先。[1] 种种变化说明,士族赖以存在的政治、社会和文化背景一旦发生变化,决定其谱系文本中的祖先也随之增删和改易。另外,若以《新表》和《姓纂》所载谱系作为最终版本的话,中古碑志、氏族谱甚或史传文献都是其最为重要的史源,它们经历着不断的编纂、修正、补充和再形成的历史过程。白氏谱系的文本系谱至为复杂,不同房支的谱系资源有同有异。需要强调的是,中古碑志所载谱系不同时段的祖先元素,其史料来源相当不同:谱系下游即高曾以内的祖先,材料来自家族保存的氏族谱资料,中游乃至上游的祖先记忆,史源复杂,可能参考了其他地区同姓士族的谱牒类文本,抑或传世典籍。

中古白氏谱系呈现的若干变化,代表士族谱系构成的普遍特征。士族谱系表现出若干具有"二元对立"色彩的特征:虚与实、

---

[1] 王明珂指出,女真、蒙古与满洲,均对攀附炎黄不感兴趣,参见王明珂:《英雄祖先与弟兄民族:根基历史的文本与情境》,第 156 页。

远与近、详与略、南与北、夷与夏、大宗与小宗、神话与世俗、郡望与籍贯、血缘与地缘、连续与断裂、沿袭与损益等,即真实祖先和虚拟祖先、实际籍贯和虚拟郡望、传说故事与历史事实并存的双轨制特征,犹如逆向却具有同等标准的公路系统,呈现出相互对冲和纠缠,却又啮合与共存于任何一份中古时期的谱系资料中。中古大族的旁门枝叶,甚或同姓的一般家族,直接或间接追溯同姓高门大族的"英雄祖先"或"名士祖先",试图与高门大族的郡望建立联系,这本是"士庶之际,实自天隔"[1]的身份秩序不能容忍的。柳冲云,谱牒撰修的功能正是"使夫士庶区分,惩劝攸寄,昭之后世,实为盛典"。[2] 隋唐以降,士族谱系的壁垒坚冰逐渐消融,森严的身份秩序开始被突破,最突出的表现,莫过于同姓谱系资源边界的日益泛化。五代郭崇韬哭拜郭子仪之墓,固然贻笑万世,[3]但冒认祖先和攀附名流,成为隋唐以降士族谱系构成的主流。即便士人推重的欧阳修,也在家谱中将远祖推至夏禹,同样地,苏洵将始祖推至颛顼,并称祝融也是先祖,此类先世书写,可谓"渺茫之言,不足信也"。同姓之间的不同宗派、不同房支,辄相附合,士人追溯祖先的攀附现象所形成的"涟漪",如波纹一样,由近而远,从父祖曾高等近世,逐渐扩散至六朝,再及秦汉,以至上古;祖先攀附范围的扩张和延伸,与士族阶层的演变与认同直接相关。这些攀附行为,已经突破了小宗和大宗的规定范围。中古士族谱系的形成与演变,无论其书写的形式是华彩辞章,还是朴实无华,都是不同时代祖先的文献来源、宗法观念、家族利益及其所处的政治文化语境之间的纠缠、对冲与调和。这种看似凌乱不堪却井然有序,并持续

---

[1] 《宋书》卷四二《王弘传》,第 1318 页。
[2] 《唐会要》卷三六《氏族》,北京:中华书局,1955 年,第 665 页。
[3] 张四维辑:《名公书判清明集下》卷二《官吏门》"冒立官户以他人之祖为祖",北京:中华书局,1987 年,第 44 页。

存在的"谱系混合物",呈现出凌驾谱系真实性之上的客观存在性,从而沉淀为士族谱系的"新常识"。这种真伪交错的转换和变化影响着近世宗族谱牒的构成特征。

(原载《中华文史论丛》2018年第4期)

附表1 中古太原白氏碑志追祖简表[1]

人名	郡望所属	始祖	远祖1	远祖2	近祖（高曾祖父）	年代	出处
仵贵	河南洛阳	×	白起	×	范/哲/贵	615	隋代墓志铭汇考432
埯奴	×	×	×	×	×	635	吐鲁番文物精粹112
简寂	邺城	楚将	白公	×	荣/孝	685	秦晋豫续315
义宝	岐邑鄠人	×	白起	×	玄范/仁宪	691	千唐志斋新编5
光倩	太原	×	×	×	知隐	709	补遗1/景龙037
休征	太原	×	×	×	皎/范/成	721	托克托文物志231
羡言	太原	祝融/楚熊	白起	白建	士逊/君恕/大威	735	补遗2/汇编
庆先	太原祁	×	白起	×	君恕/大威/羡言	735	补遗7/汇编
慎言	太原	轩辕/祝融	×	白建	君恕/大照	739	秦晋474/七朝224
知新	太原晋阳	楚王/祝融	○	白建	逊/君憖/弘俨	739	开元494

[1] 此表是本文主要资料依据,"×"表示没有追溯,"○"表示以典故或赋文进行追溯。同时参氣賀澤保規:《新編唐代墓誌所在總合目録》,东京:汲古书院,2017年。

续　表

人名	郡望所属	始祖	远祖1	远祖2	近祖（高曾祖父）	年代	出　处
知礼	太原晋阳	×	○	×	仁宪/义宝	740	开元529/补遗2
锽	太原	楚熊	白起	白建	士通/志善/温	811	全唐文680/白居易集46
白氏（女）	太原	×	×	×	士通/志善/温/锽	813	长庆集25
幼美	太原	×	×	×	志善/温/锽/季庚	813	全唐文新编11/7671
胜	×	楚公	白起			831	河南科技大学学报2005-1
季康	太原	×	白起	白建	士通/志善/锽	834	全唐文680/白居易集33
季庚	太原	×	×	×	锽	834	全唐文680
居易	太原	楚/白仲	×	×	某/季庚	846	全唐文780
居易	太原	×	白起	×	志善/温/锽/季庚	846	全唐文780
公济	太原	×	白起	×	璘/论	855	补遗3
白氏（女）	太原	×	白胜/白起	×	鳞/季康/敏中	856	补遗7
敏中	太原	楚	白起	白包	温/鳞中/季康	861	补遗3/续集咸通005
邦彦	太原	×	白起	○	季庚/行简/景受	864	文献2008-2
敬宗	太原晋阳	颛顼	白起	×	温/若铺/季论/公济	879	补遗1/补编83
敬立	南阳	×	白起	×	令光/奉林/文亮	895	陕西叁104

264 / 下编　个案研究

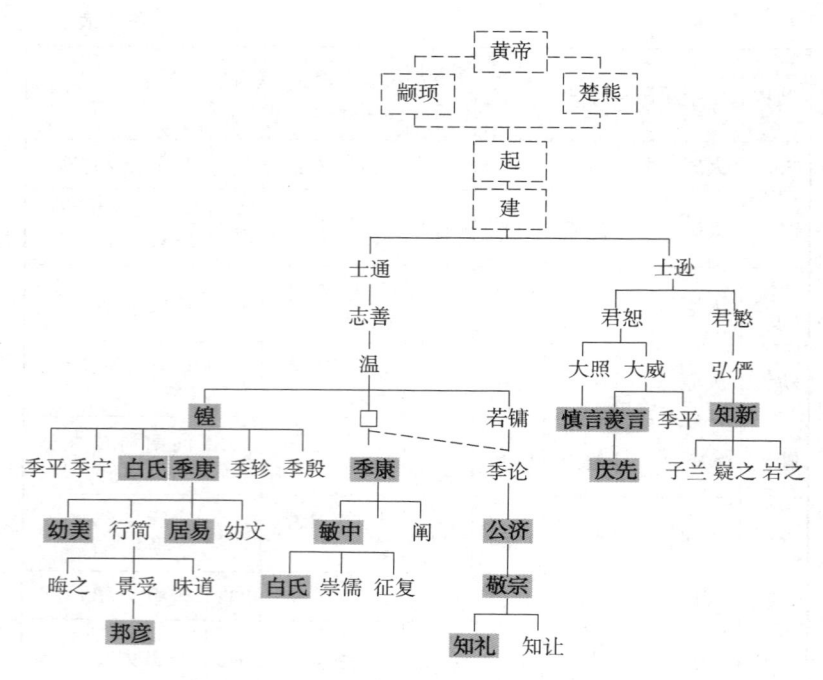

```
                    黄帝
          ┌──────────┼──────────┐
         颛顼                   楚熊
                     │
                     起
                     │
                     建
          ┌──────────┴──────────┐
         士通                   士逊
          │              ┌──────┴──────┐
         志善           君恕           君懋
          │        ┌─────┴─────┐        │
          温      大照         大威     弘俨
  ┌───┬───┴───┬───┬───┐  │   ┌───┼───┐   │
  鐄              │  若镛 慎言 羡言 季平  知新
┌─┬─┼──┬─┬─┐  │        │            ┌─┬─┐
季平 季宁 白氏 季庚 季轸 季殷 季康 季论  庆先   子兰 巘之 岩之
     ┌─┬─┼─┐      ┌─┴─┐    │
     幼美 行简 居易 幼文  敏中 阐   公济
        ┌─┬─┐      ┌─┬─┐   │
       晦之 景受 味道 白氏 崇儒 征复 敬宗
        │                      ┌─┴─┐
       邦彦                    知礼 知让
```

附图 1　中古太原白氏世系简图[1]

---

[1] 此份世系图根据《新唐书》卷七五下《宰相世系表》"白氏条"（第 3412—3414 页）以及二十五份白氏碑志和事状整理而成，世系图中黑体字并加阴影的人名，表示迄今已经刊布碑志的志主或事状的状主，虚线表示世系令人怀疑。图一所示，中古时期的太原白氏尚未形成稳定而持续的行辈命名方式，白建二子均为士字辈，士逊二子延续君字辈，但迄于白温一代已经没有明显的标记。白温三子，均为同形人名，都是金字旁，这也可以纠正若干墓志录文的错谬，例如《全唐文补遗》将白公济的祖父"鏻"记载为"璘"，而《新表》记载为"潾"（《大唐故白府君墓志铭》，吴钢主编：《全唐文补遗》第 5 辑，第 435 页；《新唐书》卷七五下《宰相世系表》"白氏"，第 3414 页）。官职都是扬州录事参军。而白鐄兄弟三人虽是同形人名，而他们的子嗣则遵循同字人名，均为季字辈，但至于孙辈再次放弃同形或同字人名。这种人名的命名方式，和中古南方的人名多有契合之处。参见葛涤风：《中古中国南方的人名——以琅琊王氏和太原王氏的模式化命名为例》，收于范兆飞编译：《西方学者中国中古贵族制论集》，第 28—55 页。

外编

揽镜自照

范式的形成与分合

——以守屋美都雄《六朝门阀：太原王氏家系考》为中心

　　日本中古史研究的先驱守屋美都雄先生生于 1915 年,卒于 1966 年。在日本汉学研究的学术脉络中,守屋氏虽然被誉为"东京学派"第二代领袖人物之一,[1]但在中国古代史学界,守屋氏却没有得到与其实际成就相对应的学术声望,绝大多数学人对守屋美都雄只是"耳熟"而远未"能详",主要源于其代表作迟迟没有中译之故。[2] 大概十年前,由钱杭领衔,翻译出版守屋氏的论文集——《中国古代的家族与国家》,[3]从而让不少大陆学人初识其庐山真面目。论集正文分为国家篇和家族篇,前者八篇论文,后者六篇论文,正如中译本封底山田信夫、布目潮渢等人评论的那样：中国古代家族始终是其关注的主题。

　　在这个意义上,守屋氏另一本著作的重要性则被广泛忽视：

---

[1] 参见李庆：《日本汉学史》第 3 部《转折和发展》第六编第五章,上海：上海外语教育出版社,2004 年,第 509—511 页。

[2] 参见钱杭：《宏观把握大局,忠实还原细节——评守屋美都雄著〈中国古代的家族与国家〉》,《中华文史论丛》2010 年第 2 期,第 372—390 页。

[3] 守屋美都雄：《中国古代的家族与国家》,钱杭、杨晓芬译,上海：上海古籍出版社,2010 年。

至少从士族研究百年学术史的超长时段和宏观视野进行观察的话，其学术价值并不亚于那本看似后出转精、颇有集大成色彩的论集，其学术史的意义更是不可低估。这正是守屋氏于1951年在日本出版协同株式会社出版的《六朝门阀の一研究：太原王氏系谱考》（下文简称《太原王氏》）。近年在出版海外汉学名著中译方面卓有建树的上海中西书局，现在推出京都大学博士梁辰雪的中译本，[1]恍然距原著出版已经七十年，甚或守屋氏本人辞世也已半个世纪之久了。那么，这样一本已有七十年学术生命的著作，关心的核心问题是什么，仅仅是中古时期太原王氏的兴衰沉浮吗？如果不是，其问题意识何在？特别是首部以个案研究作为研究方法的士族研究论著，其中译本的出版，在中古史学界将会激起怎样的学术波澜：是激起千层浪，将中古家族问题引向一个新的高潮，还是石沉大海、波澜不惊，中古大族研究依然延续旧有的学术惯性？作为后学，笔者对贵族制保持着历久弥新的学术兴趣，对开创个案研究传统并在古代家族研究领域颇有建树的守屋氏甚为景仰。笔者研究士族问题已近二十年，时常翻读原著，现在中译本出版，两版对读，重温之际，愿结合门阀士族个案研究作为方法论的演变、影响及意义，就上述问题略陈管见，敬请博雅君子批评为幸。

一、方法论：个案研究的系谱

从士族研究的学术史观察，守屋氏《太原王氏》最重要的贡

---

[1] 守屋美都雄：《六朝门阀：太原王氏家系考》，梁辰雪译，上海：中西书局，2020年。

献之处就是其方法论:援引社会学个案研究的方法,研究中古大族问题。个案研究的内涵与外延,可谓人言人殊。不同领域的学者对个案研究的认识颇有差异:从事中古文学史的学者,往往将某个重要人物或某个作品视作个案;[1]从事中古史的学者,往往将某个家族的考察视作个案;从事历史人类学的学者,则往往将某个区域、某个村落或某个人群视作个案。由此看来,个案研究的对象本身,存在着相当大的伸缩性。罗伯特·斯特克(Robert E. Stake)说起这种情形,"(个案)可以简单,也可以复杂。它可以是一个儿童,一间儿童教室,或是一个事件,一次发生。……个案是一个'有界限的系统'。"[2]而这个界限,根据研究者的学科结构和讨论对象,又可适当缩小或放大。据其言说,研究一个人物、一个家族、一个房支、一群地域家族,乃至一个家族的关键事件,均符合社会学对个案研究的定义。不过,本文所言的个案研究,通常指中古史学人所认为的某个大族。个案研究作为社会科学的基本方法,其研究传统源远流长。一般来说,英国社会人类学家马凌诺斯基(B. K. Malinowski)的名著《西太平洋的航海者》,通常被视作个案研究学术史上具有里程碑意义的著作。[3]马凌诺斯基结合数次前往新几内亚进行的亲身调查,掌握了极其充分的民族志资料,尤其对特色鲜明的"库拉交换圈"(Cula ring)进行令人叹服的论述,使其成为印证功能论的绝佳案例。此后在人类学和社会学的驱动下,

---

[1] 当然也有例外。与此前文学研究多集中文学家个人不同,傅璇琮开始讨论文学群体,特别注重把文学创作、社会风气与文学群体结合起来,参见氏著《唐代科举与文学》,北京:中华书局,2020年。此点承仇鹿鸣教授提示,谨此致谢。
[2] 参见卢晖临、李雪:《如何走出个案——从个案研究到扩展个案研究》,《中国社会科学》2007年第1期,第118页。
[3] 马凌诺斯基:《西太平洋的航海者》,梁永佳、李绍明译,高丙中校,北京:华夏出版社,2002年。

个案研究成为人文社会科学最为重要的研究取径之一。

马凌诺斯基在新几内亚展开调查的时间是20世纪初叶,具体时间为1914年至1918年。无独有偶,大概同时,远在东亚的内藤湖南亦在1914年提出影响深远的"唐宋变革论"。[1] 内藤假说甫一提出,即在日本学界引发广泛讨论,尤其是东京学派和京都学派交互辩难,这种辩难的影响逐渐延伸至欧美、中国等从事中国中古史研究的主要领域。[2] 甚至,近年来不少从事唐宋史的中国学者痛感历史研究中理论自觉的迷失,毅然走向另一面,提出所谓"走出唐宋变革论"。[3] 但在现代学术理路和学术规范远未形成的一百年前,特别是海内外学人对魏晋南北朝的整体认识尚处在以乾嘉学派为代表的传统史学笼罩的背景之下,内藤假说的横空出世,不啻古代中国研究的一声惊雷。内藤之后,京都学派内部第二代学人如冈崎文夫、宇都宫清吉、宫崎市定等,第三代学人如宫川尚志、谷川道雄、川胜义雄等人从不同侧面对其学说进行补正和阐发。[4]

由内藤假说催生的学术成果,可谓车载斗量。毫无疑问,六朝贵族制论构成京都学派坚强的学术内核。学人论之甚详,兹不赘述。仅就纯粹的贵族制而言,日本学人从制度、文化、经济、

---

[1] 内藤湖南:《概括的唐宋时代观》,黄约瑟译,刘俊文主编:《日本学者研究中国史论著选译》第1卷,北京:中华书局,1992年,第10—18页。
[2] 这方面比较重要的学术总结,参见张广达:《内藤湖南的唐宋变革说及其影响》,《唐研究》第11卷,北京:北京大学出版社,2005年,第5—71页。关于这个理论和概念的反思,参见柳立言:《何谓"唐宋变革"?》,《中华文史论丛》2006年第1期,第125—171页。
[3] 例如,李华瑞:《唐宋史研究应当走出"宋代近世说(唐宋变革论)"》,《光明日报》2017年11月20日第14版。杨际平:《走出"唐宋变革论"的误区》,《文史哲》2019年第4期,第121—141页。包伟民:《走向深化:辽宋夏金史研究展望》,《文史哲》2019年第5期,第115—120页。
[4] 关于日本学者的贵族制研究,参见林晓光:《比较视域下的回顾与批判——日本六朝贵族制研究平议》,《文史哲》2017年第5期,第20—42页。

家族、地域社会等角度研撰的成果就极为可观。在两大学派精彩纷呈的对冲之后,尘埃渐次落定。我们站在士族研究百余年学术史的角度回顾省思,如果说贵族制是中古史研究两大主题的话(另一个是民族或族群问题),那么士族个案研究就是贵族制这顶王冠上或隐或现的"明珠"。饶有趣味的是,贵族制研究本为京都学派的学术传统,而个案研究传统的开创者却是出自东京学派的守屋美都雄。正如《太原王氏》"著者的话"所云,守屋氏在东京帝国大学的导师为池内宏与和田清,同时又受到加藤繁的指点。这几位导师俱是东京学派驰名海内的领袖人物,[1]可见守屋氏的学脉是极为纯正的东京色彩。[2] 其实,就《中国古代的家族与国家》收录的论文来看,几乎都集中在国家的制度、法令,抑或家族的形态、家训等方面,而这些论题正是东京学派重点研撰的领域和传统。《太原王氏》出版后,宫川尚志、滋贺秀三、河地重造等人撰文进行评价。[3] 不仅如此,在20世纪50—60年代,在日本学界,真正将士族个案研究发扬光大的矢野主税、竹田龙儿等人,显然也站在京都学派的"对立面"。矢野主税、竹田龙儿、尾崎康、丹羽兑子、滨口重国等人将士族个案研究的对象,从一流高门,迅速扩展至荥阳郑氏、河东裴氏、京兆韦氏、弘农杨

---

[1] 平中苓次也是其主要师承,亦出自东京学派。参见李庆:《日本汉学史》第3部《转折和发展》,第508—510页。
[2] 守屋氏最后任职于大阪大学文学部,大阪大学尽管地处关西地区,却属地地道道的东京学派,其传统、观点及学风均与东大学者相近,其东洋史讲席一向由东大出身的学者主持,守屋氏即为例证。参见刘俊文:《中国史研究的学派与论争(上)》,《文史知识》1992年第4期,第46页。
[3] 宫川尚志、河地重造、滋贺秀三等人关于此书的评价和介绍,分别见于《史学雜誌》第60编第11号,1951年,第73—76页;《東洋史研究》第11卷第4期,1952年,第384—387页;《法制史研究》第4号,1954年,第263—265页。

氏、渤海高氏、颍川荀氏等门第等级不同的家族。[1] 尽管上述学者的大多数成果都未发表于日本东洋史学界的重要期刊，但期刊等级在当时并不天然具备风向标的作用和效力，当然现在也不应当具有。无论从事学者的数量和范围，还是研究个案的扩展和积累，均显示作为方法论的个案研究忽如一夜春风来，成为当时日本中青年学人研究贵族制的主要方法。若要概括五六十年代日本学人研究士族成果的共同特征，一言以蔽之，就是"系谱"二字，即对中古士族的源和流，及其意义极为重视。这种研究风格显然受到守屋氏研究太原王氏问题的影响。

个案研究在中古史研究领域激起的涟漪，层层荡漾，圈圈扩散，不过其影响不是先波及距离更近的中国大陆学界，反而在万里之外的欧美学界。七十年代，北美学人以姜士彬（David Johnson）、伊沛霞（Patricia Ebrey）为代表，分别从事赵郡李氏、博陵崔氏的个案研究。笔者曾经指出姜、伊二氏从事个案研究的三个学术源头：

---

[1] 矢野主税：《張氏研究稿：張良家の歴史》，长崎大学《社會科學論叢》第5期，1955年，第1—39页；《鄭氏研究》，长崎大学《社會科學論叢》第8期，1958年，第21—36页；《鄭氏研究（二）》，长崎大学《社會科學論叢》第9期，1959年，第1—8页；《鄭氏研究（三）》，长崎大学《社會科學論叢》第10期，1960年，第1—14页；《韋氏研究》，长崎大学《社會科學論叢》第11期，1961年，第49—64页；《韋氏研究（二）》，长崎大学《社會科學論叢》增刊，1962年，第26—49页；《裴氏研究》，长崎大学《社會科學論叢》第14期，1965年，第17—48页。竹田龍兒：《門閥としての弘農楊氏についての一考察》，《史学》31卷第1—4号，1958年，第613—643页。尾崎康：《北魏における渤海高氏》，《斯道文庫論集》第2辑，1963年，第243—289页。丹羽兑子：《魏晋時代の名族—荀氏の人々について—》，中國中世史研究会编：《中國中世史研究·六朝隋唐の社会と文化》，东京：东海大学出版会，1970年，第174—202页。其中矢野主税从事的个案研究，论文题目几乎都没有标识郡望，也没有标识研究时段，发表期刊多为长崎大学所办的期刊《社會科學論叢》。矢野氏经过一系列的个案积累，在20世纪70年代推出《魏晋百官世系表》《門閥社会成立史》等著作，形成关于贵族制研究的系统体系。矢野主税：《改訂魏晋百官世系表》，长琦：长琦大学史学会，1971年。最能体现矢野主税观点的是氏著《門閥社会成立史》，东京：株式会社国书刊行会，1976年。

中日士族研究传统(以守屋美都雄和矢野主税为要)、西方社会学理论(以社会流动和精英阶层研究为主)以及西方人类学(以明清宗族研究为对话对象)。[1] 伊氏在哥伦比亚大学读博时,姜士彬为指导教师之一,两人拥有共同的学术旨趣,不足为奇。但即便就个案研究而言,他们也有相当的差异。其一,利用墓志文献的差异。伊氏于1971—1972年至台湾"中研院"进行访问研究,充分利用当时尚未公布的馆藏五十六份崔氏墓志,结合《全唐文》辑录的十八份崔氏墓志,以及各类金石著作中的相关文献,[2] 构成研究中古崔氏家族演变的核心资料。这种经历与守屋氏在北京图书馆抄录碑志资料如出一辙。反观姜氏,其专著《中古中国的寡头政治》极少利用墓志资料,而他研究赵郡李氏所利用的墓志文献,亦多来自宋人文集和相关金石著作,对于新出碑志措意不足。换言之,伊氏具有使用墓志研究士族个案的自觉,而姜氏的这种意识并不强烈。其二,研究时段的差异。伊氏关于博陵崔氏的研究,虽然起于西汉,迄于唐末,长达千余年,但其重心显然是北朝隋唐,即为典型的中古时代;而姜氏关于赵郡李氏的研究,则是起于北朝,止于北宋,前后时间跨度为6—11世纪中叶,亦即赵郡李氏长达五百年的衰亡史。在七十年代的北美学界,姜、伊之外,还有其他学人从事个案研究。例如,陈启云围绕颍川名士荀悦,对东汉儒生的思想世界进行深入剖析。杜希德(Denis C. Twitchett)对11—18世纪的范氏义庄进行长时段讨论。[3]

---

[1] 参见拙撰《北美士族研究的传统及演变——以姜士彬和伊沛霞研究的异同为线索》,《文史哲》2017年第3期。收于本书外编。
[2] 参见伊沛霞:《早期中华帝国的贵族家庭——博陵崔氏个案研究》"致谢""参考文献",第202—204页。
[3] Denis Twitchett, "The Fan Clan's Charitable Estate. 1050‐1769", David S. Nivision and Arthur F. Wright, ed., *Confucianism in Action*, Stanford: Stanford University Press, 1959, pp.97‐133.

姜、伊二氏代表北美学人研究中古士族的水平，几乎成为国内学人的普遍共识。这种共识的形成，最主要的原因就是个案研究以日本学者为发端，姜、伊二氏为中转，完成西传和东渡的转移和接力。个案研究之所以东渡中国大陆学界，周一良、张广达等前辈学者居功至伟。八十年代初叶，改革春风吹满地，中国政治经济的巨大变化，理所当然波及中古史研究，特别是中断许久的士族研究传统。周、张两位先生敏锐捕捉到北美个案研究的贡献，进行推广和介绍。[1] 这样的介绍、这样的方法，对于深陷"理论饥渴""方法饥渴"的大陆学人而言，犹如沛雨甘霖。特别是周一良先生对伊沛霞研究的介绍，更使之成为学人模仿和效法的对象。周先生的介绍，从其文章题目——《〈博陵崔氏个案研究〉评介》（采用伊著副标题，而未采用主标题）——就可窥见其对个案研究作为方法论的肯定。八十年代以降，大陆学人以叶妙娜展开的陈郡谢氏研究为开端，[2] 转眼间就风起云涌，取代日本和北美学界，成为士族研究特别是个案研究的"主战场"。八九十年代以后，大陆中古史学界关于高门大族的研究，形成高潮。个案研究大行其道，成为研究士族问题的主要手段，甚至成为士族研究最热门、最受欢迎的方法和路径。[3] 主要表现有三：一是研究主体范围逐渐扩大。不但包括高校、各级社科院等科研机构的高校教师和历史学者，还包括在校读书的硕博

---

[1] 周一良：《〈博陵崔氏个案研究〉评介》，《中国史研究》1982年第1期；收入氏著《魏晋南北朝史论集》，北京：北京大学出版社，1997年，第517—528页。

[2] 叶妙娜：《东晋南朝侨姓世族之婚媾——陈郡谢氏个案研究》，《历史研究》1986年第3期，第160—167页；《东晋南朝侨姓高门之仕宦——陈郡谢氏个案研究》，《中山大学学报》1986年第3期，第43—51页。

[3] 容建新：《80年代以来魏晋南北朝大族个案研究综述》，《中国史研究动态》1996年第4期，第6—13页。陈爽：《近20年中国大陆地区六朝士族研究概观》，《中国史学》第11卷，2001年，第15—26页。

研究生,不少研究生毕业论文都选择家族个案作为研究对象。笔者指导的硕博研究生,先后从事渤海封氏、渤海刁氏和吴郡士族的个案研究,以及对中古益州、襄阳豪族群体的研究。二是研究对象日渐广泛。不但包括中古时期的一流高门如太原王氏、荥阳郑氏、赵郡李氏等,还有等级较低的次等士族如渤海高氏、渤海封氏、河东薛氏等家族。三是研究成果丰富。据不完全统计,八九十年代学人发表士族个案研究论文三百余篇,著作数十部。其中,一些重要的研究成果,已成为建国以后士族研究中具有典范意义的作品。例如田余庆虽然从东晋琅琊王氏、高平郗氏、颍川庾氏、谯国桓氏、陈郡谢氏、太原王氏诸家族入手,[1]但又不局限于家族史的研究,而是将其置于东晋政治史演变的轨道之中,同时又能在皇权、士族之外,注意到东晋的第三支力量——流民出力,从而前后呼应,推陈出新,但真正贯穿全书的线索是皇权政治从"变态"向"常态"的回归,强调东晋一朝士族与皇帝共天下的门阀政治不过是皇权政治的变态。田先生尽管对日本学者的贵族制论持审慎存疑的态度,但其强调皇权传统的理念,却和东京学派强调皇权的主旨意趣相通。田余庆《东晋门阀政治》最重要的学术影响之一,就是推动此后大陆学界形成政治史取径的研究传统。[2] 在这个延长线上,陈爽同样抓取若干重要家族的个案,置于北朝政治社会的变迁语境,[3]具有"复制"田著的鲜明色彩,有力深化了学界对北朝世家大族的认知。

另一方面,大陆士族个案研究在世纪之交"裹足不前"。学人用"内卷化""跑马圈地""有增长无发展"等术语批评士族个案研

---

[1] 田余庆:《东晋门阀政治》,北京:北京大学出版社,2005年。
[2] 仇鹿鸣:《失焦:历史分期论争与中文世界的士族研究》,《文史哲》2018年第6期,第110—120页。
[3] 陈爽:《世家大族与北朝政治》,北京:中国社会科学出版社,1998年。

究的问题和困境。[1] 造成这种问题的原因之一，就是相当一部分国内学人没有完全掌握海外学人研究士族个案的方法和问题意识。国内学人往往根据个案研究的评介文字，想象个案研究的讨论方法，或检索婚姻家族，或排比家族世系，或统计任官等级，借此观察其兴衰沉浮，如此就将一个个家族从其生活的时空以及政治社会等历史语境中剥离出来。正所谓千族一面，几乎所有大族都有发展、壮大、衰落的演变过程，从而迷失在一个个没有穷尽的门阀丛林之中。更不消说，由于百余年门阀士族研究学术史整理和反思的严重缺位，国内学者和域外学者对彼此的研究成果不够熟悉，掌握不足，没有立足应有的研究起点，彼此均有不同程度的重复性和单一性工作。兹以太原王氏为例。守屋氏故去五十余年后，大陆地区近年仅以魏晋隋唐时期太原王氏作为博士论文选题者，就有两例。[2] 类似的重复现象，同样发生在博陵崔氏、赵郡李氏等家族身上。同一家族当然不是不能继续研究，毕竟后来者占有的资料远逾前者，但是如何立足已有学术起点，如何转换视角，如何将问题意识引向纵深，如何结合新资料和新视角推陈出新，显然是摆在后来者面前的重要问题。换句话说，海内外学人都在从事的士族个案研究，形似而神不似。形式上大同小异，都是家族的个案研究；本质上大相径庭，国内不少学人的研究都存在着问题意识的缺失。在这种情况下，守屋美

---

[1] 近年比较深入的反思与展望，参见陈爽：《近20年中国大陆地区六朝士族研究概观》，《中国史学》第11卷，2001年，第15—26页。仇鹿鸣：《士族研究中的问题与主义：以〈早期中华帝国的贵族家庭——博陵崔氏个案研究〉为中心》，《中华文史论丛》2013年第4期，第287—317页；《失焦：历史分期论争与中文世界的士族研究》，《文史哲》2018年第6期，第110—120页。

[2] 王洪军：《名门望族与中古社会——太原王氏研究》，天津：南开大学博士学位论文，2005年。和庆锋：《隋唐太原王氏的变迁与影响》，上海：上海师范大学博士学位论文，2013年。

都雄《太原王氏》中译本的出版,可以和姜士彬、伊沛霞等关于士族个案研究的中译本一起,借此洞察海内外学者研究士族个案的问题意识。一言以蔽之,田余庆、陈爽的士族研究是政治史取径的,守屋氏的士族研究则是社会史取径的,而姜士彬、伊沛霞的个案研究则是人类学和社会学取径的,可见姜、伊二氏的研究取径,相对接近守屋氏。中日学者的研究是中古史本位的,而北美学者的研究虽然也以中古史为主要时段,但其对话对象倾向于研究明清宗族的学者。

若说域外研究中译本的介绍和出版,为大陆学人提供了新理论、新观念、新方法,那么,近三十余年来出土碑志的整理与刊布,则为学人提供了新资料、新文献、新理据。新资料和新理论相互作用,使一度陷入困顿的士族研究,近年再次焕发生机。其中最令人瞩目的研究,当属中青年学人对士族谱系建构的积极探索。仇鹿鸣援引顾颉刚的古史辨理论,极富新意地提出士族谱系的形成具有层累构成的特点,具体表现为世系的纵向延伸和横向叠加。[1]"层累",成为近年学人研究士族谱系的关键词,显示仇氏揭示的谱系特点,不仅适用于渤海高氏,还很可能适用相当一部分世家大族,其研究由此具有超越个案研究的意义。随后,仇氏将目光投向地位比较次等的家族——南阳张氏,致力于揭示南阳张氏这样一个二流郡望的建构,以及如何对家族发挥作用的过程。[2] 本书下编"个案研究",结合大量碑志资料,对太原地区的王氏、郭氏和白氏谱系的建构过程进行讨论,尤其对墓志中追溯近世祖先以外看似玄虚缥缈的世系内容及其意义,进行阐发。此外,还有学者对弘

---

[1] 仇鹿鸣:《"攀附先世"与"伪冒史籍"——以渤海高氏为中心的研究》,《历史研究》2008年第2期,第60—74页。
[2] 仇鹿鸣:《制作郡望:中古南阳张氏的形成》,《历史研究》2016年第3期,第21—39页。

农杨氏的建构过程进行详细描述。[1] 有趣的是,宋怡明对 10—20 世纪初义序黄氏族谱近千年的追踪,发现时间越早的谱序,反而是最后加入的,并称族谱文本的形成是"层累书写"。[2]

耐人寻味的是,国内学人关于士族研究的"新风气",早在七十年前,已经是守屋美都雄研究门阀士族的首要任务,即尝试复原正确的家族世系,著作的副标题"太原王氏系谱考",即为明证。其实,在守屋氏之前,陈寅恪先生早在 20 世纪 30 年代进入魏晋隋唐史研究领域之初,就连续发表三篇论文,讨论李唐氏族的源流,指出李唐氏族伪托陇西李氏,本为赵郡李氏徙居柏仁之"破落户",又或为邻邑广阿庶姓李氏之"假冒牌",由此阐发"附会同姓之显望,南北朝之皇室莫不如此",[3] "此世系改易之历程,实不限于李唐皇室一族,凡多数北朝、隋唐统治阶级之家,亦莫不如是,斯实中国中古史上一大问题,亦史学中千载待发而未发之覆也"。[4] 其研究由此超越李唐个案,在研究方法和材料使用上,具有普遍的示范意义。守屋氏《太原王氏》虽然没有征引陈先生关于李唐氏族的讨论,但在研究理念上或有继承,抑未可知。宫川尚志也强调,"六朝家族制研究的基础,应该是郡望系谱的制作"。[5] 不仅如此,关于士族世系的考辨和研究,乃是传统史学颇

---

[1] 具体情况,参见孙正军:《近十年来中古碑志研究的新动向》,《史学月刊》2021年第 4 期,第 107—118 页。

[2] 宋怡明:《实践中的宗族》第二章《追溯祖源与族群标签》,王果译,北京:北京师范大学出版社,2022 年,第 36—44 页。

[3] 陈寅恪:《李唐氏族之推测》,《中央研究院历史语言研究所集刊》第 3 本第 1 分,1931 年;《李唐氏族之推测后记》,《中央研究院历史语言研究所集刊》第 3 本第 4 分,1933 年;《三论李唐氏族问题》,《中央研究院历史语言研究所集刊》第 5 本第 2 分,1935 年;收入氏著《金明馆丛稿二编》,第 320—352 页。

[4] 陈寅恪:《唐代政治史述论稿》上篇《统治阶级之氏族及其升降》,第 197 页。

[5] 宫川尚志:《北朝における貴族制度(上)》,《東洋史研究》第 8 卷第 4 号,1943年,第 209—228 页。

为重视的基本内容。岑仲勉利用碑志资料,整理校勘《元和姓纂》的集大成之作,也早在四十年代就已出版。[1] 就此而言,国内士族研究重视谱系源流的特征,在中华人民共和国成立后出现了三十余年的断裂。这个研究传统随着士族研究再次风行,以并行不悖的态势得以承续下来。[2]

二、内在理路:微观与宏观的平衡

个案研究的学术史,经历了生成、发展、断裂、转移乃至复苏的曲折过程。这个过程既是高歌猛进的,也是泥沙俱下的。无论如何,从学术史的意义而言,《太原王氏》打响了学者使用个案方法研究门阀士族的"第一枪"。以下讨论《太原王氏》的研究逻辑与基本脉络。

任何一位从事个案研究的学者,都必然面临一个首要的问题,就是如何选择合适的研究对象。究竟选择什么样的研究对象才是学者比较理想的研究个案?伊沛霞指出,"个案研究的目的如果是寻求'典型'的贵族家庭,就会像寻找'典型'的诗人或者政治家一样徒劳无功"。[3] 伊氏随后列出选择博陵崔氏的两个理由,第一条是博陵崔氏不太出名;第二条是关于博陵崔氏的材料比较充分。前者不能立足,后者应该是伊氏选择博陵崔氏的主因,特别是她在台湾"中研院"发现当时未刊的崔氏墓志。守屋氏

---

[1] 岑仲勉:《元和姓纂四校记》,《中央研究院历史语言研究所专刊之二十九》,上海:商务印书馆,1948年。
[2] 兹举两例。赵超:《新唐书宰相世系表集校》,北京:中华书局,1998年。邓名世撰,王力平点校:《古今姓氏书辩证》,南昌:江西人民出版社,2006年。
[3] 伊沛霞:《早期中华帝国的贵族家庭——博陵崔氏个案研究》,第11页。

阐明其选择太原王氏作为对象,"仅是基于研究的安排,并没有特别的深意",并称随后会整理崔、卢、李、郑等家族的资料,继续研究。从守屋氏的研究计划来看,他着手解决的是北朝第一流的高门大族。矢野主税的个案研究虽然没有明言选择依据,但也是冠冕相袭的大族,例如他在研究京兆韦氏之始,就引用资料证明其家族之显赫,"城南韦、杜,去天尺五"。[1] 这显然暗示矢野氏也是将门阀大族作为其研究对象。姜士彬研究的赵郡李氏也是同理。即便典范转移,国内学人从事士族个案研究之初,也是着眼于一流高门。田余庆选择东晋王、庾、桓、谢等五大家族,叶妙娜选择陈郡谢氏,即为证明。如所周知,中古时期世家大族比比皆是,即便柳芳在《氏族论》所列举的侨姓、吴姓、山东郡姓、关中郡姓和虏姓就有二十六姓,至少二十九个家族。[2] 毛汉光根据持续时间和任官高低,将中古时期的大族分为四个层次,并谓六十个家族是中古政治社会最重要的士族。[3] 学人在大族研究起步之初,选择其中最重要的门阀大族作为个案对象,也是势所必然。

虽然如此,守屋氏当时选择太原王氏作为计划研究的首个对象,也是因为他们出自"四姓"的崇高身份。所谓四姓,盖有两说。其一以司马光为代表,具体指四个家族:"魏主雅重门族,以范阳卢敏、清河崔宗伯、荥阳郑羲、太原王琼四姓,衣冠所推,咸纳其女以充后宫。"[4] 胡三省、王应麟等均袭其说。其二以柳芳、令狐德棻为代表,具体指甲乙丙丁四个等级,或四海大姓、州姓、郡姓、县姓四个等级。[5] 现代学者中,守屋氏支持前说,唐长孺、宫崎市定支

---

[1] 矢野主税:《韦氏研究》,《社會科學論叢》第11期,第49页。
[2] 《新唐书》卷一九九《儒学中·柳冲传》,第5677—5678页。
[3] 据毛汉光统计,"六十"当为"七十三",参见氏著《中国中古社会史论》第三篇《中古家族之变动》,第59—60页。
[4] 《资治通鉴》卷一四〇"齐明帝建武三年(496)",第4393页。
[5] 《隋书》卷三三《经籍志二》,第990页。

持后说。姜士彬也认同甲乙丙丁四个等级说,但也谨慎提出两种观点有可能是互补的。[1] 陈爽通过追溯传世文献所记四姓的含义,指出汉魏以降四姓称谓有异,但均指具体的家族或姓氏,同时对《通鉴》所记四姓进行辩正,认为太和四姓有一个变化的过程:从崔、卢、郑、王四姓,到崔、卢、李、郑、王五姓,最终加上博崔、赵李构成五姓七望。[2] 这种门阀观念,对于国内异族政权和东亚世界的贵族构成都有深刻影响,如高句丽有柳、崔、金、李四姓,日本有平、原、橘、滕四姓。[3] 晚近廖基添又对北魏四姓问题进行整合考察,在考订孝文帝与四姓联姻及铨定姓族准确时间的基础上,认为四姓集团以李冲为首,涵括卢、崔、郑、王四个家族,这个集团与此前崔浩集团存在继承关系,具体到四姓的指涉,廖基添一方面同意四姓是指门第最高的四个家族,一方面又说四姓集团是有弹性的,还包括未入四姓却与之休戚相关的家族房支。[4] 可见四姓的具体指涉,仍有继续探讨的必要,且四海大姓、州姓、郡姓、县姓四个等级本身就有重叠和交错之处(例如,郡姓本身就是县姓,后因重要而为郡姓,甚或为州姓或四海大姓)。守屋氏洞若观火地指出,太原王氏在北魏忝列四姓,至唐代已被李氏攘夺替代。柳芳所云流俗独以崔、卢、李、郑为四姓,此李是赵郡李氏,还是陇西李氏,若

---

[1] 唐长孺:《论北魏孝文帝定姓族》,《魏晋南北朝史论拾遗》,第79—91页。宫崎市定:《九品官人法研究:科举前史》,第267页。姜士彬:《中古中国的寡头政治》,第42页,注释54。后人往以四姓虚夸家族,《全元文》卷一六四八《宋梦鼎·晋开国侯宋兴墓志》:"宋氏得姓微子,秦汉以来,世居京兆,分布九域。晋因魏制,品量氏族,以宋氏为四海大姓,其来远矣。"此处所言四海大姓,与中古四姓家族截然不同。李修生主编:《全元文》第54册,南京:凤凰出版社,2004年,第74页。
[2] 陈爽:《世家大族与北朝政治》,第42—80页。
[3] 王春红:《"四姓"考释》,《西南交通大学学报(社会科学版)》2009年第6期,第76—81页。
[4] 廖基添:《再论世家大族与北魏政治——以"四姓"集团为中心的考察》,《中华文史论丛》2017年第4期,第1—69页。

再置于陈寅恪关于讨论李唐氏族的语境之下,更有别样的意义。这种变化不仅涉及太原王氏和陇西李氏的升降,也关涉赵郡李氏和陇西李氏的兴衰,[1] 李姓两家在李唐所经历的变化尤需注意。中古固然是门阀大族占据统治地位的时代,但即便最高等级的大族内部,其排列次序并非固定不变,阶层固化和社会流动、界限森严和荣枯兴衰构成中古士族政治的一体两面。

国内大多数学人在研究中古士族的时候,发现这些大族资料通常要进行一系列的祖先溯源,或至汉魏,或至夏商周,或至遥远的上古。学人对这些材料几乎都是蜻蜓点水,相关讨论不过浅尝辄止,虚晃一枪,随后直奔魏晋门阀大族的当轴人物而去。无论现存的姓氏书《新唐书·宰相世系表》《古今姓氏书辩证》《元和姓纂》等,还是石刻文献,绝大多数的祖先记忆可分为四段:高曾以内的近世祖先,魏晋以降的名士祖先,战国秦汉时期的将相祖先,以及秦朝以前的遥远祖先。守屋氏切入汉唐时期太原王氏以前的"热身"阶段,即溯源考察,就表现出非同寻常的敏锐。守屋氏在其书"始祖传说的批判"一章中,并未轻信姓氏书和碑志文献的记载,而是将始祖传说的成立与门阀大族的崛起联系起来,从而使始祖传说不再是凌空蹈虚的攀附粉饰,赋予其坚实的研究基础和丰富的学术内涵,闪耀着求真求实的科学之光。守屋氏首先总结各类文献记载太原王氏的始祖记忆,凡有五种:周灵王太子晋、周文

---

[1] 如要深入考察这种复杂的家族关系及其影响,有赖于新出资料的发现。《北齐李倩之墓志》记载其夫人太原王氏,父延业,祖父王琼,正是太原王氏主干大房,简单世系为:王慧龙—王宝兴—王琼—王延业;而李倩之世系为:李暠—李宝—李承—李韶—李瑾—李倩之。墓志图版见于张永华、赵文成、赵君平编:《秦晋豫新出墓志蒐佚三编》,北京:国家图书馆出版社,2020 年,第 123 页。结合笔者已有的研究,证明陇西李氏和太原王氏关系至为密切,至少累世四代互为联姻:李承娶王慧龙女、王琼娶李宝孙女、王遵业娶李彦女、李蕤娶太原王氏、李倩之娶王延业女。

王、后稷、王子城父、周平王孙赤等,随后对其可靠性进行言之有据、令人信服的批判。太子晋是中古太原王氏追溯的主要远祖。守屋氏通过考辨关于太子晋的史料谱系,论证记载太子晋化鸟成仙的各种文献如《汉武内传》《西京杂记》等书成于魏晋,推测太子晋成仙的传说也应形成于六朝。除此之外,王乔(王子乔)、太子晋等都是极具隐逸色彩的人物,以为始祖,符合六朝时代精英士人崇尚隐逸的社会风气。在此基础上,毕竟因为太子晋存在的虚幻性,守屋氏指出太原王氏有的房支开始有意抛弃太子晋作为始祖的传说,改为人物本身相对真实的王子城父。至于太原王氏以周平王孙赤为始祖方面,守屋氏结合《全唐文》记载的《太原乡牒》,对王颜所撰《王卓碑》和杨炯所撰《王湛神道碑》进行全面剖析,认为前两者均对成文较早的《王湛神道碑》进行粉饰,由此通过比较相关史料,提出一系列真知灼见:"这一虚构的王卓在出现之始,就和王济、王浑这样的实际人物不再相关,而是在此基础上不断层累地虚构出新的人物,直至周平王孙赤的出现","周平王孙赤比太子晋早十余代,是比王子城父更加古老的人物。河东王氏为粉饰家世而希望寻求时代更早的祖先,是可以理解的,追溯时代越古老的传说,出现的时代越晚,可信度也越低","这种粉饰又可以促进家族的发展","太原王氏的家谱中也应该记载着同样的传说。"[1]

　　守屋氏关于大族始祖的高见,并不因时间久远而失去光芒,这自然让我们联系到前文所提仇鹿鸣关于渤海高氏的研究,即渤海高氏谱系的层累构成。同为大族谱系的"层累"特征,一前一后,一日一中,相隔近一个甲子年。守屋氏这个卓识的形成,盖有两个学术源头:一个源头是东京学派的实证主义精神。1909年,白鸟库吉提出"尧舜抹煞论",强调将古史传说与客观史实相分离,重

---

[1] 守屋美都雄:《六朝门阀:太原王氏家系考》,第13—34页。

视其宗教性价值,认为时间愈晚,传说的体系愈丰富。[1] 随后,1923年,顾颉刚提出"层累地造成的中国古史"说,核心观点向为学人熟悉,"时代愈后,传说的古史期愈长""时代愈后,传说中的中心人物愈放愈大",等等。[2] 中日学者不约而同,共同对古史传说进行批评,重视实证主义,蔚然成风。守屋氏浸淫东京学风数载,不轻易相信中国的传统史料,并自觉对传统史料所载始祖传说进行严格的检验和批判,显然带有东京文献学派的痕迹。守屋氏抉剔"层累"二字概括王氏的谱系构造,很可能受到顾颉刚古史辨的直接影响。更可注意的是,顾颉刚的古史辨派与白鸟库吉的古史批判理论之间虽有先后,但关系复杂,学者莫衷一是。笔者比较倾向你中有我、我中有你的状态,虽有先后和交集,但均非平地高楼,无中生有,而是拥有大同小异的学术渊源,应该"都是中国传统疑古思潮与西方近代史学方法交汇互动而催生的产儿"。[3] 另一个源头则是乾嘉学派的疑古辨伪传统。守屋氏关于始祖为周平王孙赤的批判,基本立足于钱大昕和《蒲州府志》的相关推断,有所引申。顾炎武也说,"氏族之书所指秦汉以上者,大抵不可尽信。"[4] 崔述《考信录》有云:"世愈近而史追述益远",并称"然则天下之以伪乱真者,比比皆然",均指历史知识在流传中出现的种种失真和变形。[5] 守屋氏关于太原王氏始祖传说富有实证主义和科学精神

---

[1] 白鸟库吉:《中国古传说之研究》,黄约瑟译,刘俊文主编:《日本学者研究中国史论著选译》第1卷,第1—9页。
[2] 顾颉刚:《与钱玄同先生论古史书》,《顾颉刚古史论文集》卷一,北京:中华书局,2011年,第183页。
[3] 虞云国:《古史辨"剿袭"案的再辩谳》,《文汇学人·学林》2014年11月28日。
[4] 《日知录集释》卷二三"氏族相传之讹"条,第1280页。
[5] 参见邵东方:《经义求真与古史考信——崔述经史考辨之诠释学分析》,《史学理论研究》1998年第1期,第22—38页;《崔述的疑古考信与史学研究——与王元化先生论学》,《学术月刊》1992年第10期,第74—80页。

的批判,正是中西、古今学术思想和方法交互激荡之下的产物。他对士族祖先记载的批判,不仅限于遥远祖先,也对近祖如《文中子世家》所描述的王通形象进行有力批驳。即便如今掌握的石刻文献,远远超过七十年前的守屋氏,而在太原王氏始祖研究方面比较有力的补充,或者挑战,可以说甚为寥寥。王氏始祖除却上面所列诸项外,稍举两例。《王彦墓志》(677)将祖先追溯至卫大夫,[1]八棱幢形的《王庆碣》(720)云:"上党黎城人也,其先有周氏武王克商,追祀五祖,因而命族。自乔为并州,代家焉。"[2]当然还有大量碑志将远祖模糊地追溯至"周胤""周储""周王""姬周"等。[3]

　　守屋氏对大族祖先记忆的阐述,不限于对远祖的批判,也体现在对大族汉魏祖先的考证。守屋氏基于沈炳震的认识,"霸当光武帝时,泽当灵献帝时,自光武至灵帝,一百六十余年,不应遽传二十世也",[4]否定王霸为太原王氏的可靠祖先,并补充了三个理由:文献关于王霸和王泽的籍贯不同(前者为广武人,后者为晋阳人),《后汉书》没有记载王霸的父祖,以及王霸的逸民身份和太子晋的仙人身份具有共通性。《新唐书·宰相世系表》"王氏"条中的王霸,是太原王氏从王氏分化而出,迁徙并居于太原的开基祖,至关重要。作为谱系"中转站"的王霸如果都不可靠,王霸之前的祖先形同沙上建塔,无所凭依了。[5]守屋氏由此将王柔、王泽兄弟共同视为太原王氏的可靠始祖,原因很简单,其后一直到隋唐时

---

[1] 周绍良主编:《唐代墓志汇编》仪凤004《大唐故王君玄堂记》,第627页。
[2] 该碑出土于山西省黎城县,现藏山西艺术博物馆(纯阳宫),笔者于2019年12月21日访碑所见。
[3] 参见拙撰《中古郡望的成立与崩溃——以太原王氏的谱系塑造为中心》,收于本书下编。
[4] 沈炳震:《唐书宰相世系表订讹》卷五"太原王氏"条,《二十五史补编》第6册,北京:中华书局,1995年,第7583页。
[5] 有人对此进行批评,但实难成立,参见王洪军:《名门望族与中古社会——太原王氏研究》,第32—36页。

期太原王氏的谱系,都可鱼贯而下,罗列清楚。作为后来者,幸运的是可以目睹前贤所未寓目的文献资料。1989年河南省孟津市出土的《北魏王温墓志》(532),亦将王霸和太子晋记为祖先:

> 启源肇自姬文,命氏派于子晋。汉司徒霸、晋司空沈之后也。祖评,魏征虏将军、平州刺史,识宇详粹,誉光遐迩。父苌,龙骧将军、乐浪太守,雅亮淹敏,声播乡邑。[1]

这份墓志显示,最迟在北魏末年,太子晋和王霸均已成为王温的祖先记忆。铭文亦云:"肇源圣系,构绪仙踪,司徒辅汉,翼晋司空。"这份墓志关于祖先记忆的错谬之处,笔者有所讨论,结论大概是祖先资源被张冠李戴,这份墓志嫁接、杂糅及整合了晋阳、祁县、广武三房王氏的谱系记忆和郡望资源,以为所用,影响深远。旁门房支或其他家族成员通过伪造贵族家系,攀龙附凤,伪冒血统纯正的合法身份,并不只是为了装点门面,而是觊觎雄厚的政治社会资源。守屋氏关于中山王氏的讨论,是这方面极好的案例,他援引羽田亨的研究——在重视士族谱系的时代,"自言""自云""自号"等明显表示出身不明,且很可能是异族出身——[2]推测王叡不是太原王氏,甚至不是汉族,其姿貌伟丽,可能是因为具有异域基因之故。王叡因文明太后的重用而平步青云,成为恩幸,权倾朝野,亟须名门望族的身份以装点门楣。其时太原王氏虽有人物,但北归的王慧龙身份一直遭到强烈的质疑。甚至北奔七十余年后,其孙王琼竞争并州大中正的时候,还遭到姻亲兼竞争对手太原郭祚的公开质疑。王叡得

---

[1] 罗新、叶炜:《新出魏晋南北朝墓志疏证》,第130—132页。
[2] 羽田亨:《漢民族の同化力説に就いて》,《東洋学報》第29卷第3—4号,1944年;收入氏著《羽田博士史学論文集》上卷"历史篇",京都:同朋舍,1975年,第716—726页。

以浑水摸鱼、成功攀附太原王氏的重要原因,除却北奔的王慧龙血统真伪莫辨以外,应是此前坚守太原的王氏缺乏人物,名望式微。这很可能是王叡和太原王氏彼此需要的"双赢"局面。守屋氏所论唐代王锷官至宰相,而与太原王氏互相攀附,各取所需。历史呈现出惊人的相似性。王叡和王锷攀附太原郡望,原因无他,"政治性的权力,一旦离开了这一官位,来自社会的尊崇就会如泡沫一样消失"。[1] 这或许正是寄生官僚和贵族官僚最大的差异:前者以自我为中心,后者以家族为支撑;若遇政治清洗,或军事冲突,前者如无根之木,随风飘零,后者根深族厚,退归乡里。世家大族缺乏当轴人物,并不意味着太原王氏于永嘉年间悉数南渡,十六国北魏一直有太原王氏活动的踪迹,有如草蛇灰线。《魏书》记载郭祚祖郭逸,前后以两女妻崔浩,其女妻于崔浩弟崔恬,郭氏因崔浩之祸而被连累,后来因其妻太原王氏的侄子王希彦的帮助,"共相赒恤,得以饶振"。[2] 宋孝王《关东风俗传》记载北朝大族的情形,"至若瀛、冀诸刘,清河张、宋,并州王氏,濮阳侯族,诸如此辈,一宗近将万室,烟火连接,比屋而居"。[3] 陈爽推测,所谓并州王氏,不是指高居四姓的太原王氏,而是指以中山王氏为核心(可能包括部分由凉州内徙的王氏疏宗和部分土著王氏)在并州一带盘根错节的王氏宗族势力。[4] 不过,守屋氏排比中古文献的"百口"资料,论证"百口之中应该还包括拟制血亲""以依附形式聚集了大量的宗族成员及拟制血亲"。[5] 笔者认同守屋氏的判断。陈爽后来也说,"(地方豪族)在血缘上以宗族为主干,包括人身依附关系较强烈的部分门生故吏

---

[1] 守屋美都雄:《六朝门阀:太原王氏家系考》,第128页。
[2] 《魏书》卷六四《郭祚传》,第1547页。
[3] 《通典》卷三《食货三·乡党》,第62页。
[4] 陈爽:《世家大族与北朝政治》,第131页。
[5] 守屋美都雄:《六朝门阀:太原王氏家系考》,第214—216页。

和僮仆,在地缘上则以乡里民众和外来流民等自由民作为外围依附成员而组成的非同姓宗族共同体,大体呈圈层结构。"[1] 这种没有血缘关系的依附人员构成,在冯尔康看来,即指拟制血亲。他指出,传统中国的宗族与拟制血亲相伴随,对之严行排斥,又有所吸纳,具有较强的包容性和应变性。[2] 百口如此,万室更是如此,即仁井田陞所言的"同族共同体"。[3] 陈爽所言"土著王氏",应该就是以郭逸妻为代表的王氏力量。王叡成功攀附太原郡望以后,迅速在政治上和经济上攫取巨大利益。不仅如此,他们也成功跻身名门望族的婚姻圈,陈爽所举《李蕤墓志》例证,记载其婚姻关系云:

> （李蕤）亡父承,字伯业,雍州刺史、沽臧穆侯。夫人太原王氏。父慧龙,荆州刺史、长社穆侯。君夫人太原王氏,讳恩荣,封晋阳县君。合葬君墓。父洛成,太宰,中山宣王。[4]

上述材料可谓意味深长。引文中的"洛成",即指王叡,王慧龙和王叡这对"真假美猴王"的女儿,分别嫁给了血统纯正的陇西李氏父子。需要指出,类似寒门冒宗、世家卖谱助长攀附的例证,在近世屡见不鲜。青山定雄比较研究宋代四川、福建、江西和华北等不同地域官僚的谱系追溯,发现华北官僚极少是唐代官僚的后裔,福

---

[1] 陈爽:《垒壁与交集:中古士族研究中的历史人类学借鉴》,《史学月刊》2019年第3期,第5—11页。
[2] 冯尔康:《拟制血亲与宗族》,《"中研院"历史语言研究所集刊》第68本第4分,1997年;收入氏著《中国宗族制度与谱牒编纂》,天津:天津古籍出版社,2011年,第91—130页。
[3] 仁井田陞:《中国法制史研究:奴隷農奴法・家族村落法》,东京:东京大学出版会,1962年,第683—740页。当然,并非所有"百口"均是如此,笔者最近考证杨播家族"百口",就是史实,参拙撰《覆巢之下:杨椿家祸所见北魏的法律与政治权力》,待刊稿。
[4] 赵超:《汉魏南北朝墓志汇编》,第48页。

建官僚很少追溯唐代官僚为先祖,而四川官僚声称他们是唐代官僚之后,特别追溯至随唐僖宗入蜀避难的官僚。青山氏认为,宋代官僚的攀附并不可靠,旨在夸大后裔成员的社会身份,这也反映了宋人重视谱系的倾向。[1] 明清同样如此。族谱附会也非常普遍,宗族动辄利用修建家庙、纂修族谱攀附官僚身份,从而实现明清士绅化的过程。早在1990年代,刘志伟就对番禺沙湾何氏宗族进行考察,讨论何氏如何逆流而上,将祖先依次向前追溯至初世祖何誉(即开基祖)、北宋何家三凤、后晋何昶,以至周代韩国贵族何藏,塑造沙湾何氏的高贵血统和家世门风,由此划清了他们同当地土著民的界限,进而在与其他宗族开发沙田、控制地方的激烈竞争中占据优势地位。换言之,明清宗族的祖先记忆,不应只视为地方势力夸耀社会身份和文化权力的炫技,而是可以放在地方社会特定的历史进程中加以讨论。[2] 带着这样的认识,反观北魏王叡和王

---

[1] Aoyama Sadao(青山定雄),"The newly-risen bureaucrats in Fukien at the five Dynasty-Sung period, with special reference to their genealogies"(《宋代福建的新兴官僚——特别以谱系为中心》), *Memoirs of the Research Department of the Tōyō Bunkō*(《东洋文库欧文纪要》),No.21,1962,pp.1—48;《宋代における華北官僚の系譜について》,《聖心女子大学論叢》第21号,1963年,第21—41页;《宋代における華北官僚の系譜についてその二》,《聖心女子大学論叢》第25号,1965年,第19—49页;《宋代における華北官僚の系譜についてその三》,《中央大学文学部紀要(史学科)》第12卷,1967年,第67—110页;《宋代における四川官僚の系譜についての一考察》,《和田博士古稀記念東洋史論叢》,东京:讲谈社,1960年,第37—48页;《五代・宋に于ける江西の新興官僚》,《和田博士古稀記念東洋史論叢》,东京:讲谈社,1951年,第19—37页。

[2] 科大卫、刘志伟:《宗族与地方社会的国家认同——明清华南地区宗族发展的意识形态基础》,《历史研究》2000年第3期,第3—14页。刘志伟:《祖先谱系的重构及其意义——珠江三角洲一个宗族的个案分析》,《中国社会经济史研究》1992年第4期,第18—30页;《地域社会与文化的结构过程——珠江三角洲研究的历史学与人类学对话》,《历史研究》2003年第1期,第54—64页;《历史叙述与社会事实——珠江三角洲族谱的历史解读》,《东吴历史学报》第14期,2005年。后两文收入氏著《在国家与社会之间:明清广东地区里甲赋役制度与乡村社会》,北京:北京师范大学出版社,2021年。

慧龙攀附太原王氏为郡望,他们追求的当然不仅是华丽的装饰,还有现实的、沉甸甸的利益。换言之,贵族的面具可以让他们的现实利益合法化。由此看来,传统中国精英家族在祖先谱系特别是遥远的祖先方面,不同程度地存在攀附和虚构并加以利用的现象。

鉴于守屋氏将王柔、王泽论证为太原王氏的可靠始祖,又基于太原王氏世仕州郡、累世冠冕的特征,遂将太原王氏兴起的时间推断为东汉中期。不同家族的成长和发展速度千差万别,但太原王氏兴起的节奏,和学人所论汉魏士族的崛起大概同步。守屋氏批判太子晋和王霸并非太原王氏真实祖先的意义,由此更得一解,即汉末以降的时代(即中世贵族时代)与此前是有所不同的。太原王氏卓然成长为门阀,守屋氏以王昶所写的家诫为切入点开始讨论,甚有见地。陈寅恪早已指出学术地方化、家族化的过程,"故东汉以后学术文化,其重心不在政治中心之首都,而分散于各地之名都大邑。是以地方之大族盛门乃为学术文化之所寄托。中原经五胡之乱,而学术文化尚能保持不坠者,固由地方大族之力,而汉族之学术文化变为地方化及家门化矣。故论学术,祇有家学之可言,而学术文化与大族盛门常不可分离也"。[1] 其后,钱穆亦讨论学术与家族门第之关系,"当时一切学术文化,可谓莫不寄存于门第中,由于门第之护持而得传习不至中断,亦因门第之培育,而得生长有发展","门第即来自士族,血缘本于儒家,苟儒家精神一旦消失,则门第亦将不复存在"。[2] 大族之所以成为门阀,政治、军事乃至经济权力是其外力,而学术文化和礼法精神的坚守是其内力,内外结合,遂成门阀。

---

[1] 陈寅恪:《崔浩与寇谦之》,《金明馆丛稿初编》,第147—148页。
[2] 钱穆:《略论魏晋南北朝学术文化与当时门第之关系》,《新亚学报》第5卷第2期,1963年;收入氏著《中国学术思想史论丛》(三),合肥:安徽教育出版社,2004年,第125—186页。

鉴于礼法对大族的重要性，太原王氏以外，守屋氏还对六朝时代的家训，特别是《颜氏家训》用力甚大，前揭中译本《中国古代的家族与国家》"家族篇"共有六篇文章，其中第五、第六篇均为这方面的专论。宇都宫清吉曾致力探讨唐代柳玭"夫名门右族，莫不由祖考忠孝勤俭以成立之，莫不由子孙顽率奢傲以覆坠之"[1]的训诫，强调其经济运作因素，由此与六朝家训的贵族意识相区别，而守屋氏则认为六朝家训与唐代家训未可截然分开，唐代家训的主要精神，已经孕育于六朝家训之中。[2] 王昶关于孝行、仁义的重视，王蒙关于素族凝简的强调，均应置于大族逐渐固化为门阀的时代潮流中，更能凸显其特有的实用价值。近年郑雅如从《陈照墓志》入手，讨论陈照嫁妹，其妹凭借文化教养在夫家举止有度，光显本家士族风范，借此援引夫家力量，救危扶困，光大本家。[3] 甚至在近现代文学小说中，白嘉轩痛定思痛，追念家族的前贤和历史，总结家族持续发展、没有大起大落的根本原因，"在于文举人老爷爷创立的族规纲纪"。[4] 凡此种种，均可证明门风、礼法是家族维持门阀地位的必要条件。

大族向门阀的转化是渐进的过程。《世说新语·贤媛篇》记载因为兵家子弟颇有才能，王济向母亲钟氏推荐，钟氏以其"地寒寿促"而拒绝。守屋氏由此申论，在门阀尚未彻底固化以前，门阀与非门阀之间的通婚，也并非是完全不可行的。[5] 陈寅恪亦论：

---

[1]《新唐书》卷一六三《柳公绰附玭传》，第5028页。
[2] 宇都宫清吉：《唐代贵人についての一考察》，《史林》19卷3期，1934年，第50—106页。守屋美都雄：《关于六朝时代的家训》，《中国古代的家族与国家》，第347—374页。
[3] 郑雅如：《唐代士族女儿与家族光荣——从天宝四年〈陈照墓志〉谈起》，《"中研院"历史语言研究所集刊》第87本第1分，2016年，第1—65页。
[4] 陈忠实：《白鹿原》，北京：人民文学出版社，2019年，第300页。
[5] 守屋美都雄：《六朝门阀：太原王氏家系考》，第49页。

在六朝初期所谓高门,不必以高官为唯一之标准,即寒士有才,亦可目为胜流,寒女有德,亦得偶配名族,非若六朝后期魏孝文之品目门第专以官爵之高下为标准也。[1]

另一方面,守屋氏也由此强调门第之间的界限越来越森严,士庶之际的鸿沟越来越难以逾越。守屋氏从婚姻入手讨论门阀成立的同时,又从经济基础和精神生活两个维度关注门阀的基本情况。这两个维度向来被研究士族个案的学者所忽略。守屋氏指出,太原王氏至东晋末期已经积累起相当可观的财富,主要手段是皇帝的赐予、俸禄,以及征调等。应该指出,土地占有、庄园经济必然是聚敛财富的有力手段。谢灵运在《山居赋》中描述的奢华和富足景象,不独为谢氏所有。"求田问舍"更是侨姓士族南渡以后的常规行动。第一部法律意义上的"占山格",迟至刘宋大明三年(459)才得以颁布。围绕长江下游的土地占有,不同阶层、不同家族之间的争端此起彼伏。守屋氏根据太原王坦之支持桓温迁都洛阳的计划,从而认为王氏家族无意攫取土地,他们占领土地发生在南渡百年以后。近年出土六朝墓志显示,属于江南土著的吴姓大族死后,葬于乡里,而侨姓大族卒后,往往葬于建康,即便卒于地方的侨姓高官,也还是葬于建康,原因就是他们在南方没有乡里。建康周边被一个个门阀大族的家族墓地所环绕。[2] 即便如此,侨姓士族也需要在江南擅占山泽,其别墅和庄园星罗棋布。[3] 王坦之支持桓

---

[1] 陈寅恪:《崔浩与寇谦之》,《金明馆丛稿初编》,第148页。
[2] 胡宝国:《从南京出土的东晋南朝墓志推论侨旧之别》,《魏晋南北朝隋唐史资料》第31辑,2015年,第82页。
[3] 蒋福亚:《东晋南朝的占山护泽》,《中国经济史研究》1992年第4期,第72—83页。田泽滨、黄王藩:《六朝时期江南的"墅"》,江苏省六朝史研究会、江苏省社科院历史所编:《古代长江下游的经济开发》,西安:三秦出版社,1996年,第146—163页。

温的迁都,应当出于政治或人心方面的考虑。史书称,"自昶父汉雁门太守泽已有名称,忱又秀出,绥亦著称,八叶继轨,轩冕莫与为比焉"。[1] 借用科大卫(David Faure)研究香港新界宗族所提出的"入住权"理论,[2] 北方世家大族南下过江后最重要的事情,莫过于占山圈地,这是大族依附民最重要也是最基本的经济要求。当然,他们避开吴姓士族麇集的太湖流域,向浙东、福建、镇江、常州一带进发。在这些地区与生前任官、卒后埋葬的建康,以及北部中国的故里之间,他们的乡里意识如何安放?毕竟北方已经沦陷,魂牵梦绕,也无济于事。他们在江南的乡里意识寄托在纸醉金迷的建康,名同实异的侨州侨郡,还是山水依依的新庄园?难以想象,南渡以后的王氏房支,敛手累足,独居建康,不从事占领名山大川的举动,没有广袤的土地庄园与强劲的部曲家兵,就能维持家族连续八个世代的繁华。六朝门阀固化以后,士庶之际,犹如天壤之别,其间的鸿沟难以逾越。守屋氏所谓"六朝初期以来寒族逐渐放弃了与名族交往,与此相应名族也日益固步自封。"[3] 随后列举博陵崔㥄对卢元明云"天下盛门,唯我与尔",以及刘宋荀伯子对王弘称"天下膏粱,唯使君与下官耳",作为士人自矜门第、深沟壁垒的证明。但核以原文,引证文献之后分别还有"博崔、赵李,何事者哉",以及"宣明之徒,不足数也"。[4] 其实,类似的谈话方式还发生在汉末,曹操对刘备豪言,"今天下英雄,唯使君与操耳。本初之徒,不足数也。"[5] 马恩斯(B. J. Mansvelt Beck)一针见血地指出,

---

[1] 《晋书》卷七五《王湛附绥传》,第1974页。
[2] 乔素玲、黄国信:《中国宗族研究:从社会人类学到社会历史学的转向》,《社会学研究》2009年第4期,第202—203页。
[3] 守屋美都雄:《六朝门阀:太原王氏家系考》,第97页。
[4] 《宋书》卷六〇《荀伯子传》,第1628页。《北齐书》卷二三《崔㥄传》,第334页。
[5] 《三国志》卷三二《蜀书·先主传》,第875页。

崔悛所言不过是 A 和 B 交谈时,通过贬低 C 而互相吹捧的陈词滥调。[1]

在大族逐渐变身门阀的时代洪流中,人物个体与整体家族之间的关系如何协调,与两汉时期有何差异?守屋氏认为这是他要解决的核心问题之一。两汉以儒治国,个人对于国家的忠和对家族的孝得以统一,所谓移孝作忠,移忠作孝,儒家思想正好成为协调个人、家族和国家三位一体的黏合剂。史传关于汉人"居家如宫廷"的记载,以及二重君臣关系的相关讨论,都是证明。魏晋以降,这种情况发生变化。守屋氏所言名士的自我发现与自我完成,成为士人汲汲追求的人生理念。余英时所言魏晋之际士大夫的"个体自觉",可谓异曲同工。[2]《世说新语》所载人物的活泼可爱与乖张陆离,名流雅士的奢侈成性与清心寡欲,人乳猪与好谈玄,累世为官与归隐山林,显然都应置于这种社会氛围下才能真正理解。但是,个体自觉是否意味着对家族的彻底疏离呢?答案正好相反。余嘉锡尝云:

> 盖魏晋士大夫止知有家,不知有国。故奉亲思孝,或有其人;杀身成仁,徒闻其语。王祥、何曾之流,皆不免党篡。求忠臣必于孝子之门,竟成虚言。六代相沿,如出一辙,而国家亦几胥而为夷。[3]

个人对于国家的忠诚意识,在六朝时期逐渐回缩至家族之内,的确是知有家族而不知有国家,知有个人而不知有家族。守屋氏所言,

---

[1] Reviewed by: B. J. Mansvelt Beck, *T'oung Pao*, Vol.68, Livr.1/3, 1982, p.156.
[2] 余英时:《汉晋之际士之新自觉与新思潮》,《新亚学报》第 4 卷第 1 期,1959 年,收入氏著《士与中国文化》,上海:上海人民出版社,1987 年,第 287—400 页。
[3] 余嘉锡:《世说新语笺疏》,第 46 页。

父母丧中饮酒食肉被特意记载下来，正是因为这种行为在当时是不同寻常的特例。六朝时期对家学门风极为强调，赖此造就贤父兄、佳子弟，家族声望赖此长盛不衰，可见门阀不仅是政治性的存在，也是社会性和文化性的存在。对于个人意识与宗族意识的这种悖论，守屋氏从九品官人的角度予以解释。这种所谓人的觉醒，其实得益于儒学衰退、玄学兴盛的氛围。儒玄以外，六朝时期正值佛教征服中国之际，自然不会缺席于名族子弟的信仰世界。守屋氏举例言及，奉佛的王坦之身上，也杂糅着儒家和玄学等多重的精神特质。这与以往研究历史人物非此即彼的思维方式截然不同。这是非常精当的讨论。《宝刻丛编》记载北魏太原王氏为父立像的轶事：

> 不著书撰人名氏。题曰"魏平西将军、太原太守王府君释迦弥勒二像碑"。府君名偹，字道宾，太原人，尝有遗诫，使刻石立像于其墓前，其子洛州长史聿始造二像，立此碑。[1]

王聿遵守父亲遗言，刻石立像，外佛内儒。其实每一个鲜活的个体，随时推移，经常折射出多样性的特征。而在国家机器或家族组织中，诸多历史人物往往都是不起眼的"螺丝钉"，即便被史料所描述的"荀氏八龙，慈明无双"，"（崔颋）生八子，皆有才，世以拟汉荀氏'八龙'"，[2] 这些贤弟子的光辉事迹未必都能记于史册。或许出于对宏大叙事的反抗，或许出于新史学的影响，眼光向下的视角逐渐从明清弥漫至中古时期，乃至整个中国史学界，以往那些被

---

[1]《宝刻丛编》卷七《京兆府上·长安县》"魏二像碑"条，北京：中华书局，2015年，第530页。

[2]《后汉书》卷六二《荀爽传》，第2051页。《新唐书》卷一八二《崔珙传》，第5362页。

忽视、被打压、被牺牲的边缘个体,日渐被学者所强调,又或者将个体命运置于宏大叙事之中,移形换位,以个人为中心,考虑其时代或社会体制对其的影响。这种个体生命史的做法,在青年学者中具有一定的影响力。但传世文献多是精英人物所记载的精英的历史,边缘人的历史如何可以发现?近年出土大量的文书、简牍、墓志、造像记等资料,则为这种分析提供了一定的可能。

门阀政治日中则昃,在唐代逐渐转向官僚制。六朝贵族政治的余晖,在科举制的冲击下,继之以唐宋官僚制的曙光。守屋氏从太原王氏的主干大房和旁门末枝两个方面加以阐述。守屋氏首先重视"房"的概念,他认为"房是某种祭祀集团",[1] 但也只是浅尝辄止。若是祭祀集团,他们就应祭祀共同的祖先,如此这个集团就符合弗里德曼(Maurice Freedman)所说宗族最重要的因素就是"共同的祭祀集团",[2] 那么,一房(branch)就是一个宗族(lineage)?根据陈其南的研究,"房"的概念才是厘清中国家族制度的关键,它具有扩展(可以指一个儿子,也可以指包含属于同一祖先之男性后代及其妻的父系团体)原则,是弹性的,可以不断依序往上推,按照"房—家族"的嵌入过程,扩大其房和家族的系谱规模。[3] 汉代即已出现的祠堂,显然是宗族祭祀的场所,难以想象仅是一个个房支活动的场域。在大族衰落的过程中,各个房支的衰落速度有所不同。大房王氏以擅长学问而闻名,故其在隋唐推行科举制以后,族人可以轻松应对考试制度。因此,催生新兴官僚阶层的科举

---

[1] 守屋美都雄:《六朝门阀:太原王氏家系考》,第106页。
[2] Maurice Freedman, *Chinese Lineage and Society: Fukien and Kuangtung*, New York: Humanities Press, 1966, pp.20-21.
[3] 各个历史时期房的概念有所不同,但是任何一个"房"单位,不论其规模和世代的大小,都是从属于一个较高级的"家族"范畴之次级单位。参见陈其南:《房与传统中国家族制度——兼论西方人类学的中国家族研究》,《汉学研究》第3卷第1期,1985年,第127—183页。

制度,并未成为旧族门阀大房王氏的绊脚石。逮至中晚唐时期,太原王氏大房子弟进士及第者,比比皆是。这正是被称作鼎族的重要原因。与之对应,这里的鼎族,与六朝平流进取的贵族子弟已有不同,中晚唐的大族子弟通过国家组织的科举考试得到认可,而此前则通过以血统为标准的九品官人法得到升迁,尽管科举制多少具有贵族主义的色彩,但大族的特权意识、血统的高贵意识显然已是无可奈何花落去了。守屋氏通过碑志资料,复原出三房和四房的基本情况。三房和四房的声望和地位,显然不如大房和二房。高士廉说门阀大族"每姓第其房望,虽一姓中,高下悬隔",[1] 众所周知,琅琊王氏的马粪巷贵于乌衣巷,陈留阮氏的北阮富于南阮。实际上,弗里德曼所谓的"非对称分支(裂变)"(asymmetrical segmentation),原因正是宗族内部财富和权力占有的不均衡,相似的情况同样发生在中古时期,源于大族成员对官职和声望的不平均占有。[2] 根据现在刊布的王氏碑志总数,大概有五百六十份,[3] 必可对四个房支的王氏谱系进行更加详细的补充。三房和四房王氏也有转向新式官僚的倾向。守屋氏这种观点的指向,意味着门阀制向贵族制的转型。不过,历史人物往往一身兼有多重身份,贵族和官僚属性如何可以一分为二,截然剥离?[4] 正如马克·布洛克(Marc Bloch)发问的那样:"作为数学家的帕斯卡和作为基督徒的帕斯卡,难道会形同陌路吗?"[5] 基于贵族子弟超然自立与依附国家的双重性,姜士彬将中古中国视作"贵族制和官僚制

---

[1] 《新唐书》卷九五《高俭传》,第3842页。
[2] 姜士彬:《中古中国的寡头政治》,第158页。
[3] 和庆锋:《隋唐太原王氏的变迁与影响》附录"隋唐太原王氏墓志汇录",第16—48、180—208页。
[4] R. M. Somers, "The Society of Early Imperial China: Three Recent Studies," *The Journal of Asian Studies*, Vol.38, No.1, 1978, pp.127–142.
[5] 马克·布洛克:《历史学家的技艺》,第129页。

独特的结合"。[1] 即便如此,守屋氏提示王播兄弟所任官职的循吏色彩,值得关注。

除此之外,守屋氏还推测三四房和其他房支之间极少联系,由此论证六朝门阀的大家族意识日渐丧失。那么,这种南方强调个人主义、北方强调家族主义,是出于地域的差异,还是如陈其南所云属于强调房的差异性和包容性的差异?这种差异是血缘的,还是地缘的?正如宫川尚志批评的那样,守屋氏过于强调门阀的个人主义倾向。[2] 根据伊沛霞对博陵崔氏的精彩研究,唐代博陵崔氏的家族意识依然强烈:他们动辄百口,在安史叛乱时相互救济,平叛后不远千里,埋葬死者,共建家族墓地,等等。[3] 国内学人也称唐代官宦之家是复合型的家庭模式,特征是由两个或者两个以上的家庭组合在一起的复合形态。[4] 守屋氏还描绘了乌丸王氏的衰落图景。守屋氏列举王涯聚财骤富,而又迅速覆灭的故事,说明"在天子威严之下,官僚型的豪族不过是短暂的存在"。王涯的故事载于《太平广记》,撇开其可信性不说,这种投金银财宝于井中,严加守护的吝啬现象,自然让我们想起竹林七贤的王戎,以及《世说新语·俭啬篇》所记载的故事。复核《太平广记·奢侈篇》,编者本就依据物以类聚、人以群分的原则,共网罗三十六人,早起吴王夫差、汉武帝,晚至李绛、李使君,六朝以前人物十六人,隋唐以降二十人,则天后、睿宗、玄宗俱在其列。王涯忽兴忽灭的经历,也与石崇相仿佛,故其俭啬与豪奢,恐怕并无如此深意。守屋氏通

---

[1] 姜士彬:《中古中国的寡头政治》,第 159 页。
[2] 参见宫川尚志:《書評守屋美都雄〈六朝門閥の一研究:太原王氏系譜考〉》,《史学雜誌》第 60 編第 2 號,1951 年,第 76 页。关于南北士族礼法的差异,参见史睿:《南北朝士族婚姻礼法的比较研究》,《唐研究》第 13 卷,2007 年,第 177—202 页。
[3] 伊沛霞:《早期中华帝国的贵族家庭——博陵崔氏个案研究》,第 121—125 页。
[4] 张国刚:《唐代家庭与社会》,北京:中华书局,2014 年,第 10—13 页。

过追踪文中子家族的没落过程,揭示了家族内部不同房支发展和衰落的不均衡性。

守屋氏没有满足于揭示太原王氏作为门阀大族的成立、发展和衰亡,其后接着从更宏大的视野,关注山东士族的历史命运。正如太原王氏所经历的那样,门阀大族不可避免地走向衰落。科举制犹如千钧重炮,将贵族制的铁甲炸得粉碎。虽然科举制充满着贵族主义的色彩,但孙国栋推测唐代官员出身贡举者大约6%,甚至在中晚唐时期,名族子弟科举及第者约为70%。[1] 但是,大族子弟必须通过科举制,而非高贵血统决定的九品官人法进入官僚机器,发牌者已由贵族转至国家,而这不啻釜底抽薪,摧毁了门阀崇高地位的基石。[2] 就此而言,太原王氏如此,博陵崔氏如此,赵郡李氏也如此。[3] 与此同时,李唐政权强调官僚本位,社会崇敬的对象由门阀逐渐转移至国家官僚,官僚等级成为占领土地、是否立庙等重要活动的根本前提。土地占有的日益减少,决定唐代门阀大族的经济情况每况愈下。但是,山东士族退出历史聚光灯的背后,仍然拖着一条"巨大的尾巴"。其政治地位的衰落是突然的、迅速的,但其社会声望的衰退是缓慢的、反复的。守屋氏指出,中晚唐时期,天子也不得不承认山东士族崇高的社会地位。李唐政权编撰的各类《氏族志》,特别是高宗以来的《氏族志》,的确强调官品的重要性,但依然保留和维持着名族的崇高地位。北魏孝文帝定姓族,也是以令、仆等各级官职为准则。可见李唐编撰的各类《氏族志》,在很大程度上

---

[1] 孙国栋:《唐宋之际社会门第之消融——唐宋之际社会转变研究之一》,《新亚学报》第4卷第1期,1959年,第211—304页。
[2] 姜士彬:《中古中国的寡头政治》,第195页。
[3] 关于门阀大族的衰落,中外学者予以密切关注,随举数例。参见孙国栋:《唐宋之际社会门第之消融——唐宋之际社会转变研究之一》,第211—304页。陆扬:《清流文化与唐帝国》,北京:北京大学出版社,2016年。谭凯:《中古中国门阀大族的消亡》,胡耀飞、谢宇荣译,北京:社会科学文献出版社,2017年。

是孝文帝定姓族政策的翻版。《贞观氏族志》不过是将陇西李氏置于旧族崔氏之上，没有从根本上否定名门望族的社会地位。最后，关于山东士族并未骤然衰落的证据，就是其婚姻关系依然维持着较高的层次。正如守屋氏指出的那样，旧族门阀依然是唐人艳羡的通婚对象。取士不问家世，婚姻不问门阀，是北宋以降普遍发生的事情。唐高宗显庆四年（659）发布有名的禁婚诏：

> 后魏陇西李宝、太原王琼、荥阳郑温、范阳卢子迁、卢浑、卢辅、清河崔宗伯、崔元孙、前燕博陵崔懿、晋赵郡李楷等子孙，不得自为婚姻。仍定天下嫁女受财之数，毋得受陪门财。[1]

学人对破落旧族获得高昂的陪门财，多有讨论，但论财娶婚之事在南北朝亦时有发生，学者称为"买卖婚姻"。[2] 半个世纪后，武则天再申旧诏，"以五姓婚媾冠冕天下，物恶大盛，禁相为姻"，岂料效果恰好相反，"斯可谓美宗族人物而表冠冕矣"。[3] 其后学者的研究已经证明高宗、武后的禁婚诏书形同具文，没有得到有效的贯彻。[4] 我们知道，学者通常将大族的通婚对象，视作其社会地

---

[1]《资治通鉴》卷二〇〇"唐高宗显庆四年（659）"，第6318页。
[2] 徐扬杰：《中国家族制度史》，武汉：武汉大学出版社，2012年，第224—225页。
[3]《全唐文》卷三一八《李华·唐赠太子少师崔公神道碑》，第3230页。
[4] 例如，伊沛霞研究发现，博陵崔氏婚姻对象的绝大多数为门阀大族，其中，52%是禁婚诏规定的七姓家族，30%是七姓以外的旧族门户。周一良肯定了其研究意义，参见氏著《〈博陵崔氏个案研究〉评介》，《魏晋南北朝史论集》，第517—528页。还可参看毛汉光：《中古大族著房婚姻之研究——北魏高祖至唐中宗神龙年间五姓著房之婚姻关系》，《"中研院"历史语言研究所集刊》第56本第4分，1985年，第619—698页。前田爱子：《唐代山东五姓婚姻与其政治影响力——通过制作崔氏、卢氏、郑氏婚姻表考察》，《唐史论丛》第14辑，西安：陕西师范大学出版社，2012年，第247—271页。翁育瑄：《唐代における官人階級の婚姻形態—墓誌を中心に—》，《東洋学報》第83卷第2号，2001年，第131—159页。

位的重要参照：如果婚姻非类，说明家族地位的下降；如果联姻高门，说明家族地位的提高。因此，在七姓高门潜相婚娶的同时，很有必要指出问题的另一面。北朝隋唐突破七姓身份内婚制的例子，屡见不鲜。随举一例，太原王氏一方先庙碑记载其婚姻关系云：

> 第一室曰上仪同、幽州别驾府君，讳元政，以妣博陵崔氏配；第二室曰湖州安吉县令、赠尚书刑部员外郎府君，讳寔，以妣赠扶风县太君马氏配；第三室曰朝散大夫、青州司马、赠户部侍郎府君，讳祚，以妣赠武威郡太夫人贾氏配；第四室曰温州刺史、赠太尉府君，讳晃，以妣赠鲁国太夫人博陵崔氏配。[1]

其中有的婚姻家族，显然不是七姓之列，即便大房王氏，其通婚对象也有江氏、河西兰氏这样的家族，可见士庶不婚的限制明显松动。[2]更重要的是，中古碑志所记婚姻对象，多数是某地某氏，而不言祖先详情，其中充斥着形形色色的攀附和伪冒。清人王士禛批评的"唐人好称族望，如王则太原，郑则荥阳，李则陇西、赞皇，杜则京兆，梁则安定，张则河东、清河，崔则博陵之类。虽传志之文亦然。迄今考之，竟不知为何郡县人，殊可恨"，[3]可恨的不只是不知郡县，也意味着他们中的绝大多数已经不是门阀大族真正的后裔。如此，关于中古大族通婚对象名义上是门阀，但其真正的社会

---

[1]《全唐文》卷六〇八《刘禹锡·唐兴元节度使王公先庙碑》，第6148页。
[2] 和庆锋：《隋唐太原王氏的变迁与影响》第二章《隋唐太原王氏的婚姻特点》，第49—66页。
[3] 王士禛：《池北偶谈》卷二二《谈异三·族望》，北京：中华书局，1982年，第540页。

身份——究竟是名门子弟,还是冒牌货?——自然就变得疑窦丛生了。

三、问题意识:启示与可能的空间

《太原王氏》尽管出版在1951年,但守屋氏的研究"却是在四十年代中期,书中大量运用墓志铭对太原王氏的系谱进行研究,从而揭示了门阀的实态"。[1] 上文将《太原王氏》置于个案研究的学术谱系中定位,进而阐明其中较有新意的学术理路和发现,并就可能存在的问题,提出不太成熟的想法和意见。下文拟在该书的启发下,结合目前学人积累的丰硕成果,对士族个案研究可能存在的空间略作申论。

首先是史料的开拓与利用。与隋唐以降的历史时段相比,汉魏六朝的史料遗存极为有限。旧史料的新发现和新史料的纵深开拓,永远是推动中古史研究的动力。《太原王氏》"著者的话"记录其在北京图书馆调查、抄录中古墓志的情形,显然受到东京学派长于田野调查的影响。近年刊布的大量碑志资料,极大地推动了士族个案的研究。不过,碑志原本是墓葬的构件之一,不应脱离墓葬的整体空间,仅仅讨论其文字。正如学者提倡的那样,应将碑志资料"置于墓葬本身的'原境'中加以讨论,将墓志重新安置回整个墓葬构造乃至古人死后的世界中加以考虑,或许能别开新境"。[2] 碑志的形制、空间,以及与其他墓葬构件之间的关系,也应当成为

---

[1] 中村圭尔:《六朝贵族制论》,夏日新译,刘俊文主编:《日本学者研究中国史论著选译》第2卷,北京:中华书局,1993年,第367页。
[2] 仇鹿鸣:《士族研究中的问题与主义:以〈早期中华帝国的贵族家庭——博陵崔氏个案研究〉为中心》,《中华文史论丛》2013年第4期,第315—316页。

利用碑志需要注意的方面。同时期其他领域的文献，也应纳入我们讨论的对象。守屋氏在讨论过程中，屡次使用笔记小说，如在讨论门阀衰落过程中旧族名望依然崇高，"在唐代小说中，作为主人公的贵公子大半出自崔、卢、李、郑，这表明旧名族确实是社会所憧憬的对象"。[1] 类似的观点，小南一郎也有明确的陈述，他在研究《古镜记》的时候，将门阀的命运与其所佩戴的宝器联系起来，如太原王氏与古镜，琅琊王氏与佩刀，张氏与宝剑，"宝器的活跃即是王氏一族在社会的活跃，而宝器的丧失即是这一门阀的衰亡"。[2] 类似的文献和视角应该引起中古史学人的关注。实际上，文史互证是现代学术中极为重要的一脉。近代学者陈寅恪、刘师培、邓之诚等先后提倡以诗证史，著述示范，梁启超提出小说可以证史，王国维提出戏曲可以证史，不一而足。[3] 其他历史时期的文献，也可为我所用。守屋氏研究士族谱系，而谱系的实际物质载体就是谱牒。中古时期的谱牒已经亡佚，仅有数件氏族谱残卷得以存世。近年最为重要的成果之一，就是陈爽在前辈学者的启发下，敏锐发现在两晋南北朝墓志的特殊位置（志首、志尾、志阴和志侧等），以特殊形式（公文格式，如分行、平阙、缩进等）抄录了家族的谱牒。陈氏据此复原出二百一十一份中古谱牒，以陈郡谢氏谱最为翔实和典型。[4] 陈爽的这种发现，正是得益于突破阅读录文的局限，

---

[1] 守屋美都雄：《六朝门阀：太原王氏家系考》，第 188 页。
[2] 小南一郎：《唐代传奇小说论》第一章《〈古镜记〉——太原王氏的传承》，童岭译，北京：北京大学出版社，2015 年，第 22—70 页。
[3] 卞孝萱：《文史互证与唐传奇研究》，《北京大学学报（哲学社会科学版）》2009 年第 2 期，第 126—129 页。
[4] 陈爽：《出土墓志所见中古谱牒探迹》，《中国史研究》2013 年第 4 期；收入氏著《出土墓志所见中古谱牒研究》，第 55—152、268—536 页。并参陈直：《南北朝谱牒形式的发现和索隐》，《文史考古论丛》，第 218 页。

将图版和录文对读的结果。[1] 陈爽辑录的谱牒中,有部分资料来自明清时期的文献。这就和 20 世纪中日学者对中古氏族谱的研究传统接续起来。仁井田陞、竹田龙儿、牧野巽等人早已注意到,明清谱牒中保留着中古时期的上谱表、谱序、旧谱,甚或唐代政府的谱牒诏敕,并对这些文献进行考察。在此学术风气的影响下,杜希德曾经展望:"倘若立足更大的族谱资料基础,进行系统的研究,收获定必更丰。"[2] 就以王氏谱系所论,近世文献如碑志、族谱所记与《宰相世系表》有所不同,提供了一些新的认知。例如王霸的先世,《宰相世系表》直接追溯至九世祖王威,威系王离次子。清人王庸敬所撰《琅琊王氏通谱》中,王崧为始祖,而王霸为其子,又以王霸为始祖,并载其子有二,长曰殷,次曰咸。[3] 王崧为王霸父亲之说,前所未见。宋人富弼撰写的《王曾行状》亦云:"至东汉霸始居太原,别族支居琅琊及祁,皆为望姓,而太原尤著。世世有子不绝。"[4] 而王安石所撰《王平墓志》则云:"公讳某,字某,其先为汉雁门太守者曰泽,泽后十八世雄,为唐东都留守,封望太原,族墓在河南,而世宦学不绝。"铭文亦云:"显姓维王,出不一宗,公先河南,实祖于雄。"[5] 可见富弼与王安石对太原王氏的始祖撰写存在差异:前为王霸,后为王雄。除此以外,中古氏族谱的残句,在《三国志》裴注、《世说新语》注、《册府元龟》《太平御览》《太平寰宇记》《文选》注、

---

[1] 参见拙撰《士族谱系的构造及其与碑志关系补遗——从〈出土墓志所见中古谱牒研究〉谈起》,《唐研究》第 22 卷,收于本书上编。
[2] 杜希德:《唐代统治阶层的构成——敦煌发现的新证据》,《西方学者中国中古贵族制论集》,第 174—211 页。
[3] 王庸敬:《王氏通谱》,清光绪二十年(1894)木活字本。
[4] 《琬琰集删存》卷二《富弼·王文正公曾行状》,北京:哈佛燕京学社,1938 年,第 54 页。
[5] 《临川先生文集》卷九八《墓志·御史王公墓志铭》,上海:中华书局上海编辑所,1959 年,第 1007—1008 页。

《资治通鉴》注以及敦煌吐鲁番文书等文献中得以大量保存。另外，南宋汪藻所编《世说人名谱》，也应引起重视，其中收录了二十六个家族的谱系，一般认为此书"取前人旧谱""部分保留了中古谱牒的格式"，田余庆、矢野主税、多贺秋五郎、姜士彬、陈爽等人对《世说人名谱》进行研究，在碑志大量出现的情况下，可与《人名谱》互相印证，互相补充。以上这些均是吉光片羽的文字系谱，而陈其南所强调的"观念系谱"，[1]在中古时期又以何种方式得以体现？

另一方面，就是虚假史料的价值和利用。守屋氏关于太原王氏始祖批判的价值毋庸置疑。从事中古史研究的大多数学者，只要读到碑志资料，莫不对墓主人那些流光溢彩而又虚幻缥缈的祖先资料退避三舍。究其原因，就是即便没有阅读守屋氏的始祖批判，也会警惕那些史料的可靠性，有意进行规避。前文已述守屋氏的始祖批判，应该受到20世纪初叶东京学派以白鸟库吉"抹煞论"为代表的实证主义之影响。但是，白鸟库吉对于古史传说的批判，顾颉刚对上古传说的批评，只是从实证出发，指出其虚构和层累的特征；但并未完全否认古史传说的历史价值，反而强调要研究"国民固有之传说，并加以妥当解释。国民传说之历史性研究，绝不可等闲置之"。[2]守屋氏对始祖传说的批判，犹如推土机一样，一举推翻那些光怪陆离、真伪莫辨的"虚构祖先"，推掉以后，又该如何，破了以后如何立？这些虚假史料就应该毫无意义地弃如敝屣吗？其他时段、其他领域的学者提供了极具启发的意见。濑川昌久在研究华南宗族时指出，"力图去解明记录了这些族谱的编纂者的意识结构，以及存在于他们背后的社会性与文化性规范，这比一

---

[1] 陈其南：《房与传统中国家族制度——兼论西方人类学的中国家族研究》，《汉学研究》1985年第3期，第135页。
[2] 白鸟库吉：《中国古传说之研究》，黄约瑟译，刘俊文主编：《日本学者研究中国史论著选译》第1卷，第1—9页。

味纠缠族谱的真实性要有意义得多"。[1] 又如王明珂所云:"愈来愈多的史家对于'羌'感兴趣;如果它不是历史事实,那么为何它会被编造出来,而且被记载流传?"[2]辨伪存真、去芜存菁向来是传统史学的重要取径,但这种取径本身意味着对"伪"、对"芜"存在着某种程度的"史料偏见"。伪史料的存在自有其逻辑和意义,探讨这些虚假的史料为何如此,怎样如此,以及背后有着怎样的意义,获得近年不少学人(特别是从事历史书写的中古史学人)的认同。王叡等人攀附太原王氏,可以获得门阀士族的高贵身份,从而让其政治暴发户的恩幸身份如虎添翼。类似的攀附遍见中古时期的史料。这种攀附现象,颇似贝茨(Henry Walter Bates)所言生物界的拟态现象(mi-micry),伪装成他者,以求自我保护。如无毒的白斑纹凤蝶,在体色、形态等方面模仿当地有毒的大帛斑蝶,从而形成警戒色,躲避天敌的捕捉;可食个体因模拟不可食个体而获得安全上的好处,称作自我拟态。王明珂在用燃烧木杆为喻,谈及非汉族群汉化的情境时也采用拟态之说:"如一只毛虫让自己看来像一条蛇,一只蝴蝶伪装成一片枯叶,人们也为了保护自己而汉化。"[3]斯科特也发现地位较低的人群努力模仿和遵从地位较高的,例如被黑泰人视作仆役的盛满人,除了本方语言外还使用泰语,同时采用泰族名字,在各个方面模仿泰族人;而黑泰则模仿越南官员的衣着,地位更高的白泰走得更远。[4] 正如妖魔鬼怪披上

---

[1] 濑川昌久:《族谱:华南汉族的宗族·风水·移居》,钱杭译,上海:上海书店出版社,1999年,第10—11页。

[2] 王明珂:《华夏边缘:历史记忆与族群认同》第九章《边缘人群华夏化进程:吴太伯的故事》,第295页。

[3] 王明珂:《反思史学与史学反思:文本与表征分析》,第272页。并参王明珂:《英雄祖先与弟兄民族:根基历史的文本与情境》,第242页。

[4] 詹姆斯·斯科特:《逃避统治的艺术:东南亚高地的无政府主义历史》,王晓毅译,北京:生活·读书·新知三联书店,2020年,第254—255页。

画皮,就可以横行人间,毕竟并非人人都有火眼金睛。

　　高贵的郡望和神圣的祖先,正是那些没有高贵血统的政治暴发户希冀拥有的"保护色"。其实,守屋氏在讨论四房王氏时,敏锐发现《新唐书·宰相世系表》"王锷"条的讹误,但又用了相当的笔墨,分析为何故意以错误的"锷",取代正确的"铎",由此阐述新官僚与旧门阀相互利用的有趣情形。这种对错误史料形成过程的探讨,值得赞叹。这是问题的一个方面。国之大事,在祀与戎。祖先祭祀是传统中国极为重视的活动内容。守屋氏列举太原王氏追溯的各种始祖,其他大族也存在着极为相似的叙事模式,《新表》可视作比较集中的体现。这种叙事一定具有超越家族祖先,从而具有国家认同和民族形成的意义,兹事体大,笔者拟另文探讨,此不赘述。学人所论新政治史的意图是,"不再只是关于人物和事件的历史,更是关于行动中的人或群体对权威和合法性的不同认知的历史,这种不同的认知以及导致的政治行为的错位常常是冲突的根源所在"。[1] 祖先认知的历史,即便是错误的、虚构的、想象的,这种重构的认知本身就值得讨论,更不用说其重构的意义了。

　　其次是家族与地方的共生关系。中古时期门阀大族的自律性和独立性向来被学者强调,但是,家族不是离开地方浪迹天涯的浮萍,地方也不是离开家族空洞无物的巢穴。故有必要重温唐人柳芳所撰的《氏族论》:

　　　　过江则为"侨姓",王、谢、袁、萧为大;东南则为"吴姓",朱、张、顾、陆为大;山东则为"郡姓",王、崔、卢、李、郑为大;关中亦号"郡姓",韦、裴、柳、薛、杨、杜首之;代北则为"虏

---

[1] 陆扬:《清流文化与唐帝国》,第5页。

姓",元、长孙、宇文、于、陆、源、窦首之。[1]

如所周知,中古文献记载某人,经常在其前面加上郡望,表示地域出身和家族地位。更兼地方长官例用本地豪族以为僚佐,同乡关系在中古时期尤为重要。[2] 同一地区的大族之间存在相互援助,也存在着相互竞争。这种竞争和援助,应置于地域社会的视角,以网络或场域的视角予以关照,才有可能获得超越个案的认识。正如学者批评的那样,中古大族个案已经被"地毯式"的研究所"穷尽",这种局面如何升级换代?笔者以为,柳芳所云的地域,与其说是行政的概念,毋宁说是政治文化和社会风俗的概念,是对大族特征和地域文化相互影响的概括和总结。就已展开的讨论,如田余庆对东晋门阀大族的研究,霍姆格伦(Jennifer Holmgren)对山东半岛青齐豪族的研究,[3] 而南朝侨姓大族和吴姓士族,以及代北虏姓的发展脉络,[4] 与政治文化及地域政治的演进相结合,依然存在研究的空间。反观学者现在研究的地域社会、地域集团或大族群体,多以行政地域为范围。

与家族的纵向升降和社会流动相比,这个时期或主动或被动

---

[1] 《新唐书》卷一九九《儒学中·柳冲传》,第 5677—5678 页。
[2] 关于汉魏六朝同乡关系在政治社会中的作用,参见刘增贵:《汉魏士人同乡关系考论》,邢义田、林丽月主编:《台湾学者中国史研究论丛》5《社会变迁》,北京:中国大百科全书出版社,2005 年,第 123—159 页;同氏:《晋南北朝时代的乡里之情》,熊秉真主编:《欲掩弥彰:中国历史文化中的"私"与"情"——公义篇》,台北:汉学研究中心,2003 年,第 11—37 页。
[3] 霍姆格伦:《精英的形成——五世纪中国山东地区的地方政治与社会关系》,《西方学者中国中古贵族制论集》,第 125—173 页。
[4] 例如,霍姆格伦对代郡陆氏的个案研究,其他家族的个案研究,以及家族之间关系的研究,有待继续深入。参见 J. Holmgren, "The Lu Clan of Tai Commandery and Their Contribution to the T'o-pa State of Northern Wei in the Fifth Century," *T'oung Pao*, vol.69, Livr.4/5, 1983, pp.272-312. 近年关于胡姓家族的研究,参见龙成松:《中古胡姓家族研究》,武汉:武汉大学博士学位论文,2016 年。

的横向迁移,同样值得注意。换言之,对于不变的地域而言,旧家族的迁出和新家族的内徙经常发生。那么,这些外来家族和土著家族之间,必然会因各种资源的占有和争夺发生龃龉和冲突。中古时期的南人与北人,正是因此被学人所重视。周一良早已统计南朝历代重要的中央官及诸州刺史任命南方土著和北方侨人的数量及比例,从而考察南北势力之消长。周先生发现,宋齐时期,侨人握有政权,摒弃南人于政治势力之外,南人获重用者极少;南北区别在梁武帝时渐泯;陈朝则吴人势力取代侨人,三吴以外之南方土著亦崭露头角。[1] 守屋氏亦对东晋南朝的南人和北人进行讨论,特别是社会风俗和文化习惯的差异。[2] 而矢野主税则从任官者的构成进行分析,特意考察东晋南朝尚书省人员的构成,指出朝堂之上门阀贵族的政治活动,并不由其血统所决定,同时坚称不同等级之间的森严壁垒已经消失。[3] 其实,中国幅员辽阔,南和北均为相对的概念。比如,唐人感知的南北地理分界线,西在秦岭,而东在长江,与行政概念上的秦岭—淮河(即 800 mm 等降水线)作为分界线并不相同。[4] 所谓南船北马,对黄河流域而言,长江流域是南方,而对珠江流域而言,则是北方。华东师范大学于2017 年 9 月召开"中国历史中的南北文化"学术会议,首先讨论的就是这个问题。[5] 在江南内部,吴姓士族和侨姓士族的斗争与融合,即为显著的例证。益州地区新人和旧人的矛盾,也是显著的例

---

[1] 周一良:《南朝境内之各种人及政府对待之政策》,《中央研究院历史语言研究所集刊》第 7 本第 4 分,1938 年;收入氏著《魏晋南北朝史论集》,第 33—101 页。
[2] 守屋美都雄:《中国古代的家族与国家》,第 316—346 页。
[3] 矢野主税:《东晋における南北人对立问题:その政治的考察》,《東洋史研究》第 26 卷第 3 号,1967 年,第 282—307 页。
[4] 张伟然、周鹏:《唐代的南北地理分界线及相关问题》,《中国历史地理论丛》2005年第 2 期,第 5—11 页。
[5] 相关报道,参见于淑娟:《谁之中国,何谓南北:如何思考中国历史上的南北分异》,《澎湃·思想》2017 年 9 月 29 日。

证。这些都是比较大的区域。学者所言的江东化,即是对此而言,而江东化的本质,就是本土化。

但是,我们知道中国每个州、每个郡,甚至每个县都会因一条河、一座山的阻隔,语言不通,风俗迥异,那么,本土化就需要在时空方面进行"有效的分割":本土化的历时性和本土化的空间性。关于家族与人物共生的地域幅度,笔者通过总结中古地域集团的学术史,发现大族赖以生存的区域,除却行政区域以外,还有山川流域型区域和方言区域。柳芳所言过江和江南的概念为一,但实际上模糊了荆楚集团和江东集团的区别。[1] 这些大族活跃的核心领域以外,边缘地区的"边缘性"大族同样需要注意,例如高昌地区、西南地区的精英阶层有待深入研究。[2] 另外,还可参考其他领域学者提出的区域理论。斯科特(Willem Schendel)提出的佐米亚(Zomia)概念、施坚雅(G. William Skinner)的层级区域体系、梁肇庭的客家区域理论,这些理论都是超越行政区划的区域概念,强调"人之互动的空间形构"。[3] 与这些超越行政的大型区域相反,近年有的学者将区域研究的幅度一再缩小。魏斌近年对青齐豪族的研究,指出需要在青齐地区内部注意因地缘性的差异,内部有所谓河北化和徐兖化的差异。权家玉提出南朝政权京畿化的概

---

[1] 参见拙撰《中古地域集团学说的运用及流变——以关陇集团理论的影响为线索》,《厦门大学学报(哲学社会科学版)》2016年第1期,第13—25页。

[2] 高昌方面:参见白须净眞:《アスターナ・カラホージャ古墳群の墳墓と墓表・墓誌とその編年:三世紀から八世紀に亘る被葬者層の變遷をかねて》,《東洋史苑》第34、35号,1990年,第1—72页;《トゥルファン古坟群の編年とトゥルファン支配者層の編年——曲氏高昌国の支配者層と西州の在地支配者層》,《東方學》第84号,1992年,第111—136页。西南方面:如爨氏的研究,参见梶山智史:《劉宋「爨龍顏碑」からみた南中大姓爨氏》,氣賀澤保規编:《雲南の歴史と文化とその風土》,东京:勉诚出版,2017年,第59—82页。

[3] 参见刘志伟:《区域史研究的旨趣与路径》,收于氏著《借题发挥》,北京:社会科学文献出版社,2019年,第246—249页。

念,即在江东化的基础上,缩小本土化的幅度。[1] 实际上,探讨本土化或在地化最有力最直接的文献之一,就是利用科学考古发现的墓葬信息,对门阀大族的家族墓地进行比较研究,进而在墓葬空间的基础上,分析家族地位与政治社会的关系。兹以南京为例,南京象山一带显然是东晋南朝琅琊王氏比较集中的族葬地。不仅如此,包括皇室在内的高门大族都是画地而葬:离象山不远的老虎山,为颜氏家族的族葬地;南京南郊司家山和铁心桥,为陈郡谢氏族葬地;仙林农场为高氏家族墓地;吕家山为李氏家族墓地;北郊郭家山一带为温峤家族墓地;鸡笼山一带则为司马氏家族葬地,等等。[2] 也就是说,在门阀大族研究方面,婚宦讨论已经习以为常,同样也是趋于"内质耗尽"的研究内容,如能从其"共地方"的视角,探讨家族与地方的共生关系,不失为一种新的角度。墓葬是讨论这种共地方的一种视角。又如各种碑志的存在空间,这些碑志与墓葬的关系、与地理的关系、与山河的关系、与居住地的关系,都可纳入"共地方"的讨论范围。晚近萧驰以长达七年的时间,多次亲临现场考察中古山水诗歌的场景,与诗歌相印证,重构当时诗人所处的实地山水,进而讨论中古山水美感的生长过程。其中对大谢、小谢诗歌所言地理的考辨,有助于我们了解南朝大族所生活的

---

[1] 魏斌:《龙口晋墓砖铭与太元廿年青齐情势》,《华东师范大学学报(哲学社会科学版)》2017年第2期,第73—78页。权家玉:《文武分区:地域性经济特征对东晋南朝政局之影响》第五章《南朝文武分区局面的形成及影响》,台北:花木兰出版社,2015年,第121—144页。

[2] 南京市文物保管委员会:《南京老虎山晋墓》,《考古》1959年第6期,第288—295页。南京市博物馆:《江苏南京仙鹤观东晋墓》,《文物》2001年第3期,第4—40页;《南京吕家山东晋李氏家族墓》,《文物》2000年第7期,第21—35页。南京市博物馆、雨花区文化局:《南京南郊六朝谢温墓》,《文物》1998年第5期,第15—18页;《南京南郊六朝谢珫墓》,《文物》1998年第5期,第4—14页。李蔚然:《论南京地区六朝墓的葬地选择和排葬方法》,《考古》1983年第4期,第343—346页。南京市博物馆:《南京市郭家山东晋温氏家族墓》,《考古》2008年第6期,第3—25页。

庄园实态。[1]

再次是士族研究理论的回应与形成。前文所言,内藤湖南的六朝贵族制论,在海内学界已经产生深远的影响。但贵族制内部,亦有各种分支,甚或有各种各样的"亚理论",也值得学者进行探讨。例如,谷川道雄揭橥"豪族共同体"理论,其中译本引介到国内后,鲜有响应和讨论。[2] 不仅如此,川胜义雄《六朝贵族制社会研究》中译本推介至国内后,情况大致相似。[3] 更重要的是,日本贵族制研究成果荦荦大观,仍需择要编译。诸多研究贵族制的理论和讨论,依然游离在国内学者的视线之外,例如越智重明、野田俊昭的"族门制论",川合安、中村圭尔的贵族制研究,[4] 依然是不少中国中古史学人、甚至是士族研究者门口熟悉的"陌生人"。英文世界的贵族制研究,经笔者翻译和引介,虽有遗珠,但绝大多数成果已逐渐为国内学人所熟悉。日本学者的中国史研究,已经编译出版或已列入计划的出版书目,凡有数种,分别是刘俊文主编的《日本学者研究中国史论著选译》,共十卷;《日本中青年学者论中国史》,共三卷;复旦大学历史系编的《日本学者古代中国研究丛刊》,现已出版十种。专题性的选译应提上日程,例如法制史方面,中国政法大学法律史学研究院编《日本学者中国法论著选译》;杨一凡、寺田浩明主编《日本学者中国法制史论著选》。那么,"日本学者中国中古

---

[1] 萧驰:《诗与它的山河:中古山水美感的生长》,北京:生活·读书·新知三联书店,2018年,第47—178页。
[2] 李济沧:《论谷川道雄的中国史研究》,《中国史研究》2005年第2期,第137—155页。
[3] 川胜义雄:《六朝贵族制社会研究》,徐谷芃、李济沧译,上海:上海古籍出版社,2007年。并参徐冲:《川胜义雄〈六朝贵族制社会研究〉评介》,《中华文史论丛》2009年第1期,第347—364页。
[4] 相关论述参见川合安:《南朝贵族制研究》,柴栋译,上海:复旦大学出版社,2022年。

贵族制论著选译"等编译计划,都应成为继续认识和深化中古贵族制研究的应有之义。域外理论的引入和讨论之外,个案研究迄今已有七十余年的积累和发展,"只是方法上的变迁,并无理论上的突破"。[1] 个案研究是探讨中古门阀大族乃至中古社会的手段,探索中古政治社会的本质则是目的,不少研究者在讨论个案的过程中,错把手段当目标,迷失在个案研究的沼泽深处。

最后,作为方法论的个案研究本身如何提升。个案研究的本质,其实是最小幅度的实证研究,提升个案研究的根本前提,积累足够的资料回到个案本身。即便是个案研究,也应圈定明确的范围,是系谱性的家族,还是功能性的?是百口之家,还是千丁之籍?分房的内缩性,还是家族的扩展性?毕竟如柳立言所云:"假如跟人命无关,学人大可吵个不停,但假如牵涉到族诛或分产,就非要界定清楚了。"[2] 从基本逻辑而言,个案研究本身并不肩负洞见全局和整体特征的任务,只是具有某种程度的典型性。即便如此,个案研究不能抽空历史最基本的两个要素:时间和空间。因此,个案研究不能只是个案研究。"横看成岭侧成峰",个案研究就像"切片"一样,从不同时段、不同领域关照个案对象,观察、体会和比较其中的变化与不变,那么个案家族的不同侧面可以得到完整的呈现。道理很简单。文学家、人类学家、历史学家眼中的贵族家庭存在相当大的差异,一族千面,拼凑和整合不同观察者的角度,或许是提升个案研究的方向。如果积累足够多的有效个案,或从不同视角积累某个家族足够的研究,就可以试图总结其中的共性和差异,进行分类和提炼。在这个意义上,个案研究做的不是太

---

[1] 仇鹿鸣:《失焦:历史分期论争与中文世界的士族研究》,《文史哲》2018年第6期,第110—120页。
[2] 柳立言:《宋代明州士人家族的形态》,《"中研院"历史语言研究所集刊》第81本第2分,2010年,第327页。

多,而是太少,尤其是深刻的讨论。学人通常强调某个家族的个性或特性,这自然是个案研究的首要任务,但隐藏在门阀大族内部的共性或一般特征,也是研究历史需要追寻和概括的目标。正所谓天下没有两片一模一样的树叶,中古时期每个家族生成、发展和变化的节奏都有所不同,如何对千姿百态的家族进行归类,进行总结,从而提炼出类型学的个案集群。刘志伟说,"哪怕一些很零碎的叙事,也可以引到对大历史的理解。"[1]彼得·伯克也说:"倘若一部微观史写得好的话,它应该是一部有着自身深厚内蕴的研究,但同时也会揭示出与在它之外的其他进程的事件的关联。"[2]这或许就是个案研究的超越之道,也是个案研究的会通之路。[3]守屋氏开宗明义,"不能将家族从其他社会关系中割裂开来,必须将家族置于个人、村落、国家等背景之中",[4]这正是试图平衡微观个案与宏观研究的表现。

与此同时,跨学科、跨领域、跨断代的对话和交流日渐成为学人的共识。这是对个案研究避免沦为碎片最好的补救之策。以中古大族研究为例,略举几个较有影响的学术会议,如上海师范大学历史系举办"比较视野下的中古士族与近世宗族"工作坊(2018年10月20日);北京大学人文社会科学研究院举办"书谱石刻:中古到近世华南与西域研究的对话"论坛(2019年7月18日);首都师范大学历史学院举办"中古与近世:对话历史人类学"工作坊(2019年11月9日)。上述学术会议均是中古史

---

[1] 刘志伟:《区域史研究的旨趣与路径》,《借题发挥》,第248页。
[2] 玛丽亚·露西娅·帕拉蕾丝-伯克编,彭刚译:《新史学:自白与对话:九位当代最著名新史学家的访谈录》,北京:北京大学出版社,2006年,第76页。
[3] 阎步克:《一般与个别:论中外历史的会通》,《文史哲》2015年第1期,第5—11页。卢晖临、李雪:《如何走出个案——从个案研究到扩展个案研究》,《中国社会科学》2007年第1期,第118—130页。
[4] 守屋美都雄:《六朝门阀:太原王氏家系考》,第3页。

与近世史学者的对话和交流,背后其实是历史与人类学、文献本位与文献、田野并重的深入交流。可以相信,这种互相促进、互相激发的学术会议,将成为以后会议的重要趋势之一,也必将促使更多的中古史学人走向历史现场,走向田野。近年中古大族的谱系、谱牒、墓田、宗法等问题逐渐成为学者关注的话题,与这种交流不无关系。后顾之外,中古大族的研究也需前瞻。如前所述,中古大族在秦汉和上古时期的祖先,往往作为简单的追溯或严厉的批判而存在,需要追问的是,这些祖先在其所生活的时代,家族是何种结构,与中古大族结构有何不同? 其中有着怎样的继承和联系,又发生了怎样的变化? 换言之,祖先不应该仅仅视作过去式而存在,他们和大族个案的主体人物同等重要,远祖的想象和构建甚至更加重要。近年整理和刊布的碑志文献,也为这种讨论提供了丰富的资料基础。一些充满问题意识、充满对话可能的家族个案,有条件在前辈学者的基础上继续深化。甘怀真也强调,继续探讨中古"氏族",有两个重要的参照,一是日本的渡来人氏族,二是先秦的氏族。[1] 同领域的交流以外,与考古学、文学、宗教学、艺术史等领域的交流和沟通,也是学者关注的方向。[2] 例如,考古学近年对都城遗址、家族墓地等的发掘、整理和研究,显然可以为个案研究提供多维的视角。又如名族子弟在城市的居住空间,可以得到清晰地复原。[3] 又如多个北朝墓葬陆续发现,其中有墓主画像,如此墓主人的形象是否就此重见天日? 墓主画像与传世

---

[1] 甘怀真:《再思考士族研究的下一步:从统治阶级观点出发》,《身分、文化与权力:士族研究新探》,第1—26页。
[2] 这些史料的关系,只是学科上的差异,内在关系应该是"将毋同",参见韦正:《将毋同:魏晋南北朝图像与历史》"引言",上海:上海古籍出版社,2019年。
[3] 齐东方:《魏晋隋唐城市里坊制度——考古学的印证》,《唐研究》第9卷,2003年,第53—84页。

文献的关系如何。[1] 一流高门与次等士族以外,个案研究也要眼光向下,那些地方家族的形态,也有必要纳入讨论。北朝造像记屡见同姓人群凿井建庙、结邑造像,这些题名往往不见于史传,值得关注。[2] 这些造像题名人物活跃的共同区域往往是村落,中古宗族村落或村落宗族的研究,也应纳入中古研究者的视野。

概言之,守屋氏追踪了"金翼之家"太原王氏七百余年发展的雄奇史诗。[3] 冠冕相袭和联姻名族成为其持续发展强劲的"双翼"。作为方法论的个案研究,其学术史并不具有生物学意义上发展成熟的演变过程,其产生之初就声势夺人。随着学人陆续参与的广度和深度,以及碑志资料的刊布程度,先后在日本、北美、中国大陆形成研究中心,这种研究范式的腾挪转移、分进合击,可谓"星辰昼夜以明灭,乌兔东西而往复"。学术史的发展,包括士族个案研究方法的使用、传播和影响,往往是进一步、退两步的曲折反复,往往是"跷跷板式"的,特别是不同国度、不同地区、不同领域的学者对于方法、理念、文献等的认识和理解,因各种主观和客观因素,存在着相当大的时间差。守屋氏关于中古太原王氏的个案研究,在学术史和学术层面具有双重的标杆意义:他在文献使用、讨论对象、问题意识等方面,已经显示出"预流在先"的作用,尽管宫川尚志在书评中期望他继续从事山东郡姓、吴姓士族、侨姓士族的研究,[4] 很可惜,他后来

---

[1] 郑岩:《墓主画像研究》《墓主画像的传承与转变——以北齐徐显秀墓为中心》,收于氏著《逝者的面具:汉唐墓葬艺术研究》,北京:北京大学出版社,2019年,第168—218页。
[2] 侯旭东:《北朝并州乐平郡石艾县安鹿交村的个案研究》,收于氏著《北朝村民的生活世界:朝廷、州县与村里》,北京:商务印书馆,2005年,第231—264页。
[3] 这个概念来自林耀华:《金翼:一个中国家族的史记》,庄孔韶、方静文译,北京:生活书店出版有限公司,2018年。
[4] 宫川尚志:《書評守屋美都雄〈六朝門閥の一研究:太原王氏系譜考〉》,《史学雜誌》第60编第11号,1951年,第76页。

再没有从事其他家族的个案研究。另一方面，数十年来，个案研究的问题与成果并存，需要在百年学术史的范畴内深入省思，积极与其他断代、其他领域的学者真正对话与交流。作为研究方法、研究手段的个案研究，大多关注微观与宏观、方法与理论、地方与国家、婚姻与仕宦、权力与声望、郡望与乡里、卜窆与迁葬、伪冒与嫡系、谱系与谱牒、主干大房与旁门枝叶、近世祖先与遥远祖先，等等。若能在此基础上，充分利用学界整理出版的碑志、文书、简牍等新出资料，回归中古史本位，有效回应与此相关的学术话题，如近世宗族（功能性的还是系谱性的）、家族墓地、地域社会等，或许能够让我们对中古大族乃至对古代精英家族的认识更加多元、更加丰富，也更可能通晓古今精英家族之变。

那么，在经历七十余年的积淀、迂回和蓄力之后，个案研究的春天将要再度来临了吗？

（原载《中外论坛》2020 年第 3 期、《读书》2020 年第 8 期）

北美士族研究传统的演变

——以姜士彬和伊沛霞的研究为线索

从现代学术发展的角度而言,关于中古士族的研究已逾百年之久。百年之间,海内外不同学派的不同学人对于士族这个在中古时期占据重要地位的政治社会阶层,从不同角度、不同文献、不同方法,各申己说,相持不下,交互辩难,展开极为有益的探索和争论,中古士族研究的学术史遂风起云涌、波澜壮阔。海内外研究士族者,若以国别和地域作为划分标准,大体可划分为三股重要的研究力量:中国、欧美和日本。若以1950年作为分水岭的话,此前是中国学人的"一枝独秀",此后则是海内外学人"各领风骚数十年":先后实现了从日本到欧美、再到中国大陆的"典范大转移"。关于中日学者的士族研究情况,学人多有述评和反思;[1]而英文

---

[1] 陈爽:《近20年中国大陆地区六朝士族研究概观》,《中国史学》2001年第11期,第15—26页;宋德熹:《中国中古门第社会史研究在台湾——以研究课题取向为例(1949—1995)》,《兴大历史学报》1996年第6期,第139—147页;甘怀真:《再思考士族研究的下一步:从统治阶级观点出发》,《身分、文化与权力:士族研究新探》,台湾大学出版中心,2012年,第1—26页。中村圭尔:《六朝贵族制论》,夏日新译,刘俊文主编《日本学者研究中国史论著选译》第2卷《专论》,中华书局,1993年,第359—391页;刘俊文:《中国史研究的学派与论争(上)(转下页)

世界关于中古士族研究的概况,中外学人虽然也有粗线条的勾勒、介绍和评价,[1]但是,我们不无遗憾地说,就英美学人研究士族的整体情况而言,尤其是作为问题意识的士族研究,在英文世界何以兴起、何以衰落,其中有哪些代表性学派和人物,其研究的理论和方法是什么,他们的观点差异及根据何在,学术渊源和系谱如何,等等,应该说,我们对这些问题依然是一知半解,停留在"雾里看花"的状态。有鉴于此,笔者不揣浅陋,拟对英文世界士族研究的滥觞、兴起、流派、分野、影响和演变等来龙去脉的情况进行系统的追溯和梳理,并对其中最为关键的话题进行集中评析和讨论。但是,兹事体大,尤其英文世界的士族研究成果因语言和方法等问题,大多数都有详细评介之必要,非一篇小文所能涵括,故拙文仅以姜士彬和伊沛霞研究的异同为主线,[2]辅以其他学者所展开的士族研究,纵横比较,整合分析,期望丰富中古士族研究的学术史,

---

(接上页)(中)(下)(续)》,《文史知识》1992年第4、5、7、8期,第45—50、64—72、86—91、85—92页。关于日本贵族制比较重要的学术史论文,参见林晓光:《比较视域下的回顾与批判——日本六朝贵族制研究平议》,《文史哲》2017年第5期。林子微:《一个历史分期概念的解体——1980年代以降日本六朝贵族制研究综述》,《中国中古史研究》第10卷,2023年,第223—248页。

[1] 李约翰(John Lee):《英米における中国中世贵族制研究の成果と课题》,《史林》1984年第67卷第1号,中译文参见齐威译:《英美关于中国中世贵族制研究的成果与课题》,《中国史研究动态》1984年第7期,第19—28页。张广达:《近年西方学者对中国中世纪世家大族的研究》,《中国史研究动态》1984年第12期,收入《史家、史学与现代学术》,桂林:广西师范大学出版社,2008年,第263—266页。金应熙:《国外对六朝世族的研究述评》,《暨南学报》1987年第2期,后收于氏著《国外关于中国古代史的研究述评》,呼和浩特:内蒙古人民出版社,1994年,第189—199页。陈美丽(Cynthia L. Chennault)、裴士凯(Scott Pearce):《美国学者对中国中古时期历史和社会的研究》,张建中译,以及陆扬:《西方唐史研究概观》,俱收于张海惠主编:《北美中国学——研究概述与文献资源》,北京:中华书局,2010年,第70—110页。

[2] 伊沛霞:《早期中华帝国的贵族家庭——博陵崔氏个案研究》,上海:上海古籍出版社,2011年;姜士彬:《中古中国的寡头政治》,上海:中西书局,2016年。两书均由笔者所译,为方便起见,本文简称为"姜著"、"伊著"。

并以此为契机,揽镜自照,反思和推动士族研究的深入开展。

一、引言

英文世界研究中古士族的学人并不像中日学界那样层出不穷,但也可圈可点。若以在欧美乃至中日学界的影响力而言,姜士彬(David Johnson)的《中古中国的寡头政治》和伊沛霞(Patricia Ebrey)的《早期中华帝国的贵族家庭——博陵崔氏个案研究》,堪称欧美学人研究士族学术史上的"双璧"。两氏的著作相继出版于1977年和1978年,在当时的中古史学界,姜氏和伊氏关于中古士族政治的研究成果可谓风靡一时:在英文世界,多位重要学者如艾伯华(Wolfram Eberhard)、蒲立本(E. G. Pulleyblank)、多尔比(Michael Dalby)、萨默斯(Robert M. Somers)和许倬云等人迅速做出反应,在欧美重要刊物上撰写书评,加以评介;[1]而中文世界的反应也比较快速,周一良、张广达、金应熙等先生撰写比较重要的

[1] 关于姜著和伊著的重要书评,参见 Robert M. Somers, "The Society of Early Imperial China: Three Recent Studies", *The Journal of Asian Studies*, Vol.38, No.1 (1978): pp.127 – 142。关于姜著的书评分别是: Reviewed by: Benjamin E. Wallacker, *Journal of the American Oriental Society*, Vol.100, No.1(1980): pp.93 – 94; Yves Hervouet, *Journal of the Economic and Social History of the Orient*, Vol.25, No.3(1982): pp.333 – 335; Cho-Yun Hsü, *The American Historical Review*, Vol.87, No.1(1982): pp.235 – 236.关于伊著的书评分别是: B. J. Mansvelt Beck, *T'oung Pao*, Vol.68, Livr.1/3 (1982): pp.154 – 157; Yves Hervouet, *Journal of the Economic and Social History of the Orient*, Vol.23, No.3(1980): pp.324 – 327; E. G. Pulleyblank, *Pacific Affairs*, Vol.52, No.1(1979): pp.115 – 117; Evelyn S. Rawski, *The American Historical Review*, Vol.84, No.4 (1979): pp.1124 – 1125; Herbert Franke, *Historische Zeitschrift*, Bd.230, H.2 (1980): pp.390 – 396; Emily M. Ahern, *Man*, New Series, Vol.14, No.2(1979): pp.359 – 360; Wolfram Eberhard, *Journal of the American Oriental Society*, Vol.102, No.3(1982): pp.574 – 576; Michael Dalby, *Harvard Journal of Asiatic Studies*, Vol.40, No.1(1980): pp.249 – 263。

书评加以介绍;与此同时,李约翰(John Lee)介绍英美学人研究士族(主要是姜士彬和伊沛霞的著作)的论文,也迅速被译成中文。[1]

姜士彬出生于1938年,伊沛霞出生于1947年,两人相差将近十岁,却有师生之谊。伊氏1975年毕业于哥伦比亚大学,师承毕汉思(Hans H. A. Bielenstein);当时,姜士彬亦供职于斯,伊氏也对笔者自称,姜氏亦为其师;姜氏则告诉笔者,伊氏是他在哥大就任助理教授时协助指导的首位博士生。两氏的参考文献多有重叠,至少显示他们在研撰此话题时具有相近的知识结构,尤其是他们都受到欧美人类学家和社会学家的深刻影响。正如艾伯华所论,姜伊二氏所关心的问题,不仅是纯粹的历史问题,同时也是社会学问题。[2] 姜氏和伊氏关于中古精英家族研究的方法、思路和结论,可谓和而不同,大异其趣。两氏著作出版已近半个世纪,若从后来的"他者"眼光来看,探讨其学术价值,首先要探讨其学术史的意义,溯其源流,探其传统,方能得其学术真昧。姜伊二氏的著作最初被中国学者所知,几乎出于相同的原因:两氏著作分别由周一良和张广达先生加以介绍。周一良关于伊著的介绍,吹响中国学人利用个案方法研究士族问题的号角。

张广达先生关于姜氏的介绍文字,其实只有姜氏自行撰述的梗概。关于姜著的意义和价值,张先生着墨并不多。姜著从讨论

---

[1] 周一良:《〈博陵崔氏个案研究〉评介》,原载《中国史研究》1982年第1期,后收于氏著《魏晋南北朝史论集》,第517—528页。张广达:《近年西方学者对中国中世纪世家大族的研究》,《史家、史学与现代学术》,第263—266页。金应熙:《国外对魏晋南北朝世族研究的述评》,《国外关于中国古代史的研究述评》,第189—199页。李约翰:《英美关于中国中世贵族制研究的成果与课题》,《中国史研究动态》1984年第7期,第19—28页。

[2] Reviewed by: Wolfram Eberhard, *Journal of the American Oriental Society*, pp.574-575.

大族的身份入手,前四章都是着力考察大族的身份及其定义,剖析统治阶层的重要概念,认为"士"阶层并不具备"统治阶层"法律和制度上的意义;接着考察人们的地位崇高,正是源自担任的官职;但同时强调,只有地位崇高的人们,才能获得官位。姜氏进而确定这个地位崇高的人群,就是由数百个家族组成的集团:他们有四姓、二品、贵族、门阀等称谓,也就是所谓的寡头家族(oligarchy)。那么,这些"oligarchy"的边界在哪里,哪些家族包括在内,哪些家族又被排除在外?姜氏接着从考察中古氏族谱入手,尤其对残存的几件敦煌姓望氏族谱之逻辑关系,进行复原,从而奠定讨论大族群体的边界基础。姜氏发现,晋唐时期所有高官尤其是宰相的家庭背景,相当一部分都来自唐代氏族谱所列举的家族。这些家族在晋唐时期具有相当的连续性和稳定性。姜氏同时指出,这些氏族谱中的成员资格,看似具有相当的稳定性和持续性,但其地位不是源于血统的世袭,而是在每次修订谱牒时都必须经过政府的确定和认同。正是在这个意义上,姜先生不同意将这个群体称作"贵族家族",而是称为"寡头家族":其要义包括其家族地位源于任官;这个群体又是根深蒂固、持续长久的,贯穿中国古代的晋唐时期。不仅如此,姜氏同时论证谱牒是中古士族认同的唯一纽带,声称这是中古士族与近世宗族的根本区别(姜著,第157页)。由此,我们就能看到,姜著浑然一体,自成逻辑,关于中古时期的统治阶层和政治形态,贵族制和官僚制结合的"寡头政治论"可备一说。

从学术系谱的角度追根溯源,我们就会发现姜氏的研究不是无源之水。姜著的骨干正是其博士论文,原文还有副标题"大家族的社会、政治和组织结构之研究"(*A Study of The Great Families in Their Social, Political and Institutional Setting*)。姜士彬于1970年毕业于伯克利加州大学,获历史学博士学位,导师是艾伯华(Wolfram Eberhard)。艾伯华是犹太裔学者,因希特勒反犹太政策辗转赴美。[1] 在1950—1960年代,艾伯华陆续出版关于传统中国统治阶层和社会流动的著作。[2] 在艾氏看来,唐代郡望表所列门阀贵族的社会地位、经济力量持续不断,即便在后汉至五代的社会变动下仍然不受影响。六朝贵族制或唐宋变革论,背后涉及的宏大问题都与历史分期有关。如艾伯华将中国史与欧洲史等同看待,认为中国的古代(ancient)即周代,等同于欧洲的中世纪;中国的近代或近世(modern),与欧洲大致同步,等等。大概同时,艾伯华揭橥"士绅社会"(gentry society)理论,具体指公元前200年至13世纪,长达一千五百年,不存在贵族阶层,其上层统治阶层的权力,主要依赖其社会经济地位。因此,艾氏认为,这是一个理论上的"开放社会"(open society),任何人都可以提升其社会地位,当然从汉至宋的向上流动较为罕见,南北朝可谓"士绅社会"之典型。又以五代而论,只有26%的士绅出自胡族;而汉人士绅中,70%出自传统士绅(old gentry),艾氏进而认为五代时期的统治集团并未发生根本性变化。[3] 在蒲立本看来,艾伯华史学中最重要的发现之一,就是其中世"士绅社会"理念的提出;当然,蒲立本对艾氏著作也提出激烈批评,尤其批评他统计资料中诸多不合理的因素,以及艾伯华学说中充满自相矛盾之处:例如,艾氏谈及北朝

---

[1] 许倬云:《北美中国历史研究的历史与走向》,收于朱政惠、崔丕主编:《北美中国学的历史与现状》,上海:上海辞书出版社,2013年,第75页。

[2] Wolfram Eberhard, *Das Toba-Reich Nord chians*, Leiden: E. J. Brill, 1949.(艾伯华:《中国北部的拓跋帝国:社会学的研究》,莱顿:荷兰博睿学术出版社,1949年);*Social Mobility in Traditional China*, Leiden: E. J. Brill, 1962.(《传统中国的社会流动》,莱顿:荷兰博睿学术出版社,1962年。)关于艾伯华的学术生平和研究旨趣的变动,参见张广达:《魏特夫与艾伯华教授》,《史家、史学与现代学术》,第210—213页。按,姜士彬先生提示,其师Wolfram Eberhard的汉译名以"艾伯华"为妥。

[3] Wolfram Eberhard, *Conquerors and Rulers: Social Forces in Medieval China*, Leiden: E. J. Brill, 1952, p.13.(艾伯华:《征服者与统治者:中世纪中国的各种社会力量》,莱顿:荷兰博睿学术出版社,1952年。)

有六个"高贵"的士绅家族凌驾于社会等级之上,盛气凌人,深沟壁垒,结成排外性的婚姻圈;而日本学者则将胡汉联盟视作"贵族"。[1]

实际上,艾伯华浸淫社会学多年,深受韦伯理论之影响,在某种程度上,艾氏研究带有欧美汉学界自发研究中古士族和精英阶层的色彩,李约翰评价艾伯华云:"在他的学说中随处可以看到欧洲人对中国史的传统看法。这大概就是通过欧洲史的比较或者作为世界史中共同现象的一环来理解中国的态度。……轻视、无视二手文献,特别是中国和日本学者的研究成果。"[2]无论如何,艾伯华的"士绅社会"理论,尤其强调北魏大族高门持续至唐代,乃至在五代持续显赫的观点,以及采用统计分析的社会学方法,显然构成姜士彬"寡头政治说"的滥觞;姜氏青出于蓝,后出转精,对艾氏学说进行修正和补充。不仅如此,1950—1960年代前后,社会史的研究风靡欧美,[3]社会流动(social mobility)和精英阶层作为社会史研究的重要部分,成为相当高频的学术词汇和研究对象,不仅涉及中国史的研究,也涉及东亚史、欧洲史乃至美国史的考察。例如,在当时名噪一时、迄今仍有巨大学术影响的何炳棣所撰《明清社会史论》,即出版于1962年。实际上,关于中国古代精英阶层的研究,风靡当时美国的汉学界,如萧公权的《中国乡村》、张仲礼的《中国士绅:关于其在十九世纪中国社会中作用的研究》、瞿同祖的《作为权力阶层的士绅》和《汉代

---

[1] Edwin G. Pulleyblank, "Gentry Society: Some Remarks on Recent Work by W. Eberhard", *Bulletin of the School of Oriental and African Studies*, Vol. 15, No. 3 (1953): pp.588 - 597.(蒲立本:《士绅社会:艾伯华近年论著评述》,《伦敦大学亚非学院通报》第15卷第3号,1953年。)关于艾伯华论著中相互矛盾冲突之处,还可参见白乐日关于艾氏《征服者与统治者》的书评,参见 Reviewed by: Etienne Balazs, *Pacific Affairs*, Vol.27, No.1; p.75。

[2] 李约翰:《英美关于中国中世贵族制研究的成果与课题》,第20页。

[3] 例如,毛汉光曾经坦言受到这种风气和学人的影响,参见氏著《中国中古社会史论》序,第5—6页。

社会结构》,都出版于1950—1970年代。[1] 我们由此看到,在1970年代,姜著和伊著的"横空"出现就绝非偶然,而是欧美学界研究传统中国社会史——特别是社会流动和统治阶层——日积月累,从而波及中古史的必然结果。实际上,在此之前,杜希德(Denis C. Twitchett)已经从敦煌氏族谱的角度,考察唐代统治阶层的构成,[2]和艾伯华等人共同成为姜伊二氏研究中古精英阶层的先驱。

如果说姜士彬立足士族政治宏观层面的理解、概括和演绎,伊沛霞则是致力于个案研究的考察和剖析,伊氏希望从博陵崔氏的沉浮升降,揭示博陵崔氏所属贵族家庭乃至整个精英阶层的历史变迁。[3]

---

[1] 例如, Chang Chung-li, *The Chinese Gentry: Studies on Their Role in Nineteenth-Century Chinese Society*, Seattle: Washington University Press, 1955.(张仲礼:《中国士绅:关于其在19世纪中国社会中作用的研究》,西雅图:华盛顿大学出版社,1955年。)

[2] Reviewed by: Robert M.Somers, "The Society of Early Imperial China: Three Recent Studies", *The Journal of Asian Studies*, Vol.38, No.1(1978): p.139.

[3] 当然,这是谨就两者著作而言。实际上,姜士彬先生研究唐末宋初赵郡李氏的论文,也是英文世界研究士族个案的扛鼎之作。关于这篇论文,我们可以从三个角度去谈他的学术史意义:其一,姜先生的中古寡头政治和赵郡李氏研究,相辅相成,构成姜先生研究士族问题的"姐妹篇"。如果说前者是关于士族研究群像式的素描,那么,后者则是士族研究精密细致的解剖。其二,关于唐宋士族衰亡的考察。此前有孙国栋先生关于唐宋门第消融研究的大作[参见孙国栋:《唐宋之际社会门第之消融——唐宋之际社会转变研究之一》,原载《新亚学报》1959年第4卷第11期,第211—304页,后收于氏著《唐宋史论丛》,商务印书馆(香港),2000年],如果说孙国栋先生通过社会学的宏观统计,展现了唐宋时期旧族门第消融的历史大幕;那么,姜先生这篇文章,则呈现了门第消融背景之下的鲜活案例。其三,士族个案研究的坐标意义。从个案研究的角度研究中古士族,肇端于1950年代的守屋美都雄,不夸张地说,作为方法论的个案研究,日本、英美和中国学者的士族研究,可谓形似而神不似,其问题意识和关注角度存在着相当大的差异。大体来说,田余庆、陈爽的士族研究是政治史取径的,守屋氏的士族研究则是社会史取径的,而姜士彬、伊沛霞的个案研究则是人类学和社会学取径的,可见姜、伊二氏的研究取径,相对接近守屋氏。这种差异正是互相借鉴、继续深入的重要基础。就士族研究的英文板块而言,姜先生的"赵郡李氏研究"(1977),和伊沛霞的"博陵崔氏研究"(1978),一文一书,堪称西方学者研究士族个案问题最重要的成果,前后辉映。整体而言,个案研究和宏观考察是士族研究的两大取径,各有利弊,互为补充。

伊著第二章追溯贵族家庭的历史发展，意图正是通过博陵崔氏的荣枯兴衰，透视整个贵族阶层的发展轨迹。伊著第三至第六章，追踪汉唐时期一千年间博陵崔氏的成长、壮大、衰落乃至消失的进程。[1] 尽管伊氏认为博陵崔氏的研究具有相当的典型性，犹如守屋美都雄试图从太原王氏的系谱变化归纳中古政治社会的形态一样。欧美学人在此之前展开的中古社会史研究，被多尔比形容成"概念集中营""香蕉共和国"式的研究，枯燥乏味，从概念到概念、从片段到片段，从理论到理论，理论先行，然后选择材料进行论证。[2] 个案研究的魅力，正是其鲜活性，使得历史研究如同现场发生的故事一样栩栩生动。但是，个案研究毕竟只是解剖"一只麻雀"，只是对极为有限对象的精密考察，显然是以牺牲全局性的洞察为代价。具体而言，博陵崔氏是生活在中古时期的大族高门，一举一动，莫不与中古时期风云莫测的政治环境和地域社会息息相关，准确将博陵崔氏从中古中国极为复杂的政治环境和阶层网络中切割而出，借此观察精英阶层的整体形象，难以想象。因此，个案研究"非典型"（atypical）的特征与生俱来，从极为有限的个案归纳一般原理，在基本逻辑方面也是不乏冒险的取径。作为读者，追问的话题必然是博陵崔氏如此，其他大族身上是否发生相似的故事？

不出意料，有的学者提出与姜伊二氏截然不同的观点。葛涤风（Dennis Grafflin）正是代表人物之一。1980年，葛氏毕业于哈佛大学，首先师从杨联陞先生；杨先生因身体健康问题荣退，葛氏其后又随史华慈（Benjamin Schwartz）继续学习，获博士学位，其博士论文《南朝早期的社会秩序：东晋的构造》（*Social Order in The*

---

[1] 艾伯华指出，五代时期的部分传统士绅家族，至少延续一千余年。参见 Wolfram Eberhard, *Conquerors and Rulers: Social Forces in Medieval China*, p.119。
[2] Reviewed by: Michael Dalby, *Harvard Journal of Asiatic Studies*, Vol. 40, No. 1 (1980): p.260.

Early Southern Dynasties: The Formation of Eastern Chin）并未正式出版,但其发表的数篇论文,正是精华所在,颇能代表葛氏对于中古士族的观点。葛氏声称,只要对南朝高门大族的演变轨迹进行重建,就会发现贵族门户持续稳定和长期重要的观点是错误的;他具体指出,东晋南朝最显赫的侨姓门阀,只有太原王氏和颍川庾氏可以追溯至汉代,同时,也只有太原王氏和琅琊王氏延续至唐代,如谯国桓氏被灭族于元兴三年（404）。葛氏尖锐指出,不止是东晋的超精英阶层（即一流高门）迅速滑落衰微,而且南朝也没有出现与之匹敌的替代性高门。[1] 这种看法显然与姜伊二人的观点迥然相异。从葛文有限的学术回顾来看,他试图回应和对话的学术史集中于内藤湖南、川胜义雄、姜士彬等人,尤为关注川胜义雄对于南朝贵族制的研究。

如果说日本学界的贵族制是以东京学派（又称"历研派"）和京都学派之间的批评和分野为代表,那么北美学界也不乏这样的论争和分化:主张中古贵族制或寡头制者,以姜士彬和伊沛霞为代表,同时也有反贵族制者,除哈佛大学出身的葛涤风之外,在对姜伊二氏充满批判精神的论著中,旗帜鲜明、观点激烈者,又如毕业于斯坦福大学的陈美丽（Cynthia L. Chennault）,毕业于哥伦比亚大学的麦希维克（Dušanka Dušana Miščević）等人都是如此。陈美丽（Cynthia L. Chennault）是"飞虎队"队长陈纳德次女,1979 年毕业于斯坦福大学,师从刘若愚（James Liu）和王伊同,受到刘先生的学术影响,陈美丽以文史互证之法,进行陈郡谢氏的个案研究,揭示在政治权力的争夺和占有所面临的不稳定性,成为南朝谢氏几

---

［1］ Dennis Grafflin, "The Great Family in Medieval South China", *Harvard Journal of Asiatic Studies*, Vol.41, No.1（1981）: pp.65 - 74.（葛涤风:《中古中国南方的大族》,《哈佛亚洲学报》第 41 卷第 1 号,1981 年。）

大房支的共同问题。[1] 麦氏认为中古时期的统治阶层不是一成不变的,与姜士彬的寡头政治说鲜明对立。麦氏1992年毕业于哥伦比亚大学,师从毕汉思,与伊沛霞师出同门;其博士论文《寡头政治抑或社会流动:关于早期中古中国的大族研究》(*Oligarchy or Social Mobility? A Study of the Great Clans in Early Medieval China*),和毕氏关于《水经注》的论文,刊于《瑞典东方博物馆馆刊》(*The Museum of Far Eastern Antiquities*)第65期,该刊此卷仅刊麦、毕两文,毕氏论文短小精悍,故此卷称为麦氏专刊亦不为过。麦氏直言其研究师法毕氏研究汉代社会流动的思路与方法,[2]重点考察六朝时期高门大姓连续担任一品高官和中正、贵族爵位的继承性以及门阀大族的婚姻等情况,他指出中古中国不是由寡头阶层所控制,[3]这显然与姜伊二氏所论大相径庭。另外,关于姜士彬的寡头政治说,持不同意见者还有霍姆格伦(Jennifer Holmgren),霍氏生于1949年,1979年于澳洲国立大学获得博士学位,师从贾丁纳(Ken Gardiner)。霍氏在内亚史和十六国北魏史研究方面,尤其是

---

[1] Cynthia L. Chennault, "Lofty Gates or Solitary Impoverishment? Xie Family Members of the Southern Dynasties", *T'oung Pao*, Vol.85, Fasc.4/5(1999): pp.249-327. (陈美丽:《高门大族抑或布衣素士:南朝谢氏研究》,《通报》第85期第2卷,1999年。)

[2] Hans H. A. Bielenstein, *The Restoration of the Han Dynasty: with Prolegomena on the Historiography of the Hou Han shu*(《汉代的复兴》), Stockholm: Elanders Boktryckeri Aktiebolag, 1953.

[3] Dušanka Dušana Miščević, "Oligarchy or Social Mobility? A Study of the Great Clans in Early Medieval China", *The Museum of Far Eastern Antiquities*, Vol.65(1993): pp.5-256.(麦希维克:《寡头政治抑或社会流动:关于早期中古中国的大族研究》,《瑞典东方博物馆馆刊》第65期,1993年,第168页。)按,麦氏此文原系其博士学位论文:*Oligarchy or Social mobility? A Study of the Great Clans in Early Medieval China*, Ph.D. diss. Columbia University, 1992。关于麦氏论文的评介,参见王晶:《唐宋变革与北美士族研究——从麦希维克的中古社会阶层流动谈起》,《中国中古史集刊》第4辑,北京:商务印书馆,2017年,第399—428页。

文献方面,深受贾氏影响,卓有贡献,但是,由于各种因素,霍氏没有获得终身教职,遂弃学从政,非常可惜。[1] 霍氏认为,5世纪山东地区的贵族等级并不稳定,因此认为,该时期社会缺乏流动的观点是对唐代贵族形成史的过于简化;在霍氏看来,5世纪应该视作唐代贵族阶层的形成时期,至少山东士族如此。霍氏还指出,主张中古社会流动陷入停滞的观点,忽视了该时期空间和时间上的差异性。[2]

即便如此,从长时段的学术史脉络观察,与守屋美都雄的太原王氏研究相比,伊著关于博陵崔氏的研究更为精致和系统,因此后来居上,获得广泛赞誉。当然,伊著晚于守屋氏著作二十余年,两者研究的虽然都是一流高门,但伊氏凭借访问"中研院"的机会,有幸获睹当时尚未公布的崔氏墓志,这在守屋氏的时代不太可能。在士族研究方面,毛汉光从事的琅琊王氏研究,和伊沛霞的博陵崔氏研究,堪称大规模使用墓志资料研究士族问题的前驱。这对后来学者研究中古士族的文献选择具有决定性的影响。姜氏的研究虽然宏观,论证过程步步为营,但其材料选择集中于氏族谱的流变,极少引用墓志材料;而伊氏的考察则是微观入手,所得结论显得水到渠成,说服力更强。姜伊两氏论著所引参考文献虽然大同

---

[1] Reviewed by: T. H. Barrett, *Journal of the Royal Asiatic Society*, Vol. 7, No. 1 (1997): p.176.并参胡志宏:《西方中国古代史研究导论》,郑州:大象出版社,2002年,第229页。按,霍氏晚近给笔者的邮件中谈及澳洲当时比较特殊的政治学术环境是其没有拿到终身教职的主要因素。

[2] Jennifer Holmgren, "The Making of An Elite: Local Politics and Social Relations in Northeastern China during the Fifth Century A.D.", *Papers on Far Eastern History*, Vol.30(1984): pp.1-79.(霍姆格伦:《精英的形成:五世纪中国山东地区的地方政治与社会关系》,《远东史研究集刊》第30期,1984年。)"Social Mobility in the Northern Dynasties: A Case Study of The Feng of Northern Yen", *Monumenta Serica*, Vol.35(1981): pp.19-32.(霍姆格伦:《北朝的社会流动:北燕封氏个案研究》,《华裔学志》第35期,1981年。)按,霍氏相关论集已由白炳权博士翻译,拟由社科文献出版社近年出版。

小异,但他们的研究方法和论证过程显示,姜氏受毛汉光研究的影响较大,而伊氏则受守屋美都雄的影响较大,前者侧重数量统计,辅以层层推演,后者侧重个案研究,辅以统计分析。以士族个案研究而成书立说者,伊著可谓守屋美都雄关于太原王氏研究之后的第二本,甚至是迄今影响最大的著作。士族个案研究的方法,在日本学界,是由守屋美都雄开创、矢野主税等人加以继承并发扬光大的。[1] 但在更大的学术范围,将士族个案研究升级为"范式",对国内学者影响较大者,则是伊著。大致同时,姜士彬展开唐宋时期赵郡李氏衰落的个案考察。[2] 当然,即便放在当下,伊氏本人也完全不曾预料,在日本学者贵族制理论和个案研究、西方人类学和社会学理论的合力影响下,她所展开的博陵崔氏研究,经过周一良先生的评介,乾坤挪移,辗转往复,对中国中古史学界竟会产生如此重要的影响。

二、大族的称谓、范围和基础

欧美学人研究士族有别于国内学人的最大特征之一,就是立足长时段的考察。姜氏和伊氏显然都受到法国年鉴学派的影响,注重长时段的研究,前者书名中的词汇是"Medieval China"(中古中国),而后者书名中的词汇是"Early Imperial China"(早期中华帝国)。在西方学界,最先使用"Medieval"一词的中古史学者是白乐

---

[1] 参见拙撰:《中古太原士族群体研究》,第 1—18 页。
[2] David G. Johnson, "The Last Years of A Great Clan: The Li Family of Chao Chun in Late T'ang and Early Sung", *Harvard Journal of Asiatic Studies*, Vol. 37, No. 1 (1977): pp.5 – 102.(姜士彬:《一个大族的末年——唐末宋初赵郡李氏研究》,《哈佛亚洲学报》第 37 卷第 1 期,1977 年。)

日(Etienne Balazs),他在"*Etudes sur la societe et l'economie de la Chine médiéval*"中首次使用该词,类比欧洲的"黑暗时代"。姜氏开宗明义地阐明所谓"中古中国",指的是从汉末到唐末这段时期,而麦希维克所言的"中古",则指魏晋南北朝;但他所称也是中古早期,似乎意味着中古也包括隋唐时期。丁爱博(Albert E. Dien)主编的《早期中古中国的国家与社会》,收录十一篇论文,除唐长孺和毛汉光以外,其余九人均为欧美学人,没有日本学者,其"中古早期"断限于公元700年。[1] 而伊氏使用的词汇,与"Late Imperial China"(晚期中华帝国)相对,是指从汉代到唐末这段历史时期,而帝国晚期则指宋元明清。如此,伊氏讨论的长时段,超过内藤湖南所谓"贵族政治时代"的时间跨度,汉代也被纳入考察范围;而姜氏讨论的时段,契合内藤氏所描述的贵族制时代跨度。葛涤风发表文章中也有"Medieval"的字样,但他的考察时间截止于隋代。长时段与断代史的家族考察,各有优劣,前者长处是上溯本源,下穷其流,短处则是各个时段无法纤毫毕现;后者的利弊正好相反。葛氏立足考察东晋南朝的高门大族,屡有发现,在某些方面也的确否定了姜伊二氏的观点,但其所举桓氏、谢氏、庾氏等大族衰微于南朝的反例,不足以推翻唐朝旧族高门——如博陵崔氏、太原王氏、荥阳郑氏等家族——仍然相当活跃的客观事实。与葛氏所论大致同时,唐长孺先生揭示,汉魏之际的士族,存在相当程度的升降和沉浮,决定性因素即是当朝冠冕,而非冢中枯骨。[2]

---

[1] Albert E. Dien eds., *State and Society in Early Medieval China*, Stanford: Stanford University Press, 1990.(丁爱博:《早期中古中国的国家与社会》,斯坦福:斯坦福大学出版社,1990年。)按,此书导言基本代表丁爱博对中古士族政治的认识,中译文参见丁爱博:《〈中国中世纪早期的国家与社会〉导言》,张琳译,《魏晋南北朝隋唐史资料》1996年第14辑,第182—198页。

[2] 唐长孺:《士族的形成和升降》,《魏晋南北朝史论拾遗》,北京:中华书局,1983年,第53—63页。

又如,汉魏之际极为活跃的颍川荀氏家族,在东晋南朝时期已经衰微不堪,降为门阀破落户,但我们显然无法利用荀氏破落的个案,一举推翻东晋是门阀政治的旧说。

关于中古精英阶层或统治阶层的描绘术语,艾伯华的称谓是"gentry",兼具地主、官僚和学者三种角色;姜氏的称谓是"寡头家族"(oligarchy),文中更多的概念是"大族"(great clan);而伊氏使用的概念是"贵族家庭"(aristocratic families);蒲立本和葛涤风使用的概念则是"大家族"(great families),丁爱博使用的概念是"gentle families"(士族)或"士绅"(gentry),文中讨论经常使用"lineages"(宗族);裴士凯(Scott Pearce)使用的概念是"地方精英"(local elites);麦希维克使用的概念是"传统的官僚世家"(old established bureaucratic clans),霍姆格伦使用的概念是"地方精英"(local élite),凡此种种,不一而足。[1] 这些令人眼花缭乱的概念背后,反映这些学者对中古精英阶层的不同认知和范围取向。反观中文学界,各个研究者笔下的士族概念往往并不相同,缺乏"约定俗成"的共性,对其界定的范围也较为随意,可谓言人人殊。[2] 如果从量化角度而言,姜氏大致推测,"寡头家族"所占当时中国的人口比例约为0.5%左右,他们正是唐代郡望表所列的数百个名望高门。伊氏所言的"贵族家庭"范围显然更小,大致是柳芳《氏族论》列举的二十九个家族,或者是中古时期的一流高门。由此看

---

[1] 英国广义贵族为 aristocracy,上院世俗贵族为 peers,集合名词为 peerage,还有男爵和骑士为 gentry,且有变化,16世纪高级贵族又作 nobility,小贵族称作 gentlemen。参见阎照祥:《英国贵族史》,第143—144、176页;朱孝远:《中世纪欧洲贵族》,第14页;马克垚:《英国封建社会研究》,北京:北京大学出版社,2005年,第296页。并参马克·布洛赫:《封建社会》,张绪山译,北京:商务印书馆,2019年,第546—549页。

[2] 参见仇鹿鸣:《失焦:历史分期论争与中文世界的士族研究》,《文史哲》2018年第6期,第110—120页。

到,伊氏所言的"贵族家庭",是姜氏所言"寡头大族"之子集。当然,他们都同意贵族的基本特征是,"世袭崇高的社会地位"(伊著第9页;姜著第58页)。姜氏认为中古时期的寡头阶层虽然是由数百个相对稳定、持续性强的家族所构成,但又坚定地认为,他们的社会地位源于政府的确定和认同,并非来自血统的世袭。形成鲜明对照的是,伊氏指出,博陵崔氏成员在社会地位方面,具有世袭权,至于能否得到更多的财富、权力以及声望,则受具体环境的制约;伊氏同时指出,姜氏所言的"寡头政治",是在缺乏强硬或专制统治的时候才会出现,而在北朝和唐代,皇权并非形同虚设(伊著第105页)。但是,无论"寡头家族",还是"贵族家庭",正如艾伯华评论伊沛霞著作时所云,这两个概念都是指西方学术语境中的"上层精英"(upper level of gentry),[1]即我们所言的精英阶层或统治阶层。丁爱博通过研究孝文帝太和十九年令,断然否定艾伯华关于北魏是贵族社会的观点;在他看来,北魏的统治阶层与其说是贵族,不如说是精英。[2]

  姜士彬和伊沛霞为代表的士族研究,最显著的特征之一就是受到人类学和社会学的影响,尤其是美国人类学家弗里德曼(Maurice Freedman)、弗里德(Morton H. Fried)等学人激烈争论的"氏族"(clan)和"宗族"(Lineage)等概念之区别及其意义。葛涤风也不例外,葛氏从人名学的角度,梳理中国南方门阀成员从单名到双名的问题,比较南方门阀的人名及其影响,关注不同辈分之间连续使用同一偏旁(如"水""心"字旁等)。与此同时,葛氏指出琅

---

[1] Reviewed by: Wolfram Eberhard, *Journal of the American Oriental Society*, Vol.102, No.3(1982): pp.574 - 576.

[2] Albert E. Dien, "Elite Lineages and the T'o-pa Accommodation: A Study of the Edict of 495", *Journal of the Economic Social History of the Orient*, Vol.19, No.1(1976): pp.61 - 68. (丁爱博:《世家大族与拓跋魏的融合:太和十九年诏令研究》,《东方经济与社会史学刊》第19卷第1期,1976年。)

琊王氏的人名含有道教色彩（如王正后裔中，连续六代四十八个子孙的名字中含有"之"字），也有佛教之色彩（如王绚后裔中，连续四代十个子孙的名字中含有"昙""僧"等字，前后辈之间互有参差）；葛氏暗示中古高门人名的宗教属性不见于单名，而见于双名，这有可能受到印欧"神性"（theophoric type）人名系统的影响，当然，太原王氏的情况更加复杂多变。[1] 葛氏关于大族人名的研究，显然带有冯汉骥、弗里德曼和弗里德等人类学家影响之烙印。不过，葛氏显然没有参考此前宫川尚志等人关于南北朝人名的研究。[2] 从葛氏研究南方大族的情况来看，虽然他使用了与"大家族"不同的"宗族"等概念，但他基本上集中于探讨血缘关系清晰紧密的亲属群体。与之相似，伊沛霞也强调博陵崔氏成员之间的紧密关系，伊著附录二"崔俨世系表考释"所举崔俨四十三名后裔子孙，显示他们之间存在血缘关系，因此，伊氏坚持使用"家庭"（family）一词，这点得到艾伯华的赞同。当然，伊氏所谓的"家庭"，并不囿于"核心家庭"（nuclear family）之讨论，当然也不是如多数学者那样追踪父祖三代的官品，以此论证家族升降的情况，而是注重"扩散家庭"之考察，即包括叔伯子侄等成员，尤其在唐代博陵崔氏部分，还包括没有生物学关系、自称博陵崔氏的成员（伊著第115页）。与之前相比，博陵崔氏范围的骤然扩大，决定于唐代博陵崔氏的墓志遗存。唐代存在大量自称博陵崔氏，实际上却无法和博陵崔氏的主干大房建立清晰世系的成员墓志，因此，伊氏在这里也有所保留地声称，唐代博陵崔氏的最佳术语是"宗族认

---

[1] Dennis Grafflin, "The Onomastics of Medieval South China: Patterned Naming in the Lang-Yeh and T'ai-Yuan Wang", *Journal of the American Oriental Society*, Vol.103, No.2(1983): pp.383-398.（葛涤风：《中古南方的人名：以琅琊王氏和太原王氏的模式化命名为例》，《美国东方学会会刊》第103卷第2期，1983年。）

[2] 魏根深（Endymion Wilkinson）：《中国历史研究手册》，侯旭东主持翻译，北京：北京大学出版社，2016年，第183页。

同"(lineage of identification),伊氏所言崔氏为社会地位而承认共同的祖先,但也很警觉地指出他们并没有全体认同(伊著第119页)。这样,伊氏本身就博陵崔氏的研究内涵出现前后自相矛盾的冲突:前面强调世系清楚的亲属集团,其后却扩大和变身为模糊化的宗族认同?这两者范围的伸缩显然有着极大的差异。[1]

葛涤风的关注焦点在于南朝门阀,他勾勒出的大族曲线与毛汉光所研究的琅琊王氏,以及伊沛霞研究的博陵崔氏等大族横跨汉唐时期的持续性发展不同。葛氏明确指出,只有太原王氏和琅琊王氏从魏晋延续到隋唐,并在唐代急剧膨胀(expand);[2]葛氏并未深究隋唐士族的情况,所谓的"膨胀",就是不具有真实血缘关系的同姓人群,攀附郡望,成为同姓共同体,也即伊氏此处所言的"宗族认同"。伊沛霞一针见血地指出,中古时期的大族,没有聚集在一个地理中心,没有参加共同的节日活动,没有维护公共的墓地,没有祭祀共同的祖先;(伊著第116—117页)姜士彬更是旗帜鲜明地指出,"如果没有义田,没有家庙,大型继嗣集团甚至在坟茔旁边没有任何发展完善的聚集活动,实际上,我们大概就可以确定,中古中国不存在弗里德曼意义上的所谓宗族"。(姜著第130页)实际上,姜、伊二氏共同呼应的,不仅是历史学问题,也是人类学家普遍争论的话题,即宗族是功能性的还是系谱性的,中古大族的本质如何,等等。基于这种问题指向,伊氏对于博陵崔氏居住地和埋葬地的图表式考察,对于学者研究中古大族的迁徙具有示范意义。不仅如此,他们都展现出对大族谱牒的高度重视。这种研究依然受到莫顿·弗里德和莫里斯·弗里德曼等人对宗族与系谱关系的批评和争论的直接影响:弗里德认为,宗族与氏族的根本

---

[1] Reviewed by: Michael Dalby, *Harvard Journal of Asiatic Studies*, Vol. 40, No. 1 (1980): p.260.
[2] Dennis Grafflin, "The Great Family in Medieval South China", pp.65-74.

区别正是系谱,宗族构成的条件是明确的共始祖血缘关系,而氏族的血缘联系则是虚构的。[1] 姜氏更是以谱牒所确定的成员身份,作为"oligarchy"的纽带,姜氏指出,中古大族存在的唯一要素就是谱牒(姜著第157页);伊氏同样对崔氏谱牒予以关注,尽管没有姜氏所言那样明确。姜、伊二氏的这种认识,与日本学者如福岛繁次郎的认识截然不同,福岛氏强调陇西赵氏为祖先祭祀而持续聚集,并强调赵氏成员自称陇西赵氏的认同意义。[2] 若参照中古太原王氏和太原郭氏的情况来论,笔者倾向认为中古中国的大族认同,其实是伪冒郡望和攀附先世的结合与自我认同。

不仅如此,伊沛霞明确指出,唐代博陵崔氏发挥作用的亲属集团的规模,大致是传统意义上的"小宗",即男系五世以内具有亲属关系的人员构成;并在论述崔氏成员关系的时候,强调崔汻宗庙和墓地对家族团结的重要作用(伊著第119、123页)。如此这般,伊氏所论,前后龃龉,自相矛盾。伊氏前论崔氏没有共同的墓地,没有共同的祭祀活动,而这里又强调崔汻家族的祭祀活动及其意义。实际上,伊氏的自相矛盾,正是源于博陵崔氏的"小宗"和"大宗"原则及其在实践和文本中呈现的冲突。伊氏发现,唐代的博陵崔氏成员散居各地,分葬异处,说明博陵崔氏存在严重的房支分裂现象;既然如此,所谓的共同活动,在规模较小的小宗房内才有可能真正进行。那么,这个所谓的共同活动,"共同"的范围有多大? 实际上,这种观点的提出和论证,明显受到人类学家的影响。弗里德曼认为,宗族就是一个共同的男系亲属集团(除去已婚的姐妹,

---

[1] Morton H. Fried, "Clans and Lineages: How to Tell them Apart and Why-with Special Reference to Chinese Society", *Bulletin of the Institute of Ethnology*, Academia Sinica, XXXIX(1970): pp.11–36.(弗里德:《中国社会的氏族与宗族:它们的区别和原因》,《"中研院"民族学研究所集刊》第29本,1970年。)参见钱杭:《宗族的世系学研究》,上海:复旦大学出版社,2011年,第1—17页。
[2] 福岛繁次郎:《中國南北朝史研究》,东京:名著出版,1962年,第166—206页。

包括他们的妻子),他们拥有共同的祠堂或者公共财产。[1] 伊氏对崔氏共同祭祀活动的关注,及其由此引发的矛盾,大概正是迎合与回应弗里德曼所言的宗族内涵。姜氏在此方面较为果断,他在考察大族并不存在共同的社会活动和公共财产之后,宣称"中古中国不存在弗里德曼意义上的所谓宗族"。当然,姜氏也明确指出,"高祖以下的子孙被视作一宗。……在一个以高祖为共同崇拜对象的集团内部,嵌套着更小的亲属集团"。(姜著第 130、145 页)在人类学家的影响下,丁爱博走在更坚决的道路上。丁氏认为,早期中古中国的名门望族并不强大,也非贵族,甚或不是氏族,而是仅仅享有名望的个别"房支"(lines);其特权并不是与生俱来,而是随君主权威的意愿而转移。丁爱博同时使用"分支世系"(segmental lineages)的概念,指涉继嗣集团内部拥有裙带利益的房支和成员;并对孝文帝太和十九年诏令进行研究,分析大族不同房支成员的仕宦与"姓""族"分离的现象,指出未能满足诏令规定的房支及其成员,被排挤在姓族之外。[2] 丁氏的这个发现,也间接证明姜士彬关于中古谱牒"官僚性"的论说。高门大族类似的房支分裂,财产分割,身份认同的变化及其影响,以及谱牒或系谱在大族分裂与整合过程中所起的认同作用,由此与大族整合产生的相互关系,显然需要更多细密的研究才能准确阐明。

即便在四十余年后回眸审视,伊著最重要的贡献之一就是,"过去经常描绘贵族家庭恒定不变的术语,掩饰着相当可观的和几

---

[1] Maurice Freedman, *Chinese Lineage and Society: Fukien and Kwangtung*, New York: Humanities Press, 1966, p.20.(莫里斯·弗里德曼:《中国的宗族和社会:福建和广东》,纽约:人文学科出版社,1966 年。)

[2] Albert E. Dien, "Elite lineages and the T'o-pa Accommodation: A Study of the Edict of 495", *Journal of the Economic Social History of the Orient*, Vol.19, No.1(1976): pp.61-68.

乎持续的变化"(伊著第 153 页)。伊氏此论确实洞幽烛微,正如麦希维克所云,伊氏关于博陵崔氏的这个重要发现,几乎适用于中古时期其他所有的世家大族。正因为此,麦氏在统计有限的基础上,断定唐代氏族谱中的郡望名族,虽然和魏晋时期的郡望相同,但并不意味着他们垄断了汉唐之间的政治权力。[1] 正如前述,姜氏立论的重要理据就是论证氏族谱对于士族身份认同的重要意义,并以此分析唐代氏族谱所列大族在汉唐时期的连续性。如此,伊氏和麦氏的分析,其实包括姜氏本人关于赵郡李氏的分析,以及晚近学人对士族谱系和郡望构建的认识,[2] 在某种程度上动摇着姜氏"寡头政治说"的根基。伊氏同时指出,看似名号相同的"博陵崔氏",乃至中古士族在不同阶段的历时性变化:在汉代是具有地方血缘关系的松散的家族群,在北魏晚期是严格意义上的门阀贵族;在唐代则成为具有共同父系继嗣制和较高社会地位的散居群体(伊著第 116—117 页)。前文所举北朝博陵崔氏地方基础的雄厚,迄于唐代则散居各地,房支分离,但仍然共享博陵崔氏的金字招牌,就是这种研究思路的产物。但是,我们必须对这种观点保持足够的警惕。北朝隋唐的史料遗存,决定了同一大族高门的成员数量从北朝至隋唐间呈现出几何级的增长,博陵崔氏如此,太原王氏如此,荥阳郑氏也如此。换言之,各个时期的史料数量和质量都迥然相异,魏晋和隋唐不同,南朝和北朝也不同。伊氏关于博陵崔氏的研究范围,随着文献的变化而变化,这种"水无常形"的深刻变化,是否与客观的史料遗存之间,存在着必然的因果关系?高

---

[1] Dušanka Dušana Miščević, "Oligarchy or social mobility? A study of the great clans in early medieval China", pp.248 – 253.
[2] 仇鹿鸣:《"攀附先世"与"伪冒士籍"——以渤海高氏为中心的研究》,《历史研究》2008 年第 2 期,第 60—74 页;《制作郡望:中古南阳张氏的形成》,《历史研究》2016 年第 3 期,第 21—39 页。

门大族的史料主体及性质的变化,是否能够见证这些大族"持续的变化",其变量是什么,常量又是什么?在不同性质的史料和文献所描述高门大族的相同术语背后,成员数量的大幅增加以及由此带来的"变化"固然重要,但其不变的核心部分也无可置疑地重要。如果不能准确厘清某一高门大族的核心部分之边界及其大小变化,则所有的讨论都可能只是流于表相,甚或牛头不对马嘴,成为虚实相参、内外不分的"大杂烩"。

伊氏关于汉唐一千年间博陵崔氏的考察,并没有坚持一以贯之的统一标准,有时是亲属集团,有时是宗族认同,有时是核心家庭,有时是扩散家庭。例如,伊氏关于唐代博陵崔氏的讨论,可谓崔氏成员中"小宗"和"大宗"的混合杂糅。如此,这些性质迥异、范围不等的崔氏成员,能够成为一个可供研究的"标准个案"吗?[1] 姜氏的研究也存在着类似的情况,在姜氏看来,只要是唐代郡望表所列的家族,似乎都属于寡头家族的范畴;而每个寡头家族的规模大小,姜氏认为无法探究其具体数值,只是模糊地估算为一千余人(姜著第56页),这显然不够严谨。正如葛涤风指出的那样,即便是南朝第一流的高门大族,他们的家族规模也不大,王氏家族之外的绝大多数家族在公元200年至600年间涌现的可经证实的家族成员不过一百人左右。[2] 葛氏虽然将高门的发展描述为"宗族"(lineage);但其文侧重于主干大房核心成员之考察,例如,葛氏认为,谢安之死,标志着南方社会贵族统治的终结。[3] 当

---

[1] Robert M. Somers, "The Society of Early Imperial China: Three Recent Studies", p.139.
[2] Dennis Grafflin, "The Great Family in Medieval South China", p.69.按,伊氏指出,赵郡李氏、荥阳郑氏和范阳卢氏等在中古时期的数量都在一百至三百名之间,而博陵崔氏的规模从未超过三十三人,参见伊沛霞:《早期中华帝国的贵族家庭——博陵崔氏个案研究》,第171页。
[3] Dennis Grafflin, "The Great Family in Medieval South China", p.73.

然，类似的研究问题，几乎遍及所有的士族研究。即便唐代博陵崔氏的成员数量出现激增，其中不乏没有任何血统关系的崔氏成员；另一方面，伊氏在阐述相关问题的时候，多数情况还是注重关系较为密切的亲属团体，即以"小宗群体"为主；而在讨论崔氏成员仕宦、宅居和埋葬地等问题的时候，又据墓志材料选择"散居群体"的大宗范围，这种考察范围的大小与伸缩变化，无形中降低了这个重要结论的可信性和适用度。在此，我们再次指出，麦希维克根据极为有限的分析资料，以及根据伊氏发现"博陵崔氏"相同术语下包含的诸多变化，断然否定姜氏寡头政治，还有一个理由：唐代氏族谱中攀附祖先的比例极高。[1] 实际上，这个疑点再次触及大族高门作为家族的存在属性和本质特征，尤其涉及具有血缘关系的小宗和没有血缘关系的同姓共同体之间的边界及相关认识。

同样地，作为姜伊两氏研究软肋的主要问题，就是对大族经济基础——"土地占有"（landholding）——考察的薄弱。姜著对大族之经济基础只是在其收尾处蜻蜓点水地一掠而过，而伊氏也只是在谈及北朝博陵崔氏地方基础恶化的时候，略有提及。正如许倬云在充分肯定姜著之时，敏锐地指出姜著之不足，希望姜氏能够详细分析寡头家族延续持久和最终崩溃的因素。许氏还指出，随着中古时期农业经济的发展，精英阶层逐渐丧失在地方乡里的大片土地，从而被迫寄生于皇权及其官僚机构。[2] 众所周知，姜士彬之师艾伯华提出著名的"城乡双家形态说"，大意是指任何一个精英家族都有"两窟"：城市之家（city-home）与乡村之家（country-home）。前者是这个家族的政治文化支柱，决定家族地位的升降；

---

[1] Dušanka Dušana Mišćević,"Oligarchy or social mobility? A study of the great clans in early medieval China", pp.252 – 253.
[2] Reviewed by: Cho-Yun Hsü, *The American Historical Review*, Vol.87, No.1(1982): p.236.

后者是经济支柱,为前者提供强大的经济支撑。两者互为形援,互为支持,成为中古士绅社会的坚强支柱,也是士绅拥有异常持久性的源头。[1] 这当然可以视作姜士彬寡头政治说的滥觞。不过,伊沛霞对北朝唐代博陵崔氏的考察,却提供了一个鲜活的反例。其实,"经济基础"一词,多少带有马克思主义唯物史观的烙印,若换一个更中性更全面的词汇,就是"地方基础"(local base)。伊沛霞指出,北朝的博陵崔氏是立足地方的贵族宗族(aristocratic lineage),崔氏成员固然有成员在平城和洛阳担任高级官员,但是,他们的亲属成员仍然在博陵拥有雄厚的地方基础,具体表现是田连阡陌,财力雄厚,并在宗族内部进行文化教育,和同州的另一个高门大族——赵郡李氏连续数代进行通婚(伊著第71—77页)。这难道不是艾伯华所谓的"城乡双家形态"吗?这难道不是典型的城乡呼应吗?当然,这样的情况,迄于唐代发生根本性的变化。唐代的博陵崔氏所出现的城市化("两京化")和官僚化进程,从根本上割裂了大族高门与地方乡里的有机联系,当然也就背离艾伯华所谓精英大族"城乡双家"说,这点得到艾伯华本人的同意。艾伯华在1982年关于伊著的书评中,似乎改变了他的旧说,"我们可能没有强硬的证据表明,精英家族同时具有城乡双家形态(urban and rural branches)"。[2] 艾氏之旧说和新论,从其所举《魏书》中的例证而言,似乎停留在假说和推测的层面,雾里看花,并无多少真凭实据。蒲立本亦批评云,其中至少十分之九都出于想象。[3] 但是,笔者以为,艾氏的自我修正有矫枉过正之嫌。

---

[1] Eberhard Wolfram, *Conquerors and Rulers: Social Forces in Medieval China*, pp.14 - 15; *Social Mobility in Traditional China*, Leiden: E. J. Brill, 1952, pp.266 - 269.

[2] Reviewed by: Wolfram Eberhard, *Journal of the American Oriental Society*, Vol.102, No.3(1982): pp.574 - 575.

[3] Edwin G. Pulleyblank, "Gentry Society: Some Remarks on Recent Work by W. Eberhard", *BSOAS*, p.590.

循此路径进行研究者,如霍姆格伦,霍氏通过勾勒山东大族的地方基础与政治环境的互动关系,指出平原刘氏的升降浮沉,与政治环境及地方基础的变化相关,同时指出河北大族与山东大族的迁徙,必然导致在朝的政治地位与地方的经济社会地位之间的背离。[1] 霍氏研究所受的影响,正如艾安迪(Andrew Eisenberg)所云,霍氏虽然不是韦伯主义者,但其研究显然受到韦伯和莱茵哈德·本尼克斯(Reinhard Bendix)等人关于社会学理论的影响。[2] 实际上,所谓"双家形态","乡村之家"即可看作大族高门社会性或经济性的一面,而"城市之家"即可视作其政治性或官僚性的一面。不过,"城乡双家形态"作为艾伯华关于士绅是统治阶层连续性的重要根据,其合理性的最大疑点正如丁爱博所云,没有证据显示崔氏拥有可观的土地和军事权力,从而成长为对部分地区拥有控制权的封建领主;同一地区的同一姓氏,就是属于同一个家族群体吗?这些家族的内在凝聚力究竟如何?[3] 葛涤风通过勾勒东晋南朝五大高门的发展曲线,指出太原王氏和琅琊王氏"肩膀宽阔"(broad-shouldered curves)的发展曲线,反映他们长期拥有崇高的社会声望,尤其琅琊王氏在超长时间内拥有政治和社会的双重统治力。与此同时,谯国桓氏、颍川庾氏和陈郡谢氏的政治性较强,而社会根基不足,尤其是谯国桓氏,在政治冲突中遭到彻底性的摧毁。[4] 其实,北朝世家大族往往兼具地方豪族的特征,大族成员少年时多居乡里,壮年则游宦京城,致仕后落叶返乡。[5] 但是,隋唐以降,世家大族的中央化、官僚化以及城市化进程,导致其

---

[1] Jennifer Holmgren, "The Making of An Elite: Local Politics and Social Relations in Northeastern China during the Fifth Century AD", pp.68 – 70.
[2] Reviewed by: Andrew Eisenberg, *T'oung Pao*, Vol.85, No.2(1999): pp.161 – 168.
[3] Albert E. Dien(eds.), *State and Society in Early Medieval China*, p.7.
[4] Dennis Grafflin, "The Great Family in Medieval South China", p.73.
[5] 陈爽:《世家大族与北朝政治》,第203页。

成员纷纷抛弃乡里社会,迁居两京地区,城乡呼应的士族政治形态宣告终结。[1] 值得注意者,即便在乡里社会,高门大族的经济利益未必就稳若磐石,以唐长孺为代表的中日学者,就国家与大族围绕依附民的户口争夺、赋税问题展开极为精深的研究,欧美学人也有类似的研究,例如孔为廉(William G. Crowell)考察东晋南朝政府时断时续、持续不断地试图控制侨姓户口,增加财政收入的问题。孔氏谈论的户籍问题,姜士彬也曾谈到,不过关注点不同,遂分途而行;孔氏认为,南朝的土断充满悖论:南朝没有实现注籍编户之目标,但他们从未放弃这种努力和权威。[2]

三、贵族制的终结:社会流动?

几乎所有的中外学者,都将中古贵族制的崩溃与社会流动联系起来。无论伊氏的个案研究,还是姜氏的宏阔分析,客观证明了孙国栋先生的重要观点,即中古时期的名门望族在唐末五代彻底消融。[3] 姜伊二氏虽然都注意到贵族门阀对于科举制的充分利用,以及士族成员在科举进士中占有相当的比例;但是,他们几乎

---

[1] Edwin G. Pulleyblank, "Gentry Society: Some Remarks on Recent Work by W. Eberhard", *BSOAS*, p.591. 毛汉光:《从士族籍贯迁徙看唐代士族之中央化》,《"中研院"历史与语言研究所集刊》第 52 本第 3 册,1981 年,后收入氏著《中国中古社会史论》,第 234—333 页。韩昇:《南北朝隋唐士族向城市的迁徙与社会变迁》,《历史研究》2003 年第 4 期,第 49—67 页。

[2] William G. Crowell, "Northern and the Problems of Census Registration under the Eastern Jin and Southern Dynasties", in Albert Dien(eds.), *State and Society in Early Medieval China*, pp.171-209.(孔为廉:《北方的侨民与东晋南朝的注籍问题》,收于丁爱博主编:《早期中古中国的国家与社会》,第 171—209 页。)

[3] 孙国栋:《唐宋之际社会门第之消融——唐宋之际社会转变研究之一》,《唐宋史论丛》,第 271—352 页。

都将贵族制崩溃的缘由,归咎于科举制所带来的系列影响。科举制的本质是选官方式的根本性变化,以及国家官僚制权威的再现。姜氏讨论的关键问题就是,晋唐时期统治阶层的本质何在,他们由哪些人群构成。姜氏重视大族"官僚性"即大族子弟担任高官显宦的一面,并以此作为硬性指标,归纳中古统治阶层的性质以及中古社会的性质。多尔比曾经援引福楼拜(Gustave Flaubert)的《庸见词典》(Dictionary of Received Ideas),讽刺官僚制和贵族制的概念问题;他同时又以"疗养院"为例,阐释"孝"概念在不同时期和不同文化背景下的巨大差异,[1] 借此提醒研究者中古时期的官僚、门阀和贵族等概念在中西文化背景和中国不同时期所可能具有的不同含义。简而言之,中古时期的官僚制和贵族制之争,他们之间的消长沉浮,最终走向官僚制。这种驱动力来自哪里?

姜著和伊著大致问世于同时,有相对重叠的知识背景,但其研究方法存在明显的差异。姜著是传统的宏阔研究和统计分析,伊著则是精密的个案研究。他们除却研究方法的差异之外,就中古大族本质的认识而言,也有相当的差异。伊著强调贵族家庭成立的条件,就是崇高社会地位的世袭以及脱离国家控制的独立性(伊著第9—10页);而姜著强调寡头大族成立和延续的条件,却是世世代代占据高官显宦。换言之,伊氏强调大族的贵族性(独立性),姜氏注重大族的官僚性(附庸性)。不过,姜氏和伊氏在探讨唐末大族彻底消失的时候,殊途同归,都归咎于大族对官僚机构的依赖:姜氏将之归结为唐代大族乡里土地的丧失以及科举制等选官方式的诸多变化;伊氏则强调唐代崔氏成员的官僚化进程,因此,大族高门必然随着唐王朝及其官僚机构的崩溃而彻底消融。

---

[1] Reviewed by: Michael Dalby, *Harvard Journal of Asiatic Studies*, Vol. 40, No. 1 (1980): p.262.

姜氏和伊氏的看法，和蒲立本对科举制与出身的判断大致相同，蒲立本曾经批评艾伯华和魏特夫的观点，因为他们认为，科举制基本没有引起应有的社会流动；而蒲氏认为，即便旧族子弟科举及第，也意味着他们攫取政治权力不再仅仅依赖于血统和出身。[1] 六朝贵族制的核心问题，就是贵族的权力之源及其独立性如何，或者说担任官僚的士族，其官僚性和贵族性边界何在？可以说，任何从事中古士族研究的学者，几乎都必须面临这样的难题。丁爱博指出，伊沛霞关于贵族家庭的概念，源于帕尔默（R. R. Palmer）关于18世纪英国贵族的描述。[2] 伊氏给出的答案是，中古各个时期的情况截然不同：从汉代到北魏，博陵崔氏凭借地方基础，较少参与朝廷事务，这个时期的崔氏成员可谓"地方化"；北朝以降，情况急转直下，崔氏成员陷入官僚化的泥沼，地方基础最终消失；迄于唐代，博陵崔氏虽然还可以在社会等级中维持他们的崇高地位，但他们更为彻底的官僚化和城市化，使得他们与唐王朝休戚相关，蜕变为国家的依附者，因此随着唐王朝的崩溃而灭亡。伊氏关于博陵崔氏的结论，契合毛汉光考察琅琊王氏所得的认识："东晋南朝为其顶峰，但其衰势是缓慢的，这条抛物线的末端延长至唐末。"[3] 两氏关于中古一流高门发展演变的基本判断可谓大同小异。但是，并非所有高门大族的衰落轨迹，都如博陵崔氏和琅琊王氏一样。

在伊沛霞看来，正是因为自律性和独立性的消失，大族成员在彻底沦为国家官僚的时候，就不可避免地带有依附性和寄生性的特征。当然，伊氏也认为，不同时期决定崔氏地位的因素也发生变

---

[1] Edwin G. Pulleyblank, "Gentry Society: Some Remarks on Recent Work by W. Eberhard", *BSOAS*, p.590.

[2] Albert E. Dien, *State and Society in Early Medieval China*, p.8.

[3] 毛汉光：《中古大士族之个案研究——琅琊王氏》，《"中研院"历史语言研究所集刊》第37本下册，1967年，后收入《中国中古社会史论》，第365—404页。

化,伊氏同样重视贵族成员在政府中担任官职的情况,但是,伊氏并未像姜氏那样,把任官视作贵族成立的决定性因素,伊氏还把上层阶级的生活方式等标准列入贵族阶层的显著特征。[1] 结合多尔比的评论,我们以表格的形式表达伊氏和姜氏之观点如下:[2]

时间＼要素	伊沛霞观点			姜士彬观点	
	地方基础	家族荣耀	官僚职位	社会地位	官僚职位
两汉	1	2	3	1	1
魏晋南北朝	3	1	2	1	1
隋唐	3	2	1	2	1

在姜氏看来,唐宋变革以后,人们的地位和任官之间判若云泥,有官职有地位,无官职无地位;而在唐宋变革以前,人们的崇高地位并非天然形成的,而是由国家权威加以确认,因此姜氏怀疑,"中古士族的任官和地位之间是否存在任何彻底的分离"(姜著第167页)。金应熙指出,姜士彬的这种看法,与内藤湖南的贵族制论是针锋相对的,因为他强调国家权力对门阀地位的影响。[3] 姜先生的寡头政治说,与内藤氏贵族政治说的时间跨度吻合,但是其历史内容则有明显区分。丁爱博的观点显然更进一步,他指出"大族的权力并不依赖于其私有财物,而是源于其基于国家官僚的身份,因此,

---

[1] Robert M. Somers, "The Society of Early Imperial China: Three Recent Studies", *JAS*, p.138.
[2] Reviewed by: Michael Dalby, *Harvard Journal of Asiatic Studies*, Vol. 40, No. 1 (1980): p.254.
[3] 金应熙:《国外关于中国古代史的研究述评》,第190页。

其权力最终来自国家本身"。[1] 丁氏将权力与声望截然分割,认为大族只能从国家获取声望,而不能获取权力,其"唯官僚论"的主张与矢野主税的"寄生官僚论"极为相似。与此相反,萨默斯批评姜氏过于强调大族的任官属性,他列举了中古大族成员不愿出仕的种种缘由,尤其是异族政权和皇权不振的情况。不仅如此,萨默斯还援引人类学家关于社会组织形态的相关理论,提醒人们注意社会等级结构的复杂性,以及人们社会角色的多样性。[2] 换言之,张仲礼、何炳棣、姜士彬等史家简单将中华帝国时期的社会分层区分为士庶、精英和非精英、统治者和被统治者,在萨默斯看来,这种简单甚或粗暴的二元分析模式,无法准确呈现纷繁复杂的社会结构和身份特征。

姜士彬认为,中古人们的地位和任官不可分离,相辅相成。同样地,在伊沛霞看来,北周以降,事功和贤能主义(meritocratic)的原则在政府内部弥漫,并逐渐根深蒂固;由此产生反转性的变化:以前担任官职依靠于社会地位,而之后的社会地位,则依靠于官僚职位。当然,姜氏在这个情况的论证上,多少是含糊和矛盾的。姜著在讨论六朝时期人们任官与地位的关系时,甚至掉入自相矛盾的陷阱:"地位较高的家族子弟,担任较高的官职;地位较低的家族子弟,担任较低的官职。"以此来看,人们的社会地位决定官职的高低。但是,姜氏又言,"人们的地位来源于官职;但是,只有地位崇

---

[1] Albert E. Dien, *State and Society in Early Medieval China*, p.24.按,2016年8月17日,笔者于湖北襄阳参加"秦汉魏晋南北朝史国际学术研讨会"期间,承蒙南恺时(Keith N. Knapp)先生见告,其师丁爱博师从马瑞志(Richard B. Mather)。南氏告诉笔者,丁爱博认为,中古时期的门阀大族虽然在社会中占有一席之地,但政治上仍然是官僚制的统治,可见丁氏的看法并未发生改变。又,马瑞志以《〈世说新语〉英译本》享誉海内,参见范子烨:《马瑞志博士的汉学研究》,《世界汉学》2003年第2期,第140—142页。
[2] Robert M. Somers, "The Society of Early Imperial China: Three Recent Studies", pp.134-135.

高的人们,才能获得官位。"(姜著第37、43页)。姜氏的前一种说法与中村圭尔的观点相近,中村氏通过《刘岱墓志铭》所见婚姻圈的考证,认为"社会地位决定政治地位";[1]但是,姜氏的后一种说法,又蕴含着"政治地位决定社会地位"的意义。姜氏的这种思辨,有着陷入逻辑循环、让人无法举出反证的味道。实际上,从六朝人们对于社会地位的依赖,转变为隋唐以降人们对于官僚职位的依赖。姜氏的论证带有"唯官职论"或"官僚本体论"的色彩,伊氏并不同意这种看法,她在大作开篇就指出,"这些官衔从未创造出一个泾渭分明的社会等级。譬如,没有与享有爵衔的琅琊王氏似乎拥有同等的社会地位,其社会声望甚至高于荫袭爵位的将门子孙"(伊著第2页)。这种剥离和变化是如何发生的,尤其在伊氏指出唐代科举制中不乏贵族子弟,以及杜氏指出科举及第者多是地方士族的情况下,这个情况显然还需要更多关键性的论证,学者提示的城市化和中央化都是比较有益的视角。

实际上,姜士彬"寡头政治"说的主要根据是对中古士族在高级官员中所占比例的统计分析。就此而言,姜氏研究方法与艾伯华、毛汉光、孙同勋、孙国栋的数量统计没有根本性的区别。姜氏在毛氏统计的基础上,认为西晋、南朝和隋代最高官员出自大族的比例多达74%,东晋则为75%,北朝高级官员中的大族比例较低,但以汉人而论,大族所占比例仍为75%,东魏北齐则在60%左右;唐代前期,最高官员出自大族的比例降至56.4%,后期则升为62.3%(姜著第3—4页);姜氏同时统计这些大族见于唐代郡望表的比例(姜著第164—168页)。从数量统计的角度而言,姜氏在分析唐代宰相出身时采用人工年等分析变量,较之毛氏的简单统计,

---

[1] 中村圭尔:《〈刘岱墓志铭〉考》,收于刘俊文主编:《日本中青年学者论中国史·六朝隋唐卷》,上海:上海古籍出版社,1995年,第167页。

显然更加精密，在某种程度上已经臻于数量统计的极致。不过，姜著的问题正如麦希维克所言，姜氏集中利用的核心材料是唐代氏族谱，对于魏晋南北朝的材料——尤其是墓志等石刻材料——关注不足，基本利用毛汉光的统计资料。如此，我们虽然能够观察每个时期高级官员出自大族的高比例；尽管姜氏试图通过氏族谱的形成过程与基本构成，向我们展示中古大族构成的寡头家族是超稳定结构，这个寡头集团进而控制了晋唐时期。但是，正如姜氏和伊氏所言，即便一流高门如赵郡李氏和博陵崔氏，内部都在发生着极为可观的历时性变化。那么，我们自然产生这样的疑问：中古时期各个朝代垄断大多数高官显宦的所谓寡头家族或贵族家庭，郡望表中的名称虽然相同，但他们确实来自同一个大族群体吗？这个大族群体是否如姜伊二氏所描绘的那样连绵持久、冠冕相袭和壁垒森严？就此而言，陆扬对孙国栋名文《唐宋之际社会门第之消融》的批评就深得我心："尤其是他将唐代政治精英按家族出身做简单分类，并将唐代门胄子弟和旧门大族成员作简单对等，在我看来尤其造成认知上的紊乱，因为这种方法既不能全面反映唐代的情况，也不能准确说明唐人仕途成功的关键因素。"[1]

---

[1] 陆扬：《清流文化与唐帝国》，第2页。按，最近有的政治学学者（如纽约大学王海骁博士）跨界审视中古士族衰亡问题，依然使用量化统计方法，优点是引用了概率论等较先进的统计方法。其最新研究基于3640方唐代墓志，构建了门第、父祖官品、墓主官品等变量，通过多元统计模型分析，发现士族门第对任官的影响不断削弱，科举对任官的效应在初唐并不显著，而在高宗、武则天时代不断上升，并认为中古士族并非猝亡，其黄昏自公元七世纪中叶就亦开始。参见 Wen Fangqi, Erik H. Wang, and Micahael Hout, "Social mobility in the Tang Dynasty as the Imperial Examination rose and aristocratic family pedigree declined, 618 – 907 CE.", *Proceedings of the National Academy of Sciences of USA.*, Vol.121, No.4, 2024, pp.1 – 8. 陆先生和我交流时称，"量化把唐代很多复杂的内在变化都消解掉了"，这是准确的判断，应该也是量化研究最被质疑之处。在笔者看来，量化统计作为研究方法，当然是可以使用的，但量化统计的前提——数据如何选择，且如何避免将复杂问题简单化，或许仍然是困扰学人的共同问题。

麦希维克的统计分析,深化了我们对大族垄断高官"表相"的认知。麦氏的数量统计,集中考察和质疑大族的连续性和稳定性问题。往前追溯,艾伯华论证"士绅社会"的根据,也是基于士绅家族连续性的考虑:五代所有汉人士绅家族中,只有30%是新出的士绅家族,70%的士绅家族出自唐代;而唐代最高等级的三十二个士绅家族中,九个家族都是北魏时期的一流高门。[1] 麦氏的考察分为两个方面:一是中古早期每个朝代一品高官和中正担任者的情况,尤其分析大族在不同朝代之间连续担任一品高官的情形,集中表现为麦氏频繁使用的术语:"传递率"(carry-over)。这一研究方法也是因袭其师毕汉思研究汉代社会流动的方法。麦氏发现,无论一品高官,还是大中正,都不是固定地来自同一个大族集团;同时指出,中古早期连续在两个以上朝代担任一品大员的高门只有太原王氏和琅琊王氏:这两个大族蝉联高官,是一种极其特殊的例外;不仅如此,麦氏还指出,姜氏所论证的——同时得到萨默斯等人广泛认同的——长久维持的门阀贵族,绝大多数只是持续两朝的大族,因此,所谓的"旧族",在麦氏看来,不过是相对前朝而言。二是中古早期贵族爵位的传承情况。海内外研究士族者,莫不在陈寅恪先生提示的"婚宦"问题上精耕细作。而麦氏却能关注士族爵位的继承性问题,确实目光如炬,他发现,极少有家族连续在数个朝代持续拥有爵位,北方士族持续在数个朝代拥有爵位者,如荥阳郑氏、河东裴氏、琅琊王氏和太原王氏等;南方士族持续在数个朝代拥有爵位者,如兰陵萧氏、吴兴沈氏和琅琊王氏等。结合一品高官和贵族爵位的持续情况,麦氏认为琅琊王氏是这个阶层中真正的大族(powerful clan),但他也指出,琅琊王氏并不具有典型性。麦氏再次强调,中古早期统治中国的贵族群体并不是由壁垒森严的精英

---

[1] Eberhard Wolfram, *Conquerors and Rulers: Social Forces in Medieval China*, p.119.

阶层所构成。[1] 必须承认,麦氏关于大族持续继承爵位情况的考察,以及大族连续担任一品高官及中正情况的考察,皆致力于验证大族的持续性和稳定性,具有相当的新意。但是,就整体而言,麦氏统计的数据样本存在严重的缺陷,毛汉光统计的士族标准是五品官及其以上(五品基本是史家将某人载入正史列传的入门条件),麦氏仅选择一品官员作为高官显宦的样本代表,可谓丰墙峭址,这个资料显然是残缺不全的;麦氏根据残缺片面的数据样本,认为中古中国并不是由寡头家族所统治,反驳姜士彬关于大族高门的连续性认识,难以成立;即便就逻辑学而言,麦氏从特殊到一般的思维跃进,也是典型的以偏概全。可以想象,如果扩大统计的官品——姜氏统计的标准是三品及以上——如扩充至五品及以上,那么,被麦氏否定的大族持续性问题,必然会呈现出另一幅景象。

与姜士彬强调中古时期门阀大族的"官僚性"属性及意义相比,葛涤风则提出"伪官僚制"(pseudo-bureaucracy)的概念,他认为名望之家可以通过九品中正制,获得政治特权,但是这并没有形成寡头或大族政治;相反地,统治者使得部分政府机构蜕化成"伪官僚机构",在很大程度上为出身高贵但无所事事的士大夫提供薪俸。换言之,葛氏认为,魏晋时期贵族权力固然在增长,但皇权仍然能够控制绝大多数行政机关,其中的官僚并无独立权力。与此同时,葛氏强调家族地位的崛起,往往取决于核心家庭成员在军事活动中的成功,或者在政治风波中的突出表现,尤以桓氏和谢氏的分野为例进行考察。[2] 葛涤风

―――――

[1] Dušanka Dušana Miščević, *Oligarchy or Social Mobility? A Study of the Great Clans in Early Medieval China*, pp.55－168.
[2] Dennis Grafflin, "Reinventing China: Pseudobureaucracy in the Early Southern Dynastie", in Albert Dien (eds.), *State and Society in Early Medieval China*, Stanford: Stanford University Press, 1990, pp.139－170.(葛涤风:《再造华夏:早期南朝的伪官僚制》,丁爱博主编:《早期中古中国的国家与社会》,斯坦福大学出版社,1990年。)

在考察东晋南朝门阀子弟的仕宦情况时,仿照毛汉光研究琅琊王氏的方法,统计东晋五大高门每一代知名人物的数量,以此勾勒他们升降浮沉的发展曲线;并将这些门阀(如谯国桓氏)视作东晋政坛的"新贵族",从而与太原王氏、琅琊王氏和颍川庾氏等"旧贵族"区别对待,甚至断言谢安之死(385)标志着南朝大族统治的终结。[1] 葛氏的这种观点,得到田余庆先生的回应,田先生则认为颍川庾氏和陈郡谢氏是魏晋新出门户;琅琊王氏和太原王氏是旧族门户。[2] 易言之,葛氏强调皇权和政府权威的影响,认为大族的崛起与个人的军功等偶然因素紧密相关,在他看来,中古时期并非寡头政治或贵族政治。与此相似,丁爱博同样强调军事权力,但他指出,权力和声望不同,西魏北周可以给予大族以声望,但并未赋予其权力。不过,弘农杨坚正是鲜活的反例。[3] 丁氏强调国家权力乃至皇权的重要性,决定其对某些关键文献的解读和问题的看法,与艾伯华、姜士彬等人的观点迥然相异。例如,关于北魏政治社会的性质,艾伯华认为是贵族社会;丁爱博则援引北魏孝文帝定姓族中的薛宗起入郡姓的事例,说明北魏门阀序列在法制化和制度化的过程中,皇权和国家获得更大的权重,丁氏进而认为,孝文帝的太和诏令意图是改造汉人旧制,实现拓跋部对新制的控制;[4] 而姜士彬同样援引这个例证,说明北魏郡姓集团的凝结和固化,社会流动因此变得极为困难。

与丁爱博相同,陈美丽也强调军事权力对于东晋南朝门阀大族的影响,陈氏指出谢氏和桓氏等高门确实可以通过军事权力提升其

---

[1] Dennis Grafflin, "The Great Family in Medieval South China", pp.69–72.
[2] 田余庆:《东晋门阀政治》,第272—273页。
[3] Scott Pearce, "State and Society in Early Medieval China, Edited by Albert Dien", *Journal of the American Oriental Society*, Vol.115, No.3(1995): p.514.
[4] Albert E. Dien, "Elite Lineages and the T'o-pa Accommodation: A Study of the Edict of 495", pp.83–86.

家族地位,甚或凌驾阶层结构之上,但是也必须通过与其他高门的合作,其统治才具有合法性。不仅如此,陈氏在葛涤风等人的基础上,对于陈郡谢氏任官情况的分析,精密入微;陈氏具体以每二十五年为一代人,罗列每代人物的仕宦情况,由此观察谢氏家族的升降情况,尤其敏锐指出谢氏子弟任官五品及以上者,有多达六分之一的高官成员都在政府中遭遇不正常死亡;进而在政治史的语境中,考察陈郡谢氏那种优雅、完美的纯文学诗歌和信笺。她认为,这些诗歌与其说是南朝门阀深沟壁垒、自我认同的文化产物,毋宁说是南朝政治高压氛围下的产物;与其说是门阀子弟自我放纵的奢侈逸乐,毋宁说是他们迎合君主竞争仕途(如谢朓诗歌颇多"寓臣妾沦掷之感")的有力工具。这里的宫体诗因此具备"权力诗学"(the poeties of power)的工具性意义,请读者注意这可不是权力的附庸。陈氏同时强调刘宋时期寒人势力的崛起,尤其是恩幸群体占据中书机构的情况。[1] 客观地说,陈氏由文入史,从谢湛、谢庄和谢朓等人的诗文入手,置于谢氏婚宦的现实背景下,剖析不同房支不同代表人物所面临的宗支分化等不同境遇,皆能切中肯綮,阐幽发微。陈氏之外,霍姆格伦亦对大族精英延续的稳定性提出有力质疑,霍氏将大族精英置于北朝隋唐政治社会演变的过程中进行考察,认为5世纪山东士族的动荡变化,与政治局势息息相关:即便在短时期内,随着政治局势的变化,精英结构亦随之改组。例如南燕灭国后,渤海封氏的地位如何衰败;其后,又随着北魏的入主,其地位又如何复兴。霍氏指出,唐代郡望表中渤海郡下的封氏来自河北或山东。霍氏认为,姜氏关于汉唐时期社会流动陷入凝固的观点,是对唐代贵族形成于6世纪末叶的复杂现实的过于简化。不仅如此,霍氏指

---

[1] Cynthia L. Chennault, "Lofty Gates or Solitary Impoverishment? Xie Family Members of The Southern Dynasties", pp.249 – 327.

出,在分裂时期,大族高门不同房支之间的联系极为脆弱,他们很难连续三代保持在中央的官僚职位。[1] 陈氏回应赵翼、唐长孺关于南朝寒门崛起之说,也是对川胜义雄关于南朝贵族制崩溃观点的细化,暂且不提;如果仅以欧美士族研究的学术史而言,陈氏之说,推动了士族研究的力度和广度,至少将伊沛霞所谓唐代旧族面临的重重困境前溯至南朝,由于博陵崔氏并未衣冠南渡,伊氏关于南朝的研究极为薄弱,姜氏仅在大族概念及相关统计的问题上波及南朝;因此,葛氏关于南朝大族的研究,以及陈氏关于南朝谢氏的考察,他们强调南朝大族"官僚性"和"流动性"的方面,有力地质疑、补充和丰富了姜伊二氏关于南朝高门大族研究的情形。

同样地,伊氏当然也看重崔氏成员拥有的官职、财富等硬性指标,但同时重视旧族门户的教育、门风、道德等弹性指标,可以说,家学、家风等贵族有别于其他社会阶层的软实力因素也被作为伊氏考察崔氏成员的重要指标,这些因素配合坚实的地方基础(特别是经济实力),构成伊氏所论崔氏得以独立于政府控制之外——尤其在唐代——的重要条件。因此,从这个角度而言,伊氏所论,较之姜氏所言大族社会地位来自官僚职位的观点而言,确实更加立体、更加丰富了。当然,伊氏也非常看重官职对于贵族的意义,如李约翰所云,伊沛霞虽然批判了姜士彬,但一步都没离开过他。[2]

---

[1] Jennifer Holmgren, "The Making of An Elite: Local Politics and Social Relations in Northeastern China during the Fifth Century A.D.", pp.73 - 74; "The Lu Clan of Tai Commandery and their Contribution to the T'o-pa State of Northern Wei in the Fifth Century", *T'oung Pao*, Vo.69, No.2(1983): pp.272 - 312(《五世纪代郡陆氏及对北魏拓跋的贡献》,《通报》第 69 卷第 2 期,1983 年);"Social Mobility in the Northern Dynasties: A Case Study of The Feng of Northern Yen", *Monumenta Serica*, Vol.35(1981): pp.19 - 32(《北朝的社会流动:北燕封氏个案研究》,《华裔学志》第 35 期,1981 年);"Lineage Falsification in the Northern Dynasties", *Papers on Far Eastern History*, Vol.21(1980): pp.1 - 16.(《北朝士族的冒姓》,《远东史研究集刊》第 21 卷,1980 年。)

[2] 李约翰:《英美关于中国中世贵族制研究的成果和课题》,第 19 页。

与伊氏强调大族的家学门风、文化举止等因素相似,陈美丽也注意到陈郡谢氏的举止对于维持其社会地位所起的重要作用。中古精英阶层的文化修养、家学门风和性格气质,及其对社会地位的影响,钱穆先生曾有精深的研究,[1]但这同样是西方社会学家致力讨论的话题,如,史若堡(Gideon Sjøberg)、拉尔夫·达伦多夫(Ralf Dahrendorf)等。不过,需要注意的是,文献和史料中关于人物品德、地位、道德的描述,多是行话套语,即晚近中青年学人提倡的历史书写问题。兹举例加以阐明。关于博陵崔氏的地位高下,有一条非常典型的材料,经常被学者所引用。清河崔㥄每以藉地自矜,曾对范阳卢元明讲:"天下盛门,唯我与尔,博崔、赵李,何事者哉!"[2]周一良先生也根据这条材料认为,"看来当时北朝社会有一种不成文的看法,把清河崔置于博陵崔之上,以为前者社会地位高于后者。崔㥄以博崔与赵李并举,可能赵李也在陇西李之下"。[3]实际上,如果仅仅以此判断清河崔氏和博陵崔氏的地位高低,则失之简单了。两大崔氏家族的地位升降,其实与当时极为复杂的政治社会环境密切相关,必须综合考虑他们的婚姻、仕宦和社交情况,观察他们在政治社会领域的荣枯变化,才能落到实处。这种考察本身,对于以博陵崔氏为对象的个案研究而言,近乎苛求;遑论博陵崔氏在博陵郡内部不同大族高门之间的升降问题。更有甚者,这类材料很可能是史家行文的行话套语,相似的故事和记载也发生在刘宋时期,荀伯子常自矜荫藉之美,对琅邪王弘说,

---

[1] 钱穆:《略论魏晋南北朝学术文化与当时门第之关系》,《中国学术思想史论丛》(三),第125—186页。
[2] 《北齐书》卷二三《崔㥄传》,第334页。
[3] Richard B. Mather, " Intermarriage as a Gauge of Family Status in Southern Dynasties", in Albert Dien eds., *State and Society in Early Medieval China*, pp.211 - 228.(马瑞志:《从通婚推论南朝家族地位的变化》,《早期中古中国的国家与社会》,第211—228页。)

"天下膏粱,唯使君与下官耳。宣明之徒,不足数也。"[1]类似的言语模式还发生在汉末,曹操对刘备云:"今天下英雄,唯使君与操耳。本初之徒,不足数也。"[2]马恩斯(B. J. Mansvelt Beck)指出,崔悛所言不过是 A 和 B 谈话时贬低 C 的陈词滥调而已。[3]

六朝贵族制的另一个纽带就是门第婚或身份内婚制。必须承认,欧美学者关于士族婚宦的研究,具有强烈的问题意识,相形之下,这种问题意识在部分国内学者模仿士族个案研究"形似"的过程中已被消磨殆尽。伊著在讨论北朝博陵崔氏的地方基础时,浓墨重彩地勾勒博陵崔氏和赵郡李氏的通婚关系,他们在北朝连续四代具有通婚关系,这种通婚关系无疑强化博陵崔氏的地方基础。又如,伊著在讨论唐代博陵崔氏维系旧族地位的时候,考察唐代九十二名博陵崔氏成员通婚之家的社会地位,发现其中的 82% 仍旧是柳芳所列南北朝以降的二十九家旧族门户。这个数据本身有力地证明唐高宗关于七姓"自为婚"的禁令不过一纸具文,同时更加证明旧族门户在唐王朝仍然具有相当的自律性和独立性。与伊氏强调大族的门第婚略有不同,葛涤风强调后妃出身的因素,揭示南朝后妃出自五大高门的时代,几乎都集中于高门子弟极为活跃的时期。[4] 葛氏的研究得到陈美丽的支持,陈氏指出,陈郡谢氏与统治皇族之间的联姻行为,与谢氏成员的冠冕相袭如影随形;陈氏指出高门大族婚娶名门或武将之家,目的是其中的某些房支妄图挽救日益衰败的家族声望;与之相对,皇族的通婚对象也是如此,例如梁武帝竟然因谢朓家族"门单"而放弃婚约,将公主改嫁给武将张弘策之子,继而又许配给琅琊王

---

[1] 《宋书》卷六〇《荀伯子传》,第 1628 页。
[2] 《三国志》卷三二《蜀书·先主传》,第 875 页。
[3] Reviewed by: B. J. Mansvelt Beck, *T'oung Pao*, Vol.68, Livr. 1/3(1982):p.156.
[4] Dennis Grafflin, "The Great Family in Medieval South China", p.71.

氏中显贵的一支。[1] 如前所论,姜氏强调门阀大族的社会地位与官僚职位之间的互生关系,但同时又注重汉唐之间数百个大族的连绵性,这就忽视了同为士族阶层内部的上下流动,因此,姜氏论点内部就有龃龉之处:即官僚性和贵族性如何持续,又如何统一?陈美丽的相关考证,强化了姜氏关于士族门阀"官僚性"及其影响社会地位的观点。马瑞志也以《世说新语》为中心,勾勒南朝士族的通婚联盟,涉及皇族、与皇族有关的家族、次等士族以及军功家族等。[2]

西方学者对士族婚姻的意义较为看重者,不乏其人。霍姆格伦受到人类学的影响,考察汉明之间皇族通婚情况的变化与政治权力的关系,从而"消解"了唐宋变革论的特殊意义;在她看来,非汉族群建立的政权如北魏、辽、元等,赋予皇后的权威和权力,都远不如汉人政权。[3] 姜氏曾援引燕郡公孙氏的婚姻材料,证明中古时期广泛存在的"士庶之异",以及所谓的官民之别;姜氏甚至认为,在高官权贵和普通官僚家族之间,并不存在进一步的区别(姜著第7页)。这条材料的主角是公孙邃和公孙睿兄弟,史载:"邃、睿为从父兄弟,而睿才器小优,又封氏之生,崔氏之婿;邃母雁门李氏,地望县隔。巨鹿太守祖季真,多识北方人物,每云:'士大夫当须好婚亲,二公孙同堂兄弟耳,吉凶会集,便有士庶之异。'"[4] 姜氏揭示的士庶区别,当然存在;但这种结论多少带有"唯官职论"

---

[1] Cynthia L. Chennault, "Lofty Gates or Solitary Impoverishment? Xie Family Members of The Southern", p.323.

[2] Richard B. Mather, "Intermarriage as a Gauge of Family Status in Southern Dynasties", *State and Society in Early Medieval China*, pp.211-228.

[3] Jennifer Holmgren, "Imperial Marriage in the Native Chinese and Non-Han State, Han to Ming", in Rubie S. Watson and Patricia Ebrey (eds.), *Marriage and Inequality in Chinese Society*, ed., Berkeley-Los Angeles: University of California Press, 1991, pp.58-96.(霍姆格伦:《汉明时期汉人与非汉国家的皇族通婚》,收于华如璧、伊沛霞主编:《中国社会的婚姻与差异》,伯克利:加利福尼亚大学出版社,1991年。)

[4] 《魏书》卷三三《公孙表附邃传》,第786—787页。

的色彩，正如麦氏所指出的那样，公孙氏兄弟希望通过婚姻而跻身上流，这条材料至少显示了三个士族所属的等级：雁门李氏，地方士族；燕郡公孙氏，介于地方士族和国家大族之间的中等士族；渤海封氏，一流大族。麦希维克认为，通常很难精准判定哪些因素决定一个大族的社会地位和声望，但婚姻一定是其中的关键因素。[1] 正是在这种思路下，麦氏集中考察中古早期后妃出身的情况。可见西方学者在研究士族通婚情况时，对中古后妃的出身情况予以集中的关注。麦氏通过统计皇后出身的资料，揭示三国和北魏是充满流动性的社会，同时指明中古早期出现皇后的大族高门共有二十八个，其中七个大族在两个朝代中出现皇后，一个大族（庐江何氏）在三个朝代中出现皇后，一个大族（琅琊王氏）在三个以上（五个）朝代中出现七名皇后。琅琊王氏连续涌现皇后的情形，再次印证该家族持续担任一品高官和持续拥有爵位的显赫地位。当然，麦氏认为，琅琊王氏的情况只是例外。中古早期的大族高门，并没有在各个朝代持续不断地出现皇后；因此，事实上的超精英群体的政治命运，是随着时代变化而变化的，换言之，精英阶层在追求政治权力之巅的过程中，充满着巨大的社会流动。[2]

实际上，葛涤风、陈美丽、霍姆格伦和麦希维克等人对姜伊二氏观点的批评和反思，并非无源之水。关于中古贵族制的崩溃和新秩序的重新凝成，中外学者的看法一直存在着相当显著的差异。陈寅恪将贵族制的崩溃确定在初唐和中唐，而内藤湖南的唐宋变革论则断限于晚唐五代。欧美学者关于这个话题的讨论，几乎都是从精英阶层的变动入手，加以研撰和辨析。姜士彬在毛汉光、孙

---

[1] Dušanka Dušana Miščević, "Oligarchy or Social Mobility? A Study of the Great Clans in Early Medieval China", pp.213-214.
[2] Dušanka Dušana Miščević, "Oligarchy or Social Mobility? A Study of the Great Clans in Early Medieval China", p.247.

国栋以及青山定雄等人研究的基础上,综合分析唐宋宰相出身以及中古高官出身的变化和比例,赞同内藤氏的历史分期观点。伊著对于博陵崔氏的线性描述,也印证了门阀贵族在唐末五代彻底崩溃的观点。那么,在西方学者的眼中,贵族制的本质是什么呢?杜希德曾经概括南北朝与以后历史时期有两处明显的区别,从而决定"贵族社会"的性质:一是六朝社会的最高层——君主和高官——被一小撮权势显赫的高门大族所控制甚至几乎垄断;二是士族和寒门的法律地位,有着泾渭分明的区别。[1] 这撮权势显赫的高门大族,可能就是姜士彬所言的寡头家族,抑或伊沛霞所言的贵族家庭。关于唐代郡望表所载大部分士族的动向和变迁,即便目前刊布的中古墓志数量激增,唐代墓志已经超过一万五千余方,我们恐怕仍然不具备全面考察这些家族的材料基础。正如杜希德所言:"对唐代而言,传记和谱牒类史料更较稀少,关于社会流动问题,不可能提出任何精确、具有实际意义的论断。"[2] 除了材料的极度缺乏之外,敦煌发现的郡望表所列的大部分氏族,并不见于史传;正如杜氏阐述的那样,隋唐社会不仅存在着那群在正史可钩寻而得的高门贵胄,还存在着为数众多的地方氏族,他们与庶民也存在着天壤之别。那么,同样构成精英阶层的地方氏族,如何判断他们的社会流动,以及对政治社会的影响。隋唐科举制对于中古贵族制的冲击作用,学人多有论述。但杜氏提出更为大胆的设想:"虽然科举制度的确为没有显赫家世,而遭埋没的部分青年才俊打开了晋身仕途的通道,但在唐初,真正通过科举入仕的社会流动新因子,却是一大

---

[1] Denis C. Twitchett, "The Composition of the T'ang Ruling Class: New Evidence from Tunhuang", in Arthur F. Wright (eds.) *Perspectives on the T'ang*, New Haven, Conn., 1973, p.89.(杜希德:《唐代统治阶层的构成:敦煌发现的新证据》,载芮沃寿和杜希德编:《唐代概观》,纽黑文:耶鲁大学出版社,1973年。)

[2] 杜希德:《唐代统治阶层的构成——敦煌发现的新证据》,《西方学者中国中古贵族制论集》,第201页。

群声望相对不太显赫的地方士族;他们借科举之途加速其晋身高位;以前这些高位,或多或少是由高门大族所垄断的。"[1] 如此,唐代科举制所引发的社会流动,不过是地方士族或地方精英向上的社会流动而已。杜氏的观点,是基于沈括所言"以博陵崔、范阳卢、陇西李、荥阳郑为甲族;唐高宗时又增太原王、清河崔、赵郡李,通谓'七姓'。……大率高下五等,通有百家,皆谓之士族,此外悉为庶姓,婚宦皆不敢与百家齿"[2]的假说和推测。一言以蔽之,在杜氏看来,唐代的社会流动,是发生在士族内部不同等级——国家精英(即中央性大士族)和地方精英(地方性士族)——之间的升降和流动,而非寒门升为高门、高门降为隶庶的剧烈变动。杜氏则将中古地方精英,具有前瞻性地等同于唐代郡望表中不见于正史列传的地方姓望:这种眼光具有相当的洞察力。丁爱博批评姜士彬的著作,认为唐代郡望表中的某些姓氏,并没有出现宰相等高级官员,那么这些姓氏何以出现在氏族谱中?[3] 笔者部分同意丁爱博的意见,以笔者从事的太原士族研究而言,《太平寰宇记》卷四十"并州"条下列太原郡十一姓,位字79号文书列十一姓,而S.2052号文书却列二十七姓,前两者相似,也有不同,不同的鲜于氏、昝氏、廖氏等家族,迄今发现的墓志等石刻资料,不能证明他们在唐代占有一席之地。[4]不过,杜氏的看法,也在暗示这种姓氏作为地方豪族存在的可能性。另外,麦希维克关于社会流动的研究,在某种程度上也是对杜希德观点的印证。也就是说,中古时期存在一个持续长久、稳定不变和声名显赫的士族阶层,但这个阶层内部的成员不是一成不变的,其

---

[1] 杜希德:《唐代统治阶层的构成——敦煌发现的新证据》,《西方学者中国中古贵族制论集》,第203页。
[2] 沈括著,胡道静校证:《梦溪笔谈校证》卷二四《杂志一》,上海:上海古籍出版社,1987年,第773页。
[3] Albert E. Dien, *State and Society in Early Medieval China*, p.4.
[4] 范兆飞:《中古太原士族群体研究》,第197—198页。

内部存在着相当程度的分野和流动,源源不断,旧族的不断衰落和新贵的攀爬不止,构成士族阶层内部社会流动的鲜活画面。换言之,葛涤风、陈美丽、霍姆格伦等人所谓的"社会流动",并不是翻天覆地的双向流动,恐怕只是杜希德所谓的地方精英和国家精英之间的切换转变,只是士族阶层内部比较有限的代际更新。

四、余论:士族研究的源流与推移

欧美学人关于中古士族学术史的演变,是其中国学研究在中古问题上的投影:一方面他们近水楼台,深受西方人类学和社会学理论的影响。20世纪50—60年代,欧美学界如艾伯华、何炳棣、张仲礼、瞿同祖等人关于社会流动、精英阶层的学术研究风靡一时。大致同时,弗里德曼、弗里德等人关于宗族问题的讨论亦甚嚣尘上,姜士彬、伊沛霞和葛涤风等人在1970年代完成的中古士族研究,正是在双重学术氛围影响下孕育和催生出的重要成果。另一方面,欧美学人关于中古史研究的重要成果,姗姗来迟,在1970年代才逐渐步入成熟,1979年出版的《剑桥隋唐史》正是标志,李约翰更是将其视作"英语地区中国中世史学研究的成年宣言"。[1] 欧美学人研究士族的成果,主要集中于1970—1980年代,尤其在海内外具有重要影响的姜士彬和伊沛霞的著作,先后出版于1977年、1978年。不仅如此,欧美学人在具体研究课题的选择上,无疑受到日本学界(如守屋美都雄和矢野主税)、港台学人(如毛汉光、孙国栋等)的间接影响和华裔汉学家(如杨联陞、王伊同等人)的直接影响。换言之,欧美学人的士族研究,深受中日士族研究传统、西方社会学强调社会流动

---

[1] 李约翰:《英美关于中国中世贵族制研究的成果和课题》,第19页。

和精英阶层等理论,以及英美人类学关于宗族问题讨论的综合影响。尽管从研究人员和成果的数量和质量上,与中日学者相比,欧美学人略嫌不足,即便和欧美其他时段的研究情况相比,也有所逊色;但我们必须承认,中日学者关于士族研究的方法、思路、理论和问题意识,欧美学者都有不同程度的回应;尤其在士族作为大族是宗族抑或氏族以及如何认同的理论探求方面,欧美学人所结合的社会学和人类学方法,迄今仍有相当的借鉴意义。

具体言之,从研究路数来看,姜士彬取径宏阔,有机结合缜密论证和数量统计,虽然模仿毛汉光的统计研究,却能广泛吸收人类学、社会学关于中国近世宗族研究的成果,以为己用。姜士彬也能顺应士族个案研究的潮流,从事唐宋时期赵郡李氏的长时段考察。大致同时,伊沛霞将个案研究的方法演绎到极致,伊氏的博陵崔氏研究,在四十余年后的当下,仍然拥有较为广泛的学术影响。从姜、伊二人的影响来看,葛涤风、麦希维克的研究取径与姜氏相同,注重统计;而陈美丽的研究方法则与伊氏相近,立足个案。从研究时段来看,艾伯华、姜士彬和伊沛霞立足长时段,而葛涤风和陈美丽则是断代史的考察,几乎都集中于东晋南朝,他们更加关注政治事件、军事活动对于高门大族的现实影响。从研究成果来看,姜士彬和伊沛霞取径不同,方法不同,对象不同,结论却是大同小异,他们基本印证了内藤湖南关于门阀贵族衰落于唐末五代的观点。从研究者的学缘结构来看,具有代表性的欧美学者,几乎都出自汉学色彩浓厚的"名门正派",如哥伦比亚大学、伯克利大学、宾夕法尼亚大学、哈佛大学等,师承有华裔汉学家,也有欧美汉学家。从相关成果的发表期刊及影响来看,具有代表性的学术成果,几乎都发表于在欧美乃至世界学术圈占有主导地位的《哈佛亚洲学报》(*HJAS*)、《通报》(*TP*)、《亚洲研究杂志》(*JAS*)等期刊;这些论著发表或出版后,相关书评及时准确,都由欧美学界占据相当地位的历史学者——如艾伯华、蒲立本、许倬云等——甚至包括人类学者所执笔,[1]并发表于《哈佛亚洲学报》(HJAS)、《通报》(TP)、《亚洲研究杂志》(JAS)、《美国东方学会会刊》(JAOS)、《美国历史评论》(AHR)等主流刊物。种种情况显示,欧美学人在士族研究的学术版图中,雄踞一席之地。

在这个过程中,欧美学人逐渐形成特色鲜明的传统和风格,哥大和伯克利形成特色鲜明、薪火相传的中国史传统:以加州伯克利大学的中国史学者为例,大致经历艾伯华、姜士彬、柏文莉(Beverly Bossler)三代学术传承的学者,相继以研究中国古代的精英阶层闻名于世。又如哥伦比亚大学,毕汉思在研究汉代社会流动之余,培养出伊沛霞、麦希维克等研究士族的学者,姜士彬曾经执教于此;毕氏之后,韩明士执掌哥大中国史,培养出同样研究精英阶层的谭凯(Nicolas Olivier Tackett)。[2] 丁爱博指出,关于中

---

[1] 当然,几乎每篇书评的权威学者都有不同程度的知识盲点,例如,丁爱博认为姜著集中于南方士族的讨论,实际上简单浏览本书内容,我们就怀疑丁氏是否曾经通读姜著,因为姜著核心章节第五至第七章都是综合讨论南北士族的问题,不存在重南轻北的倾向(参见姜著,第77—197页)。

[2] 谭凯博士学位论文题目是"The Transformation of Medieval Chinese Elites (850 - 1000 C.E.)",出版时书名改为:Nicolas Tackett, *The Destruction of the Medieval Chinese Aristocracy*, Harvard University Asia Center, 2014(中译本参见胡耀飞等译:《中古中国门阀大族的消亡》,北京:社会科学文献出版社,2017年)。相关书评参见孙英刚:《书评:Nicolas Tackett, *The Destruction of the Medieval Chinese Aristocracy*》,荣新江主编:《唐研究》第20卷,北京:北京大学出版社,2014年,第523—531页;王晶:《重绘中古士族的衰亡史——以 *The Destruction of the Medieval Chinese Aristocracy* 为中心》,《中华文史论丛》2015年第2期,第371—390页。按,谭凯从师韩明士,韩氏从师郝若贝,郝氏以《政治家与士绅:两宋江西抚州的精英》(伦敦:剑桥大学出版社,1986年)闻名于世,郝氏则以《中国的人口、政治与社会转型:750—1550年》("Demographic, Political, and Social Transformations of China, 750 - 1550", *Harvard Journal of Asiatic Studies*, 1982, pp.365 - 442.中译文参见易素梅等译:《750—1550年间中国的人口、政治及社会转型》,收于伊沛霞等主编:《当代西方汉学研究集萃》"中古史卷",上海:上海古籍出版社,2012年)享誉海内,郝氏亦将唐代的统治精英称为"贵族",师徒三代均以研究唐宋时期的精英阶层声名远扬,这种师生和学术的双重传承,与伯克利大学"艾伯华—姜士彬—柏文莉"的学脉传承极为相似。

古贵族制的话题,最重要的三个学人分别是艾伯华、姜士彬和伊沛霞。[1] 因此,欧美学者关于士族研究的重镇,东有哥伦比亚大学,西有伯克利大学,两者合力,并与哈佛、耶鲁、斯坦福等高校的学者充分互动,激烈讨论。如果以日本京都学派和东京学派对垒交锋的形态模拟,欧美学派也形成两大阵营:主张贵族制者和反对贵族制者,前者以伊沛霞为代表,后者以葛涤风、丁爱博、陈美丽和麦希维克等人为代表,姜士彬的"寡头政治说"则结合两者特征,是官僚制和贵族制的结合,颇有宇都宫清吉所云"时代格"之意味。其实,即便在历史分期及对中古政治社会底色的认识与内藤氏接近的姜士彬,也主张"官僚本体论",强调大族高门的官僚属性,与伊氏强调大族高门的贵族属性不同;姜氏所强调的官僚性,与批评者所持的立场基本相近,即"贵族=官僚"。但是,我们不得不问,中古时期的大族高门,是不是具有官僚之外的超越性或独立性?这些学人研究的士族话题,无论从方法、文献、话题还是问题意识,面面俱到,均有涉猎和创新。欧美传统与日本不同者,其中反对贵族制的学者,如葛氏、陈氏关于南朝士族的研究,明显受到京都学派川胜义雄关于南朝贵族制学说的影响,由此可见,欧美两大学派都带有京都学派的烙印,当然也不乏东京学派"寄生官僚论"重视皇权及官僚权威之影响,因此,总体来看,在士族研究方面,欧美学人深受本土社会学、人类学理论的熏陶,同时吸收欧美正统史学理论、中日不同学派论争的营养成分,形成迥异中日学者的学术传统,并对中国的士族研究产生深刻的影响。

必须指出,这种影响的产生,并未像学术预流那样顺流直下和清晰可辨。田余庆先生的《东晋门阀政治》,是中国学者研究士族政治里程碑式的著作,田先生在其大作中除征引葛涤风关于东晋

---

[1] Albert E. Dien, *State and Society in Early Medieval China*, p.4.

新旧门户的认识外,对其他欧美学者的研究成果极少回应,田先生自云:"另有一位美国学者姜士彬称中国中古政治为寡头政治,出有专著。我与姜当面讨论过他的观点,也未多评论。……中国古史套用西欧历史框架,因而难于使历史上通下串,左右关联。"[1]这个认识可谓洞若观火,艾伯华等人的研究在欧美学界也激起类似的批评。不过,欧美学人的研究成果,极少受到关注和响应,也是不争的事实。这种情况与日本学者如谷川道雄的"豪族共同体"理论在国内学界受到的冷遇相仿佛。而在当时的学界,正是受到1970年代北美学人如艾伯华、杜希德,尤其是姜士彬和伊沛霞研究中古士族的学术刺激,斯坦福大学的丁爱博特意于1980年召开主题是"早期中古中国的国家与社会"的学术会议,名宿新锐,荟萃一堂,陈启云倡言士族个案研究必将大行其道。[2] 李约翰关于英美学人研究中古贵族制的评介,也在1984年发表于日本《史林》期刊;与此同时,中国学人如张广达、周一良和金应熙等人都在积极介绍欧美学人研究士族的成果,凡此种种,似乎都在昭示陈启云的预言必将成为现实,颇有"群雄并起"共同推动研究中古贵族制之势。吊诡的是,1980年代以降,欧美从事士族研究的"主将"姜士彬和伊沛霞在完成士族研究的论著以后,都进行程度较大的学术转向。正如姜士彬所云,他在考察中古中国的精英阶层之后,眼光朝下,关注宋代的城隍神以及城隍信仰,并由此走向考察大众文化的道路。[3] 姜氏的学术转向,在某种程度上与关注精英阶层的学术旨趣可以说是分道扬镳。异曲同工的是,韩明士(Robert

---

[1] 参见钟鑫:《田余庆谈门阀政治与皇权》,《东方早报·上海书评》,2013年1月6日。
[2] 陈启云:《中华中古前期史研究反思》,收于氏著《汉晋六朝文化·社会·制度——中华中古史前期史研究》,台北:新文丰出版公司,1997年,第12—14页。
[3] 姜士彬:《中古中国的寡头政治》中译本序,第1—7页。

Hymes)在出版《政治家与士绅：两宋江西抚州的精英》(*Statesmen and Gentlemen: The Elite of Fu-Chou, Chiang-His, in Northern and Southern Sung*)之后，也是转身进入宋元时期民间信仰的领域。毫不夸张地说，以姜士彬、韩明士等人为代表的"自上而下"的研究转向，堪称北美中国学研究的一个缩影，即北美社会史的研究目光，日渐下移，从精英层面转向基层民众，从政治权力转向宗教信仰，从典章制度转向日常生活，从大人物转向小人物。[1] 与之相应，由丁爱博主编的同名会议论文集，同样缓不济急，迟至1990年才由香港大学和斯坦福大学的出版社相继出版。

"西方不亮东方亮"，在欧美学人纷纷进行学术转向的氛围下，中国学人却在周一良和张广达等先生评介欧美论著的直接影响下，异军突起，接力士族问题的考察，其中虽然存在着诸如学人所云"跑马圈地""有增长而无发展的内卷化""失焦"等问题，[2] 但是，1980年代以降，士族研究的主战场已经从欧美转移至中国，显然无可争辩。可以说，在中古士族研究方面，从1950年代以降，大致呈现出"日本—欧美—中国"等学人分别占据主导地位的发展脉络和典范转移，其中转移的时间跨度大概是二十年，其中不乏交叉和影响。一言以蔽之，欧美学者关注贵族制的核心问题，主要是基于社会史的考察，尤其是统治阶层或上层阶级由哪些人群构成，有无变化，如何变化，这些变化导致怎样的社会流动，等等。因此，士族高门的特征是持续性抑或断裂性，是凝固化抑或流动性，由此回应内藤湖南的唐宋变革论，以及欧美人类学家和社会学家

---

[1] 许倬云：《北美中国历史研究的历史与走向》，《北美中国学的历史与现状》，第76—77页。

[2] 陈爽：《近20年中国大陆地区六朝士族研究概观》，《中国史学》2001年第11期，第15—26页。仇鹿鸣：《士族研究中的问题与主义——以〈早期中华帝国的贵族家庭——博陵崔氏个案研究〉为中心》，《中华文史论丛》2013年第4期，第287—317页。

提出的宗族认同等话题,构成欧美学者研究士族问题的两个主要面相。[1] 总体来看,欧美学者研究士族的传统和方法,既有本土人类学、社会学理论的持续影响,也有日本学者关于贵族制理论和个案研究方法的刺激,以及华裔汉学家赋予的直接影响,互相激荡,因此,无论其研究方法取径宏阔还是立足个案,问题意识多少都在有意无意地回应日本学者的六朝贵族制理论,抑或回应中国帝制时期究竟是连续、因革抑或断裂的根本性问题,这构成北美学界士族研究传统的基本特征。

(原载《文史哲》2017 年第 3 期)

---

[1] 当然,也有欧美学者强调皇权的持续影响,与田余庆所论异曲同工,除文中葛涤风外,还有裴士凯,参见 Scott Pearce, "Review of State and Society in Early Medieval China, Edited by Albert Dien", *Journal of the American Oriental Society*, Vol.115, No.3(1995): p.514。

参考文献

一、基本史料

(一) 传世文献

(汉) 司马迁：《史记》，北京：中华书局，1959年。

(汉) 班固：《汉书》，颜师古注，北京：中华书局，1962年。

(宋) 范晔：《后汉书》，李贤注，北京：中华书局，1965年。

(晋) 陈寿：《三国志》，裴松之注，北京：中华书局，1959年。

(唐) 房玄龄等：《晋书》，北京：中华书局，1974年。

(北齐) 魏收：《魏书》，北京：中华书局，1974年。

(梁) 沈约：《宋书》，北京：中华书局，1974年。

(唐) 李百药：《北齐书》，北京：中华书局，1972年。

(唐) 令狐德棻等：《周书》，北京：中华书局，1971年。

(唐) 李延寿：《北史》，北京：中华书局，1974年。

(唐) 李延寿：《南史》，北京：中华书局，1975年。

(唐) 魏徵等：《隋书》，北京：中华书局，1973年。

(后晋) 刘昫：《旧唐书》，北京：中华书局，1975年。

(宋) 欧阳修：《新唐书》，北京：中华书局，1975年。

(宋) 司马光：《资治通鉴》，北京：中华书局，1956年。

（魏）郦道元：《水经注校释》，陈桥驿校释，杭州：杭州大学出版社，1999年。
（唐）杜佑：《通典》，北京：中华书局，1988年。
（唐）欧阳询：《艺文类聚》，上海：上海古籍出版社，1999年。
（唐）虞世南：《北堂书钞》，北京：学苑出版社，1998年。
（清）汤球：《九家旧晋书辑本》，杨朝明校补，郑州：中州古籍出版社，1991年。
（唐）林宝：《元和姓纂》，岑仲勉校记，郁贤皓、陶敏整理，孙望审订，北京：中华书局，1994年。
（宋）王钦若：《册府元龟》，北京：中华书局，2006年。
（宋）李昉：《太平御览》，上海：上海古籍出版社，1990年。
（清）王先谦：《汉书补注》，北京：中华书局，1983年。
（清）王先谦：《后汉书集解》，北京：中华书局，1984年。
（清）徐松：《唐两京城坊考》，张穆校补，房严点校，北京：中华书局，1985年。
（清）钱大昕：《廿二史考异》，上海：上海古籍出版社，2014年。
（清）赵翼：《廿二史札记校证》，王树民校证，北京：中华书局，1984年。
（清）董诰等编：《全唐文》，北京：中华书局，1983年。

（二）石刻文献

高文：《汉碑集释》，开封：河南大学出版社，1997年。
胡戟、荣新江主编：《大唐西市博物馆藏墓志》，北京：北京大学出版社，2012年。
罗新、叶炜：《新出魏晋南北朝墓志疏证》（修订本），北京：中华书局，2016年。
马忠理、冯小红、崔冠华主编：《磁县北朝墓群出土碑志集释》，北京：文物出版社，2021年。
毛远明校注：《汉魏六朝碑刻校注》，北京：线装书局，2008年。
毛远明编著：《西南大学新藏墓志集释》，南京：凤凰出版社，2018年。
齐运通编：《洛阳新获七朝墓志》，北京：中华书局，2012年。

齐运通编：《洛阳新获墓志百品》，北京：国家图书馆出版社，2020年。

石永士、王素芳、裴淑兰：《河北金石辑录》，石家庄：河北人民出版社，1993年。

王其祎、周晓薇编著：《隋代墓志铭汇考》，北京：线装书局，2007年。

叶炜、刘秀峰主编：《墨香阁藏北朝墓志》，上海：上海古籍出版社，2016年。

负安志编著：《中国北周珍贵文物》，西安：陕西人民美术出版社，1993年。

赵超：《汉魏南北朝墓志汇编》，天津：天津古籍出版社，2008年。

赵力光：《鸳鸯七志斋藏石》，西安：三秦出版社，1995年。

赵万里：《汉魏南北朝墓志集释》，桂林：广西师范大学出版社，2008年。

赵君平编：《邙洛碑志三百种》，北京：中华书局，2004年。

赵君平、赵文成编：《秦晋豫新出墓志蒐佚》，北京：国家图书馆出版社，2012年。

赵文成、赵君平编：《秦晋豫新出墓志蒐佚续编》，北京：国家图书馆出版社，2015年。

张永华、赵文成、赵君平编：《秦晋豫新出墓志蒐佚三编》，北京：国家图书馆出版社，2020年。

周晓薇、王其祎：《贞石可凭：新见隋代墓志铭疏证》，北京：科学出版社，2019年。

北京图书馆金石组编：《北京图书馆藏中国历代石刻拓本汇编》，郑州：中州古籍出版社，1989年。

大同北朝艺术研究院编著：《北朝艺术研究院藏品图录·墓志》，北京：文物出版社，2016年。

洛阳文物工作队：《洛阳出土历代墓志辑绳》，北京：中国社会科学出版社，1991年。

洛阳市第二文物工作队：《洛阳新获墓志续编》，北京：科学出版社，2008年。

西安市文物稽查队：《西安新获墓志集萃》，北京：文物出版社，2016年。

中国文物研究所、河南省文物研究所：《新中国出土墓志·河南卷壹》，北京：文物出版社，1994年。

中国文物研究所、河南省文物考古研究所编：《新中国出土墓志·河南卷贰》，北京：文物出版社，2002年。

中国文物研究所、千唐志斋博物馆编：《新中国出土墓志·河南卷叁·千唐志斋》，北京：文物出版社，2008年。

中国文物研究所、河北省文物研究所：《新中国出土墓志·河北卷壹》，北京：文物出版社，2004年。

中国文物研究所、陕西省古籍整理办公室：《新中国出土墓志·陕西卷壹贰》，北京：文物出版社，2000年、2003年。

故宫博物院、陕西省古籍整理办公室编：《新中国出土墓志·陕西卷叁》，北京：文物出版社，2015年。

故宫博物馆、陕西省考古研究院编：《新中国出土墓志·陕西卷肆》，北京：文物出版社，2021年。

二、中文论著

白乐日：《中国的文明与官僚主义》，黄沫译，台北：久大文化股份有限公司，1992年。

柏文莉：《权力关系：宋代中国的家族、地位与国家》，刘云军译，南京：江苏人民出版社，2015年。

长部悦弘：《北魏隋唐时代胡族的通婚关系》，冯继钦译，《北朝研究》1992年第1、3期。

陈弱水：《试探唐代妇女与本家的关系》，《"中研院"历史语言研究所集刊》第68本第1分册，1997年。

陈尚君：《唐代的亡妻与亡妾墓志》，《中华文史论丛》2006年第2期。

陈爽：《世家大族与北朝政治》，北京：中国社会科学出版社，1998年。

陈爽：《近20年中国大陆地区六朝士族研究概观》，《中国史学》第11卷，2001年。

陈爽：《出土墓志所见中古谱牒研究》，上海：学林出版社，2015年。

陈爽：《垒壁与交集：中古士族研究中的历史人类学借鉴》，《史学月刊》2019年第3期。

陈启云:《汉晋六朝文化·社会·制度——中华中古前期史研究》,台北:新文丰出版公司,1997年。
陈寅恪:《魏晋南北朝史讲演录》,万绳楠整理,合肥:黄山书社,2000年。
陈寅恪:《金明馆丛稿初编》,北京:生活·读书·新知三联书店,2001年。
陈寅恪:《隋唐制度渊源略论稿》,北京:生活·读书·新知三联书店,2001年。
陈寅恪:《唐代政治史述论稿》,北京:生活·读书·新知三联书店,2001年。
陈直:《文史考古论丛》,天津:天津古籍出版社,1988年。
陈忠实:《白鹿原》,北京:人民文学出版社,2019年。
程章灿:《世族与六朝文学》,哈尔滨:黑龙江教育出版社,1998年。
池田温:《唐朝氏族志研究》,韩昇译,《日本学者研究中国史论著选译》第四卷,北京:中华书局,1992年。
川合安:《南朝贵族制研究》,柴栋译,上海:复旦大学出版社,2022年。
川胜义雄:《六朝贵族制社会的成立》,夏日新译,《日本学者研究中国史论著选译》第四卷,北京:中华书局,1992年。
川胜义雄:《六朝贵族制社会研究》,徐谷芃、李济沧译,上海:上海古籍出版社,2007年。
东晋次:《后汉的选举与地方社会》,《日本中青年学者论中国史》之《上古秦汉卷》,上海:上海古籍出版社,1995年。
甘怀真:《身分、文化与权力:士族研究新探》,台北:台湾大学出版中心,2012年。
冈村繁:《汉魏六朝的思想和文学》,陆晓光译,上海:上海古籍出版社,2002年。
宫崎市定:《九品官人法研究——科举前史》,韩昇等译,北京:中华书局,2008年。
谷川道雄编:《日中国际共同研究:地域社会在六朝政治文化上所起的作用》,东京:玄文社,1989年。
谷川道雄:《隋唐帝国形成史论》,李济沧译,上海:上海古籍出版社,2004年。

郭锋:《晋唐士族的郡望与士族等级的判定标准——以吴郡清河范阳敦煌张氏郡望之形成为例》,《唐研究》第 2 卷,北京:北京大学出版社,1996 年。

韩昇:《中古社会史研究的数理统计与士族问题——评毛汉光〈中国中古社会史论〉》,《复旦学报》2003 年第 5 期。

韩昇:《南北朝隋唐士族向城市的迁徙与社会变迁》,《历史研究》2003 年第 4 期。

何启民:《中古门第论集》,台北:台湾学生书局,1978 年。

胡宝国:《将无同:中古史研究论文集》,北京:中华书局,2020 年。

胡志佳:《门阀士族时代下的司马氏家族》,台北:文史哲出版社,2005 年。

侯旭东:《北朝村民的生活世界——朝廷、州县与村里》,北京:商务印书馆,2005 年。

姜士彬:《中古中国的寡头政治》,范兆飞等译,上海:中西书局,2016 年。

姜士彬:《一个大族的末年——唐末宋初的赵郡李氏》,范兆飞编译:《西方学者中国中古贵族制论集》,北京:生活·读书·新知三联书店,2018 年。

金发根:《坞堡溯源及两汉的坞壁》,《"中研院"历史语言研究所集刊》第 37 本上册,1967 年。

金发根:《永嘉乱后北方的豪族》,台北:中国学术著作奖助委员会,1964 年。

金发根:《东汉党锢人物分析》,《"中研院"历史语言研究所集刊》第 37 本上册,1967 年。

金应熙:《国外关于中国古代史的研究述评》,呼和浩特:内蒙古人民出版社,1995 年。

井上徹:《中国的宗族与国家礼制——从宗法主义角度所作的分析》,钱杭译,上海:上海书店出版社,2008 年。

科大卫:《明清社会和礼仪》,曾宪冠译,北京:北京师范大学出版社,2016 年。

黎明钊:《辐辏与秩序——汉帝国地方社会研究》,香港:香港中文大学出版社,2012 年。

廖基添:《再论世家大族与北魏政治——以"四姓"集团为中心的考察》,《中华文史论丛》2017 年第 4 期。

林耀华:《金翼:一个中国家族的史记》,庄孔韶、方静文译,北京:生活书店出版有限公司,2015年。
刘驰:《六朝士族探析》,北京:中央广播电视大学出版社,2000年。
刘增贵:《论后汉末的人物评论风气》,杜维运、王寿南、王德毅、李云汉编:《中国史学论文选集》第6辑,台北:幼狮文化事业公司,1986年。
刘增贵:《从碑刻史料论汉末士族》,傅乐成教授纪念论文集编辑委员会编:《中国史新论——傅乐成教授纪念论文集》,台北:学生书局,1985年。
刘志伟:《地域社会与文化的结构过程——珠江三角洲研究的历史学与人类学对话》,《历史研究》2003年第1期。
刘志伟:《宗族与沙田开发——番禺沙湾何族的个案研究》,《中国农史》1992年第4期。
刘志伟:《祖先谱系的重构及其意义——珠江三角洲一个宗族的个案分析》,《中国社会经济史研究》1992年第4期。
吕春盛:《北齐政治史研究——北齐衰亡原因之考察》,台北:台湾大学出版委员会,1987年。
陆扬:《从墓志的史料分析走向墓志的史学分析——以〈新出魏晋南北朝墓志疏证〉为中心》,《中华文史论丛》2006年第4期。
卢云:《汉晋文化地理》,西安:陕西人民教育出版社,1991年。
逯耀东:《从平城到洛阳——拓跋魏文化转变的历程》,北京:中华书局,2006年。
罗新:《五燕政权下的华北士族》,《国学研究》第4卷,1997年。
罗新:《王化与山险:中古边裔论集》,北京:北京大学出版社,2019年。
吕思勉:《中国宗族制度小史》,北京:知识产权出版社,2018年。
马克·布洛克:《历史学家的技艺》,张和声译,北京:北京师范大学出版社,2014年。
毛汉光:《两晋南北朝士族政治之研究》,台北:中国学术著作奖助委员会,1966年。
毛汉光:《中国中古社会史论》,上海:上海书店出版社,2002年。
毛汉光:《中国中古政治史论》,上海:上海书店出版社,2002年。

钱穆:《略论魏晋南北朝学术文化与当时门第之关系》,《中国学术思想史论丛》(三),合肥:安徽教育出版社,2004年。

前田正名:《平城历史地理学研究》,李凭、孙耀、孙蕾译,北京:书目文献出版社,1994年。

仇鹿鸣:《"攀附先世"与"伪冒士籍"——以渤海高氏为中心的研究》,《历史研究》2008年第2期。

仇鹿鸣:《魏晋之际的政治权力与家族网络》,上海:上海古籍出版社,2012年。

仇鹿鸣:《士族研究中的问题与主义——以〈早期中华帝国的贵族家庭——博陵崔氏个案研究〉为中心》,《中华文史论丛》2013年第4期。

仇鹿鸣:《失焦:历史分期论争与中文世界的士族研究》,《文史哲》2018年第6期。

瞿同祖:《中国法律与中国社会》,北京:中华书局,1981年。

守屋美都雄:《中国古代的家族与国家》,钱杭译,上海:上海古籍出版社,2010年。

守屋美都雄:《六朝门阀:太原王氏家系考》,梁辰雪译,上海:中西书局,2020年。

柿沼阳平、饭山知保编著:《贵族与士大夫——青年学者眼中的中国史》,王博等译,上海:上海古籍出版社,2022年。

施蛰存:《水经注碑录》,天津:天津古籍出版社,1987年。

宋怡明:《实践中的宗族》,王果译,北京:北京师范大学出版社,2021年。

宿白:《北魏洛阳城和北邙陵墓——鲜卑遗迹辑录之三》,《文物》1978年第7期。

苏庆彬:《两汉迄五代入居中国之蕃人世族研究》,香港:新亚研究所,1967年。

苏绍兴:《两晋南朝的士族》,台北:联经出版事业公司,1993年。

孙国栋:《唐宋史论丛》,香港:商务印书馆,2000年。

孙同勋:《拓跋氏的汉化及其他——北魏史论文集》,台北:稻乡出版社,2005年。

孙正军：《近十年来中古碑志研究的新动向》，《史学月刊》2021年第4期。
谭凯：《中古中国门阀大族的消亡》，胡耀飞等译，北京：社会科学文献出版社，2017年。
谭其骧：《长水集》，北京：人民出版社，1987年。
唐长孺：《魏晋南北朝史论丛》，北京：生活·读书·新知三联书店，1955年。
唐长孺：《魏晋南北朝史论丛续编》，北京：生活·读书·新知三联书店，1959年。
唐长孺：《魏晋南北朝史论拾遗》，北京：中华书局，1983年。
唐长孺：《山居存稿》，北京：中华书局，1989年。
唐长孺：《魏晋南北朝隋唐史三论》，武汉：武汉大学出版社，1992年。
陶晋生：《北宋士族——家庭·婚姻·生活》，台北：乐学书局，2001年。
田余庆：《东晋门阀政治》，北京：北京大学出版社，2005年。
王鹤鸣：《中国家谱通论》，上海：上海古籍出版社，2011年。
王明珂：《华夏边缘：历史记忆与族群认同》，上海：上海人民出版社，2020年。
王明珂：《反思史学与史学反思：文本与表征分析》，上海：上海人民出版社，2016年。
王明珂：《英雄祖先与弟兄民族：根基历史的文本与情境》，北京：中华书局，2009年。
王善军：《宋代宗族和宗族制度研究》，北京：人民出版社，2018年。
魏斌：《单名与双名：汉晋南方人名的变迁及其意义》，《历史研究》2012年第1期。
吴正岚：《六朝江东士族的家学门风》，南京：南京大学出版社，2003年。
邢义田、黄宽重、邓小南主编：《台湾学者中国史研究论丛》，北京：中国大百科全书出版社，2005年。
邢义田：《天下一家：皇帝、官僚与社会》，北京：中华书局，2011年。
徐冲：《冯熙墓志与北魏后期墓志文化的创生》，《唐研究》第23卷，2017年。
徐高阮：《山涛论》，《"中研院"历史语言研究所集刊》第41本第1分，1969年。

徐扬杰：《中国家族制度史》，武汉：武汉大学出版社，2012年。
许倬云：《求古编》，北京：新星出版社，2006年。
阎步克：《士大夫政治演生史稿》，北京：北京大学出版社，1996年。
阎照祥：《英国贵族史》，北京：人民出版社，2000年。
杨联陞：《东汉的豪族》，北京：商务印书馆，2011年。
杨筠如：《九品中正与六朝门阀》，上海：上海书店，1991年。
严耕望：《中国地方行政制度史》上编卷中《魏晋南北朝地方行政制度》，《"中研院"历史语言研究所专刊之四十五》，1963年。
叶妙娜：《东晋南朝侨姓世族之婚媾——陈郡谢氏个案研究》，《历史研究》1986年第3期。
伊沛霞：《早期中华帝国的贵族家庭——博陵崔氏个案研究》，范兆飞译，上海：上海古籍出版社，2011年。
余嘉锡：《余嘉锡文史论集》，长沙：岳麓书社，1997年。
余英时：《士与中国文化》，上海：上海人民出版社，1987年。
詹姆斯·斯科特：《逃避统治的艺术：东南亚高地的无政府主义历史》，王晓毅译，北京：生活·读书·新知三联书店，2019年。
张广达：《史家、史学与现代学术》，桂林：广西师范大学出版社，2008年。
张鹤泉：《魏晋南北朝都督制度研究》，长春：吉林文史出版社，2007年。
张金龙：《魏晋南北朝禁卫武官制度研究》，北京：中华书局，2004年。
张荣强：《〈前秦建元籍〉与汉唐间籍账制度的变化》，《历史研究》2009年第3期。
赵超：《中国古代石刻概论》，北京：文物出版社，1997年。
郑雅如：《亲恩难报：唐代士人的孝道实践及其体制化》，台北：台湾大学出版中心，2014年。
郑雅如：《唐代士族女儿与家族光荣——从天宝四年〈陈照墓志〉谈起》，《"中研院"历史语言研究所集刊》第87本第1分，2016年。
周一良：《魏晋南北朝史论集》，北京：北京大学出版社，1997年。

三、日文论著

安田二郎:《六朝政治史の研究》,京都:京都大学学术出版会,2003年。
濱口重國:《秦漢隋唐史の研究》(上下卷),东京:东京大学出版会,1966年。
布目潮渢:《隋唐史研究:唐朝政権の形成》,《东洋史研究丛刊之二十》,京都:东洋史研究会,1968年。
川合安:《南朝貴族制研究》,东京:汲古书院,2015年。
川勝義雄、礪波護编:《中國貴族制社會の研究》,京都:京都大学人文科学研究所,1987年。
川勝義雄:《中国の歴史3:魏晋南北朝》,东京:讲谈社,1974年。
多賀秋五郎:《中國宗譜の研究》上卷,东京:日本学术振兴会,1981年。
宮川尚志:《六朝史研究・政治社会篇》,京都:平乐寺书店,1977年。
吉岡真:《北朝・隋唐支配層の推移》,《岩波講座世界歴史9》,东京:岩波书店,1999年。
礪波護编:《中國中世の文物》,京都:京都大学人文科学研究所,1993年。
仁井田陞:《支那身分法史》,东京:东方文化学院,1942年。
室山留美子:《北魏の郡望——上谷寇氏を中心に》,《史学研究》第258号,2007年。
室山留美子:《北魏漢人官僚とその埋葬地選択》,《東洋學報》第87卷第4号,2006年。
矢野主税:《門閥社会成立史》,东京:株式会社国书刊行会,1976年。
矢野主税:《改訂魏晋百官世系表》,长琦:长琦大学史学会,1971年。
窪添慶文:《魏晋南北朝官僚制研究》,东京:汲古书院,2003年。
五井直弘:《漢代の豪族社會と國家》,东京:名著刊行会,2001年。
榎本あゆち:《中国南北朝寒門寒人研究》,东京:汲古书院,2020年。
宇都宮清吉:《中国古代中世史研究》,东京:创文社,1977年。
増村宏:《黄白籍の新研究》,《東洋史研究》第2卷第4号,1937年。
増淵龍夫:《中國古代の社會と國家:秦漢帝國成立過程の社會史的研究》,

东京:弘文堂,1960 年。

竹田龍兒:《唐代士人の郡望について》,《史學》第 24 卷第 4 号,1951 年。

中村圭爾:《六朝貴族制研究》,东京:风间书房,1987 年。

中村圭爾:《六朝江南地域史研究》,东京:汲古书院,2006 年。

中国中世史研究会编:《中國中世史研究·六朝隋唐の社會と文化》,东京:东海大学出版会,1970 年。

中国中世史研究会编:《中國中世史研究·六朝隋唐の社會と文化》(続编),京都:京都大学学术出版会,1995 年。

四、英文论著

Albert E. Dien eds., *State and Society in Early Medieval China*, Stanford: Stanford University Press, 1990.

Albert E. Dien, Elite Lineages and the T'o-pa Accommodation: A Study of the Edict of 495, *Journal of the Economic Social History of the Orient*, Vol.19, No.1, 1976.

Arthur F. Wright and Denis Twitchett, *Perspectives on the T'ang*, New Haven, New Heven and London: Yale University Press, 1973.

Dušanka Dušana Miščevič, Oligarchy or Social Mobility? A Study of the Great Clans of Early Medieval China, *The Museum of Far Eastern Antiquities Bulletin*, No.65, 1993.

Jennifer Holmgren, *Marriage, kinship, and power in northern China*, Great Britain: Variorum, 1995.

Jennifer Holmgren, Race and Class in Fifth Century China, The Emperor Kao-tsu's Marriage Reform, *Early Medieval China*, Michigan, 1995.

Jennifer Holmgren, Wei-shu Records on the Bestowal of Imperial Princesses during Northern Wei, *Papers on Far Eastern History*, Canberra, Vol.27, 1983.

Lawrence Stone, *The crisis of the Aristocracy: 1558—1641*, Abr. ed., New York: Oxford University Press, 1965.

Robert. M. Somers, The Society of Early Imperial China: Three Recent Studies,

The Journal of Asiatic Studies, Vol.38, No.1, 1978.

Wolfram Eberhard, *Social mobility in traditional China*, Leiden: E. J. Brill, 1962.

Wolfram Eberhard, *Conquerors and rulers: social forces in medieval China*, Leiden: E. J. Brill, 1965.